普通高等教育“十二五”规划教材

文科大学化学

王　茹　廖　立　主编

科学出版社
北　京

内 容 简 介

本书是针对高等学校文科类专业学生普及化学知识，了解化学在社会生活中的应用，认识和学习化学学科的研究方法和思维方式的一本教材。内容涵盖化学与当今社会生活最为密切相关的领域，对一些化学基本理论进行了简单介绍，引出化学在当代社会生活和科学技术发展中的重要作用和地位。全书共7章，包括化学发展简史与物质结构基础、能源中的化学、环境中的化学、化学与人类健康、生命中的化学、材料中的化学和化学实验。各章节后附有适量习题。书后附有常用基本化学数据、历届诺贝尔化学奖获奖简况以及元素周期表。

本书可作为高等学校文科类专业大学化学的教材，也可供化学工作者参考阅读。

图书在版编目(CIP)数据

文科大学化学/王茹，廖立主编. —北京：科学出版社，2011
普通高等教育"十二五"规划教材

ISBN 978-7-03-031333-1

Ⅰ. ①文… Ⅱ. ①王… ②廖… Ⅲ. ①化学-高等学校-教材 Ⅳ. ①O6

中国版本图书馆 CIP 数据核字（2011）第 103700 号

责任编辑：陈雅娴　赵晓霞 / 责任校对：陈玉凤
责任印制：徐晓晨 / 封面设计：谜底书装

科学出版社出版
北京东黄城根北街16号
邮政编码：100717
http://www.sciencep.com
北京京华虎彩印刷有限公司 印刷
科学出版社发行　各地新华书店经销
*
2011年6月第 一 版　开本：787×1092　1/16
2017年5月第四次印刷　印张：21　插页：1
字数：490 000

定价：38.00 元

（如有印装质量问题，我社负责调换）

前　　言

21世纪高等教育改革的方向是“以人为本、知识传授、能力培养、素质提高、全面协调发展”。基于这一点，在高等院校文科类专业进行自然科学知识教育就成为素质教育的重要内容，而化学学科就其本身的趣味性以及与社会生活密切相关的程度而言，无疑是文理结合、素质教育的最佳切入点。目前很多国内外高等学校已在文科学生中开设大学化学的选修课程。

目前，我国文科类专业的本科生在中学阶段只学习一些基本的化学知识，因此这些专业本科生的化学知识基础和科学素质方面相对较弱。为了适应这些学生的知识背景，达到文理渗透、提高学生科学素质的培养目标，本书的编写力求把复杂的化学知识与生产和生活紧密结合，并将其组织为生动形象的教学内容，帮助学生了解化学科学的基本原理，理解化学家研究问题的思路和想法，了解化学从过去到未来在解决人类社会面临的种种难题时所发挥的独特作用，建立科学的世界观和方法论。

本书注重突出以下特点：①尽量降低化学理论的深度和难度；②从人们认识微观世界的角度出发，用认识论和方法论介绍化学发展历史，从而引入物质结构基本理论；③将化学热力学、化学平衡等基本理论以及无机和有机化合物的基本性质分别渗透到能源、环境、材料、生命和人类健康等方面，弱化化学基本理论的同时，力求突出化学对社会发展的影响；④引入新能源、新材料、新的环境治理方法、基因工程等知识，尽可能地反映当前化学的发展趋势和最新成果；⑤增加化学实验内容，本书将化学实验的基本知识和精选的6个实验独立列为一章。实验的选择力求体现与社会生活密切相关，既有趣味性，又有可操作性，通过学习可培养学生的科学思维和严谨的科学作风。

全书内容不仅涉及化学，还包括环境、生物、材料的知识点，但又是以化学为基础，互相渗透和交叉，其目的是使学生对化学这门学科的内涵和外延有全面的了解。对不同专业的学生可根据其化学知识背景，教师可选择性地教学。

本书由王茹、廖立任主编。第1、4章由廖立和赖雪飞编写，第2、3、5、7章由王茹和何泽超编写，第6章由谢克难和廖立编写。全书由王茹负责统稿。

四川大学化学学院陈天朗教授为本书提出了宝贵的意见和建议，硕士生高文远为书稿的制图及文字输入付出了辛勤的劳动，在此编者谨向他们表示衷心感谢。

由于编者的水平有限，书中可能存在许多缺陷甚至错误，请读者多多指正。

编　者

2011年6月于成都

前言

目　　录

第 1 章　化学发展简史与物质结构基础

1.1　化学发展简史

自从有人类开始，人类便与化学结下了不解之缘，钻木取火、用火烧煮食物、冶炼青铜器和铁器都是化学技术的应用。正是这些应用，极大地促进了当时社会生产力的发展，成为人类进步的标志。今天，化学作为一门基础学科，在科学技术和社会生活的方方面面正发挥越来越大的作用。从古至今，伴随着人类社会的进步，化学的发展又经历了怎样的历史过程呢？

1.1.1　"化学"一词的由来

化学的英文词 chemistry，法文词 chimie，德文词 chemie，它们都是从拉丁词 chemia 演化而来。它的最早来源已难以查考。从现存资料看，chemia 一词最早在古埃及第四王朝的记载里出现，说明古埃及在西方是化学诞生的地方，也是古代化学极为发达的地方，尤其是在实用化学方面。例如，已有一种古埃及第十一王朝的雕刻表明工人在制造玻璃，可见至少在公元前 2500 年以前，古埃及人就已掌握了玻璃的制造方法；从出土的木乃伊来看，在公元前一二千年时古埃及人已精于使用防腐剂和布帛染色等技术。

汉译名"化学"一词最早见于 19 世纪中叶亚历山大·伟烈亚力主编的《六合丛谈》，并将其定义为研究物质本质变化的学问。"化学"一词容易使人联想到"变化之学"，贴合了化学的定义：化学是一门在原子、分子层次上研究物质的组成、结构、性质及其变化规律的科学，是以研究物质的化学变化为主的科学。

1.1.2　化学的萌芽

火—燃烧—是一种化学现象。原始人类从用火之时开始，便由野蛮进入文明，同时也就开始用化学方法认识和改造自然。掌握了火以后，人类开始食熟食；逐步学会制陶、冶铜、炼铁；以后，又懂得了酿造、染色等。这些由天然物质加工改造而成的制品成为古代文明的标志。在这些生产实践的基础上，萌发了古代化学知识。

1. 人类文明的起点——火的利用

火的利用是人类最早有意识地控制和利用化学变化，也是人类支配自然的伟大开端。人类对火的利用分两大阶段：第一阶段是利用天然火；第二阶段是掌握人工取火的技术。

自然界的火屡见不鲜，陨石落地、雷电轰击都能产生熊熊大火。一开始，人类也跟野兽一样对火望而生畏，不敢靠近。然而人类通过长期实践，逐步获得经验：在茫茫黑夜里，火可以给人光明；在天寒地冻的日子里，火可以给人温暖；在猛兽袭击时，火可以帮助人驱赶它们；那些偶然被火烤焦的动物，味道更加鲜美。于是，原始人逐渐了解火的用途，开始人为地控制它、利用它。有了火，原始人告别了茹毛饮血的生活。从此，人类增进了健康，智力也有所发展，提高了生存能力。

图 1-1　古人类在钻木取火

但是，利用天然火种必须不断添薪加料，还要派专人看护。一旦看护不当或风吹雨淋，火就会熄灭，甚至发生危险而给部落带来重大灾难。因此，人类为了生存，不得不发明人工取火的方法。后来，人类学会了摩擦生火和钻木取火(图 1-1)，从而使火种可以随身携带。于是，人类不再是火种的看管者，而成为能够驾驭火的造火者。

从天然火的利用到人类自己能够控制和产生火是一个飞跃。火是人类用来发明工具和创造财富的武器，人类利用火使猎物变成美味，使黏土变成陶器，使矿石变成金属。正如恩格斯所说："就世界性的解放作用而言，摩擦生火还是超过了蒸汽机，因为摩擦生火第一次使人支配了一种自然力，从而最终把人同动物分开。"因此，利用火是人类走向文明的起点。

2. 古代冶金化学——炼铜与炼铁

在所有金属元素中，铜最早被人类广泛利用，无论东方还是西方都如此。在新石器时代后期，人类开始使用金属代替石器制造工具。使用最多的是红铜，但这种天然资源毕竟有限，于是，产生了从矿石冶炼金属的冶金术。人类最先冶炼的是铜矿，约公元前 3800 年，在伊朗地区有人就将铜矿石(孔雀石)和木炭混合在一起加热，得到了金属铜：

$$2CuO + C \xlongequal{\triangle} 2Cu + CO_2\uparrow$$

自然界铜矿中常含有锡、铅等多种金属氧化物。在用炭还原铜时，它们一起被还原出来：

$$SnO_2 + C \xlongequal{\triangle} Sn + CO_2\uparrow$$

混入锡的铜称为青铜，其熔点从 1083℃ 降到 800℃，硬度增加一倍，可铸性也大大增强。用青铜制成的兵器硬而锋利，用青铜制成的生产工具也远比红铜好，还出现了青铜铸造的铜币。我国在铸造青铜器上有过很大的成就。例如，商朝后期的"司母戊"鼎(图 1-2)，它是一种礼器，是世界上最大的已出土青铜器。又如，战国时的编钟称得上古代在音乐上的伟大创造。因此，青铜器的出现推动了当时农业、兵器、金融、艺术等方面的发展，把社会文明向前推进了一步，人类文明也从石器时代进入青铜器时代。

图 1-2　"司母戊"鼎

人类炼铁比炼铜要晚得多，主要因为炼铁的温度比炼铜高得多(铁的熔点为 1535℃)。最早被人们利用的是陨铁，被简单加工成器皿，这当然满足不了人们的需要。直到距今 2000 多年前，东西方的文明古国，如古埃及、古巴比伦、古印度、中国等，才先后掌握炼铁的技术。铁硬且有延展性，被广泛用于制造犁铧、铁镈(一种锄草工具)、铁锛等农具以及铁鼎等器物，当然也用于制造兵器。由于铁比青铜更坚硬，炼铁的原料也远比铜矿丰富，因此，在绝大部分地方，铁器代替了青铜器。人类文明从此进入铁器时代。

3. 古代有机化学工艺——酿酒与制漆

人类最早发明利用的有机化学工艺是酿酒。有趣的是，四大文明古国古埃及、古巴比伦、中国和古印度都在差不多的时间，不约而同地发明了酿酒工艺，这大概与这些国家的农业生产水平接近有关。酒的原料是谷物，用作发酵的催化剂是曲(含酶的酵母)。这是人类最早利用酶催化谷物水解、制作酒精的方法。

$$(C_6H_{10}O_5)_n(\text{淀粉}) + nH_2O \longrightarrow nC_6H_{12}O_6(\text{葡萄糖})$$

$$C_6H_{12}O_6 \xrightarrow{\text{曲}} 2CO_2 + 2CH_3CH_2OH(\text{乙醇})$$

我国人民在酿酒工艺上有独特贡献，很早就总结出一整套酿酒经验，包括原料选择、制曲、渣料处理、蒸煮条件、用水标准、设备以及蒸馏技术等。这跟古埃及人用麦制啤酒的经验可算得上是并驾齐驱。

油漆是我国古代的一大发明。在距今 4000 年前，我国劳动人民就把漆树的汁经简单处理后涂在物体表面，形成一层高聚物的膜，以保护器具不受空气中氧气、水的腐蚀。春秋时期，人们已经把桐油和漆合用，成为油和漆共用的创举。随后又发明在油漆中掺入催干剂和颜料，如加入密陀僧(氧化铅)、土子(二氧化锰)等。这不仅提高了漆器的生产效率，还能制出五颜六色的漆器。1972 年，长沙马王堆一号汉墓轪侯夫人墓中出土的漆器，不仅外形图案栩栩如生，而且完好如新，堪称世界奇迹。亚洲其他国家使用的油漆技术均来自我国。欧洲直到 17 世纪才有漆器，制漆技术也是从我国传去的。

4. 化学的起源——炼丹术与炼金术

当社会发展到一定的阶段，生产力有较大提高后，统治阶级对物质享受的要求也越来越高，皇帝和王公贵族自然而然地产生了两种奢望：第一，希望掌握更多的财富，供他们享乐；第二，当他们拥有巨大的财富以后，总希望能永远享用。于是，便有了长生不老的愿望。例如，秦始皇统一中国以后，便迫不及待地寻求长生不老药，还召集大批方士(炼丹家)日夜为他炼制仙丹——长生不老药。

炼金家的愿望是"点石成金"(用人工方法制造金银)。他们认为，可以通过某种手段把铜、铅、锡、铁等廉价金属转变为金、银等贵重金属。像希腊的炼金家就把铜、铅、锡、铁熔化成一种合金，然后把它放入多硫化钙溶液中浸泡。于是，在合金表面便形成了一层硫化锡，它的颜色酷似黄金(现在，金黄色的硫化锡被称为金粉，可用作古建筑的金色涂料)。这样，炼金家主观地认为已经炼成“黄金”。实际上，这种仅从表面颜色而不从本质来判断物质变化的方法是自欺欺人的，他们从未达到过“点石成金”的目的。

虔诚的炼丹家和炼金家的目的虽然没有达到，但是他们辛勤的劳动并没有完全白费。他们长年累月置身在被毒气、烟尘笼罩的简陋的“化学实验室”中，应该说是第一批专心致志地探索化学科学奥秘的“化学家”。他们为化学学科的建立积累了相当丰富的经验，甚至总结出一些化学反应的规律。例如，我国炼丹家葛洪从炼丹实践中提出：丹砂(硫化汞)烧之成水银，积变(把硫和水银二者放在一起)又还成(变成)丹砂，这是一种化学变化规律的总结，即物质之间可以用人工的方法控制其转变：

$$HgS + O_2 \xlongequal{\triangle} Hg + SO_2$$

$$Hg + S \xlongequal{\triangle} HgS$$

炼丹家和炼金家夜以继日地做这些最原始的化学实验，发明了蒸馏器、熔化炉、加热锅、烧杯及过滤装置等。他们还根据当时的需要，制造出很多化学药剂、有用的合金或治病的药，其中很多都是现在常用的酸、碱和盐。为了把实验的方法和经过记录下来，他们还创造了许多技术名词，写下了许多著作。正是这些理论、化学实验方法、化学仪器以及炼丹、炼金著作，开创了化学这门科学的先河。

从这些史实可见，炼丹家和炼金家对化学的兴起和发展是有功绩的，后世之人决不能因为他们“追求长生不老和点石成金”而嘲弄他们，而应该把他们敬为开拓化学科学的先驱。因此，英语中化学家(chemist)与炼金家(alchemist)两个名词极为相近，其真正的含义是“化学源于炼金术”。

5. 古代中国的化学

我国是四大文明古国之一，有着灿烂的古代科学文化。而化学这门学科的产生与发展跟人类最基本的生产实践活动是联系在一起的，我国古代劳动人民在历史的长河中积累了许多宝贵的化学知识。

夏末商初，我国进入青铜器时代，青铜的采矿、冶炼、制模、熔铸四个主要工序都有文字记载。春秋战国时期，冶铁业的兴起极大地推动了农业生产的进步，而西欧一些国家直到13世纪末才出现生铁的冶炼。明代宋应星所著《天工开物》中，记载了我国钢铁冶炼的许多工艺技术。除此之外，冶炼黄铜、白铜、锌及“水法炼铜”等都早于世界其他国家。这些都是对化学冶金技术发展的重要贡献。

造纸术是世界公认的我国古代科学技术四大发明之一。从化学角度看，造纸术主要是从麻、树皮、竹子等天然植物纤维中，用化学的方法除去杂质，得到较纯的纤维素，再制成纸浆，最后制成纸。我国劳动人民经过长期实践，于公元2世纪初发明了造纸术，并投入生产。后来造纸术向东传至朝鲜、日本，向西传至中亚、阿拉伯、法国、西班牙等国家。纸的发明和传播大大改善了文字记载、保存、传播的条件，对人类文明的发展起了重大的推动作用。

火药是我国古代人民在对炭、硫磺、硝石这三种物质逐步认识的基础上，经过实践

(特别是在炼丹的实践中)发明的。到公元 10 世纪，我国已将火药用于军事，推动了火药武器的发展。直到 1225～1248 年，火药经印度传入阿拉伯，14 世纪中叶火药才传入欧洲。火药爆炸的化学反应如下：

$$3C + 2KNO_3 + S = K_2S + N_2\uparrow + 3CO_2\uparrow$$

“China” 一词指中国，也指瓷器。早在公元前 5 世纪，我国就有原始瓷器的制造。劳动人民在长期的实践中，掌握了温度高达 1000℃以上的高温烧结技术，这是制瓷的关键。陶瓷烧结过程中发生的主要化学反应是在高温下合成硅酸钙：

$$CaO + SiO_2 \xlongequal{\triangle} CaSiO_3$$

此外，我国古代的酿造、染色、油漆、制革等工艺都与化学有着十分密切的关系。英国学者所著《中国的一百个世界第一》一书中，就有 14 项第一是与化学相关的。我国古代化学方面的辉煌成就，从一个侧面充分证明了中华民族是一个富有聪明才智和创造精神的伟大民族。

1.1.3　近代化学理论的创立

16 世纪初，欧洲工业化进程开始萌芽，人们逐渐认识到炼丹术的谬误和虚无，进而转向对物质化学变化本身的研究，以服务于实际生活和工业生产，这为化学成为一门真正的科学奠定了重要的基础。

1. 燃烧的秘密

17 世纪以来，欧洲的资本主义生产关系逐渐确定，工业蓬勃发展，冶金、陶瓷、肥皂、玻璃等工业发展很快，人们急需了解燃烧的本质。于是科学家们把注意力集中在探究燃烧的秘密上。

1）施塔尔与燃素说

1703 年，德国医生兼化学家贝歇尔(Becher，1635—1682)和他的学生施塔尔(Stahl，1660—1734)(图 1-3)共同提出著名的燃素说来解释燃烧现象。他们认为，“燃素是一种很微小的物质，它能穿过稠密的物质。燃素本身既不燃烧又不发光，也不可见。但是，一旦它迅速运动，就能将它的运动传递给接受它的物质粒子，产生火光。火就是一堆燃素的聚集体。”世界一切可燃物或多或少都含有燃素，含燃素多的物质，如油、木炭，燃烧就剧烈，而黄金、石头不含燃素，因此不能燃烧。

图 1-3　施塔尔
(Stahl，1660—1734)

1723 年，施塔尔在《化学基础》一书中系统地提出燃素是构成物质的一种元素，一切跟燃烧有关的化学变化都可以用燃素说来解释。《化学基础》是燃素说的代表作。

施塔尔认为燃素存在于一切可燃物中，在燃烧过程中释放出来，同时发光发热。燃烧是分解过程：

可燃物══灰烬＋燃素

金属══锻灰＋燃素

如果将金属锻灰和木炭混合加热，锻灰就吸收木炭中的燃素，重新变为金属，同时木炭失去燃素变为灰烬。木炭、油脂、蜡都是富含燃素的物质，燃烧起来非常猛烈，而且燃烧后只剩下很少的灰烬；石头、草木灰、黄金不能燃烧，是因为它们不含燃素。酒精是燃素与水的结合物，酒精燃烧时失去燃素，便只剩下了水。

空气是带走燃素的必需媒介物。燃素和空气结合，充塞于天地之间。植物从空气中吸收燃素，动物又从植物中获得燃素，所以动植物易燃。

燃素说在初期还是有它的功绩的，那就是化学家有了自己的学说，从而摆脱炼金术玄妙理论对化学界的束缚，所以恩格斯还称赞化学“借燃素说从炼金术解放出来”。

然而，一种学说是否正确必须经得起实践的检验。燃素说在事实面前却吃了败仗。首先，谁也没有看见过燃素，又不能用实验事实证明它的存在。其次，燃素说在许多实验事实面前显得束手无策。例如，燃素说认为燃烧就是燃烧物失去燃素，然而金属燃烧时质量反而增加。又如，石灰石受热失重，只跟放出气体有关而跟燃素存在与否毫无关系。

燃素说尽管是错误的，但它把大量的化学事实统一为一个概念，解释了冶金过程中的化学反应。燃素说流行的100多年间，化学家为了解释各种现象，做了大量的实验，积累了丰富的感性材料。特别是燃素说认为化学反应是一种物质转移到另一种物质的过程，化学反应中物质守恒，这些观点奠定了近现代化学思维的基础。

2）拉瓦锡与氧化说

燃素说这样一种矛盾百出、是非难分的理论，统治化学界达百年之久，使许多明智的学者感到观念非变更不可。

图 1-4 “化学之父”拉瓦锡
(Lavoisier，1743—1794)

1774 年，英国化学家普利斯特里(Priestley，1733—1804)用聚光镜加热氧化汞得到氧气。当时，他不知道这是氧气。次年 11 月，当他到巴黎讲学时，把这个制氧的实验在法国科学院当众表演，被在场的法国化学家拉瓦锡(Lavoisier，1743—1794)(图 1-4)看到。拉瓦锡由此得到启示，设计出一个具有划时代意义的实验(图 1-5)。拉瓦锡将少量的汞(水银)放入曲颈瓶，连续加热 12 天，结果发现有一部分银白色的液态汞变成红色的粉末，同时容器里空气的体积差不多减少了 1/5。再把汞表面上所生成的红色粉末(氧化汞)收集起来，放在另一个较小的容器里，经过强热后得到汞和氧气，而且氧气的体积恰好等于原来密闭容器里所减少的空气的那部分体积。他把得到的氧气加到前一个容器里剩下的约 4/5 体积的气体里，结果得到的气体同空气的物理性质、化学性质都完全一样。化学反应如下：

$$2Hg + O_2 \xlongequal{\triangle} 2HgO$$

$$2HgO \xlongequal{\triangle} 2Hg + O_2\uparrow$$

至此，拉瓦锡已有足够论据推翻燃素说，同时建立崭新的氧化说。他在论文中指出，燃烧绝不是可燃物放出燃素，而是它跟空气中的氧气发生猛烈的作用，从而放出光和热。空气是混合物，由能维持燃烧的氧气(约占 1/5)和不能维持燃烧的氮气(约占 4/5)混合组成。物质在空气中燃烧必须消耗氧气。金属在空气中加热时，金属跟氧气化合而生成氧化物，因此质量增加。非金属和有机物在空气中燃烧，生成的气态非金属氧化物或水等散逸到空气中，剩下灰烬，因此质量比先前减轻。

图 1-5　拉瓦锡的氧气证明实验示意图

拉瓦锡氧化说的建立是化学史上的一次伟大革命，也是一个伟大的里程碑。它推翻了统治化学界 100 多年的燃素说，代之以科学的氧化说，从而使化学在科学的道路上迅猛前进。

2. 对物质结构的探索

世界是由物质构成的。但是，物质又是由什么组成的呢？

物质的化学组成是反映物质内化学元素的质与量的范畴，是人们认识化学结构和化学反应的出发点，其基本理论主要是元素学说和原子分子论。

1) 元素学说

元素学说是人类在认识物质组成过程中最早提出的学说，是化学组成理论的基础，也是哲学探讨的重要课题。

自然界复杂繁多的万物是否由少数基本物质即元素构成？万物是否统一于少数几种元素？古代哲学家最早提出了这一问题。公元前 7 世纪左右，西方的自然哲学提出物质结构的思想。希腊的泰立斯认为水是万物之母，万物统一于水；黑拉克里特斯认为，万物是由火生成的；古希腊哲学家亚里士多德在《发生和消灭》一书中，论证物质构造时以四种“原性”作为自然界最原始的性质，它们是热、冷、干、湿，把它们成对地组合起来便形成四种“元素”，即火、气、水、土，然后构成各种物质(图 1-6)。公元前 4 世纪或更早，古代中国人提出了阴阳五行学说，认为万物是由金、木、水、火、土五种基本物质组合而成，而五行则是由阴阳二气相互作用而成的；用“阴阳”这个概念解释自然界两种对立和互相消长的物质势力，认为二者的相互作用是一切自然现象变化的根源。

上面这些元素思想虽然缺乏科学依据，只是主观臆测，而且也还远远不是科学的元素概念，都未能触及物质结构的本质，然而毕竟是从物质世界本身来说明物质世界和寻找统一物，从而体现了一种朴素的唯物主义思想，是物质结构及变化理论的萌芽。

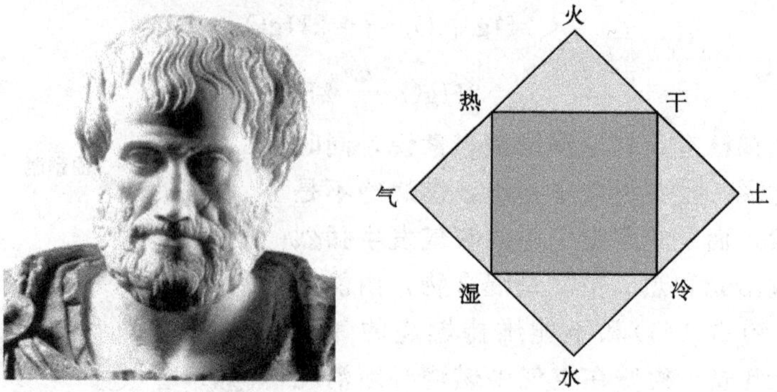

图 1-6　亚里士多德及其四元素论

图 1-7　波义耳
(Boyle，1627—1691)

化学发展的历史上，英国化学家波义耳(Boyle，1627—1691)(图 1-7)第一次给元素下了一个明确的定义。17 世纪 50 年代，波义耳继承了古代朴素元素思想，并依靠化学实验研究了组成物质的元素。他指出：“元素是构成物质的基本，它可以与其他元素相结合，形成化合物。但是，如果把元素从化合物中分离出来，它便不能再被分解为任何比它更简单的东西。”

波义耳之所以能够提出科学的元素概念，从根本上来看是他接受了当时刚刚兴起的微粒哲学，这使他能够用物质微粒及其运动的观点对化学现象做出机械论的解释，而无需诉诸于超自然的、人格化的因素，冲破了长期居于统治地位的神秘主义哲学的束缚。此外，还在于他超出了古代哲学家的思维方式，不是依靠主观臆断，而是依靠科学实验来剖析物质，寻找和确定元素，进而建立科学的元素观。波义耳还主张，不应该单纯把化学看作一种制造金属、药物等从事工艺的经验性技艺，而应把它看成一门科学。因此，波义耳被认为是“将化学确立为科学的人”(恩格斯)。

2) 原子分子论

人类对物质结构的认识是永无止境的，物质是由元素构成的，那么，元素又是由什么构成的呢？1803 年，英国化学家道尔顿(Dalton，1766—1844)(图 1-8)创立的原子学说进一步解答了这个问题。

图 1-8　道尔顿
(Dalton，1766—1844)

原子学说的主要内容有三点：①一切元素都是由不能再分割和不能毁灭的微粒组成，这种微粒称为原子；②同一种元素原子的性质和质量都相同，不同元素原子的性质和质量不同；③一定数目的两种不同元素化合以后，便形成化合物。

原子学说成功地解释了不少化学现象和当时已知的一些

化学定律，且在原子论的指导下开始了相对原子质量的测定工作，并得到了第一张相对原子质量表，为化学的发展奠定了重要的基础。道尔顿创立的原子学说，其功绩正如恩格斯所说的“化学的新时代，是随着原子论才开始的”。

尽管道尔顿的原子论比其同时代的其他微观结构理论更为科学严谨，但由于受当时科学技术发展水平的限制，以及形而上学自然观的影响，它仍旧存在着缺陷和错误。首先，道尔顿的原子论没有区分原子和分子；其次，在现代科学揭示了原子的内部结构之后，原子不可分割的论点显然是错误的。例如，1808 年，法国学者盖·吕萨克进行了气体反应实验，提出气体化合体积定律：在同温同压下，气体反应中各气体体积比为简单的整数比。他利用刚刚诞生的原子论解释上述定律，很自然地得出这样的结论：同温同压下的各种气体，相同体积内含有相同的原子数。根据这个观点就会得出“半个原子”的结论。例如，由一体积氯气与一体积氢气生成了两体积氯化氢，每个氯化氢都只能是半个原子的氯和半个原子的氢组成，这与原子不可分割的观点直接对立，这个问题成为盖·吕萨克与道尔顿争论的焦点。为了解决这个矛盾，意大利化学家阿伏伽德罗于 1811 年提出分子学说，进一步补充和发展了道尔顿的原子学说。他认为，许多物质往往不是以原子的形式存在，而是以分子的形式存在。例如，氧气是以两个氧原子组成的氧分子，而化合物实际上都是分子。阿伏伽德罗还指出：同温同压下，同体积气体所含分子数目相等。这样原子学说和气体化合体积定律就得到统一。至此，近代化学的理论基础基本建立。它表明：不同元素代表不同原子，原子按一定方式或结构结合成分子，分子的结构直接决定其性能，分子进一步组成物质。这个理论基础在化学的发展进程中不断深化和扩展。

元素、原子、分子和相对原子质量也是现代化学科学中最基本的几个概念。从此以后，化学由宏观进入微观的层次，使化学研究建立在原子和分子水平的基础上。

1.1.4　现代化学的兴起

19 世纪末，物理学出现了三大发现，即伦琴射线(X 射线)、放射性和电子。这些新发现猛烈地冲击了道尔顿关于原子不可分割的观念，从而打开了原子和原子核内部结构的大门，揭示了微观世界中更深层次的奥秘。

1. 三大发现

1）X 射线

1876 年，德国物理学家哥耳德斯坦(Goldstenin，1850—1931)在实验室中发现阴极射线后，英国物理学家克鲁克斯提出：阴极射线是非常小的粒子，而哥耳德斯坦却认为阴极射线是类似于光的辐射，但他们都没有确切的实验依据。

为了弄清楚阴极射线的性质，许多科学家对阴极射线进行了实验研究，其中就包括德国实验物理学家、首届诺贝尔物理学奖获得者伦琴(Rntgen，1845—1923)(图 1-9)。伦琴的前期实验证明，阴极射线可以穿透几厘米空气。1895 年 11 月 8 日晚，当他进一步实验时，为了阻止紫外线、可见光的影响，并且又不使管内的可见光泄漏出管外，伦琴用黑色的硬纸板将放电管严密地封好。当他在暗室里接通高压电源时，意外发现 1m

以外的涂有亚铂氰化钡的荧光屏发出了荧光；而一旦断开电源，荧光就即刻消失。他把荧光屏逐渐移远，发现将其移到 2m 左右，屏上仍有荧光出现。这一现象使他很惊讶，因为他明白阴极射线只能穿透几厘米空气，而绝不能使一两米外的荧光屏发光，而且阴极射线是不能透过玻璃管的，那么透过玻璃管使荧光屏发光的究竟是什么射线呢？

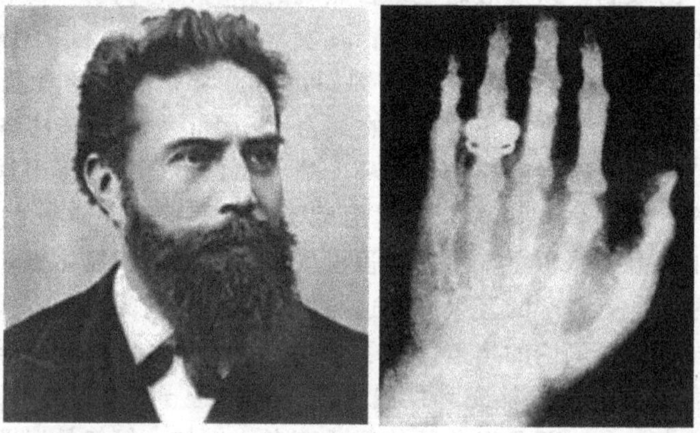

图 1-9　伦琴(Rntgen，1845—1923)及人类史上第一张 X 射线照片

作为一个真正的科学研究者，伦琴当时感兴趣的是新的、尚未经历过的东西。为了对这一现象做出全面检验，并从中得到“完美无瑕的结果”。他废寝忘食、夜以继日，在实验室里连续工作 6 周，经过反复实验之后，伦琴确信他发现了一种尚未为人所知的新射线。由于当时新射线的本质还不太清楚，所以他把这种新射线称为“X 射线”。

1895 年 12 月 28 日，伦琴向维尔茨堡物理学医学协会做了题为《一种新的射线——初步报告》的报告，宣布他发现 X 射线，并阐述了这种射线具有直线传播、穿透力强、不随磁场偏转等性质。1896 年 3 月，伦琴又发表了第二篇论文《一种新的射线(续篇)》。一年以后，他发表了第三篇论文《关于 X 射线性质的进一步观察》，深入探讨了 X 射线的性质。

直到 1912 年，他的同胞劳厄根据晶体衍射的新发现判定，X 射线是频率极高的电磁波。随后，莫塞莱(Moseley)证实 X 射线是由于原子中内层电子跃迁所发生的辐射。

2）放射性

19 世纪末，伦琴发现 X 射线，贝克勒尔发现铀的放射现象，这些都激发了居里夫人对它们进行研究的欲望。她将铀产生放射线的过程定名为“放射性”，把有放射性的元素(如铀、钍等)命名为“放射性元素”。

自 1898 年夏天起，居里夫妇合作研究了 8 年，终于在铀沥青矿石中发现两种新的放射性元素。居里夫人把其中的一种命名为 Polonium(钋)，以纪念她的祖国波兰；而另一种，居里夫妇在法兰西科学博士院报告书上发表的文章中宣布：“我们提议命名为镭，并且相信镭的放射性大得无与伦比。”

1902 年，经过数千次对铀沥青矿渣的结晶处理，他们终于成功地制得了 1g 纯镭。

镭的诞生使居里夫妇扬名全世界，被人们称为“镭的父母”。1903 年，瑞典科学博士学院将诺贝尔物理学奖授予居里夫妇。就在居里夫妇声名日盛，进一步对镭进行研究时，居里先生却不幸在一场意外的车祸中去世。居里夫人(Marie Curie，1867—1934)(图 1-10)忍着巨大的悲痛，继续对镭进行深入研究。1911 年，因为在化学方面的突出贡献，居里夫人获得诺贝尔化学奖。她也成为诺贝尔奖历史上唯一分别获取诺贝尔物理学奖和化学奖的伟大科学家。

图 1-10　居里夫人(Marie Curie，1867—1934)

3) 电子

自放电管问世以来，人们纷纷研究真空放电。伦琴从放电管阴极发出的射线发现了 X 射线，贝克勒尔从对 X 射线的研究中发现了铀的天然放射性，居里夫妇又进一步研究发现了镭。镭可以自己发光发热，这又给物理学提出了一个无法解释的大难题：阴极射线本身到底是什么呢？19 世纪末，有的科学家说它是电磁波，有的科学家说它是由带电的原子组成，有的则说是由带阴电的微粒组成，一时众说纷纭，得不出公认的结论。

1897 年，英国物理学家汤姆孙(Thomson，1856—1940)通过稀薄气体放电实验，揭开了阴极射线的真面目。汤姆孙的实验过程如下：他将一块涂有硫化锌的小玻璃片放在阴极射线所经过的路径上，看到硫化锌会发闪光，这说明硫化锌能显示出阴极射线的“径迹”。他发现在一般情况下，阴极射线是直线行进的，但当射线管的外面加上电场时，阴极射线会发生偏折。根据其偏折的方向，不难判断出阴极射线带电的性质。汤姆孙得出结论：这些“射线”是带负电的物质粒子，他称之为“微粒”，后被命名为“电子”。后来，汤姆孙又通过实验测定了电子的质荷比。

汤姆孙发现了原子中电子的存在，它明确地向人们展示：原子是可以继续分割的，有着自己的内部结构。那么，这个结构是怎么样的呢？汤姆孙在当时缺乏实验证据，于是他展开自己的想象，勾勒出这样的图景：原子呈球状，带正电荷；而带负电荷的电子则一粒粒地“镶嵌”在这个圆球上。这样的一幅画面，也就是史称的“葡萄干布丁”模型(图 1-11)，电子就像布丁上的葡萄干一样。

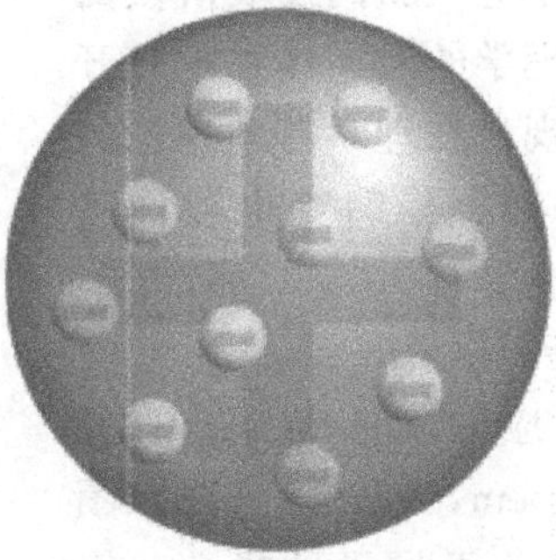

图 1-11　汤姆孙(Thomson，1856—1940)和“葡萄干布丁”原子结构模型

在发现电子之前，一般都认为原子是“不可分割的”。汤姆孙的发现指出，原子是由许多部分组成的，电子的发现标志着科学的一个新时代，因而人们称他是“一位最先打开通向基本粒子物理学大门的伟人”。1906 年，汤姆孙荣获诺贝尔物理学奖。值得一提的是，他的儿子乔治·佩杰特·汤姆孙(G. P. Thomson)后来因证实电子是一种波也被授予诺贝尔物理学奖。

2. 原子结构的秘密

汤姆孙发现电子的事实，使人们打破了原子是不可分割的物质最小单位的概念。既然电子来自于原子，那么除电子之外，原子里还有什么东西呢？电子在原子里又是怎样分布的呢？许多科学家为探寻原子结构的奥秘做出了卓越的贡献。

1）普朗克量子论

图 1-12　普朗克
(Planck，1858—1947)

1900 年，德国柏林大学的教授普朗克(Planck，1858—1947)(图 1-12)首先提出了“量子论”。1906 年 12 月 14 日，普朗克在柏林的物理学会上发表了题为《论正常光谱的能量分布定律的理论》的论文，这一天被认为是量子物理学诞生的日子。

普朗克很早就投入了对黑体辐射的探索研究中，在用经典物理理论无论如何都无法解释探索结果的情况下，他否定了经典物理理论，提出崭新的量子学说新概念，并据之得出了普朗克公式[式(1-1)]，把辐射能量与辐射光谱统一起来，解决了黑体辐射问题。普朗克的量子学说认为，辐射是由一份一份的能量组成，就如物质是由一个个原子组成一样。辐射中的一份能量即是一个量子。量子的能量取决于辐射的波长，波长越短，能量越大；波长越长，能量越小。换句话说，就是量子的能量与波长成反比，与频率成正比。

$$E = h\nu \tag{1-1}$$

式中：E 为能量；ν 为频率；h 为普朗克常量，值为 $6.626\times10^{-34}\,\mathrm{J\cdot s}$。

量子论是物理学进入新的发展阶段的标志。它在经典物理学的宏大体系中打开了第一个缺口，为现代物理学基本理论的建立奠定了新的基础。普朗克也被称为“量子论的奠基人”。

2）爱因斯坦光子学说

为解释光电效应的实验结果，1905 年，爱因斯坦(Einstein，1879—1955)(图 1-13)推广了普朗克关于量子的概念，提出光子学说。

图 1-13　爱因斯坦(Einstein，1879—1955)

(1) 光电效应。光电效应由德国物理学家赫兹于 1887 年发现，这一发现对发展量子理论起了根本性作用。在光的照射下，某些物质内部的电子被光子激发出来而形成电的现象称为光电效应(photoelectric effect，如图 1-14 所示)。

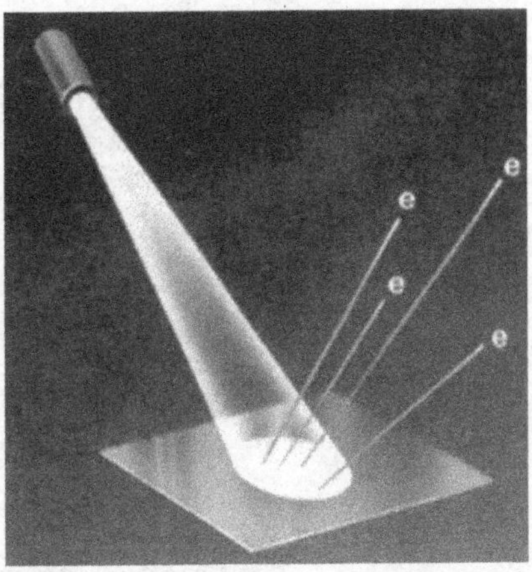

图 1-14　光电效应示意图

光电效应的实验规律：①阴极发射的光电子数和照射光强度成正比；②光电子脱出物体时的初速度和照射光的频率有关而与发光强度无关，也就是说，光电子的初动能只和照射光的频率有关而与发光强度无关；③仅当照射物体的光频率不小于某个确定值时，物体才能发出光电子，这个频率称为极限频率。

(2) 光子学说。为了解释光电效应，1905 年，爱因斯坦在普朗克量子论的基础上提出光子学说。爱因斯坦大胆假设：光和原子、电子一样也具有粒子性，光就是以光速 c 运动着的粒子流，他把这种粒子称为光量子(简称光子)。根据爱因斯坦光子学说，光是一束光子流，每一个光子携带的能量 E 与光的频率 ν 成正比，而与光强度无关，光子流的密度与光强度成正比。

光子学说成功地解释了光电效应。爱因斯坦为此获得 1921 年诺贝尔物理学奖。

爱因斯坦的光子学说发展了普朗克所开创的量子理论。在普朗克的理论中，还是坚持电磁波在本质上是连续的，只是假定当它们与器壁振子发生能量交换时电磁能量才显示出量子性。爱因斯坦克服了普朗克量子论的不彻底性，把量子性从辐射的机制引申到光的本身上，认为光也是不连续的，光不仅在吸收和发射时是量子化的，而且光的传播本身也是量子化的。爱因斯坦的光子学说恢复了光的粒子性，使人们终于认清了光的波粒双重性，并在它的启发下，发现了德布罗意物质波，使人们认清了微观世界的波粒二象性，为后来量子力学的建立奠定了基础。

3) 卢瑟福行星原子模型

1909 年，盖革和马斯顿在英国物理学家卢瑟福(Rutherford，1871—1937)的指导下进行了著名的“α 粒子散射实验”(图 1-15)。他们用 α 粒子轰击很薄的金箔做的靶子，并通过荧光屏记数，观测穿过金箔的 α 粒子被金原子散射的情况。实验表明，绝大多数 α 粒子笔直地穿过金箔，有少数 α 粒子发生偏折，只有极少数 α 粒子发生大角度的偏折，甚至被反弹回来。根据 α 粒子散射实验结果，卢瑟福在 1911 年提出了“行星原子模型”：原子的中心有一个核心，称为原子核，电子围绕原子核在不停地旋转，原子质量的绝大部分以及原子内的全部正电荷都集中在原子核上。

卢瑟福根据“α 粒子散射实验”发现了原子核，并提出原子结构的“行星模型”(图 1-16)，这具有重大的科学意义。卢瑟福也因为开创了原子核物理学这一新领域，而被人们尊称为原子核物理学之父。但卢瑟福的“行星原子模型”存在一个致命弱点：正、负电荷之间的电场力无法满足稳定性的要求，即无法解释电子是如何稳定地待在核外。

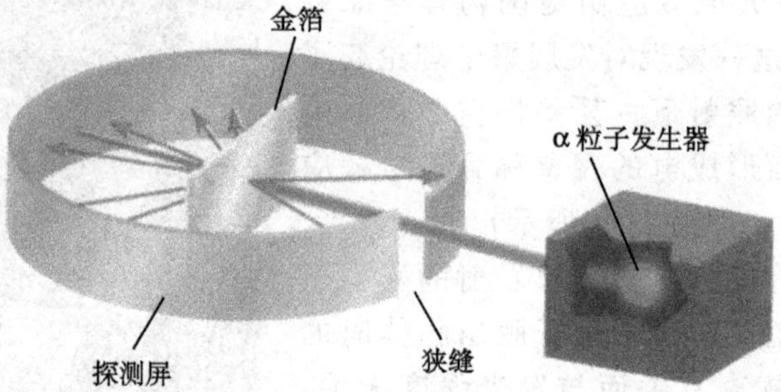

图 1-15 α粒子散射实验

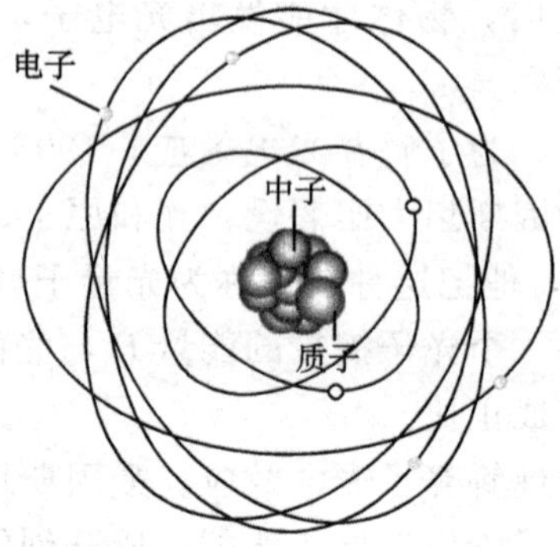

图 1-16 卢瑟福(Rutherford，1871—1937)及其“行星原子模型”

4)玻尔理论

(1) 氢原子光谱的实验结果。氢原子光谱是最简单的原子光谱，由埃斯特朗首先从氢放电管中获得，后来，哈根斯和沃格耳等在拍摄恒星光谱时也发现了氢原子光谱线。

在一个熔接着两个电极且抽成真空的玻璃管内，装进高纯的低压氢气，然后在两极施加很高的电压，使低压气体放电，氢原子在电场的激发下发光。这种光线经狭缝，再通过棱镜分光后可得含有几条谱线的线状光谱，即氢原子光谱(图 1-17)。在可见光区范围内，氢原子光谱有四条明显不连续的谱线，即 H_α、H_β、H_γ、H_δ，它们各自都有特征的波长和频率。随着研究的深入发现，氢原子光谱在红外区和紫外区还可以找到一系列谱线。这些谱线的频率均满足 1890 年里德伯归纳的公式[式(1-2)]：

$$\nu = 3.289 \times 10^{15} \times \left(\frac{1}{n_1^2} - \frac{1}{n_2^2}\right) \tag{1-2}$$

式中：ν 为谱线的频率；n_1、n_2 都是正整数，且 $n_1 < n_2$。

(2) 玻尔对氢原子光谱实验结果的解释。氢原子光谱是一种线状光谱，是不连续的。经典电磁理论无法解释氢原子光谱。

1913 年，丹麦物理学家玻尔(卢瑟福的学生，Bohr，1885—1962)(图 1-18)结合氢原子线状光谱的实验事实，在普朗克量子论、爱因斯坦光子学说、卢瑟福行星原子模型的基础上提出著名的“玻尔理论”，认为核外电子是分层排布的，并成功地解释了氢原子光谱的实验结果。

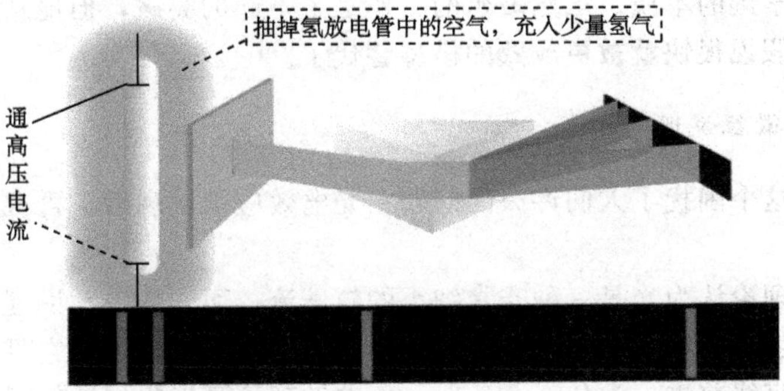

图 1-17　氢原子光谱实验

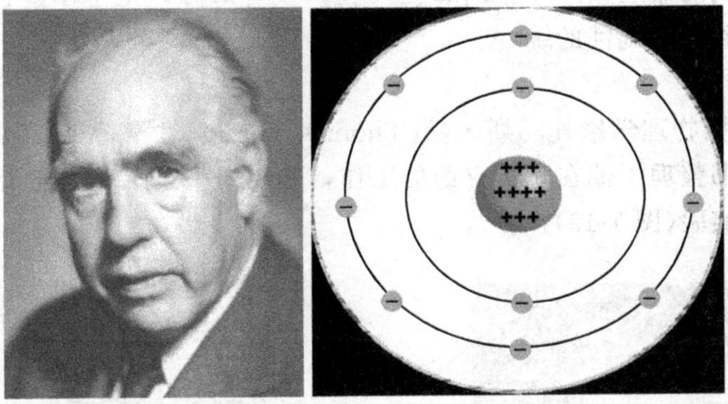

图 1-18　玻尔(Bohr，1885—1962)及“玻尔模型”

玻尔理论建立在三个假设的基础上：①定态假设，原子系统只能存在于一系列不连续的能量状态中(E_1、E_2、E_3、…)，在这些状态中，电子绕核做加速运动而不辐射能量，这种状态称为原子系统的稳定状态(定态)；②轨道假设，原子中的稳定轨道并不只一条，而是有很多条，在这些稳定轨道中能量最低的称为基态，其余的称为激发态；③跃迁假设，在正常情况下，原子中的电子处于基态，当电子受到激发时就可以从基态跃迁到激发态。激发态的电子并不稳定，会发生电磁辐射放出光子，直接或逐步回到基态，放出的光子所具有的能量等于两个轨道的能量差。

玻尔理论的提出，打破了经典物理学一统天下的局面，开创了揭示微观世界基本特征的前景，为量子理论体系奠定了基础，是一个了不起的创举，因此爱因斯坦评价玻尔的原子结构模型是思想领域中最高的音乐神韵。

玻尔理论的成功之处在于玻尔在阐述其理论时引入了量子的概念，使玻尔理论能成功地解释氢原子光谱的实验结果，并可用来计算氢原子的电离能。玻尔对原子结构模型的研究成果，使他获得了 1922 年诺贝尔物理学奖。但玻尔理论本身仍是以经典理论为基础，并未完全冲破经典力学理论的束缚，仍然把微观粒子(电子)在原子核外的运动视为像太阳系模型那样沿着固定轨道绕核旋转。所以玻尔理论存在其不可避免的缺陷：无法解释氢原子光谱的精细结构；不能解释多电子原子、分子的光谱；更不能解释原子如何形成分子即化学键的本质。虽然玻尔的工作是了不起的突破，但他从少数数据得到的几条令人困惑的假说很快就被更成熟的模型替代了。

3. 波动说与微粒说理论之争

光是什么？这个困扰了人们许久的问题在光电效应被发现后，再次成为波动说和微粒说争论的焦点。

光的微粒说理论认为光是一种非常细小的粒子流，而光的波动说理论认为光是由于介质的振动而产生的一种波。微粒说从直观上看来是很有道理的，它可以很好地解释为什么光总是沿着直线前进，为什么会反射；而波动理论可以很好地解释光的干涉、衍射现象。光的本质究竟是波还是粒子？波动说和微粒说就这个问题展开了一场长达数世纪之久的争论。他们的命运始终互相纠缠在一起，没有对方，谁也不能说自己是完整的。最后，两者又得到了戏剧性的统一。

1) 光的干涉

1807 年，英国物理学家托马斯·杨(Thomas Young，1773—1829)出版《自然哲学讲义》一书。该书整理了他在光学方面的工作，并在书中第一次描述了他那个名扬四海的光的双缝干涉实验(图 1-19)。

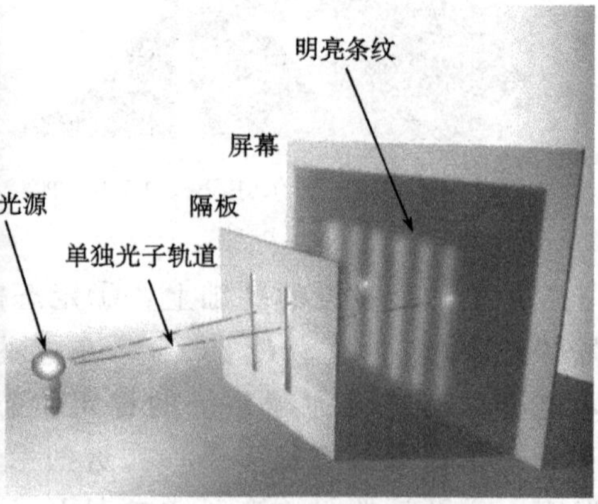

图 1-19 托马斯·杨(Thomas Young，1773—1829)和杨氏双缝干涉实验

托马斯·杨的实验手段极其简单：将一个点光源射出的光(从一个点发出的光源)穿过两道平行的狭缝投到屏幕上，就会形成一系列明暗交替的条纹，这就是著名的干涉条纹。

杨氏双缝干涉实验及干涉条纹有力地证明了光的波动性，托马斯·杨还根据干涉实验，首次计算出光的波长应该为 $4.23\times10^{-5}\sim7.05\times10^{-5}\ cm^{-1}$。后来的历史证明，这个实验完全可以跻身于物理学史上最经典的前五个实验之列。

2）光的衍射

在传播路径中，光遇到不透明或透明的障碍物，其绕过障碍物，产生偏离直线传播的现象称为光的衍射(图 1-20 和图 1-21)。

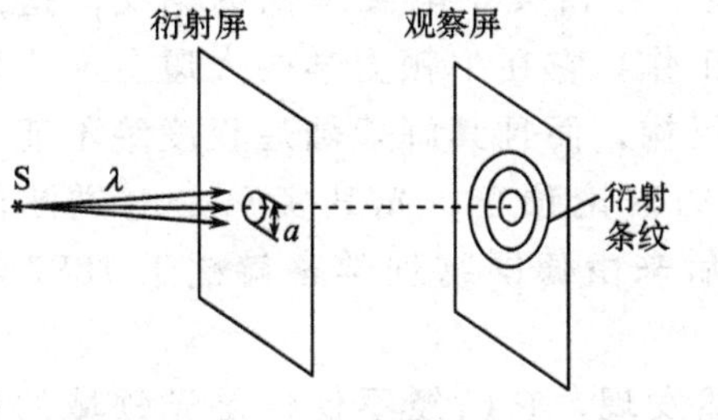

图 1-20　光的圆孔衍射图

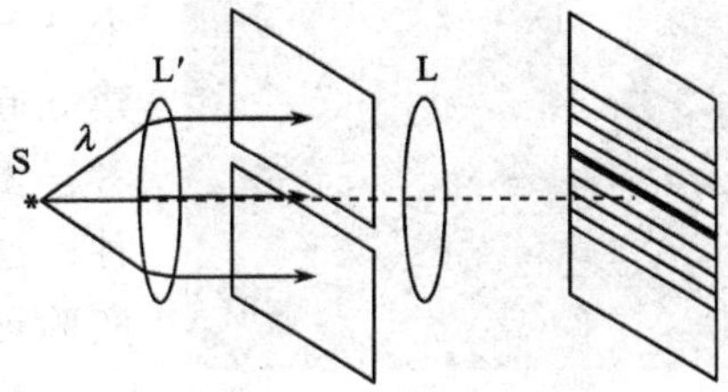

图 1-21　光的单缝衍射图

1819 年，为了解释光的衍射，法国工程师菲涅耳(Fresnel，1788—1827)(图 1-22)发表了一篇论文《关于偏振光线的相互作用》。在这篇论文里，菲涅耳革命性地认为光是一种横波(也就是类似水波，振子做相对于传播方向垂直运动的波)。从这个观点出发，他以严密的数学推理，圆满地解释了光的衍射。但法国数学家泊松对此进行了仔细的审查发现，当把这个理论应用于圆盘衍射(将一个圆盘状物体放在光束中，观察光的衍射现象)时，阴影中间将会出现一个亮斑。这在泊松看来是十分荒谬的，影子中间怎么会出现亮斑呢？菲涅耳进行了实验检测，结果发现确实有一个亮点(后来被称为“泊松亮斑”)奇迹般地出现在圆盘阴影的正中心，位置和亮度与理论计算符合得相当完美。

图 1-22　菲涅耳(Fresnel，1788—1827)和圆盘衍射

菲涅耳对于光的衍射的解释及泊松亮斑的事实再一次证明了光的波动性，似乎光的波动性已经毋庸置疑。但还是有一个小小的难题拦在波动理论的前面，就是光的传播介质的问题。光是一种横波的事实已经十分清楚，它传播的速度也得到了精确测量，数值达到 $3\times10^{8}\,m\cdot s^{-1}$，是一个惊人的高速。通过传统的波动论，我们必然可以得出它的传播媒介的性质：这种媒介必定是十分的坚硬，比最硬的物质金刚石还要坚硬不知多少倍。然而事实是从来就没有任何人能够看到或者摸到这种媒介，也没有实验能测到它的存在。

3）波粒二象性

图 1-23　麦克斯韦
（Maxwell，1831—1879）

（1）麦克斯韦电磁理论。伟大的英国科学家麦克斯韦（Maxwell，1831—1879）（图 1-23）于 1856、1861 和 1865 年发表了三篇关于电磁理论的论文。这是一个开天辟地的工作，它在牛顿力学的大厦上又完整地建立起另一座巨构，而且其辉煌灿烂程度绝不亚于前者。麦克斯韦的理论预言，光其实只是电磁波的一种。这个预言后来由德国物理学家赫兹于 1887 年用实验证实。

波动说突然发现，它已经不仅仅是光领域的统治者，而是业已成为整个电磁王国的最高司令官。波动说的光辉到达了顶点，而它所依靠的就是麦克斯韦的电磁理论。

（2）光电效应的解释。1887 年赫兹发现光电效应后，随着对其研究的不断深入，人们不久便知道了两个基本的事实：首先，对于某种特定的金属来说，光是否能够从它的表面打击出电子，这只和光的频率高低有关。频率高的光线（如紫外线）便能够激发出能量较高的电子，而频率低的光（如红光、黄光）则一个电子也激发不出来。其次，能否激发出电子，这和光的强度无关。再弱的紫外线也能够激发出金属表面的电子，而再强的红光也无法做到这一点。增加光线的强度，能够做到的只是增加激发出电子的数量。例如，强烈的紫光相对微弱的紫光来说，可以从金属表面激发出更多的电子。

对于光电效应的这些事实，麦克斯韦电磁理论却无法给出合理的解释。电磁理论认为，光作为一种波动，它的强度代表了它的能量，增强光的强度应该能够打击出更高能量的电子。但实验表明，光的强度只能决定激发的电子数目，而光的频率才是决定能否激发电子的唯一因素。

1905 年，爱因斯坦在普朗克量子论的基础上提出光子学说，从量子论的角度出发很好地解释了光电效应。频率更高的光线，如紫外光，它的单个量子要比频率低的光线具有更高的能量（$E=h\nu$），因此当它的量子作用到金属表面时，就能够激发出拥有更多动能的电子。而量子的能量和光线的强度没有关系，强光只不过包含了更多数量的光量子而已，所以能够激发出更多数量的电子。但是对于低频光（如红光）来说，它的每一个量子都不足以激发出电子，含有再多的光量子也无济于事。

（3）康普顿效应。光量子、光子究竟是什么？是否真的有光子的存在？这些问题引起了许多科学家的兴趣。很快，美国物理学家康普顿（Compton，1892—1962）就通过实验证明了光子的存在。

1923 年，康普顿在研究 X 射线被自由电子散射时，发现一个奇怪的现象：散射出来的 X 射线分成两个部分，一部分和原来的入射射线波长相同，而另一部分却比原来的射线波长要长，具体的大小和散射角存在着函数关系。这就是著名的康普顿效应（图 1-24）。

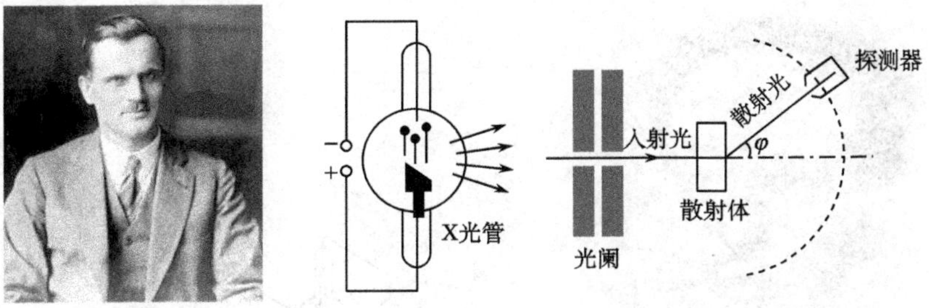

图 1-24　康普顿(Compton，1892—1962)和康普顿效应示意图

按照通常的波动理论，散射应该不会改变入射光的波长。但是怎么解释多出来的那一部分波长变长的射线呢？康普顿引入光量子的假设，把 X 射线看作能量为 $h\nu$ 的光子束的集合。分波长变长的射线是因为光子和电子碰撞所引起的。光子像普通的小球那样，不仅带有能量，还具有冲量，当它和电子相撞时，便将自己的能量交换一部分给电子，从而使光子的能量下降。根据公式 $E=h\nu$，E 下降导致频率 ν 下降，也就是波长变长。在粒子的基础上推导出波长变化和散射角的关系式，和实验符合得一丝不差。康普顿总结道：“现在，几乎不用再怀疑 X 射线是一种量子现象了……实验令人信服地表明，辐射量子不仅具有能量，而且具有一定方向的冲量。”

后来，有人评价说：上帝缔造了光，爱因斯坦指出了什么是光，而康普顿，则第一个在真正意义上“看到”了光。

(4) 波粒二象性。光的干涉、衍射和光的电磁说，成功地从实验和理论上证明光具有波动性；光电效应和光子学说成功地从实验和理论上证明光具有粒子性。那么，光究竟是什么？光的波动性和粒子性仅仅只是矛盾吗？

实际上，光的波动性和粒子性不仅仅只是对立的，二者还是统一的。大量光子显示出光的波动性，少量光子显示出光的粒子性；光在传播过程显示光的波动性，光与物质相互作用时，显示出光的粒子性。可见，光既具有波动性又具有粒子性，即光具有波粒二象性。

1924 年，法国物理学家德布罗意(de Bröglie)(图 1-25)在光的波粒二象性的启发下，大胆地提出电子、原子、分子等微观粒子也具有波粒二象性的假设。他的假设后来为实验所证实。

1927 年，戴维孙(C. T. Davisson)等通过电子衍射实验发现(图 1-26)：当一束电子以一定的速度穿过晶体投射到照相底片上时，由于晶体起着光栅的作用，在底片上得到的不是一个点而是一系列明暗相间的衍射环纹。电子能发生衍射现象，说明电子运动与光相似，具有波动性。后来陆续发现的事实和许多实验都一再证实微观粒子具有波动性。例如，运动着的质子、中子、α 粒子等都会发现衍射现象。这说明波粒二象性确实是微观粒子运动的特征。

图 1-25 德布罗意(de Bröglie，1892—1987)

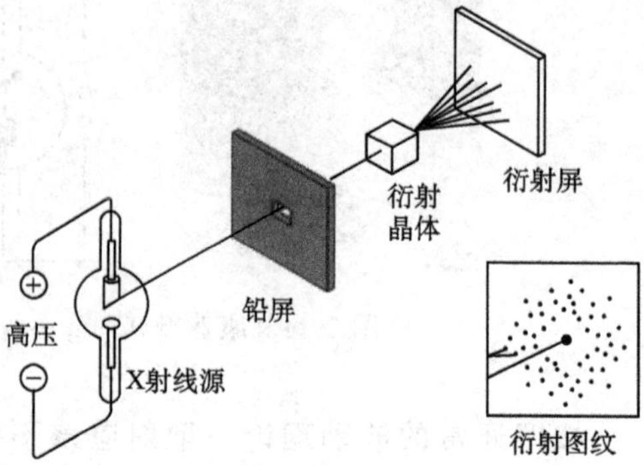

图 1-26 电子衍射和电子衍射图

图 1-27 薛定谔(Schrodinger，1887—1961)

4）薛定谔方程

由于微观粒子具有波粒二象性，描述宏观物体运动规律和运动状态的经典物理方法对微观粒子已不适用。1926 年，奥地利物理学家薛定谔(Schrodinger，1887—1961)(图 1-27) 根据德布罗意物质波的观点，建立了描述微观粒子运动规律的方程式——薛定谔方程。这个方程是一个二阶偏微分方程，其形式如下：

$$\frac{\partial^2 \psi}{\partial x^2}+\frac{\partial^2 \psi}{\partial y^2}+\frac{\partial^2 \psi}{\partial z^2}+\frac{8\pi^2 m}{h^2}(E-V)\psi=0 \qquad (1\text{-}3)$$

此方程中包含了体现微粒性(如微粒质量 m、体系总能量 E)和波动性(波函数 ψ)的两种物理量。解薛定谔方程，就可以求出描述微观粒子运动状态的函数——波函数 ψ，以及与此状态相应的能量 E。实验证明，薛定谔方程式是正确的，它反映了微观粒子的运动特征。

图 1-28 海森堡(Heisenberg，1901—1976)

1926 年 1 月～6 月，薛定谔连续发表四篇论文，从而建立了一种全新的力学体系——波动力学。

为描述具有波粒二象性的微观粒子，1925 年，德国物理学家海森堡(Heisenberg，1901—1976)(图 1-28)建立了另一种全新的力学体系——矩阵力学。

事实上，矩阵力学和波动力学在数学上来说是完全等价的，只不过一个是从粒子的运动方程出发，一个是从波动方程出发。从矩阵出发，可以推导出波动函数的表达形式，而反过来，从波函数也可以推导出矩阵表达形式。1930 年，英国物理学家狄拉克(Dirac，1902—1984)(图 1-29)将两种力学完美地统一起来，作为一个理论的不同表达形式。因此，狄拉克被称为量子力学的“集大成者”。

图 1-29　狄拉克(Dirac，1902—1984)

5)不确定性原理

1927 年，海森堡在建立矩阵力学的过程中，提出量子力学的一个基本原理——不确定性原理，其表现形式为海森堡关系式：

$$\Delta x \cdot \Delta p \geqslant h \tag{1-4}$$

式中：Δx 为位置的不准量；Δp 为动量的不准量；h 为普朗克常量。

海森堡发现，测量微观粒子时，位置和动量的误差的乘积必定大于普朗克常量 h。如果把位置 x 测量得非常精确，也就是 Δx 非常小，那么相应地 Δp 必定会变得非常大，也就是关于 p 的认识就要变得非常模糊和不确定。反过来，如果把动量 p 测得非常精确，则位置 x 就变得摇摆不定，误差急剧增大。

海森堡的这一原理于 1927 年发表在《物理学杂志》上，被称为“uncertainty principle”。当它最初被翻译成中文时，被译成“测不准原理”，不过现在大多数都改为更加具有普遍意义的“不确定性原理”。不确定性原理是由微观粒子的本性即波粒二象性所决定的。

应该指出的是，不确定性原理并不是说微观粒子的世界及其运动是虚无缥缈、不可认识的，而只是说明不能把微观粒子和宏观物体一样用经典力学的方法处理，这样就促使人们对微观世界的客观规律做全面、深刻的了解和研究。

1.1.5　化学的继往开来

前面回顾了化学学科的发展简史，接下来简要介绍化学学科的现状，并展望未来化学的前景。

1. 20 世纪的化学

化学是一门中心的、实用的和创造性的科学。化学包含着两种不同类型的工作：有些化学家在研究自然界并试图了解它，同时另一些化学家则在创造自然界不存在的新物质和完成化学变化的新途径。20 世纪的化学在推动人类进步和科技发展中起到核心作用。

(1) 化学成为解决人类进步的物质基础的核心科学：制造或创造出自然界已有或不存在的物质；提供分析手段，研究结构—性质—功能的关系，预测、裁剪、设计分子；掌握一些理论，用于解决生产、生活问题。

(2) 在相关学科的发展中，化学牵动其他学科向分子层次发展(生命科学、天文学)；化学研究带动其他学科的过程研究(工业、农业、环保、能源)；化学带动材料科学的发展；化学实验方法学推动其他学科在分子层次上观察和测定物质的变化过程。

虽然作为一门独立的学科存在，但是相对于其他学科而言，化学是一个更为开放的

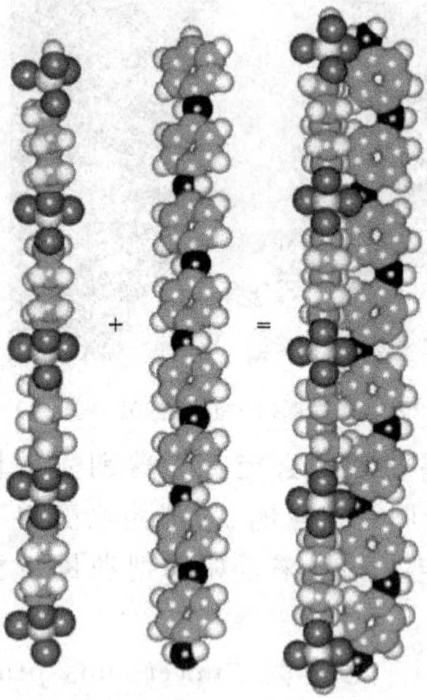

图 1-30 高分子化学

研究体系。它更多地运用包括数学、物理和应用技术学科在内的一切可用的方法原理和技术手段，几乎涉及所有的自然科学分支。在现实生活和工农业生产中，化学问题更是无法回避的。化学学科自身的特色在于，一方面发现、合成新的化合物，研究其构效关系；另一方面则是深入研究化学反应理论和设计化学反应的最佳过程。工业革命直接推动了近代化学的建立和发展。随着20世纪末21世纪初信息技术革命的兴起，当今化学的发展历程已进入了一个崭新的阶段，最为突出的是研究内容进一步拓展，与能源科学、环境科学、生命科学和材料科学紧密结合、相互渗透；另外，计算机、激光、高分辨核磁共振、高精度质谱、扫描隧道电子显微镜等先进仪器和设备正在被广泛地采用，化学研究的对象也不再局限于单个的化合物，而是拓展到更复杂的一些体系。目前，对化学学科进行进一步的划分，除了无机化学、有机化学、分析化学和物理化学之外，还出现高分子化学(图 1-30)、生物无机化学、生物有机化学、药物化学、固体化学、金属有机化学、激光化学、计算机化学、量子化学、表面化学等学科分支，研究目标进一步细化，针对性更强，解决生产和科研中的具体问题时效果更明显。

2. 21 世纪的化学

化学学科长久的任务是整理天然产物和耕耘周期系，不断发现和合成新的化合物，并弄清它们的结构和性能的关系，深入研究化学反应理论和寻找反应的最佳过程。另一方面，当今化学发展的一个特点是积极向一些与国民经济和人民生活关系密切的学科渗透，最突出的是与能源科学、环境科学、生命科学和材料科学的相互渗透。化学面临着新的需求和挑战，同时随着结构理论和化学反应理论以及计算机、激光、磁共振和重组DNA技术等新技术的发展，化学对分子水平的掌握日益得心应手，剪裁分子之说应运而生。即按照某种特定需要，在分子水平上设计结构和进行制备，化学的研究对象也不局限于单个化合物，而要把重点放在复杂一些的体系上，这样必然会促使化学更重视贯通性能、结构和制备三者之间关系的理论。

化学在21世纪仍然会发挥其至关重要的作用：

(1) 化学是解决食品问题的主要学科之一。化学将支撑生物学在提供优良品种，提供转基因生物等方面做贡献；化学将在设计、合成功能分子和结构材料以及分子层次阐明和控制生物过程的机理方面，为研究开发高效安全肥料、饲料、农药、农用材料、生物肥料、生物农药打下基础；利用化学和生物方法增加动植物食品的防病有效成分，提供安全的有防病作用的食品和食品添加剂，改正食品储存加工方法，减少不安全因素，是化学研究的重要内容。

(2) 化学在能源和资源的合理开发和高效安全利用中起关键作用。研究高效洁净的转化技术和控制低品位燃料的化学反应(保护环境，降低成本)；开发新能源，太阳能以及高效洁净的化学电源与燃料电池等将成为 21 世纪的重要能源；矿产资源是不可再生的，化学要研究重要矿产资源(如稀土)的分离和深加工技术以及利用。

(3) 化学继续推动材料科学的发展。化学是新材料的源泉，未来化学不仅要设计和合成分子，而且要把这些分子组装、构筑成有特定功能的材料，从超导体到催化剂、药物控释载体、纳米材料都要从分子以上层次研究材料的结构；20 世纪化学模拟酶的活性中心研究已取得进展，未来将会在生产、生活和医疗的模拟酶的研究方面有突破；21 世纪电子技术将向更快、更小、功能更强的方向发展，目前科学家正致力于量子计算机、生物计算机、分子器件、生物芯片等新技术的开发，标志着分子电子学、分子信息技术的到来，需要设计、合成各种物质和材料。

(4) 化学是提高人类生存质量和生存安全的有效保障。通过研究各种物质和能量的生物效应的化学基础，提出最佳的利用方案；研究开发对环境无害的化学品和生活用品，研究对环境无害的生产方式，这两方面是绿色化学的主要内容；研究大环境和小环境(如室内环境)中不利因素的产生、转化和与人体的相互作用，提出优化环境、洁净生活空间的途径；从分子水平了解病理过程，提出预警生物标志物的检测方法，建议预防途径，预防疾病。

1.2　物质结构基础

“物质是由什么构成”在很长的时间里，人们都在为寻找这个答案而不懈努力。道尔顿和阿伏伽德罗等科学家的研究得出一个重要的结论：物质是由原子和分子构成的，分子的破裂和原子的重新组合是化学变化的基础。从此以后，化学由宏观进入微观的层次，化学研究建立在原子和分子水平的基础上。

随后在大量实验基础之上，科学家逐步深化了对原子结构的认识。1897 年，汤姆孙发现电子；1911 年，卢瑟福提出“含核的原子模型”；1913 年，玻尔提出核外电子分层分布的“玻尔理论”；到 20 世纪 20 年代，以微观粒子的波粒二象性为基础发展起来的量子力学才建立了比较符合微观世界实际的物质结构近代理论。一般的化学反应中，原子核不发生变化，只是核外电子的数目和运动状态发生变化，从而使原子结合方式也发生变化。因此，原子核外电子的运动规律和外层电子的结构，就成为化学领域研究的重要问题之一。

1.2.1　原子核外电子的运动特性

在 20 世纪 30 年代，人们已经认识到原子由位于原子中心的带正电荷的原子核和核外带负电荷的电子构成，原子核由质子和中子组成。原子序数等于原子核的正电荷数，也等于原子核外电子数。在通常情况下，化学反应不涉及原子核的变化，只是原子核外电子的运动状态发生改变。因此，只有了解原子核外电子的运动状态和分布规律，才能正确认识物质的微观世界及化学变化的本质。

微观粒子指那些质量极轻，体积极小，其运动规律不服从宏观物体经典力学运动规律的微粒。原子、原子核和电子等都是微观粒子。当电子在原子核外很小的空间内高速运动时，其运动规律跟宏观物体不同，具有明显的特征。

1）量子化

1900年，德国物理学家普朗克在解释黑体辐射规律时认为，物体不论大小都可以获得或者失去能量，但其能量得失的规律总是相同的。能量也像物质微粒一样是不连续的，原子的能量是量子化的，物体只能按某一最小单位的整数倍吸收或者发射能量，所以物体得失能量具有量子化的特点。

如果某一物理量的变化不连续，是以某一最小单位做跳跃式的变化，我们就说这一物理量是量子化了的，其最小单位就成为这一物理量的量子。例如，在微观领域里，一个离子所带的电荷相当于一个或者几个电子的电荷，离子所带电荷的变化，如 $M^{-}\rightarrow M^{2-}\rightarrow M^{3-}$，就不能认为是连续的变化，而是跳跃式的变化，即一个离子所带的电荷只能是电子电荷的整数倍。

因为能量是以光的形式发射的，故最小的能量单位即为光量子，简称光子。在微观世界中，如原子中的电子，每次只能吸收或放出一个光子，因而其能量变化不是连续的而是跳跃式的，呈量子化。所以量子化是微观世界的一个基本特征。

2）波粒二象性

人们对光的本性的认识经过了几百年的争论，直到20世纪初，人们根据光的衍射和干涉现象(表明光具有波动性)以及光电效应(说明光具有微粒性)，认识到光具有波动和粒子两重性质，称为光的波粒二象性。

电子、质子、中子、原子和分子等微观粒子具有的静止质量、动量是微观粒子性(微粒性)的表现，那么这些微观粒子是否也像光一样具有波动性呢?

1924年，法国物理学家德布罗意在光的波粒二象性的启发下，提出了一个非常大胆的设想：一切微观粒子都具有波粒二象性。也就是认为实物微观粒子除了具有粒子性外，还具有波的性质，这种波称为物质波，又称为德布罗意波。

不仅光子、电子具有波动性，实验证实，运动着的质子、中子等微观粒子都会发生衍射现象，这说明所有微观粒子都具有波动性。所以波粒二象性确实是微观粒子运动的基本特征。

3）统计性

1926年，玻恩(Born)提出物质波的“统计解释”，将以连续分布为特征的波动性和以分离分布为特征的粒子性统一起来。

“统计解释”认为，在空间任一点上，电子波的强度与电子出现的概率密度成正比。以电子衍射实验为例，如果让一个电子穿过晶体光栅，在照相底片上只会得到一个感光的斑点；如果让少数几个电子穿过晶体光栅，在照相底片上也只会得到少数几个无明确规律的感光斑点；如果让大量的电子穿过晶体光栅(也可看成一个电子反复多次穿过晶体光栅)才能得到有确定规律的衍射环纹。所以说，电子的波动性是微粒性的统计行为，电子波是一种具有统计性的波，又称概率波。对个别粒子在通过晶体后到达什么地方是不能预测的，就如同掷一次硬币无法预测正、反面一样，但是在衍射图上衍射强度大(亮)的地方，也就是波的强度大的地方，电子出现的概率密度(单位体积里的概率)大；衍射强度小(暗)的地方，也就是波的强度小的地方，电子出现的概率密度小。

因此，具有波动性的电子运动没有确定的经典运动轨道，只有一定的与波的强度成正比的概率密度分布规律。电子的波动性和统计性联系在一起反映了微观粒子在空间区域出现概率的大小，因此物质波又称概率波。

综上所述，原子核外电子的运动具有能量量子化、波粒二象性、统计性三大特性。

1.2.2　元素周期表

近代原子分子论的确立，使化学家对元素的概念有了更科学的认识。通过实验手段，人们确定了许多化合物的组成，发现了一大批新的元素，积累了大量关于元素及其化合物的感性材料。但这些材料庞杂凌乱，必须加以归纳整理。同时，化学家也在思考：地球上到底有多少种元素？如何寻找新元素？如何把众多的元素按照化学性质进行分类整理？

1. 元素周期律

19 世纪 60 年代，化学家已经发现 60 多种元素，并积累了这些元素的相对原子质量数据，为寻找元素间的内在联系创造了必要条件。俄国著名化学家门捷列夫(Mendeleev)和德国化学家迈耶尔(Meyer)等分别根据相对原子质量的大小，将元素进行分类排队，发现元素性质随相对原子质量的递增呈明显的周期性变化的规律，由此发现了自然界中一个极其重要的规律——元素周期律。1869 年，门捷列夫提出第一张元素周期表(图 1-31)。他根据周期律修正了铟(In)、铀(U)、钍(Th)、铯(Cs)等 9 种元素的相对原子质量；他还预言了三种新元素及其特性，并暂取名为类铝、类硼、类硅，这就是 1871 年发现的镓(Ga)、1880 年发现的钪(Sc)和 1886 年发现的锗(Ge)。这些新元素的相对原子质量、密度和物理化学性质都与门捷列夫的预言惊人地相符，周期律的正确性由此被举世公认。

元素周期律的发现是继原子论之后，近代化学史上又一座光辉夺目的里程碑，它所蕴藏的丰富和深刻的内涵，对以后整个化学和自然科学的发展都具有普遍的指导意义。元素周期律把化学元素及其相关知识纳入一个严整的序列规律之中，既提高了人们学习、掌握化学知识的效率，又从理论上指导了化学元素的发现工作。到 20 世纪 40 年代，人们已发现了自然界存在的 92 种元素。与此同时，人们又开始用粒子高能加速器人工制造化学元素，截至 2008 年 10 月已发现的元素总数达到 118 种。

2. 现代元素周期表

在门捷列夫时代只发现了 63 种元素，所以在门捷列夫编制的周期表中，还留有很

			Ti=50	Zr=90	?=180
			V=51	Nb=94	Ta=182
			Cr=52	Mo=96	W=186
			Mn=55	Rh=104.4	Pt=197.4
			Fe=56	Ru=104.4	Ir=198
			Ni=Co=59	Pd=106.6	Os=199
H=1			Cu=63.4	Ag=108	Hg=200
	Be=9.4	Mg=24	Zn=65.2	Cd=112	
	B=11	Al=27.4	?=68	Ur=116	Au=197?
	C=12	Si=28	?=70	Sn=118	
	N=14	P=31	As=75	Sb=122	Bi=210
	O=16	S=32	Se=79.4	Te=128?	
	F=19	Cl=35.5	Br=80	J=127	
Li=7	Na=23	K=39	Rb=85.4	Cs=133	Tl=204
		Ca=40	Sr=87.6	Ba=137	Pb=207
		?=45	Ce=92		
		?Er=56	La=94		
		?Yt=60	Di=95		
		?In=75.6	Th=118?		

图 1-31　门捷列夫（Mendeleev，1834—1907）和他的第一张元素周期表（1869 年）

多空格，并不完整，这些空格应由尚未发现的元素填满。例如，门捷列夫周期表里没有稀有气体。后来的化学发现终于使门捷列夫元素周期表变得完整。到 1905 年，维尔纳（Werner，1913 年诺贝尔奖获得者）制成了现代形式的元素周期表，而当时还不知道原子序数的实在物理意义。1913 年，英国物理学家莫塞莱发现，门捷列夫周期表里的原子序数原来是原子的核电荷数。从此，元素周期律被表述为：元素以及由它们形成的单质和化合物的性质，随着元素的原子序数（原子核电荷数）递增而呈现周期性的变化规律。

根据元素周期律，把电子层数目相同的元素，按原子序数递增的顺序从左到右排成横行，再把不同横行中最外层的电子数相同的元素，按电子层数递增的顺序自上而下排成纵列，这样就得到了元素周期表。元素周期表共有 7 个横行，18 个纵列。每一个横行称为一个周期，每一个纵列称为一个族（8、9、10 三个纵列共同组成一个族）。

1）周期

周期的序数就是该周期元素具有的电子层数。根据各周期元素的数目，可把周期表分成一个特短周期、两个短周期、两个长周期、一个特长周期和一个不完全周期。

第一周期：从原子序数为 1 的 H 到原子序数为 2 的 He，只有两个元素，形成特短周期。

第二周期：从原子序数为 3 的 Li 到原子序数为 10 的 Ne，共 8 种元素，形成短周期。

第三周期：从原子序数为 11 的 Na 到原子序数为 18 的 Ar，共 8 种元素，形成短周期。

第四周期：从原子序数为 19 的 K 到原子序数为 36 的 Kr，共 18 种元素，属长周期。

第五周期：从原子序数为 37 的 Ru 到原子序数为 54 的 Xe，共 18 种元素，也属于长周期。

第六周期：从原子序数为 55 的 Cs 到原子序数为 86 的 Rn，共 32 种元素，属于特长周期。该周期中 57 号元素镧(La)到 71 号元素镥(Lu)，共 15 种元素，它们原子的电子层结构和性质十分相似，总称镧系元素。

第七周期：从原子序数为 87 的 Fr 到已发现的原子序数为 118 的元素，其中 110～118 号元素还有待证实。该周期中 89 号元素锕(Ac)到 103 号元素铹(Lr)，共 15 种元素，它们原子的电子层结构和性质十分相似，总称锕系元素。在锕系元素中 92 号元素铀(U)以后的各种元素，多数是人工进行核反应制得的元素，这些元素又称为超铀元素。

为使周期表的结构紧凑，将全体镧系元素和锕系元素分别按周期放在同一格内，并按照原子序数递增的顺序，将它们分两行另列在周期表的下方。

2) 族

周期表共有 18 个纵列。除第 8、9、10 三个纵列称为第Ⅷ族元素外，其余 15 个纵列，每个纵列标为一族。族又有主族和副族之分。由短周期和长周期元素共同构成的族称为主族，完全由长周期元素构成的族称为副族。通常把各副族元素和第Ⅷ族元素称为过渡元素。其中，第四、五、六周期的过渡元素又分别称为第一、二、三过渡系。主族元素在族序数(用罗马数字表示)后面标一个 A 字，如ⅠA、ⅡA、…副族元素在族序数后面标一个 B 字，如ⅠB、ⅡB、…稀有气体在通常状况下难与其他物质发生化学反应，把它们的化合价看作 0，因而称为零族。

元素周期表是概括元素化学知识的一个宝库，其内容随着化学知识的增加而不断丰富。对某个元素，可以从周期表中直接获得下列信息：元素的名称、符号、原子序数、相对原子质量、电子结构、族数和周期数；从元素在周期表中的位置可以判断元素是金属还是非金属，并可估计其电离能、密度、原子半径、原子体积和化合价等。元素周期律是自然科学的一个基本定律，这个定律使人们对化学元素的认识形成了一个完整的体系，使化学成为一门系统的科学。

3. 元素性质变化的周期性

周期表中，同一周期元素的原子结构依次递变，所以它们的性质也依次递变。各元素的性质出现周期性。元素的基本性质，如原子半径、电离能、电子亲和能、电负性等在元素周期表中呈规律性变化。

1) 原子半径 r

一般认为原子半径是原子核到最外层电子的平均距离。但是量子力学的原子模型认为，核外电子的运动是按概率分布的，原子本身没有鲜明的界面。因此，原子核到最外电子层的距离，实际上是难以确定的。对任何原子半径的测定都是假定原子为球体，原子间以球面相切，通过测量化合物中的原子间距，近似地度量原子半径的相对大小。各元素的原子半径数据列于表 1-1。

表 1-1 原子半径 r（pm，1pm=10^{-10}m）

ⅠA	ⅡA	ⅢB	ⅣB	ⅤB	ⅥB	ⅦB	Ⅷ			ⅠB	ⅡB	ⅢA	ⅣA	ⅤA	ⅥA	ⅦA	0
H 37																	He 93
Li 123	Be 89											B 82	C 77	N 70	O 66	F 64	Ne 112
Na 157	Mg 136											Al 118	Si 117	P 110	S 104	Cl 99	Ar 154
K 203	Ca 174	Sc 144	Ti 132	V 122	Cr 118	Mn 117	Fe 117	Co 116	Ni 115	Cu 117	Zn 126	Ga 122	Ge 122	As 121	Se 117	Br 114	Kr 169
Rb 216	Sr 192	Y 162	Zr 145	Nb 134	Mo 129	Tc 127	Ru 125	Rh 128	Pd 128	Ag 134	Cd 141	In 144	Sn 140	Sb 141	Te 137	I 133	Xe 190
Cs 235	Ba 198	La 188	Hf 144	Ta 134	W 130	Re 128	Os 126	Ir 129	Pt 130	Au 134	Hg 144	Tl 148	Pb 147	Bi 146	Po 146	At 145	Rn 222

数据摘自：Lange's Handbook of Chemistry，13th ed，1985。

由表 1-1 可见，原子半径的大小也呈周期性的变化，其变化规律如下：

（1）同一元素：r(负离子)＞r(原子)＞r(正离子)。

（2）同一周期：同一周期的主族元素，从左向右过渡时，原子半径变化的总趋势是逐渐减小的。

（3）原子半径在族中的变化：主族元素从上往下过渡时，电子层数的增加引起原子半径显著增大。

原子半径越大，核对外层电子的引力越弱，原子就越易失去电子；相反，原子半径越小，核对外层电子的引力越强，原子就越易得到电子。

2）电离能 I

使基态的气态原子失去一个电子，变成带一个正电荷的气态离子所需的最低能量，称为该元素原子的第一电离能(I_1)，简称电离能，单位常用 kJ · mol^{-1}。

电离能的大小可以衡量原子在气态时失去电子的难易程度，可以用于衡量元素金属性的强弱。电离能越小，该元素的原子越易失去电子，金属性越强；电离能越大，该元素的原子越不易失去电子，即非金属性越强。

元素的第一电离能(表 1-2)随着原子序数的增加也呈周期性变化：

（1）同一周期：从左到右电离能变化的总的趋势是增大的，但有曲折起伏。

（2）同一主族元素：从上到下，电离能减小。

（3）同一副族元素：副族的电离能变化幅度小，规律性也不强。

表 1-2 周期系中各元素的第一电离能 I(kJ · mol^{-1})

H 1312																	He 2372
Li 520	Be 899											B 801	C 1086	N 1402	O 1314	F 1681	Ne 2081
Na 496	Mg 738											Al 578	Si 786	P 1012	S 1000	Cl 1251	Ar 1521
K 419	Ca 590	Sc 631	Ti 658	V 650	Cr 653	Mn 717	Fe 759	Co 758	Ni 737	Cu 745	Zn 906	Ga 579	Ge 762	As 947	Se 941	Br 1140	Kr 1351
Rb 403	Sr 549	Y 616	Zr 660	Nb 661	Mo 685	Tc 702	Ru 711	Rh 720	Pd 805	Ag 731	Cd 868	In 558	Sn 709	Sb 831	Te 869	I 1003	Xe 1170
Cs 376	Ba 503	La 538	Hf 675	Ta 761	W 770	Re 760	Os 839	Ir 878	Pt 868	Au 890	Hg 1007	Tl 589	Pb 716	Bi 703	Po 812	At 920	Rn 1037
Fr 380	Ra 509	Ac 666															

数据摘自：David R Lide，CRC Handbbook of Chemistry and Physics，71st ed，1990～1991，所列以 eV 为单位的数据经换算而得。

3）电子亲和能 E_A

基态的气态原子获得一个电子变成气态的负一价离子时所吸收(取正值)或放出(取负值)的能量称为该原子的第一电子亲和能，又称电子亲和能，单位常用 kJ · mol^{-1}。

元素的电子亲和能数据负得越多，体系放出能量越多，表示这种元素的原子越易获得电子，非金属性越强。直接用实验测定电子亲和能比较困难，因此电子亲和能的实验数据较少，许多是由间接计算而得，数据的可靠性较差。

元素的电子亲和能也呈周期性的变化，但规律性不太强。一般来说，电子亲和能随原子半径的减小而增大。即在同一周期中，从左到右，电子亲和能增大；在同族中，由上而下，电子亲和能减小。表 1-3 列出了一些元素的电子亲和能。

表 1-3 一些元素的电子亲和能 E_A(kJ · mol^{-1})

H −72.8				He (+21)
Li −59.6	Be (+240)	O −141.0	F −328	Ne (+29)
Na −52.9	Mg (+230)	S −200.4	Cl −348.6	Ar (+35)
K −48.4	Ca (+156)	Se −195	Br −324.5	Kr (+39)
Rb −46.9	Sr (+168)	Te −190.2	I −295	Xe (+40)
Cs −45.5	Ba (+52)	Po (−183)	At (−270)	Rn (+40)

数据摘自：Robert C. Weast，CRC Handbook of Chemistry and Physics，71st ed，1990～1991，所列以 eV 为单位的数据经换算而得。括号内的数据为理论值。

4）电负性 X

元素的电离能和电子亲和能分别都是从一个方面反映某原子得失电子的能力。为了综合表示元素的原子在形成化合物时得失电子能力的相对大小，1932 年美国科学家鲍林(Pauling)首先提出电负性的概念。他指出，元素的原子吸引成键电子的相对能力可以用该元素的相对电负性表示，简称电负性(X)。并指定氟的电负性为 4.0 作为定量标度，再应用键能数据，对比求出其他元素的电负性，见表 1-4。因此，电负性是个相对比较值。原子吸引成键电子的能力越强，其电负性越大；原子吸引成键电子的能力越弱，电负性就越小。

表 1-4　元素的电负性

							H 2.1									
Li 1.0	Be 1.5											B 2.0	C 2.5	N 3.0	O 3.5	F 4.0
Na 0.9	Mg 1.2											Al 1.5	Si 1.8	P 2.1	S 2.5	Cl 3.0
K 0.8	Ca 1.0	Sc 1.3	Ti 1.5	V 1.9	Cr 1.6	Mn 1.5	Fe 1.8	Co 1.9	Ni 1.9	Cu 1.9	Zn 1.6	Ga 1.6	Ge 1.8	As 2.0	Se 2.4	Br 2.8
Rb 0.8	Sr 1.0	Y 1.2	Zr 1.4	Nb 1.6	Mo 1.8	Tc 1.9	Ru 2.2	Rh 2.2	Pb 2.2	Ag 1.9	Cd 1.7	In 1.7	Sn 1.8	Sb 1.9	Te 2.1	I 2.5
Cs 0.7	Ba 0.9	La～Lu 1.0～1.2	Hf 1.3	Ta 1.5	W 1.7	Re 1.9	Os 2.2	Ir 2.2	Pt 2.2	Au 2.4	Hg 1.9	Tl 1.8	Pb 1.9	Bi 1.9	Po 2.0	At 2.2
Fr 0.7	Ra 0.9	Ac 1.1	Th 1.3	Pa 1.4	U 1.4	Np～No 1.4～1.3										

数据摘自：L. Pauling and P. Pauling Chemistry，1975，175。

从表 1-4 可以看出，元素的电负性呈明显的周期性变化：

（1）同一周期：从左到右，元素电负性逐渐增大。

（2）同一主族：从上到下，元素电负性递减，但是副族元素电负性的变化没有明显规律。

（3）周期表中右上方氟的电负性最大为 4.0，左下方铯和钫的电负性最小为 0.7。一般金属元素的电负性小于 2，非金属元素大于 2。

应用元素电负性一般只能定性说明问题：元素的电负性越大，表示该元素的非金属性越强，金属性越弱；元素的电负性越小，表示该元素的金属性越强，非金属性越弱。另外，电负性还可以用于判定化学键的类型和极性。

1.2.3　化学键简介

自然界中，除稀有气体的单质是以单原子形式存在外，其他各种元素的单质或化合物都是由原子(或离子)相互结合成分子或晶体的形式存在的。在分子或晶体中，原子或离子之间必然存在着相互作用。把分子或晶体中邻近微粒(原子或离子)间主要的、强烈的相互作用称为化学键。化学键可分为离子键、共价键和金属键三种基本类型。

1. 离子键

1916 年，德国化学家柯塞尔(Kossel)根据稀有气体原子具有稳定结构的事实，首先提出离子键理论，用以说明离子型化合物的形成。

1) 离子键的形成

离子键的形成包括形成正、负离子和成键两个过程。例如，NaCl 的形成过程可简单表示如下：

$$nNa(3s^1) \xrightarrow{-ne^-} nNa^+ (2s^2 2p^6) \searrow$$

$$nNa^+ Cl^-$$

$$nCl(3s^2 3p^5) \xrightarrow{+ne^-} nCl^- (3s^2 3p^6) \nearrow$$

当电负性相差较大的活泼金属原子(如ⅠA 族的 Na)和活泼非金属原子(如ⅦA 族的 Cl)在一定条件下相遇时，前者失去电子，后者获得电子，分别形成具有稀有气体稳定结构的正、负离子。当正离子和负离子相互靠近时，正、负离子通过电性作用力结合在一起，这种异种电荷离子之间的相互作用力称为离子键。当正、负离子间靠库仑引力充分接近的同时，离子的外层电子云间、原子核与原子核间将产生排斥力，从而使正、负离子间保持一定的距离。

阴、阳离子由离子键相互结合形成的化合物称为离子化合物。

2) 离子键的特征

由离子键形成的离子型分子只存在于高温的蒸气(如 Na^+Cl^- 蒸气)中，一般情况下主要以固体的形式存在，即离子晶体。食盐就是典型的离子晶体。离子键具有两个显著的特征：

(1) 离子键的本质是静电引力。离子键的离子性与成键元素的电负性有关，一般来说，元素的电负性差值越大，电子转移越完全，键的离子性也越大。

(2) 离子键既无方向性也无饱和性。正、负离子分别是键的两极，显然离子键是有极性的。由于离子的电场是球形对称的，一个离子可在空间任何方向吸引带相反电荷的离子，因此离子键没有方向性；同时，只要空间排列允许，它尽可能多地吸引带相反电荷的离子，因此离子键也没有饱和性。

2. 共价键

应用离子键理论能很好地解释离子化合物的形成特点，但不能解释两个相同的原子(如 H_2)或者电负性相差不大的原子(如 H_2O)之间的成键问题。为此，1916 年，美国化学家路易斯(Lewis)提出了共价键学说。他认为像 H_2、H_2O 这样的分子是通过原子之间共用电子对来形成稳定的结构。这种形式的化学键称为共价键，可用路易斯结构式(两个小黑点或者一条短线)表示：

$$\mathrm{H\cdot + \cdot H \longrightarrow H:H \quad H{-}H}$$

$$\mathrm{2H\cdot + \cdot\underset{\cdot\cdot}{\ddot{O}}\cdot \longrightarrow H:\underset{\cdot\cdot}{\ddot{O}}:H \quad H{-}O{-}H}$$

路易斯共价键学说仍然对一些客观事实难以圆满解释。例如，有些分子(如 BF_3 或 PCl_5)内的中心原子外层电子数少于或多于 8 仍能稳定存在。1927 年，德国化学家海特勒(Heitler)和伦敦(London)首先用量子力学处理 H_2 结构，初步揭示了共价键的本质。1931 年，鲍林等进一步提出杂化轨道理论。1932 年，美国的密立根(Mullikin)等提出分子轨道理论，从而使共价键理论日趋完善。

共价键具有以下特征：

(1) 共价键具有饱和性。共价键必须由两个原子中自旋方向相反的单电子配对而成。每个原子具有的单电子数目一定，所以它能形成的共价键的数目也是一定的。这就是共价键的饱和性。

(2) 共价键具有方向性。不同类型的原子轨道在空间的伸展方向不同，成键时，只有同号原子轨道在一定方向实现最大程度重叠才能形成稳定的共价键。为了满足最大重叠原理，形成的共价键必然具有一定的方向性。

3. 金属键

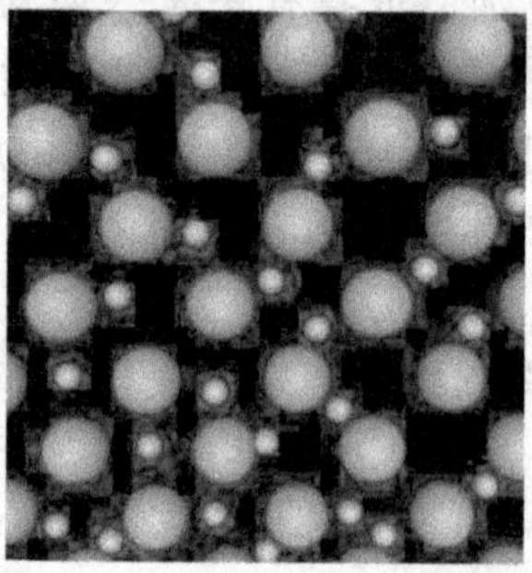

图 1-32　自由电子气模型结构

金属晶体中，自由电子做穿梭运动，它不专属于某个金属离子而为整个金属晶体所共有。这些自由电子与全部金属离子相互作用，从而形成某种结合，这种作用称为金属键。也就是说，金属键是由自由电子及排列成晶格状的金属离子之间的静电吸引力组合而成。金属的这种结构又称金属的自由电子气模型结构(图 1-32)。

金属键没有方向性和饱和性。金属键的强弱影响金属的性质。例如，一般金属的熔点、沸点随金属键的强度而升高。金属离子半径越小，其金属键越强；金属内部自由电子密度越大，其金属键越强。

4. 分子间力与氢键

水蒸气可凝聚成水，水凝固成冰，这一物理变化过程表明分子间还存在一种相互吸引作用，即分子间力的作用。范德华早在 1873 年就已注意到这种作用力的存在，并进行了卓有成效的研究，所以后人也将分子间力称为范德华力。分子间力是决定物质的沸点、熔点、气化热、熔化热、溶解度、表面张力以及黏度等物理性质的主要因素。

1) 分子的极性

分子有非极性分子和极性分子之分。现在讨论如何定量地表示一个分子极性的大小。

可以设想，在分子中每一种电荷都有一个电荷中心，如图 1-33 所示，正、负电荷中心的相对位置用“+”和“−”表示，正、负电荷中心不重合的分子称为极性分子[图 1-33(a)]；正、负电荷中心重合的分子称为非极性分子 [图 1-33(b)]。

极性分子中，正、负电荷中心分别形成正、负两极，又称偶极。如图 1-34 所示，偶极间的距离 l 称为偶极长度。偶极长度 l 与正极(或负极)上电荷的乘积称为分子电偶极矩。

$$p = lq$$

(a) 极性分子　(b) 非极性分子

图 1-33　极性分子和非极性分子

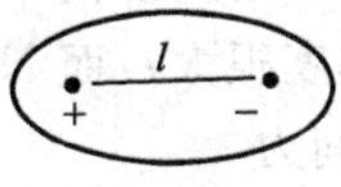

图 1-34　偶极示意图

对于极性分子，虽然 l 和 q 两个量不能分别测定，但电偶极矩 p 的数据可以通过实验测定。电偶极矩是一个矢量，其方向是从正极到负极。因为电子的电荷等于 1.6×10^{-19}C，两个中心的距离和分子的直径有相同的数量级，即 10^{-10}m，故电偶极矩大小的数量级为 10^{-30}C · m。表 1-5 列出了一些物质的分子电偶极矩。

表 1-5　一些物质的分子电偶极矩 p(10^{-30}C · m)

分子式	电偶极矩	分子空间构型	分子式	电偶极矩	分子空间构型
	双原子分子		SO_2	5.34	V 字形
HF	6.40	直线形	H_2S	3.67	V 字形
HCl	3.62	直线形	CS_2	0	直线形
HBr	2.60	直线形	CO_2	0	直线形
HI	1.27	直线形		四原子分子	
CO	0.33	直线形	NH_3	4.34	三角锥形
N_2	0	直线形	BF_3	0	平面三角形
H_2	0	直线形		五原子分子	
	三原子分子		$CHCl_3$	3.37	四面体形
HCN	9.94	直线形	CH_4	0	正四面体形
H_2O	6.24	V 字形	CCl_4	0	正四面体形

数据摘自：Robert C. Weast，CRC Handbook of Chemistry and Physics，71st ed，1990～1991。

电偶极矩是衡量分子有无极性及极性大小的物理量，电偶极矩值越大，分子的极性也越大，$p=0$ 的分子是非极性分子。

分子之所以表现出极性，实质是电子云在空间的不对称分布。键的极性是分子极性产生的根本原因。由离子键形成的分子显然是极性分子。由非极性共价键构成的分子必然是非极性分子，如 H_2、N_2。但由极性共价键构成的分子是否有极性，则与分子的空间结构有关：双原子分子，键有极性，分子就必然有极性；键的极性越强，分子极性越强。例如，卤化氢 H—X 键的极性按 HF→HI 顺序递减，它们的电偶极矩也依次递减。对于极性共价键构成的多原子分子，若正、负电荷在空间均匀分布，正、负电荷中心重合，是非极性分子。例如，直线形的 CO_2，平面三角形的 BF_3，正四面体的 CCl_4。若正、负电荷在空间分布不均匀，则正、负电荷中心不重合，是极性分子。例如，V 字形的 H_2O、SO_2，三角锥形的 NH_3，四面体形的 $CHCl_3$。通常利用由实验测得的分子电偶极矩数据也可以帮助我们推断分子的空间构型。

分子的极性对物质的溶解性有一定的影响。通常，非极性分子溶质易溶于非极性溶剂中；极性分子溶质易溶于极性溶剂中。水是强极性溶剂，NH_3、HCl 等极性分子溶质在水中溶解度很大；而 N_2、CH_4、苯等非极性分子溶质在水中的溶解度很小。

2）分子间力

非极性分子中虽然从一段时间里测得的电偶极矩值为零，但由于每个分子中的电子和原子核都在不断运动着，不可能每一瞬间正、负电荷中心都完全重合，在某一瞬间总会有一个偶极存在，这种偶极称为瞬时偶极(图 1-35)。靠近的两分子间由于同极相斥、异极相吸的作用，瞬时偶极间总是处于异极相邻的状态。瞬时偶极间产生的分子间力称为色散力。虽然瞬时偶极存在的时间极短，但偶极异极相邻的状态总是不断地重复着，所以任何分子(无论极性与否)相互靠近时都存在着色散力。同族元素单质及其化合物随相对分子质量的增加，分子体积越大，瞬时偶极矩也越大，色散力越大。

当极性分子和非极性分子靠近时，首先两个分子都有各自的瞬时偶极，显然存在着色散力。除此之外，非极性分子受极性分子电场的作用，原来重合的正、负电荷中心分离开来，产生诱导偶极(图 1-36)。诱导偶极与极性分子固有偶极间的作用力称为诱导力。同时，诱导偶极又反作用于极性分子，使其偶极长度增加，进一步加强相互吸引力。

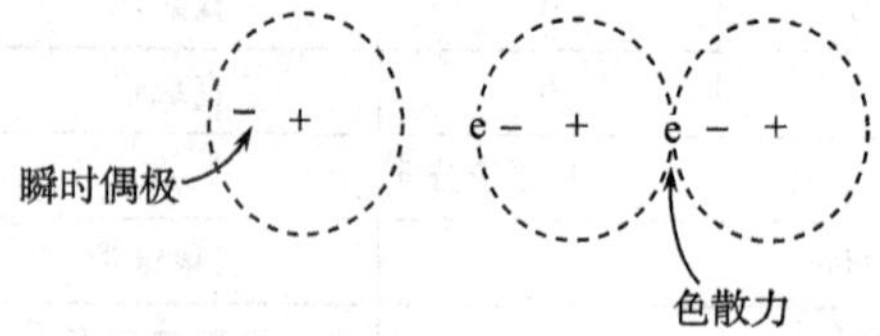

图 1-35　非极性分子相互作用的情况

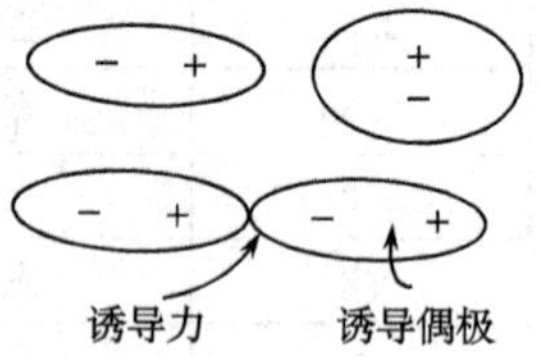

图 1-36　极性分子与非极性分子相互作用的情况

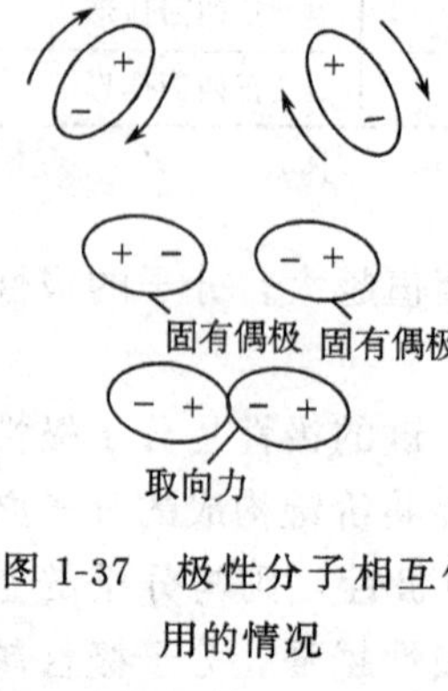

图 1-37　极性分子相互作用的情况

当极性分子与极性分子相互靠近时，它们的固有偶极间相互作用，两个分子在空间按异极相邻的状态取向(图 1-37)。由于固有偶极的取向而引起的分子间的力称为取向力。取向后，极性分子更加靠近，相互诱导，使正、负电荷中心更加分开，产生诱导偶极，因而它们之间还有诱导力的作用。此外，极性分子间也存在着色散力。

总之，在非极性分子间只存在着色散力；极性分子与非极性分子间存在着诱导力和色散力；极性分子间不仅存在着取向力，还有诱导力和色散力。分子间力就是这三种力的总称。分子间力永远存在于一切分子之间，是相互吸引作用，无方向性，无饱和性。其强度比化学键小 1～2 个数量级，和分子间距离的 7 次方成反比，并随分子间距离的增大而迅速减小，通常作用范围为 5×10^{-10} m 以内。大多数分子的分子间力是以色散力为主；只有极性很强的分子(如水分子)才是以取向力为主(表 1-6)。

表 1-6　分子间作用力 E(kJ · mol^{-1})的分配

分子	取向力	诱导力	色散力	总能量
H_2	0	0	0.17	0.17
Ar	0	0	8.49	8.49
Xe	0	0	17.41	17.41
CO	0.003	0.008	8.74	8.75
HCl	3.30	1.1	16.82	21.12
HBr	1.09	0.71	28.45	30.25
HI	0.59	0.31	60.54	61.44
NH_3	13.30	1.55	14.73	29.58
H_2O	36.36	1.92	9.00	47.28

分子间力对物质物理性质的影响是多方面的。液态物质分子间力越大，气化热就越大，沸点就越高；固态物质分子间力越大，熔化热就越大，熔点就越高。一般来说，结构相似的同系列物质相对分子质量越大，分子间力越强，物质的熔、沸点就越高。例如，稀有气体、卤素等，其熔点和沸点就是随着相对分子质量的增大而升高的。

分子间力对液体的互溶度以及固、气态非电解质在液体中的溶解度也有一定影响。溶质或溶剂的分子间力越大，溶解度也越大。

3) 氢键

前已述及，结构相似的同系列物质的熔、沸点一般随着相对分子质量的增大而升高。但在氢化物中唯有 NH_3、H_2O、HF 的熔、沸点偏高，如卤素氢化物的分子间力及熔、沸点变化如下：

	HF	HCl	HBr	HI
熔点/K	190	158.4	184.5	214.1
沸点/K	292.5	188.9	197	238

$\xrightarrow{\hspace{6em}}$
分子间力依色散力增大而增大

HF 分子间力弱，其熔、沸点理应低于 HCl 的熔、沸点，但 HF 的熔、沸点反常地高，这是由于在 HF 分子间形成了氢键。

HF 分子中，H 的电负性为 2.1，F 的电负性为 4.0，共用电子对强烈偏向 F 原子一边，使氢原子几乎成为一个“裸核”，从而使 H 有多余的正电引力吸引另一 HF 分子中电负性大的 F 原子中任一孤对电子，这种力称为氢键。例如，HF 分子间氢键的形成如图 1-38 所示。

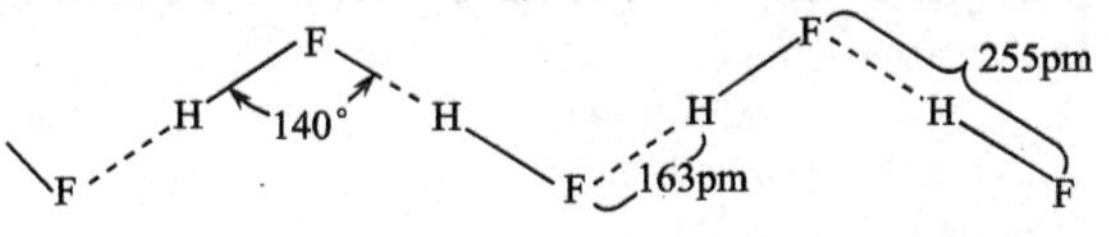

图 1-38　HF 分子间的氢键

不仅同种分子之间可以存在氢键，某些不同种分子之间也可能形成氢键，如 NH_3 与 H_2O 之间：

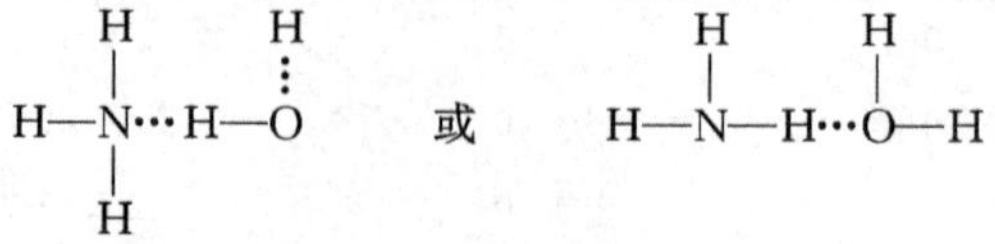

除分子间氢键外，还有分子内氢键。硝酸分子中可能存在分子内氢键，使之形成多原子环状结构：

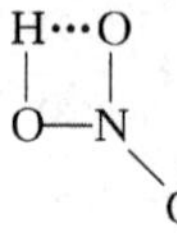

氢键结合的情况可写成通式 X—H…Y。其中，X、Y 代表 F、O、N 等电负性大而原子半径较小的非金属原子，X 和 Y 可以是两种相同的元素，也可以是两种不同的元素。

归纳起来，氢键形成的条件如下：①有与电负性大(X)的原子相结合的氢原子；②有一个电负性也很大，含有孤对电子并带有部分负电荷的原子(Y)；③X 与 Y 的原子半径都要较小。

绝大多数氢键有方向性和饱和性。氢键的方向性是指 Y 原子与 X—H 形成氢键时，将尽可能使氢键与 X—H 键轴在同一方向，即 X—H…Y 三个原子在同一直线上，氢键的饱和性是指每一个 X—H 只能与一个 Y 原子形成氢键。

氢键较弱，如实验测得 H_2O 中氢键键能约为 $20kJ \cdot mol^{-1}$。

氢键通常是物质在液态时形成的，但形成后有时也能继续存在于某些晶态甚至气态物质中。氢键的存在影响物质的某些性质。例如，氢键使物质熔、沸点升高；在极性溶剂中，如果溶质分子与溶剂分子之间形成氢键，则溶质的溶解度增大；分子间有氢键的液体，一般黏度较大；液体分子间如果形成氢键，有可能发生缔合现象。分子缔合的结果会影响液体的密度。水分子之间有缔合现象：

$$nH_2O \underset{\text{解离}}{\overset{\text{缔合}}{\rightleftharpoons}} (H_2O)_n$$

常温下，液态水除了简单 H_2O 分子外，还有$(H_2O)_2$、$(H_2O)_3$、…、$(H_2O)_n$ 缔合分子存在。升高温度有利于缔合分子的解离；降低温度有利于水分子的缔合，温度降至 0℃，全部水分子结成巨大的缔合物——冰。液态水凝固为固态冰是水分子高度缔合的结果，但为何密度反而变小呢？通过对冰内部结构的研究发现，原来水分子在冰中的排列有规则但不紧密，水分子之间的空隙较多，因此它的密度反而比水小些。

氢键在许多实际问题中都会遇到。对氢键的本质有些问题目前还不清楚，需要进一步研究。

1.2.4 晶体结构

物质通常呈气、液、固三种聚集状态。固体又可分为晶体和非晶体两种。自然界中，大多数固体物质是晶体。

1. 晶体的特征

与非晶体相比较，晶体通常有如下特征：

1）有一定的几何外形

从外观看，晶体一般都具有一定的几何外形。如图 1-39 所示，食盐晶体是立方体，石英(SiO_2)晶体是六角柱体，方解石($CaCO_3$)晶体是棱面体。

非晶体(如玻璃、松香、石蜡、动物胶、沥青、琥珀等)，则没有一定的几何外形，所以又称为无定形体。

图 1-39　晶体外形

2）有固定的熔点

在一定压力下将晶体加热，只有达到某一温度(熔点)时，晶体才开始熔化，直到晶体完全熔化后，温度才继续上升，这说明晶体都具有固定的熔点，如常压下冰的熔点为 0℃。非晶体则不同，加热时先软化成黏度很大的物质，随着温度的升高，黏度不断变小，最后成为流动性的熔体，从开始软化到完全熔化的过程中，温度是不断上升的，没有固定的熔点，而是有一段软化的温度范围。例如，松香在 50～70℃ 软化，70℃ 以上才基本成为液体。

3）各向异性

晶体的某些性质，如光学性质、力学性质、导热导电性、溶解性等，从晶体的不同方向测定时，常得到不同的结果。例如，云母特别容易按纹理面(称为解理面)的方向裂成薄片；石墨晶体内，平行于石墨层方向的热导率比垂直于石墨层方向的大 4～6 倍，电导率大万倍。晶体的这种性质称为各向异性。而非晶体是各向同性的。

晶体和非晶体性质上的差异反映了两者内部结构的差别。应用 X 射线研究表明，晶体内部微粒(原子、离子或分子)的排列是有次序的、有规律的，具有周期性(微粒分布的这种特点称为远程有序)，而且在不同方向上的排列方式往往不同，因而造成了晶体的各向异性。非晶体内部微粒的排列是无次序的、不规律的。

但是，晶体与非晶体之间并不存在不可逾越的鸿沟。在一定条件下，晶体与非晶体可以相互转化。例如，把石英晶体熔化并迅速冷却，可以得到硅石玻璃(非晶体)。涤纶熔体若迅速冷却，可得无定形体；若缓慢冷却，则可得晶体。由此可见，晶态和非晶态是物质在不同条件下形成的两种不同的固体状态。从热力学角度说，晶态比非晶态稳定。有些有机物质的晶体熔化后在一定温度范围内微粒分布部分地仍保留着远程有序性，因而部分地仍具有各向异性，这种介于液态和晶态之间的各向异性的凝聚流体称为液态晶体，简称液晶。液晶对光、电、磁、温度和机械压力及化学物质等各种外界因素的变化非常敏感，作为各种信息的显示和记忆材料，被广泛应用于科技工作中，对生命科学的研究更有特殊意义。

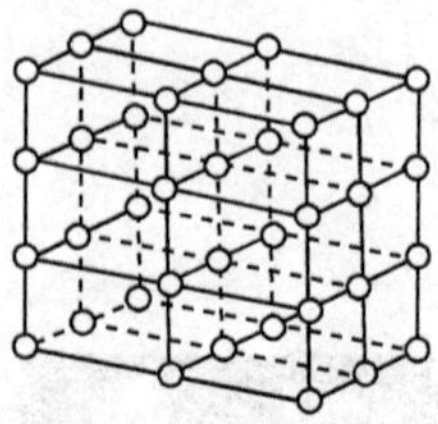

图 1-40 最简单的立方晶格示意图

2. 晶体的结构

1) 晶格

为了便于研究晶体中微粒(原子、分子或离子)的排列规律，法国结晶学家布拉维(Bravais)提出：把晶体中规则排列的微粒抽象为几何学中的点，并称为结点。这些结点的总和称为空间点阵。沿着一定的方向按某种规则把结点连接起来，则可以得到描述各种晶体内部结构的几何图像——晶体的空间格子(简称晶格)。图 1-40 为最简单的立方晶格示意图。

2) 晶胞

晶格中能表现出其结构一切特征的最小部分称为晶胞。如果某晶体的晶格如图 1-40 所示，那么图 1-40 中每一个最小的平行六面体均为该晶格的晶胞。NaCl 晶体的晶胞如图 1-41 所示。

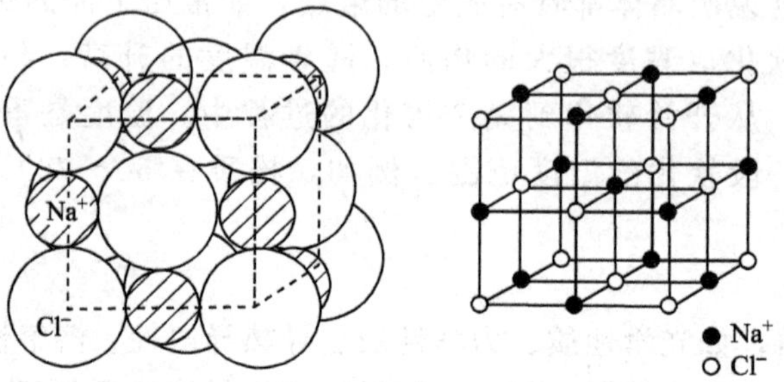

图 1-41 NaCl 的晶体结构

3. 晶体的类型

根据晶格结点上粒子种类及粒子间结合力的不同，晶体可分为离子晶体、原子晶体、分子晶体和金属晶体等基本类型。

1) 离子晶体

凡靠离子间静电引力结合而成的晶体统称为离子晶体。离子化合物在常温下均为离子晶体。

离子晶体中，晶格结点上有规则地交替排列着阴、阳离子。例如，NaCl 晶体是一种典型的离子晶体。如图 1-41 所示，Na^+ 和 Cl^- 按一定的规则在空间相隔排列，每一个 Na^+ 的周围有 6 个 Cl^-，而每一个 Cl^- 的周围也有 6 个 Na^+。通常把晶体内(或分子内)某一粒子周围最接近的粒子数目称为该粒子的配位数。那么，在 NaCl 晶体内，Na^+ 和 Cl^- 的配位数都是 6，阴、阳离子按一定的配位数在空间排列，因此晶体中并不存在单个分子。所以将 NaCl 称为氯化钠的化学式比称为分子式更确切。

离子晶体中晶格结点上阴、阳离子间静电引力较大，破坏离子晶体需要克服这种引力，因而离子晶体物质一般熔点较高，硬度较大，难于挥发。

离子晶体物质质脆，原因是当离子晶体物质受机械力作用时，若晶格结点上离子发生位移，原来异性离子相间排列的稳定状态为同性离子相邻接触的排斥状态，晶体结构即被破坏。

离子晶体物质一般易溶于水，其水溶液或熔融态都能导电。

2）原子晶体

有一类晶体物质，晶格结点上排列的是原子，原子之间通过共价键结合。凡靠共价键结合而成的晶体统称为原子晶体。例如，金刚石是一种典型的原子晶体。图 1-42 为金刚石的晶体结构。

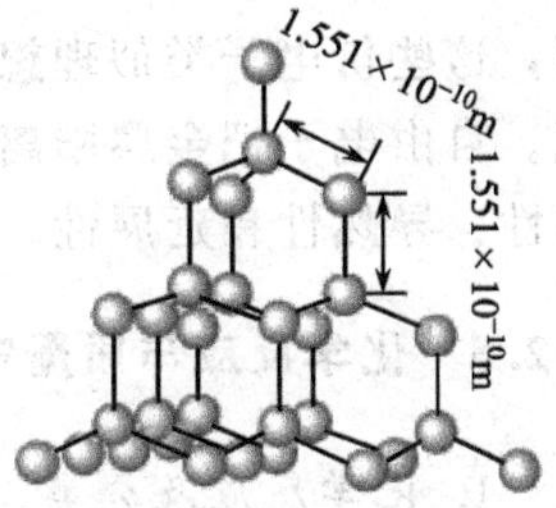

图 1-42　金刚石的晶体结构

不同的原子晶体原子排列的方式可能有所不同，但原子之间都是以共价键相结合的。由于共价键的结合力强，因此原子晶体熔点高、硬度大。例如

原子晶体物质	硬度	熔点/℃
金刚石	10	>3550
金刚砂(SiC)	9.5	2700

原子晶体物质即使熔化也不能导电。

属于原子晶体的物质为数不多。除金刚石外，单质硅(Si)、单质硼(B)、金刚砂(SiC)、石英(SiO_2)、碳化硼(B_4C)、氮化硼(BN)和氮化铝(AlN)等也属原子晶体。

3）分子晶体

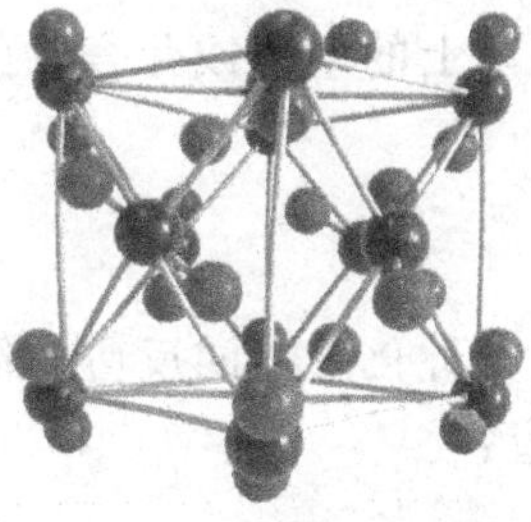
图 1-43　干冰的晶体结构

凡靠分子间力(有时还可能有氢键)结合而成的晶体统称为分子晶体。分子晶体中晶格结点上排列的是分子(也包括像稀有气体那样的单原子分子)。干冰(固体 CO_2)就是一种典型的分子晶体。如图 1-43 所示，在 CO_2 分子内原子之间以共价键结合成 CO_2 分子，然后以整个分子为单位，占据晶格结点的位置。不同的分子晶体，分子的排列方式可能有所不同，但分子之间都是以分子间力相结合的。由于分子间力比离子键、共价键弱得多，因此分子晶体一般熔点低、硬度小、易挥发。例如，白磷的熔点为 44.1℃；有些分子晶体物质(如干冰)在常温常压下即以气态存在；有些分子晶体物质(如碘、萘等)甚至可以不经过熔化阶段而直接升华。分子晶体物质不导电。

稀有气体、大多数非金属单质(如氢气、氮气、氧气、卤素单质、磷、硫磺等)和非金属之间的化合物(如 HCl、CO_2 等)以及大部分有机化合物，在固态时都是分子晶体。

有一些分子晶体物质，分子之间除了存在分子间力外，还同时存在更为重要的氢键作用力。例如，冰、草酸、硼酸、间苯二酚等均属于氢键型分子晶体。

4)金属晶体

金属晶体中，晶格结点上排列的粒子是金属原子。对于金属单质而言，晶体中原子在空间的排布情况可以近似地看成等径圆球的堆积。为了形成稳定的金属结构，金属原

子将尽可能采取最紧密的方式堆积(简称金属密堆积)，且每个原子都被较多的相同原子包围着，所以金属一般密度较大。

金属晶体中金属原子间的结合力称为金属键。金属键没有方向性和饱和性。

20世纪初，德如德(Drade)和洛伦茨(Lorentz)就金属及其合金中电子的运动状态提出了自由电子模型，认为金属原子电负性、电离能较小，价电子容易脱离原子的束缚，这些价电子类似理想气体分子，在阳离子之间可以自由运动，形成离域的自由电子气。自由电子把金属阳离子“胶合”成金属晶体。自由电子的存在使金属具有良好的导电性、导热性和延展性。

1.2.5 化学反应与质量守恒定律

1. 化学反应及分类

化学反应是旧物质(反应物)中的原子重新组合生成新物质(生成物)的过程，它的实质是旧化学键断裂和新化学键生成的变化过程，常伴随有发光、发热、变色、生成气体或沉淀等现象。

一般来说，无机化学反应可以分为如下四大类：

(1) 化合反应。由两种或两种以上的物质生成一种新物质的化学反应，简记为 A+B═══C。例如，氢气在氧气中的燃烧反应：

$$2H_2 + O_2 \xlongequal{\text{点燃}} 2H_2O$$

(2) 分解反应。一种化合物在特定条件下分解成两种或两种以上的单质或化合物的反应，简记为 A═══B+C。例如，碳酸钙受热分解的反应：

$$CaCO_3 \xlongequal{\text{煅烧}} CaO + CO_2$$

(3) 置换反应。一种单质和一种化合物生成另一种单质和另一种化合物的反应，简记为 A+BC═══B+AC。例如，用锌与硫酸反应制备氢气的反应：

$$Zn + H_2SO_4 \xlongequal{\quad} ZnSO_4 + H_2(g)$$

(4) 复分解反应。两种化合物在水溶液中相互交换离子，结合生成另外两种化合物(沉淀、气体或水)的反应，简记为 AB+CD═══AD+BC。例如，酸碱中和反应：

$$HCl + NaOH \xlongequal{\quad} NaCl + H_2O$$

有机化学反应的分类体系有着不同于无机化学反应分类的独特性，它自成体系。一般来说，将有机化学反应分为取代反应(水解、酯化、缩合)、加成反应、消去反应、氧化还原反应和聚合反应(加聚、缩聚)五大类型。

(1) 取代反应。取代反应指有机物分子里的某些原子或基团被其他原子或基团代替的反应。能发生取代反应的物质有芳香烃(分子内含有苯环)、醇、酚和酯等。例如，苯分子中的氢原子在催化剂的作用下，能被卤素原子取代，生成相应的卤代苯：

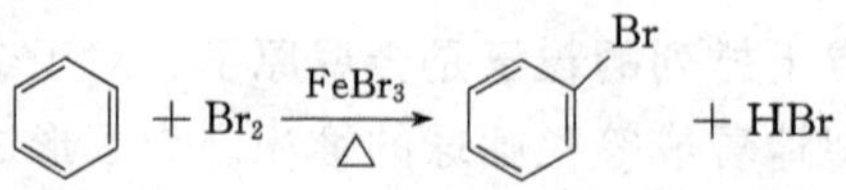

(2) 加成反应。有机分子里不饱和的碳原子(含有 C═C 和 C≡C 的分子)跟其他原子或原子团结合生成新的物质。能发生加成反应的物质有烯烃、炔烃、苯、不饱和高级脂肪酸和甘油酯等。例如，乙炔与卤化氢的加成反应：

$$CH{\equiv}CH + HCl \longrightarrow CH_2{=}CHCl$$

(3) 消去反应。有机化合物在适当的条件下，从一个分子中脱去一个或几个小分子(如水、卤化氢等分子)，而生成不饱和(碳碳双键或叁键)化合物的反应。例如，溴乙烷的消去反应：

$$CH_3CH_2Br \xrightarrow[\triangle]{NaOH} CH_2{=}CH_2 + HBr$$

(4) 氧化还原反应。有机物分子中加入 O 原子或脱去 H 原子的反应是氧化反应(如乙醇氧化为乙醛)，而加入 H 原子或脱去 O 原子的反应是还原反应(如乙烯的催化加氢)：

$$2CH_3CH_2OH + O_2 \longrightarrow 2CH_3CHO + 2H_2O$$

$$CH_2{=}CH_2 + H_2 \xrightarrow{催化剂} CH_3CH_3$$

(5) 聚合反应。由单体合成聚合物的反应，通常分为加聚反应(如乙烯聚合成聚乙烯的反应)和缩聚反应(如对苯二甲酸与乙二醇聚合成聚对苯二甲酸乙二酯的反应)。

$$nCH_2{=}CH_2 \longrightarrow {+}CH_2{-}CH_2{+}_n$$

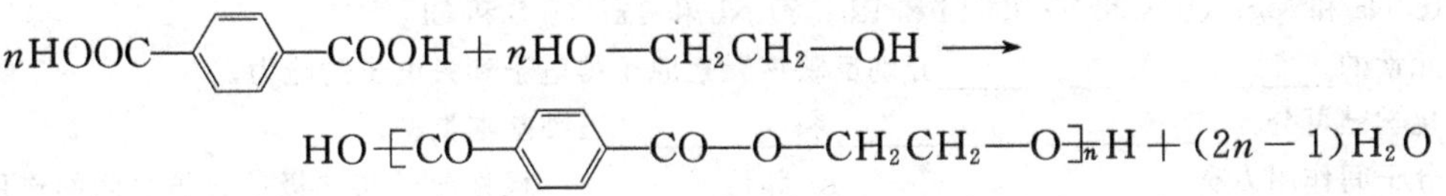

2. 质量守恒定律

在化学反应中，参加反应前各物质的质量总和等于反应后生成各物质的质量总和。这个规律就称为质量守恒定律，它是自然界普遍存在的基本定律之一。在任何与周围隔绝的体系中，不论发生何种变化或过程，其总质量始终保持不变。

例如，把铁钉放在硫酸铜溶液里，当反应结束后，剩余物质的质量严格地等于铁钉的质量和硫酸铜溶液的质量之和。又如，在碳的燃烧反应中，燃烧前碳的质量与燃烧时空气中消耗氧气的质量之和准确地等于燃烧后所生成的二氧化碳的质量。

从宏观层次上来说，质量守恒定律有两个“不变”：反应前后物质的总质量不变、元素的种类不变。而从微观层次上来说，质量守恒定律有三个“不变”：原子的种类不变、原子的数目不变、原子的质量不变。或者说，任何变化(包括化学反应和核反应)都不能消除物质，只能改变物质的原有形态或结构，所以质量守恒定律又称物质不灭定律。

20 世纪以前，科学家承认的两个基本定律——质量守恒定律和能量守恒定律被认为是独立的。直到爱因斯坦推导出狭义相对论，质量概念的发展使质量守恒定律也有了新的发展，质量守恒和能量守恒两条定律通过质能关系($E=mc^2$)合并为一条守恒定律，即质量和能量守恒定律，简称质能守恒定律。

习　题

1. 什么是化学？
2. 为什么说人类文明的起点是火的利用？
3. 简要说明燃烧理论的发展过程。
4. 简述道尔顿原子论的主要观点。
5. 19 世纪末，物理学的三大发现是________、________和________，发现者分别为________、________和________。
6. 简要叙述玻尔理论。
7. 列举光的波动性和粒子性的具体体现。
8. 量子力学两大体系分别为________和________。
9. 举例说明中国人对化学发展的贡献。
10. ________被称为“现代化学之父”，简述其主要贡献。
11. 原子核外电子的运动具有________、________、________等三大特性。
12. 对比图 1-31 门捷列夫的第一张元素周期表和本书附录现使用的元素周期表，简要说明它们的异同。
13. 简述元素周期表与元素性质变化的周期性的关系。
14. 比较下列各对元素的原子半径大小。

    ① Na 和 Mg；② K 和 V；③ Li 和 Rb；④ Nb 和 Ta；⑤ S 和 Cl
15. 元素的________和________分别反映该元素原子得电子和失电子的能力。
16. 化学键可分为________、________和________三种基本类型。
17. 分子间作用力有________、________和________。极性分子与非极性分子之间的作用力有________和________。
18. 根据晶格结点上粒子种类及粒子间结合力不同，晶体可分为________、________、________和________等基本类型。
19. 下列说法是否正确？应如何改正。

    ① 多原子分子中，键的极性越强，分子的极性也越强。

    ② 由极性共价键形成的分子，一定是极性分子。

    ③ 分子中的键是非极性键，此分子一定是非极性分子。

    ④ 非极性分子的化学键，一定是非极性共价键。
20. 查阅其他参考资料，谈谈你对未来化学的发展方向有何理解。
21. 针对某一个化学问题，通过查阅参考资料，说明科学家们如何发现问题、解决问题，并最终建立系统理论。
22. 搜集本章提到的某位科学家的生平、主要贡献，并进行简要评述。
23. 简要叙述化学发展简史，着重指出具有里程碑意义的突出贡献。

第 2 章　能源中的化学

能源是指可为人类利用的各种能量形式的资源。很多能源都与化学这一基础学科相关。

人类的文明始于火的使用，燃烧过程是人类最早的化学实践之一，它把化学与能源紧密地联系在一起。人类巧妙地利用化学变化过程中所伴随的能量变化，创造出了五光十色的物质文明。而现代社会的生产和生活更离不开能源。能源既是工农业生产中必需的物质基础，也是人类赖以生存的物质条件之一。随着社会的发展，能源供需之间出现了越来越尖锐的矛盾。因此，认识能源、节约能源、研究和发展利用新能源是极为重要的。

2.1 能源概述

2.1.1 能源的分类

能源有各种各样的形式，可从不同的角度进行分类。

1）按来源分

能源大致可以分为三种类型：第一类是来自地球以外天体的能量，主要是太阳辐射能，还包括储存在煤、石油、天然气、水力、风力中的间接来自太阳的能量；第二类是地球本身蕴藏的能量，如原子核能和地热能；第三类是由于月球、太阳等天体对地球的引力而产生的能量，如潮汐能。

2）按使用特征分

通常把存在于自然界中的可直接利用其能量的能源称为一次能源；而把从其他能源转化而得到的能源称为二次能源。煤炭、石油、天然气等化石燃料(又称矿物燃料)以及核能、地热能、水能等属于一次能源，电力、汽油、柴油、甲烷、酒精、焦炭、煤气、沼气、氢能等则属于二次能源。

3）按使用程度分

能源可分为常规能源(又称传统能源)和新能源。常规能源是指目前应用比较普遍的能源，如煤炭、石油、天然气、水能等。近年来才被利用的能源或正在研究开发的能源，如太阳能、风能、生物质能、地热能、核能、可燃冰等，称为新能源。新能源的共同特点是资源丰富，一般可以再生，没有污染或很少污染，是远有前景、近有实效的能源。

4）按能源消耗后是否污染环境分

能源可分为污染型能源与清洁型能源。煤炭和石油属污染型能源，水能、氢能、燃料电池和太阳能等则属清洁型能源。

5）按产生分

自然界中有些能源(如太阳能、水能、风能、生物质能等)可以再生，所以称为可再生能源。还有一些能源，如煤、石油、天然气、核燃料等，是不可再生的，称为不可再生能源。

表 2-1 列出了能源的简单分类。

表 2-1 能源的分类

种类	一次能源	二次能源
常规能源	煤、石油、天然气、水能、风能	煤油、汽油、柴油、甲醇、乙醇、电力、蒸气
新能源	核能、太阳能、生物质能	氢能、沼气、激光

我国是一个能源总量丰富但人均不足的国家，从几种广泛利用的能源来看，储量都比较大。煤炭已探明储量居世界第三位，石油居世界第六位，天然气居世界第十六位，而水力资源及水电均居世界第一位。

2.1.2 能量的转化

能源在一定条件下可以释放出能量。能量有各种不同的形式，如机械能、势能、动能、热能、化学能、光能、电能、核能等。各种形式的能量可以相互转化。能量转化包括同种能量和不同种能量的转化，又包括能量的直接转化和间接转化。化学反应是能量转化的重要途径之一。能量的化学转化主要利用热化学反应、光化学反应、电化学反应和生物化学反应等。表 2-2 列出了一些能量的化学转化途径。

表 2-2 用化学反应进行的能量转化

能量化学转化	现象	能量化学转化	现象
化学能→热能	燃烧反应、反应热	化学能→电能	电化学反应、化学电源
热能→化学能→热能	化学热管	电能→化学能	电解
光能→生物质能	光合作用、生物化学反应	生物质能→电能	生物化学反应、发酵
光能→化学能→电能	光化学电池	光能→化学能	光化学反应

在一次能源中，风、水、洋流和波浪等是以机械能(动能和势能)形式提供的，可以利用各种风力机械(如风力机)和水力机械(如水轮机)将其转换为动力或电力。煤、石油和天然气等常规能源的燃烧可以将化学能转化为热能，热能虽可以直接利用，但更多的是将热能通过各种类型的热力机械(如内燃机、汽轮机和燃气轮机等)转换为动力，然后带动各类机械和交通运输工具工作；或是带动发电机送出电力，以满足人们生活和工农业生产的需要。

能量的转化和利用有两条基本的规律，即热力学第一定律和热力学第二定律。

热力学第一定律即能量守恒及转化定律，是大家已经熟悉的一个基本物理定律。依据这个定律，在体系和周围的环境之间发生能量交换时，总能量保持恒定不变。

但是，在不违背第一定律的前提下，热量能否全部转化为功？或者热量是否可以从低温热源不断地流向高温热源呢？科学家通过对热机效率的研究发现，热机的效率 ψ 由以下关系决定：

$$\psi = \frac{T_2 - T_1}{T_2}$$

热机工作时，为了使热能够自发地流动，从而使一部分热转化为功，必须要有温度不同的两个热源：一个温度较低(T_1)，另一个温度较高(T_2)，热从高温热源向低温热源流动。从上式可见，若 $T_1 = T_2$，则 $\psi = 0$。因为在两个温度相同的热源间，不可能发生恒定的单方向的热传递过程，所以无法使热机工作，其效率为 0。若 $T_1 = 0$K[热力学温度，符号 K，0℃＝273.15K]，$\psi = 1$。绝对零度的热源在现实生活中是无法提供的，因此一般情况下 $\psi < 1$。这就是著名的“卡诺定理”。

热电厂利用热机发电是一个典型例子，从上式可以计算出其效率一般都低于 40%，即燃料燃烧释放出的化学能只有不到 40%被转化为电能，其余的能量则被损耗。

2.2　化学热力学基础

热力学是一门比较成熟的学科，它主要以热力学的两个定律为基础，研究自然界各种不同形式的能量在相互转换过程中所遵循的规律。

物质的变化主要是物理变化和化学变化。化学变化中伴随着物理现象，物理变化中可能伴随着化学现象，而将热力学的基本原理应用于研究化学变化以及相关的物理变化就称为化学热力学。

2.2.1　化学热力学的基本概念

1. 体系和环境

为了明确讨论的对象，人为地将所研究的这部分物质与其周围的物质或空间分开。被划分出来作为研究对象的物质称为体系。体系以外与其密切相关的其他部分称为环境。

根据体系与环境间的关系，可将体系分为三种。

(1) 敞开体系。体系与环境间既有物质交换，又有能量交换。

(2) 封闭体系。体系与环境间没有物质交换，只有能量交换。

(3) 孤立体系。体系与环境间既无物质交换，也无能量交换。

2. 状态和状态函数

要描述一个体系，必须确定它的温度、体积、压力、密度、组成等一系列物理、化学性质。这些性质的总和就确定了体系的状态。因此，通常说的体系的状态就是体系的物理性质和化学性质的综合表现。

体系的状态确定后，体系的各物理性质和化学性质等都具有相应于该状态的确定的量值，与体系到达该状态的经历无关。当体系的任何一个性质发生变化时，体系就由一种状态转变为另一种状态。体系的性质和状态间存在着一一对应的关系，即存在着一定的函数关系。确定体系热力学状态的物理量，如体积、温度、压力、密度等，称为状态函数。状态函数的特征是，体系状态确定，状态函数有一定的值；体系状态发生变化时，状态函数的变化只取决于体系的初始状态和终结状态，而与变化的途径无关；体积一旦恢复原状，状态函数即恢复原值。

例如，高处的石头落到平地上，可以采取不同的下落方式：自由下落，或者通过另一端系有重物的滑轮下落。只要石头最初和下落后的高度确定，它的势能变化就是相同的。所以势能是一个状态函数。但是下落的方式不同，石头下落时做的功和放的热是不同的。自由下落时没有做功，放出较多的热量；通过另一端系有重物的滑轮下落时，它可举起重物做功，放出的热量就较少。可见，虽然石头的始态、终态都相同，由于下落方式不同，体系所做的功和放的热可以是不同的，因此功和热都不是状态函数。

体系的各个状态函数之间是互相联系、互相制约的。例如，理想气体的状态方程为

$$pV = nRT$$

当 n、T、p 确定时，V 就随之而确定。

3. 过程和途径

当体系的状态发生变化时，从始态到终态的变化称为过程。完成这样一个变化所经历的具体步骤或完成变化的路线，则称为变化的途径。体系由一始态变到另一终态，可以经由不同的路线，即有不同的途径。热力学的基本过程有下列几种。

（1）等温过程：变化过程中体系的温度恒定。

（2）等压过程：变化过程中体系的压力恒定。

（3）等容过程：变化过程中体系的体积恒定。

（4）绝热过程：变化过程中体系与环境间没有热交换。

（5）循环过程：如果体系由某一状态出发，经过一系列的变化又回到原来的状态，这样的过程称为循环过程。体系经过一个循环过程之后，全部状态函数的增量为零。

4. 广度性质和强度性质

（1）广度性质。系统的广度性质是指与物质的量有关的性质，这种性质具有加和性。例如，体积、物质的量、热力学能等。广度性质又称容量性质。

（2）强度性质。系统的强度性质是指与物质的量无关的性质，这种性质不具有加和性。例如，温度、压力、浓度等。

2.2.2 热力学第一定律

能量守恒与转化定律告诉我们：一切物质皆具有能量。能量有各种不同的形式，可以转化或传递，但转化或传递过程中各种形式能量的总和不变。

把能量守恒与转化定律应用于热力学中即称热力学第一定律。在化学热力学中，研究的是宏观静止体系，不考虑体系整体运动的动能和体系在外力场中的势能，只着眼于体系的热力学能(又称内能，以符号 U 表示)。本书中若未特别指明，所讨论的均为封闭体系。

设想体系由始态(热力学能为 U_1)变为终态(热力学能为 U_2)，过程中从环境吸入热 Q，对环境做功 W，则根据能量守恒定律，体系热力学能的变化是

$$\Delta U = U_2 - U_1 = Q - W \tag{2-1}$$

式(2-1)就是热力学第一定律的数学表达式。

1. 热力学能

体系的热力学能即体系内部所有粒子除整体势能及动能外，全部能量的总和。其中包括体系内各物质分子的动能、分子间相互作用的势能及分子内部的能量(包括分子内部所有微粒运动的能量与粒子间相互作用的能量之和)。由于粒子运动方式及相互作用极其复杂，人们对此尚无完整的认识，因此体系热力学能的绝对值是无法确定的。但热力学能既然是体系内部能量的总和，它就是体系自身的性质，只取决于其状态，是体系的状态函数。体系处于一定的状态，其热力学能应有一定的数值。作为状态函数的热力学能，其变化量也只取决于体系的始态和终态，与变化的途径无关。

2. 热与功

体系与环境间由于存在温度差别而交换的能量称为热量，简称热。热不是体系的性质，也就不是体系的状态函数。热总是与过程相联系，不能说体系含有多少热，而只能说体系在某一过程中放出或吸收多少热。热用符号 Q 表示，单位为 J(焦耳)。习惯上规定：体系吸热，Q 为正；体系放热，Q 为负。

体系与环境间除热以外其他各种形式交换的能量都称为功，以 W 表示，如体积功(又称膨胀功)、电功等。热力学中习惯上规定：体系对环境做功，功为正值，$W>0$；环境对体系做功，功为负值，$W<0$。

化学反应也常伴随做功。一般条件下进行的化学反应常遇到的是体积功。把体积功以外的非体积功总称为有用功，以 $W_{有用}$ 表示。

功和热都不是状态函数，而是在状态变化过程中体系与环境间交换的能量。换言之，功和热只有在过程中才出现，做功或放热的多少只有联系到某一具体的变化过程才能计算出来。过程进行完后，功和热就转变成体系或环境的热力学能。如果体系没有发生任何变化过程，也就没有功和热。

2.2.3　化学反应的热效应

1. 热效应

体系在物理或化学的等温等压或等温等容过程中，不做非体积功时所吸收或放出的热(热量)称为此过程的热效应。化学反应的热效应称为反应热。如果是等压过程，则相应的热效应称为等压热效应。有许多化学反应是在敞口容器中进行的，如溶液中的酸碱中和、氧化还原反应等，体系的外压即为大气压力，这类反应大多可认为在恒压条件下进行，它们的反应热即可看作等压热效应，用符号 Q_p 表示。因此，研究等压热效应对于研究化学反应具有普遍意义。

在密闭容器中进行的反应，体积不变，是等容过程，若该过程不做任何非体积功，则由热力学第一定律得

$$\Delta U = Q_V \tag{2-2}$$

Q_V 称为等容热效应。式(2-2)表明，在等容条件下过程的热效应等于体系热力学能的变化。

2. 焓

通常在敞口容器中进行的化学反应，反应过程可以认为是一个等压过程，其 $p_1 = p_2 = p_{外}$，反应的热效应即为等压热效应 Q_p。假定反应过程中只做体积功 $W = p\Delta V$，由热力学第一定律：

$$Q = \Delta U + W$$

有

$$\begin{aligned} Q_p &= (U_2 - U_1) + p_{外}\Delta V \\ &= (U_2 - U_1) + p_{外}(V_2 - V_1) \\ &= (U_2 + p_2V_2) - (U_1 + p_1V_1) \end{aligned}$$

因 U、V、p 都是状态函数，故它们的组合 $U + pV$ 也是状态函数。为了计算和研究方便，把按上述方式组成的新的状态函数称为焓，用符号 H 表示，即

$$H = U + pV \tag{2-3}$$

焓和体积、热力学能等物理量一样是体系的性质，在一定状态下每一物质都有特定的焓。不能测定体系热力学能的绝对值，所以也不能测得焓的绝对值。

焓与物质的聚集态有关。由于固态变为液态、液态变为气态必须吸热，因此对同一物质有

$$H(\mathrm{g}) > H(\mathrm{l}) > H(\mathrm{s})$$

同理，对同一物质有

$$H(高温) > H(低温)$$

当体系的状态改变时，有

$$Q_p = H_2 - H_1 = \Delta H \tag{2-4}$$

式(2-4)表示封闭体系中，当发生只做体积功的等压过程时，过程的热效应等于体系的焓变 ΔH。

对于一个化学反应，设反应前的焓是 H_1，反应后的焓是 H_2，则该反应的焓变 $\Delta H = H_2 - H_1$。若该反应可分成两步进行，焓变分别为 ΔH_1、ΔH_2，则有 $\Delta H = \Delta H_1 + \Delta H_2$。

对任一给定反应：

$$a\mathrm{A} + b\mathrm{B} \xlongequal{\quad} g\mathrm{G} + d\mathrm{D}$$

在标准状态下，即压力为 100 kPa 时，$a$mol A 与 $b$mol B 完全作用生成 $g$mol G 和 $d$mol D 时，反应的焓变称为反应的标准摩尔焓变 $\Delta_r H_m^\ominus$，量纲为 $kJ \cdot mol^{-1}$。

3. 赫斯定律

1840 年，赫斯(Hess)根据大量热效应的数据指出，化学反应的热效应只与物质的始态和终态(包括温度、反应物和产物的量及聚集态等)有关，而与变化的途径无关。即在等压条件下，不管化学反应是一步完成，还是分几步完成，其反应的热效应总是相同的，这就是赫斯定律。根据该定律可以利用已知反应的焓变(热效应)求算一些未知的或难以直接测定的反应的焓变。例如，碳和氧化合生成一氧化碳的焓变不可能由实验直接测定，因为产物 CO 中必然混有 CO_2，但可利用以下两个反应的焓变间接求得：

① $$C(石墨) + O_2(g) =\!=\!= CO_2(g) \quad \Delta H_1$$

② $$CO(g) + \frac{1}{2}O_2(g) =\!=\!= CO_2(g) \quad \Delta H_2$$

式①－式② $$C(石墨) + \frac{1}{2}O_2(g) =\!=\!= CO(g) \quad \Delta H = \Delta H_1 - \Delta H_2$$

根据赫斯定律，还可以把热化学方程式像代数式一样进行运算，所得新反应的焓变(热效应)就是各反应焓变进行相应代数运算的结果。运算时，若反应所处温度相同，方程式两端聚集态相同、系数也相同的同一物质可以消去。

2.2.4　化学反应的方向与热力学第二定律

把热力学第一定律用于化学领域，能够通过焓变计算已发生的化学反应的热效应。至于某个化学反应能否发生，反应会进行到什么程度，这些令人很感兴趣的问题还需通过热力学第二定律的有关讨论才能解决。

1. 自发过程

留心观察即可发现，自然界中发生的过程都有一定的方向性。

热自发地从高温物体传给低温物体；水自发地从高水位的地方流向低水位的地方，直到两个地方的水位相等，流动才停止，而它们的逆过程却不会自动发生。

以上这些过程，无需外界干涉即可自动发生，所以称为自发过程。这些自发过程虽然各自的表现形式不同，但都有某些共同的本质的特征。即它们都有明确的方向性，都有一定的限度，自发过程的逆过程一定是非自发过程。当然非自发过程也是可以发生的，不过这时外界必须对它做功。例如，利用水泵抽水做功，可以把水从低水位送到高水位处。

对于一个自发过程，只要合理设计就可以用来做功。例如，水从高水位处往下流可以推动水轮机做功，水位差为零不再继续做功。

在上述自发过程的例子中，用温度差可以判断传热过程的方向和限度；用水位差可以判断水流过程的方向和限度。对于大量的化学反应，若也能找到一个普遍适用的判据来预言化学反应的方向和限度，那将极有利于人们利用自然和改造自然。

19 世纪中期，美国科学家吉布斯(Gilbbs)指出，反应自发性的标准是它产生有用功的本领。他证明：在等温等压下，如果某一反应可被利用来做有用功，则该反应就是自发的；如果某一反应必须从环境吸收有用功才能进行，则此反应就是非自发的。

例如，将 Zn 片放入稀 H_2SO_4 溶液中，将会自动发生置换反应，放出氢气，若将此反应设计成伏特电池，就会产生电流，做有用功。又如，甲烷的燃烧反应：

$$CH_4(g) + 2O_2(g) = CO_2(g) + 2H_2O(l)$$

它可在内燃机中被利用来做功，是自发的反应。

与此相反，常温常压下，水绝不会自发地分解成氢气和氧气。欲使此过程发生，需要进行电解，此时环境就对它做功，这就不是自发过程。

2. 吉布斯自由能

把可以做有用功的能称为吉布斯自由能，又称吉布斯函数，用符号 G 表示。吉布斯自由能像热力学能和焓一样是物质的一个基本性质，是状态函数。

体系处于一定的状态，吉布斯自由能 G 有一定的数值。当两个状态之间吉布斯自由能 G 不等时，体系可自发地由吉布斯自由能高的状态 G_1 转变到吉布斯自由能低的状态 G_2，直到吉布斯自由能变 $\Delta G=0$，吉布斯自由能 G 的差别消失。这与水位差存在时，水自发地由水位高的地方流向水位低的地方十分相似。可以把 G 看作体系的势函数，把 ΔG 看作过程自发进行的推动力。

在等温等压、只做体积功的条件下，凡是体系吉布斯自由能减少的过程都能自发进行。这是热力学第二定律的一种表达形式。

在等温等压、只做体积功的条件下，体系由状态 1 转变到状态 2，吉布斯自由能变 $G_2-G_1=\Delta G$ 与过程自发性的关系如下：

$$\left.\begin{array}{ll} \Delta G < 0 & \text{过程自发进行} \\ \Delta G = 0 & \text{体系处于平衡态} \\ \Delta G > 0 & \text{非自发过程} \end{array}\right\} \tag{2-5}$$

式(2-5)表明，在等温等压、只做体积功的情况下，体系如发生一个自发过程，其吉布斯自由能变必小于零，即体系的吉布斯自由能要减小；当体系处于平衡态时，体系的吉布斯自由能不再减小而保持一最小值不变；体系吉布斯自由能增加的过程是非自发过程，只有在外界的帮助下，对体系做功才会发生体系吉布斯自由能增加的过程。式(2-5)又称为吉布斯判据。

2.2.5 熵与热力学第三定律

经验告诉人们，自然界中发生的许多变化过程的方向都与体系的混乱度有关。例如，一盒排列整齐的火柴翻倒以后就会变得杂乱无序，但从来没有看到过相反的过程——一盘散乱的火柴能自动地排列整齐。同样，把一滴墨水滴入一杯水中，可以看到墨水在水中逐渐扩散，最后均匀地分散在整个水体中。但若把这样一杯墨水密封放置，则永远不会看到墨汁重新自动聚集成一滴墨。这类例子还很多，它们都表明，自然界中自发进行的一些变化过程总是向着体系混乱度加大的方向进行。体系的混乱度是指体系内部所有微粒的混乱程度。在自然界中发生的各种物理、化学变化过程，至少受到两大因素的制约：一是体系的自发变化将使体系能量趋于降低；二是体系的自发变化将使体系的混乱度增加。为此，人们引入一个新的热力学函数——熵，用符号 S 表示，描述体系的混乱度，即熵是体系混乱度的量度。

体系的混乱度越大，熵值越大，反之亦然。而体系的混乱度是体系本身所处状态的特征之一。体系的状态确定后，体系的混乱度也就确定了，熵就有确定的值。如果体系的混乱度改变，则体系的状态也随之改变，故熵是体系的状态函数。

从体系混乱度的观点看，对处于不同聚集态的同一物质，有

$$S(\mathrm{g}) > S(\mathrm{l}) > S(\mathrm{s})$$

同一物质的同一聚集态，温度升高，热运动增强，体系混乱度增加，熵值也增加。

$$S(\text{高温}) > S(\text{低温})$$

不同物质熵值的大小与分子的种类和结构有关，一般来说，分子越大，结构越复杂，其运动形态也越复杂，混乱度也越大，其熵值也就越大。

热力学第三定律指出：在绝对零度(热力学温度 0K)时，任何纯物质完整晶体的熵值等于零。在绝对零度时，纯物质的完整晶体中，所有的微粒都处于理想的晶格结点位置上，没有任何热运动，是一种理想的完全有序状态，具有最小的混乱度。

2.2.6　吉布斯-亥姆霍兹公式

对于给定体系，焓 H、熵 S 和吉布斯自由能 G 之间存在着关系式

$$G = H - TS$$

在等温等压条件下，有

$$\Delta G(T) = \Delta H(T) - T\Delta S(T) \tag{2-6}$$

式(2-6)称为吉布斯-亥姆霍兹(Gibbs-Helmhotz)公式。它是化学热力学中极为有用的公式之一。式中：T 为热力学温度，$\Delta H(T)$和 $\Delta S(T)$分别为 TK 时体系的焓变和熵变。

2.2.7　永动机与热力学定律

永动机是一类想象中的机械。它是违反热力学基本定律的、不能实现的发动机。

人们还没有掌握自然的基本规律时，这种想法曾经诱导许多有杰出创造才能的人，使他们付出大量的智慧和劳动，追求这种梦想的实现。但是，没有任何一部永动机被实际地制造出来。在热力学体系建立后，人们通过严谨的逻辑证明，永动机是违反热力学基本原理的设想。不过从一个侧面也可以认为，人类对永动机的热情以及制造永动机的种种实践，推动了热力学体系的建立和机械制造技术的进步。

1. 第一类永动机

不消耗能量而能永远对外做功的机器，或消耗少量能量而获得更大能量的机器，称为第一类永动机。它违反热力学第一定律。

历史上，人们曾提出很多种永动机的制作方案。最著名的第一类永动机是法国人亨

内考在 13 世纪提出的“魔轮”，如图 2-1(a)所示。轮子中央有个转动轴，轮子的边缘等距地安装 12 根活动短杆，每个短杆的一端装有一个铁球。亨内考认为，魔轮通过安放在转轮上一系列可动的悬臂实现永动。向下行方向的悬臂在重力作用下会向下落下，远离转轮中心，使得下行方向力矩加大；而上行方向的悬臂在重力作用下靠近转轮中心，力矩减小，力矩的不平衡驱动魔轮的转动。这个设计被不少人以不同的形式复制，但从未实现不停息地转动。事实上，由杠杆平衡原理可知，在此设计中，右边每个重物施加于轮子的旋转作用虽然较大，但是重物的个数较少。精确的计算可以证明，总会有一个适当的位置，使左右两侧重物施加于轮子的相反方向的旋转作用(力矩)恰好相等，互相抵消，使轮子达到平衡而静止。

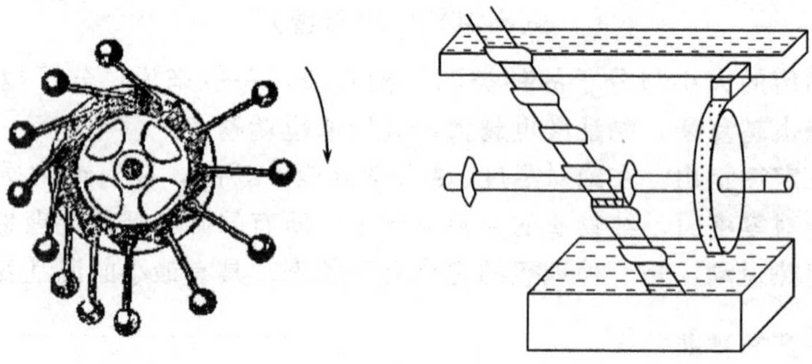

(a) 魔轮　　(b) 流水落差永动机

图 2-1　两个第一类永动机设计示意图

16 世纪 70 年代，意大利的一位机械师斯特尔又提出一个流水落差永动机的设计方案，如图 2-1(b)所示。他在设计时认为，由上面水槽流出的水冲击水轮转动，水轮在带动水磨转动的同时，通过一组齿轮带动螺旋汲水器，把蓄水池里的水重新提升到上面的水槽中。他认为，整个装置可以这样不停地运转下去，并有效地对外做功。实际上，流回水槽的水越来越少，很快水槽中的水就全部流进下面的蓄水池，水轮机也就停止了转动。

人们提出过各种永动机设计方案，有采用螺旋汲水器的，有利用轮子的惯性、水的浮力或毛细作用的，也有利用永久磁极之间作用的等。但所有这些方案都无一例外的以失败告终。

能量守恒定律的发现，使人们进一步认识到：任何一部机器，只能使能量从一种形式转化为另一种形式，而不能无中生有的制造能量，因此第一类永动机是不可能造出来的。

2. 第二类永动机

在没有温差的情况下，从自然界中的海水或空气乃至宇宙中不断吸取热量，使之连续地转变为机械能而不产生其他影响的机器；或从高温热库吸取热量后全部用来做功，而不向低温热库排出热量的机器，称为“第二类永动机”。它不违反热力学第一定律，但违反了热力学第二定律。

历史上首个成型的第二类永动机装置是 1881 年美国人约翰·嘎姆吉为美国海军设计的零发动机。这一装置利用海水的热量将液氨气化，推动机械运转。但是这一装置无法持续运转，因为气化后的液氨在没有低温热源存在的条件下无法重新液化，不能完成循环。

1820 年，法国工程师尼古拉·莱昂纳尔·萨迪·卡诺设计了一种工作于两个热源之间的理想热机——卡诺热机，卡诺热机从理论上证明了热机的工作效率与两个热源的温差相关。德国人鲁道夫·克劳修斯和英国人开尔文在研究了卡诺循环和热力学第一定律后，提出热力学第二定律。这一定律指出：不可能从单一热源吸取热量，使之完全变为有用功而不产生其他影响。热力学第二定律的提出宣判了第二类永动机的“死刑”。

3. 第三类永动机

能从单一热源吸取热量，并使之完全变成有用功而不产生其他影响的机器，称为“第三类永动机”。这既不违反热力学第一定律，也不违反热力学第二定律，但必须在热力学温度 $T<0K$ 下工作。

第三类永动机做功要以消耗单一热源的能量为代价，理论上不违反热力学第一定律；而若要不违反热力学第二定律，即满足熵增加原理($\Delta S>0$)，则必须使热力学温度 $T<0K$，或者说存在负热力学温度。这就是第三类永动机的工作环境，也是第二类永动机与第三类永动机的区别所在，前者在正热力学温度下工作，后者要在负热力学温度下工作。1951 年，珀塞尔和庞德在实验中成功地证实负热力学温度的存在。至此，第三类永动机好像已经呼之欲出，但负热力学温度存在所必需的苛刻条件注定了第三类永动机在实际中根本无法实现。

2.3　化石能源

化石能源一般是通过燃烧将化学能转化为热能而释放出来，因而也称化石燃料。化石燃料包括煤、石油和天然气。化石燃料被认为是由古代生物残骸在地下经长期的堆积、埋藏，在高温、高压、缺氧的条件下，经过复杂的物理化学变化而形成的。它们最初都是由水和大气中的二氧化碳经光合作用合成，从而把太阳能转化为化学能，最后储存在矿物燃料之中。

目前，世界能源消费结构中仍然以化石燃料为主，消耗量非常大。据国际能源署(IEA)统计：1998 年世界一次能源消费构成比例为石油 35.7%，煤炭 23.3%，天然气 20.3%，核能 6.7%，水电 2.3%，其中化石燃料高达 79.3%。我国是世界上少数以煤为主要能源的国家，2000 年我国总能源消费中，煤炭占 63.8%，石油占 30.1%，天然气占 2.96%，水电占 2.5%，核能占 0.57%。

化石燃料属于不可再生能源。据世界能源会议 1990 年对世界各国各种能源的调查显示，各国已探明煤炭可采储量为 1.0391×10^{15} kg，若按 1990 年的开采速度可开采 219

年；已探明原油可采储量为 1.374×10^{14} kg，若按 1990 年原油产量 3.139×10^{12} kg 计，可开采 44 年；天然气可采储量为 1.2885×10^{14} m^3，若按 1990 年产量 2.135×10^{12} m^3 计，可开采 60 年。因此合理地利用化石燃料非常重要。

化石燃料也是重要的化工原料。

化石燃料和其他一些能源的发热量见表 2-3。

表 2-3 几种能源的发热量比较

能源	标准煤	石油	天然气	氢能	U 裂变	H 聚变
发热量/($kJ \cdot g^{-1}$)	29.26	48	56	143	8×10^7	60×10^7

2.3.1 煤

1. 煤的来源及组成

煤是由古代植物转变而来的。埋没在水底或泥沙中成堆的植物，在适宜的地质环境中，经过漫长的地质年代的天然煤化过程形成了煤。一般认为煤化过程包括以下阶段：

植物残骸 → 腐殖质 → 泥煤 → 褐煤 → 烟煤 → 无烟煤

由于煤形成的年代与地质构造不同，其炭化程度不同，煤的组成和性能有所差异。由此可将煤分为泥煤、褐煤、烟煤、无烟煤四大类。泥煤呈棕褐色，炭化程度最低，质地疏松，吸水性强，含水约 40%，含碳量低于 60%，工业价值不大，只可用作锅炉燃料及气化原料。褐煤呈褐色或黑褐色，含碳量为 60%～75%，挥发分较高，在空气中易风化破碎，易自燃，一般不宜作长途运输或长期储存。烟煤为黑色，含碳量为 75%～90%，适宜于炼焦，是冶金工业、化学工业和燃气工业的重要原料，也是工业和生活中最重要的燃料。无烟煤呈灰墨色，有金属光泽、致密、坚硬，挥发分少，吸水性弱，含水约 5%，含灰分和硫分都比较少，含碳量通常在 90%以上，是所有煤中炭化程度最高的，属于质量品位最好的一种煤。

各种煤的含碳量、燃烧热值和挥发分含量见表 2-4。

表 2-4 煤的等级及其性能

煤级	固定分含碳质量分数/%	燃烧热值/($kJ \cdot g^{-1}$)	挥发分质量分数/%	着火点/℃
泥煤	<60	～13	—	—
褐煤	60～75	25～30	>40	225～280
烟煤	75～90	30～37	10～40	325～400
无烟煤	>90	32～36	<404	40～500

不同煤的热值不同。工程中，1kg 标准煤的发热量为 29.26×10^3 kJ。

通常煤中除碳元素外，还含有氧、硫、磷等数十种非金属元素和某些金属元素。在燃烧时硫会变成 SO_2、SO_3 和 H_2S 等有害气体，这些气体不仅会腐蚀燃烧室，而且污染大气。煤按硫的质量分数可分为四类：低硫煤，<1.5%；中硫煤，1.5%～2.5%；

高硫煤，2.5%～4.0%；富硫煤，>4.0%。我国的煤含硫量多为 0.5%～3.0%。华北、华东地区浅部煤层硫分低，而深部煤层硫分较高，南方煤田的硫分一般较高。

煤中的无机组分主要是一些常见的硫酸盐(如 Ca、Mg、Fe 等盐)、硅酸盐(如 K、Ca、Mg、Na、Al 等盐)、硫化物、氧化亚铁等，它们在燃烧过程中，转化为灰渣和粉尘。

煤中有机组分元素含量各有差别，通常认为其平均组成如表 2-5 所示。将其折算成原子比，煤的化学式可用 $C_{135}H_{96}O_9NS$ 代表。关于煤的化学结构，科学家们已提出很多种模型，目前公认的模型如图 2-2 所示。煤的有机组成在燃烧过程中转化为气体(CO_2、H_2O、SO_2、NO_2 等)，可能对大气造成污染。

表 2-5　煤的元素组成

元素	C	H	O	N	S
含量/%	85.0	5.0	7.6	0.7	1.7

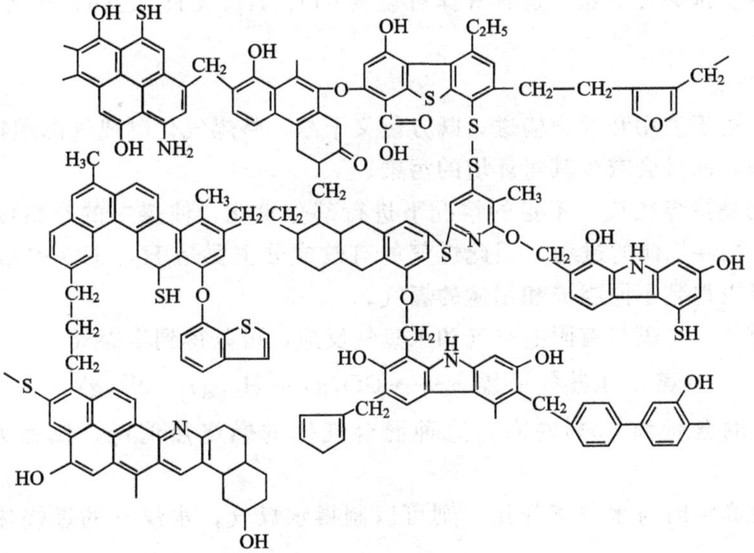

图 2-2　煤的结构模型

我国煤炭储量丰富，2000 年已探明储量达 1.145×10^{14} kg，居世界第三。现在原煤年产量超过 1.0×10^{12} kg，居世界第一。

2. 煤的综合利用

煤是固体燃料，其最大缺点是输送不便、燃烧反应的速度慢、利用效率低，其中的 S 和 N 在煤燃烧时，生成的 SO_2 和 NO_x 污染环境，还会产生煤灰和煤渣等固体垃圾。

为了解决上述问题，人们对煤的合理开发和综合利用进行了大量的研究，其中人们最关心的问题是如何将煤转化为清洁的能源和如何有效地分离煤中所含的化工原料。目前最常用的方法是煤的焦化、液化和气化处理。

1）煤的焦化

煤的焦化又称煤的干馏。当煤与空气隔绝加强热时，煤分解成固态的焦炭、液态的煤焦油和气态的煤气（焦炉气）：

- 焦炉气（H_2、CO、CO_2、CH_4、C_2H_4、NH_3、苯、H_2S、N_2、O_2 等）
- 煤焦油
  - 单环芳烃（苯、甲苯、二甲苯、酚类等）
  - 稠环芳烃（萘、蒽、菲等）
  - 沥青
- 焦炭：用于冶金、电极、电石、煤气化等

干馏又分为低温干馏、中温干馏和高温干馏。低温（500～600℃）干馏产生的焦炭数量和质量较差，但能得到较多的轻油和焦油；中温（750～800℃）干馏主要用于生产城市煤气；而高温（1000～1100℃）干馏的主要目的是生产焦炭，焦炭的主要用途是钢铁冶金、化工原料和煤的气化原料。煤焦油是一种黑色黏稠性的油状液体，可以从煤焦油中分离出酚、萘、蒽、菲等重要化工原料。此外还可以从煤焦油中分离出吡啶、喹啉、润滑油和沥青等。焦炉气中除了含有气体可燃物 CO、H_2、CH_4 之外，也含有乙烯、苯、氨等物质。

2）煤的气化

气态燃料适于使用和管道输送，既方便又干净。将煤气化制成气态燃料，不仅能提高煤的利用率，而且会减少其对环境的污染。

煤的气化是指煤在氧气不足的情况下进行部分氧化，使煤中的有机物转化为含有 H_2、CO 等可燃性气体的过程，因此煤气的有效成分主要是 H_2、CO 和 CH_4 等。选择不同气化剂可以得到不同组成和用途的煤气。

（1）水煤气。将煤与有限的空气和水蒸气反应，可以得到半煤气。

$$\text{煤} + \text{水蒸气} + \text{空气} \longrightarrow CO(g) + H_2(g) + N_2(g)$$

其中 N_2 的含量为 50%左右。这种混合气体的燃烧热值低，仅为天然气的 1/6 左右。

若将煤在高温时与水蒸气作用，则可以制得水煤气，水煤气的燃烧热值比半煤气要高。

$$C(s) + H_2O(g) \longrightarrow CO(g) + H_2(g)$$

（2）合成气。纯氧和水蒸气在加压条件下通过灼热的煤，使煤中的苯酚等成分挥发，并生成一种气态燃料混合物，按体积分数约含 40% H_2、15% CO、15% CH_4 和 30% CO_2，这种混合气体称为合成气。

（3）合成天然气。水煤气和合成气的燃烧热值均不及天然气（CH_4），均约为天然气的 1/3。因此，实现煤的气化的最好办法是将煤最终转化成 CH_4。

在催化剂的作用下，使水煤气中的 CO 和 H_2 进行甲烷化反应，可以得到相当于天然气的高燃烧热值的合成天然气。

$$CO(g) + 3H_2(g) \xrightarrow{Ni,650K} CH_4(g) + H_2O(g)$$

甲烷化反应所需要的 H_2 可以通过水-气转换反应实现。

$$CO(g) + H_2O(g) \xrightarrow{\text{催化剂}} H_2(g) + CO_2(g)$$

3）煤的液化

煤是一种固态高分子化合物，让煤在高温高压条件下热裂解或与其他物质(如 H_2)作用，转化成低相对分子质量碳的化合物而成液体燃料的过程称为煤的液化，液化产物称为人造石油。根据不同的加工路线，煤液化可分为直接液化和间接液化两大类。

煤的直接液化是在高温高压条件下，通过加氢使煤中复杂的有机化学结构直接转化为液体燃料的技术，又称加氢液化。液化油在进行提质加工后可生产洁净优质的汽油、柴油和航空燃料等。该方法的优点是热效率高，液体产品收率高，但对煤的品种要求较为严格。

煤的间接液化是先将煤气化为 CO 和 H_2(合成气)，然后在高压和适当催化剂存在下，合成气转化为链状烷烃、烯烃、醇类及其他化学品的过程。例如，在加压和 150～300℃的条件下，以 Fe、Ni、Co 为主催化剂，ThO_2、MgO 和 K_2O 为助催化剂的催化床层，CO 和 H_2 能反应生成多种直链烃。例如

$$4CO(g) + 8H_2(g) \longrightarrow C_4H_8(g) + 4H_2O(g)$$

$$6CO(g) + 12H_2(g) \longrightarrow C_6H_{12}(g) + 6H_2O(g)$$

$$8CO(g) + 17H_2(g) \longrightarrow C_8H_{18}(g) + 8H_2O(g)$$

由上述反应可以得到汽油、柴油、液化石油气以及甲醇等。该法的优点是适用煤种广，但总热效率低、投资大。

2.3.2　石油

石油被认为是由大批冲积至海底或湖泊中的动植物遗体，在地下经漫长的复杂变化而形成的棕黑色黏稠液态混合物。未经处理的石油又称原油。

就化学成分而言，石油是烃类的复杂混合物。地球上的石油主要分布在两个曾是海槽的地带，一个是北起美国阿拉斯加和加拿大经美国西海岸到南美的委内瑞拉、阿根廷的长科迪勒拉地带；另一个是从地中海经中东到印度尼西亚的特提斯地带。

石油在国民经济中占有非常重要的地位。它还是重要的化工原料。

我国是石油生产大国，年产石油达 1.6×10^{11} kg，占世界第五位。但由于人口众多，石油资源相对匮乏，人均石油储量仅为世界平均值的 11%。自 1993 年起，我国已成为石油的净进口国；到 2010 年，我国石油的缺口将达石油总消耗量的一半左右。

1）石油的分馏

石油是含有 1～50 个碳原子的碳氢化合物的混合物。按质量计，其碳和氢分别占 84%～87%和 12%～14%，主要成分为直链烷烃、支链烷烃、环烷烃和芳香烃；此外，还含有少量由 C、H、O、N 和 S 组成的杂环化合物。石油中的固态烃类称为蜡。原油中硫含量变化很大，为 0.001%～7%，主要以硫醚、硫酚、二硫化物、硫醇、噻吩、噻唑及其衍生物的形式存在。氮含量为 0.1%～0.8%，以杂环系统衍生物的形式存在，如噻唑类、喹啉类等。石油中还含有其他微量元素。

将原油在分馏塔内加热，根据沸点的不同，将石油分馏出若干组分，这个过程称为分馏。经过分馏可以得到各种不同用途的石油产品。表 2-6 所列的仅是几种主要产品。

表 2-6　石油馏分的主要组分、名称及用途

分馏温度/℃	组分	名称	用途
<30	C1～C4	天然气	动力燃料、合成原料、制炭黑
40～70	C5～C7	石油醚	溶剂
70～150	C7～C9	汽油	汽车、内燃机车、飞机的燃料
150～300	C9～C16	煤油	喷气飞机燃料和其他动力燃料
270～340	C15～C19	柴油	柴油发动机燃料
>360	C16～C20	润滑油	机器润滑油
	C18～C24	液体石蜡	油泵油、裂解原料
	C20～C30	固体石蜡	制蜡烛和蜡制品
	C30～C40	沥青	修路、沥青纸板

2）石油的裂化

原油直接蒸馏只能得到大约 20％的汽油，而且这些汽油的质量也不好。为了从原油中生产出更多的汽油，通常采用裂化反应的方法。

烷烃在高温下裂解成较小分子烃的反应称为裂化反应。裂化方法又分热裂化和催化裂化两种。热裂化通常在 700～900℃的高温下进行，目的是获得化工原料，如乙烯、丙烯、丁二烯、丁烯和少量的甲烷、乙烷、丙烷等。这些低分子烯烃进行聚合可得到聚乙烯、聚丙烯、顺丁橡胶、乙丙橡胶等，此外它们还能与许多物质进行加成，得到一系列其他有机产品。而催化裂化则是采用催化剂进行裂化，目的是获得高质量汽油。催化裂化反应温度(400～500℃)较低，产品质量较好。催化裂化能提高汽油的产量和质量，这是因为在碳链断裂的同时，还有异构化、环化、脱氢等反应发生，生成带有支链的烷烃、烯烃和芳香烃等。

3）催化重整

催化重整是石油炼制过程中的另一个重要过程。在一定的温度、压力下，汽油中的直链烃在催化剂的作用下进行结构的重新调整，转化为带支链的烷烃异构体，这可以有效地提高汽油的辛烷值，同时还能得到一部分重要的化工原料——芳香烃。

为了提高油品的质量，石油经过分馏、裂化、重整后，通常还要进行加氢精制等处理步骤。

4）汽油的抗震性和辛烷值

汽油蒸气和空气的混合气体在气缸中燃烧时，其热能的利用效率与点火前气缸内的压力有密切关系。点火前气缸内的压力越大，则热利用率越高。可是当气缸内的压力提高到一定程度时，点火前就会产生爆炸性的燃烧，这种现象称为爆震现象。爆震不仅不能提高热能利用效率，反而使利用效率降低，损害气缸，缩短气缸的使用寿命。爆震是高压下自燃造成的。爆震和汽油的成分有关，直链的正烷烃易发生爆震；带支链的烷烃不易发生爆震。汽油抵抗爆震的能力称为汽油的抗震性。石油工业发展的早年发现，异辛烷（2,2,4-三甲基戊烷）的抗震性最好，正辛烷的抗震性最差。为了衡量不同汽油的质量，人为地将异辛烷的辛烷值定为 100，正辛烷的辛烷值定为 0。如果一种汽油的辛烷值为 90，则该汽油的抗震性相当于 90%的异辛烷和 10%的正辛烷混合物的抗震性，但并不是说这种汽油的组成就含有 90%的异辛烷。辛烷值是汽油最重要的质量指标之一，因此，商业上常将辛烷值规定为汽油的牌号。例如，90 号汽油就表示其辛烷值为 90。现在已知许多烃的辛烷值比异辛烷还要高，如 2,2,3-三甲基丁烷的辛烷值为 116。

由于提高汽油辛烷值可提高热能利用率，节约能源，所以人们很早以前就开始研究提高辛烷值的方法。通常提高辛烷值有两种途径：

（1）将直链烷烃进行催化重整变成带支链的烷烃。

（2）向汽油中添加抗震剂。最有效的抗震剂是 1921 年发现的四乙基铅[$Pb(C_2H_5)_4$]，只要在汽油中加入万分之二到万分之六的四乙基铅，就可以大大提高汽油的辛烷值。尽管四乙基铅是一种有效的抗震剂，但由于它燃烧后排出大量对人体有毒害的铅，并且会造成大气污染，目前许多国家已禁止使用含铅汽油。我国从 1999 年起就禁止含铅汽油的生产，2000 年起禁用含铅汽油，取而代之的是无铅汽油。

2.3.3 天然气

天然气是蕴藏在地层中的可燃性气态碳氢化合物。其成因和形成历史与石油相同，二者可能伴生。

天然气是除石油和煤以外最重要的矿物燃料。天然气开采、运输十分方便，又不需要复杂的炼制过程，因此，在总能源消费中所占的比例正在迅速增长。有专家预测，到 2040 年，天然气将超过石油和煤炭成为世界第一大能源。我国的西气东输工程就是要将西部储量丰富的天然气通过管道运送到东部地区，为东部许多大城市提供源源不断的优质能源。

天然气的主要成分是甲烷，含量大约为 95%。个别地方所产天然气含甲烷稍少，为 60%～70%；其余为四个碳以下的烷烃，其被称为湿天然气。

天然气是比较清洁的燃料，燃烧产物 CO_2 和 H_2O 都是无毒物质。天然气中还含有 SO_2、H_2S 及微量稀有气体，在燃烧过程中也会产生 SO_2 等有害气体。

当甲烷在空气中的体积分数达到 5.53%～14.00%时，遇明火可发生爆炸。甲烷常存在于煤层空隙中，是引起矿井爆炸的原因之一。

池沼水面下的植物纤维在厌氧菌的作用下发酵分解会产生甲烷，故甲烷又称沼气。仿照天然条件建造人工沼气池产生的沼气可用作燃料。

2.3.4 可燃冰

可燃冰是由天然气成分（如 CH_4、C_2H_6、C_3H_8、C_4H_{10} 等）同系物形成的水合物，又称天然气水合物。其主要成分是甲烷（80%～99.9%）与水，通常称为甲烷水合物。甲烷水合物分子式为 $CH_4 \cdot 8H_2O$，是甲烷分子和水分子形成的笼状结晶，甲烷分子被封闭在由氢键结合的水分子形成的多面体里，水分子和甲烷分子之间主要靠范德华力结合

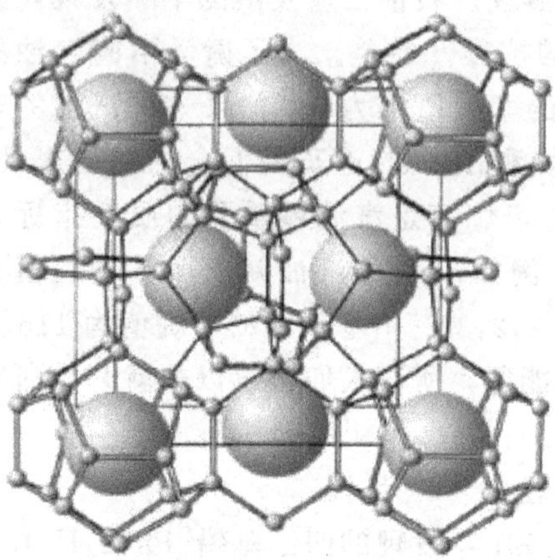

图 2-3　甲烷水合物球棍模型

成笼形包合物，如图 2-3 所示。在常温常压下它会分解成水与甲烷。

可燃冰中通常含有大量甲烷或其他碳氢气体，因此极易燃烧。$1m^3$ 可燃冰可转化为 $164m^3$ 天然气和 $0.8m^3$ 水，燃烧产生的能量比同等条件下煤、石油、天然气产生的多得多，其能量密度是煤和黑色页岩的 10 倍左右，是常规天然气能量密度的 2～5 倍。可燃冰的燃烧热值高，而且在燃烧以后几乎不产生任何残渣或废弃物，污染比煤、石油、天然气等小得多，SO_2 产生量比燃烧原油和煤炭低两个数量级。

可燃冰是在高压低温条件下形成的。它的形成与海底石油、天然气的形成过程相仿，而且密切相关。埋于海底地层深处的大量有机质在缺氧环境中，厌气性细菌把有机质分解，最后形成石油和天然气(石油气)。其中许多天然气又被包进水分子中，在海底的低温与高压下形成可燃冰。这是因为天然气与水可以在温度 2～5℃内形成结晶。可燃冰可以看作高度压缩的固态天然气，从外表上看它像冰霜。

可燃冰的形成有如下三个基本条件。

(1) 温度不能太高。在 0℃以上可以生成，0～10℃为宜，最高限是 20℃左右，温度再高可燃冰将分解。

(2) 压力要够。0℃时，30 个大气压以上它就可能生成。

(3) 地底要有气源。在陆地只有永久冻土层才具备形成条件和使之保持稳定的固态，而海洋深层 300～500m 的沉积物中都可能具备这样的低温高压条件。所以，可燃冰分布的陆海比例约为 1∶100。它通常存在于大陆架海底地层以及地球两极的永久冻结带，主要分布在东、西太平洋和大西洋西部边缘。据估计，海底可燃冰分布的范围约占海洋总面积的 10%，相当于 4000 万 km^2，是迄今为止海底最具价值的矿产资源，足够人类使用 1000 年。

可燃冰是一种极具发展潜力的洁净的新能源，储量很大。估计全世界可燃冰的储量达 $2\times10^{16}m^3$(按甲烷计)，约为常规天然气能源储量的 100 倍。一旦获得技术上的突破，可燃冰将加入新的世界能源的行列。

可燃冰开采困难。在繁复的可燃冰开采过程中，一旦出现差错，将会引发严重的环境灾难。首先，收集海水中的气体十分困难，海底可燃冰属大面积分布，其分解出来的甲烷很难聚集在某一地区内收集，而且一离开海床便迅速分解，容易发生意外。更为严重的是，甲烷的温室效应比二氧化碳强 10～20 倍，若处理不当，分解出来的甲烷气体由海水释放到大气中，将使全球温室效应问题更趋严重。这会造成海底可燃冰的自动分解，从而造成恶性循环。

2.4　化 学 电 源

电能是现代社会生活的必需品，是最重要的二次能源。大部分的煤和石油制品作为一次能源用于发电。煤或油在燃烧过程中释放能量，加热蒸气，推动电机发电，其实质是化学能→机械能→电能的过程。另外一种把化学能直接转化为电能的装置统称为化学电池(原电池)或化学电源。例如，手电筒、照相机上用的干电池，汽车发动机用的铅蓄电池，便携式移动电话机(手机)上用的锂电池、镍氢电池等。

任何氧化还原反应中都进行着电子从还原剂向氧化剂的转移。例如，将锌片浸入硫酸铜溶液中，发生反应：

$$Zn + Cu^{2+} \longequal Cu + Zn^{2+}$$

由于锌与硫酸铜直接接触，锌把电子直接转移给Cu^{2+}，这时电子的流动是毫无秩序的，所以用此法不能得到电流，反应中放出的化学能转变为热能。若将上述氧化还原反应按图 2-4 装置，在分别盛 $ZnSO_4$ 和 $CuSO_4$ 溶液的烧杯中各浸入锌和铜片，将两个烧杯中的溶液用一个倒置的 U 形管连接，管中装满用饱和 KCl 溶液和琼脂做成的冻胶(这种装满冻胶的 U 形管称为盐桥)。这时串联在铜片和锌片之间的检流计 A 的指针立即向一方偏转，说明有电子流从锌片流向铜片。反应时所释放的化学能转变为电能。这种使化学能变为电能的装置称为原电池。

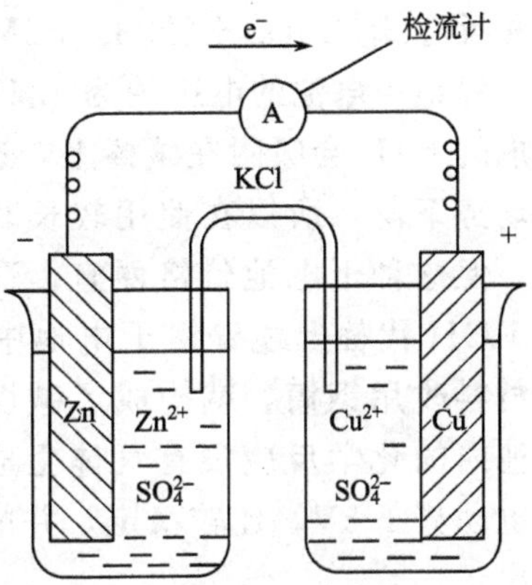

图 2-4　铜锌原电池

上述铜锌原电池产生电流的原因是 Zn 原子失去两个电子而形成 Zn^{2+} 进入溶液，发生了氧化反应：

$$Zn - 2e^- = Zn^{2+}$$

Zn 片上过多的电子经过导线流向 Cu 片，故 Zn 片为负极，而 Cu 片为正极。在铜片的表面上，溶液中的 Cu^{2+} 获得电子后变成金属铜析出，发生了还原反应：

$$Cu^{2+} + 2e^- = Cu\downarrow$$

将上述两个半反应式加起来，得到原电池中进行的反应的总方程式：

$$Zn + Cu^{2+} = Zn^{2+} + Cu$$

在原电池中，氧化剂和还原剂不直接接触，电子通过导线传递使电子做有规则的定向运动而形成电流。

任何两个电极反应都可组成一个氧化还原反应，理论上都可以设计成一个电池，但真要做成一个有实际应用价值的电池并非易事，而且还必须考虑电池的体积、质量、电压、放电容量、寿命、操作情况及价格等因素。下面介绍几种常用的化学电源和新型化学电源。

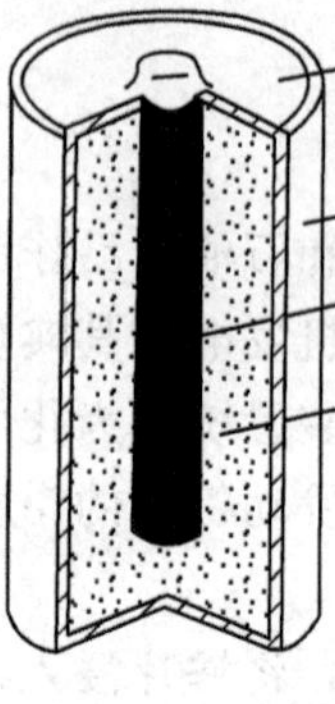

图 2-5　锌锰干电池的结构

2.4.1　干电池

日常用的锌锰干电池是常用的一种化学电源，其结构如图 2-5 所示。它的外壳用锌片制成筒状作为电池的阴极，中心的石墨碳棒作为电池阳极。筒内装有 NH_4Cl、$ZnCl$、MnO_2、淀粉及其他填充物组成的糊状混合物作为电解质溶液，并用多孔纸包起来，使之与锌皮隔开；碳棒插在锌筒中间，用沥青或石蜡密封，防止电解液渗出。碳棒为惰性电极，仅起导电作用。

干电池放电时，其反应如下：

阴极　$Zn(s) \longrightarrow Zn^{2+} + 2e^-$　（氧化反应）

阳极　$2MnO_2(s) + 2NH_4^+ + 2e^- \longrightarrow Mn_2O_3(s) + 2NH_3(aq) + H_2O$　（还原反应）

总反应式　$Zn(s) + 2NH_4^+ + 2MnO_2(s) \longrightarrow Zn^{2+} + 2NH_3(aq) + Mn_2O_3(s) + H_2O$

锌锰干电池的电压约为 1.5V，由于电池阳极上生成的 NH_3 会吸附在碳棒上，造成极化，导致电池电动势下降，所以在使用较长时间后，电压明显下降。但这种干电池价格便宜，适宜大量生产。如果用 KOH 代替上述锌锰干电池中的 NH_4Cl，阳极导电材料改用钢筒，就构成了碱性锌锰干电池。这种电池内的化学反应没有气体生成，内电阻较低，正常电动势 1.5V，比较稳定，并能借助充电反复使用几次。

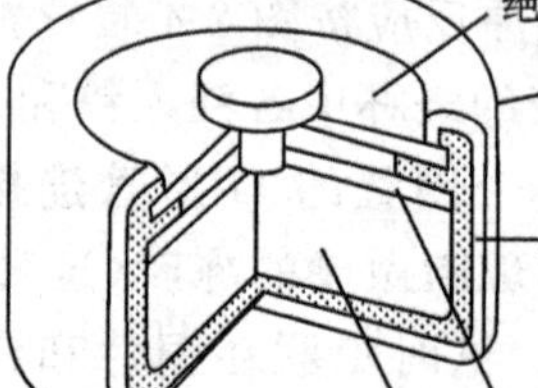

图 2-6　锌汞干电池示意图

锌汞电池是另一类干电池，如图 2-6 所示。以锌汞齐为阴极，HgO 和碳粉为阳极材料（碳粉的作用在于导电），含有饱和 ZnO 和 KOH 的糊状物作为电解质。放电时的电极反应为

阴极　$Zn(\text{汞齐}) + 2OH^- \longrightarrow ZnO(s) + H_2O(l) + 2e^-$　（氧化反应）

阳极　$HgO(s) + H_2O(l) + 2e^- \longrightarrow Hg(l) + 2OH^-$　（还原反应）

总反应　$Zn(\text{汞齐}) + HgO(s) \longrightarrow ZnO(s) + Hg(l)$

锌汞电池的特点是电动势和工作电压均较稳定，整个放电过程中电压基本保持在 1.34V 左右。锌汞电池可制成纽扣形状，称为纽扣电池，用作手表、助听器、心脏起搏器、微型收音机等微型电器中的电源。

2.4.2　蓄电池

上述干电池的作用是不可逆的，即放电结束后，电池的电能一旦用完，电化学反应也就完成，电池本身失效，不可能通过外加直流电压使其恢复放电前的状态，不能反复使用，故称为一次性电池。而蓄电池则不仅能把化学能转化为电能，作为电源使用，而且还可借助外加直流电压使电池中的电化学反应逆向进行，使电池恢复放电前的状态。因而这种电池可以多次反复使用。这类电池的作用就好像能把外界提供的直流电储存起

来，供需要时使用，称为二次电池。蓄电池的电解质可以为酸性溶液或碱性溶液，对应称为酸性蓄电池或碱性蓄电池。蓄电池是一类用途十分广泛的化学电源。

汽车的启动电源常用铅蓄电池，其结构如图 2-7 所示。

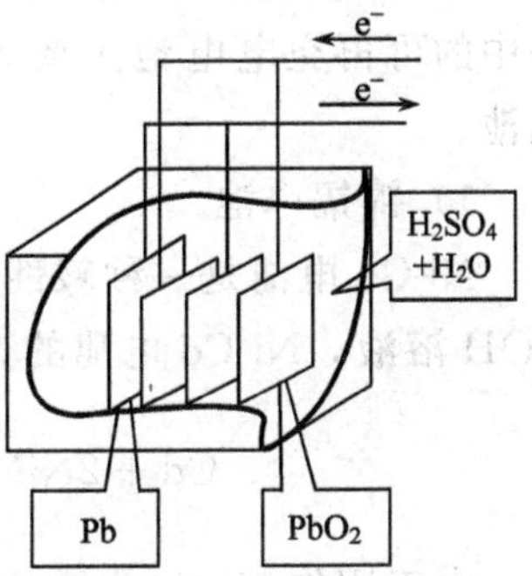

图 2-7　铅蓄电池结构示意图

电池内有一排铅锑合金的栅格板，栅孔为细的铅粉泥所填满。栅板交替由两块导板相连，分别成为顶部的两个电极。整个电极板在使用之前先浸泡在稀硫酸溶液中进行电解处理，在阳极，Pb 被氧化成为二氧化铅(PbO_2)；在阴极，形成海绵状金属铅。干燥后，PbO_2 为蓄电池的阳极，海绵状铅为阴极。所用电解液为 30% 的硫酸(H_2SO_4)，因此这类电池也称为酸性蓄电池。放电时，电极反应和电池反应如下：

阳极　$PbO_2 + SO_4^{2-} + 4H^+ + 2e^- \longrightarrow PbSO_4 + 2H_2O$　　（还原反应）

阴极　$Pb + SO_4^{2-} \longrightarrow PbSO_4 + 2e^-$　　（氧化反应）

放电反应　$PbO_2 + Pb + 2H_2SO_4 \longrightarrow 2PbSO_4 + 2H_2O$

放电之后，正、负两极都生成一层硫酸铅($PbSO_4$)，到一定程度就必须充电。充电时，将一个电压略高于蓄电池的直流电源与它相接，PbO_2 电极(阳极)上的 $PbSO_4$ 放出电子被氧化为 PbO_2，Pb 极(阴极)上的 $PbSO_4$ 接受电子被还原为 Pb，于是蓄电池的电极恢复原状，又可放电。充电时的电极反应和电池反应恰好是放电时的逆反应：

阳极　$PbSO_4 + 2H_2O \longrightarrow PbO_2 + SO_4^{2-} + 4H^+ + 2e^-$　　（氧化反应）

阴极　$PbSO_4 + 2e^- \longrightarrow Pb + SO_4^{2-}$　　（还原反应）

充电反应　$2PbSO_4 + 2H_2O \longrightarrow PbSO_4 + Pb + 2H_2SO_4$

铅蓄电池放电和充电过程可以合并写为

$$Pb + PbO_2 + 2H_2SO_4 \underset{\text{充电}}{\overset{\text{放电}}{\rightleftharpoons}} 2PbSO_4 + 2H_2O$$

铅蓄电池每个单元电压为 2.0V 左右，汽车用的电瓶一般由 6 个单元组成，即工作电压在 12.0V 左右。若电容量为几十至 100A，放电时，铅蓄电池的单元电压降到 1.8V 就不能继续使用，必须进行充电。只要按规定及时充电，使用得当，一个电池可以充放电 300 多次，否则使用寿命会大大缩短。这种蓄电池具有电动势高、电压稳定、使用温度范围宽、原料丰富、价格便宜等优点。主要缺点是笨重、防震性差、易溢出酸雾、维护不便、携带不便等。目前，铅蓄电池仍被广泛使用。银锌蓄电池是近年研制成的一种碱性蓄电池，其充电和放电反应如下：

$$Zn + Ag_2O + H_2O \underset{\text{充电}}{\overset{\text{放电}}{\rightleftharpoons}} Zn(OH)_2 + 2Ag$$

银锌蓄电池的单位质量所蓄的电能高，是一种高能蓄电池，可作为人造卫星、宇宙火箭等的化学电源，但价格昂贵。

近年来，便携式电子设备(如摄像机、笔记本计算机、个人掌上计算机、手机)的迅速发展和广泛使用，为这些设备提供电源的可再充电电池已成为不可缺少的配套产品。

对可再充电电池的开发、研制、生产越来越受到人们的关注。目前广泛应用于便携式设备中的可再充电电池主要是镍镉(Ni-Cd)电池、镍氢(Ni-MH)电池和锂离子(Li ion)电池。

1）镍镉电池

Ni-Cd 电池是一种碱性蓄电池，阳极材料为氧化镍，阴极材料为镉，电解液通常用 KOH 溶液，Ni-Cd 电池的充电放电反应如下：

$$Cd + 2NiO(OH) + 2H_2O \underset{\text{充电}}{\overset{\text{放电}}{\rightleftharpoons}} 2Ni(OH)_2 + Cd(OH)_2$$

由于用作 Ni-Cd 电池阴极材料的金属镉有毒，对环境产生污染，且价格昂贵，这就促使了人们对其他替代技术和产品的研究。

2）镍氢电池

Ni-MH 电池阳极材料为 NiO(OH)，阴极材料为吸氢合金，电解液通常用 30% KOH 水溶液，并加入少量 LiOH，Ni-MH 电池充放电反应如下：

$$2NiO(OH) + H_2 \underset{\text{充电}}{\overset{\text{放电}}{\rightleftharpoons}} 2Ni(OH)_2$$

Ni-MH 电池具有较好的低温放电特性，比能量高，且制造 Ni-MH 电池的电极材料无毒、无害，因此在许多应用场合，Ni-MH 电池已经取代 Ni-Cd 电池，尽管目前前者的价格较贵。

3）锂离子电池

锂是所有金属中质量最轻、比能量最高的金属，是理想的电池材料，锂离子电池具有很高的质量和体积比能量，是目前世界上最为理想也是技术含量最高的可充电电池。锂离子电池分为液态锂离子电池和聚合物锂离子电池两种。

锂离子电池的阴极为石墨类碳素材料，阳极通常为二氧化钴锂($LiCoO_2$)。石墨晶体和 $LiCoO_2$ 都具有层状结构，允许锂离子进出。$LiCoO_2$ 为一层氧原子紧邻一层锂原子，再紧邻一层氧原子和钴原子，即 O—Li—O—Co—O—Li—O。充电时，阳极中的锂原子电离为锂离子和电子，通过电解质，锂离子向阴极迁移并在阴极与电子复合成锂原子插入石墨晶体的片状层之间。放电时，插入石墨晶体中的锂原子从内部向阴极表面移动，并在阴极表面电离成锂离子和电子，分别通过电解质和负载流向阳极，在阳极表面复合成锂原子，然后插入二氧化钴锂的晶状层中。

液态锂离子电池目前存在几个严重不足：必须用坚固的可密封金属外壳密封液态电解质，降低了电池的比能量；制造成本高，电极材料氧化钴锂相对昂贵，且钴也是一种对环境有害的金属；使用时电池可能自动打开气阀，液态电解质溢出可能燃烧；对大型和小型电池有明显的尺寸限制。

锂离子技术的最新方向是在电池中使用固态聚合物电解质。固态聚合物锂电池具有材料和制造成本适中、使用时安全、无环境问题和设计灵活等特点，且容量更大，体积更小。

目前在可再充电电池中，Ni-Cd 电池仍占有最大的市场，但其销量呈逐年下降趋势。人们对电池性能要求的不断提高以及环境保护意识的增强，使得锂离子电池已成为可再充电电池市场的主导产品。

2.4.3 燃料电池

燃料电池是利用催化剂的作用，以燃料(如 H_2、CH_4、天然气等)为阴极，氧化剂(如 O_2、Cl_2、空气等)为阳极，在电解质(如 KOH 溶液等)中进行氧化还原反应，使化学能直接转变成电能的装置。现在推出的燃料电池，按所用电解质、材料来分，共有五种类型：碱溶液型、磷酸型、溶化碳酸盐型、固体电解质型、固体高分子型，也可以按使用的燃料不同进行分类。目前研究得比较成功的是氢氧燃料电池，其燃料极常用多孔性金属镍，用它吸附氢气；空气极常用多孔性金属银制成，用它吸附空气；电解质板是由浸有 KOH 溶液的多孔性塑料制成。氢氧燃料电池的标准电动势为 1.229V，电池的结构如图 2-8 所示。

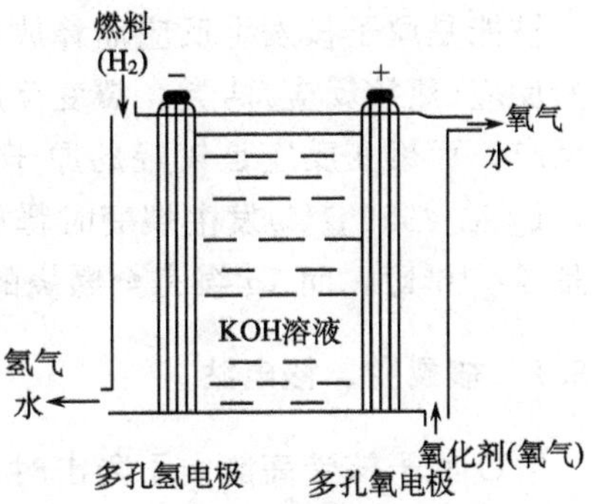

图 2-8 氢氧燃料电池示意图

电池的工作原理(如图 2-9 所示)：当向燃料极供给氢气时，H_2 被吸附并与催化剂作用，放出电子而生成 H^+，而电子经过外电路流向空气极，电子在空气极使氧还原为 OH^-，H^+ 和 OH^- 在电解质溶液中结合成 H_2O 分子，其电池反应如下：

阴极 $2H_2+4OH^- \longrightarrow 4H_2O+4e^-$ (氧化反应)

阳极 $O_2+2H_2O+4e^- \longrightarrow 4OH^-$ (还原反应)

电池总反应 $2H_2+O_2 \longrightarrow 2H_2O$

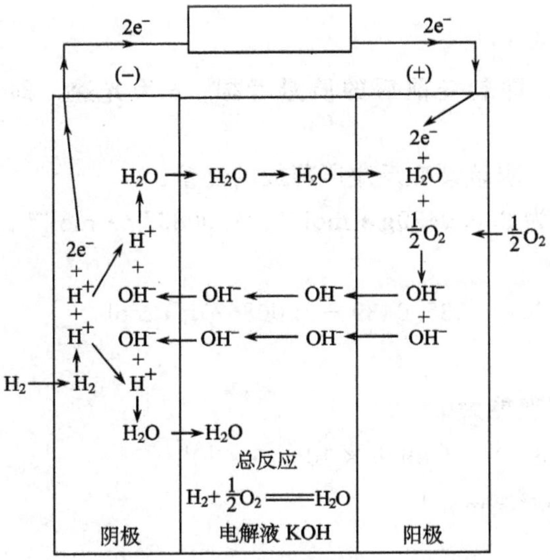

图 2-9 氢氧燃料电池工作原理示意图

燃料电池的主要优点：能量转换效率高，一般火力发电站利用化学能的总效率为 30%左右，最高达到 40%；而燃料电池对化学能的利用率理论上可达到 100%。目前它的发电效率一般为 40%～60%，利用余热进行电热联供或进行联气发电，其综合利用效率可达 70%～80%。另外，燃料电池还有能量高、功率大、机动灵活、燃料多样、无噪声、无污染的优点。在环境保护和经济发展并重的今天，这一技术在世界范围内颇受重视，被列为火电、水电、核电之后的第四种电力。现在燃料电池的发展速度非常快，按照各国所定的计划，到 2010 年，全世界燃料电池的总装机容量将达到 60000MW。燃料电池作为一种新型能源，已应用于航天领域、军事通信、电视中继站的电源，但现在其造价还较高，寿命不够长，功率还较小，这些问题有待研究解决，使其获得推广。

2.5 核 能

核能是原子核发生反应而释放出来的巨大能量。原子核的反应包括核裂变反应和核聚变反应(热核反应)两类。裂变反应是较重的原子核，如铀-235，分裂成较轻的原子核的反应。而聚变反应是较轻的原子核，如氘，聚合成较重原子核的反应。核能非常巨大，1g 铀-235($^{235}_{92}U$)发生裂变时释放能量为 8×10^7kJ，1g 氘(^2_1H)发生聚变时释放的能量是 6×10^8kJ，而 1g 煤完全燃烧的释放的能量仅为 30kJ。

2.5.1 核裂变、核电站

$^{235}_{92}U$ 原子核受高能中子轰击时，分裂为质量相差不多的两种核素(核素是指质子数和中子数都相同的一类原子)，同时又产生几个中子。裂变产物的组成很复杂，它们的原子序数在 30(锌 Zn)～65(铽 Tb)分布，现在已知的有 36 种元素的 200 多种核素。例如

$$^{235}_{92}U + ^1_0n \longrightarrow ^{142}_{56}Ba + ^{91}_{36}Kr + 3^1_0n$$

$$^{235}_{92}U + ^1_0n \longrightarrow ^{140}_{54}Xe + ^{94}_{38}Sr + 2^1_0n$$

$$^{235}_{92}U + ^1_0n \longrightarrow ^{133}_{51}Sb + ^{99}_{41}Nb + 4^1_0n$$

发生裂变时还释放大量的能量，即核裂变能，这是因为裂变前后的质量不相等，裂变后发生了质量亏损，亏损的质量转变成能量。每个裂变反应所释放的能量可按爱因斯坦质能转换关系式 $E=mc^2$ 求得：

$$\Delta E = \Delta m \cdot c^2$$

式中：$\Delta m = \sum m$(生成物) $- \sum m$(反应物)，即裂变前后的质量亏损；c 为光速，即 $2.9979\times10^8 m\cdot s^{-1}$。

现以 $^{235}_{92}U+^1_0n \longrightarrow ^{142}_{56}Ba+^{91}_{36}Kr+3^1_0n$ 为例，求该裂变反应所释放的能量：

已知 $^{235}_{92}U$、^1_0n、$^{142}_{56}Ba$、$^{91}_{36}Kr$ 的摩尔质量分别为 $235.0439g\cdot mol^{-1}$、$1.00867g\cdot mol^{-1}$、$141.9092g\cdot mol^{-1}$、$90.9056g\cdot mol^{-1}$。则有

$$\begin{aligned}\Delta m &= (141.9092 + 90.9056 + 3\times1.00867 - 235.0439 - 1.00867)g\cdot mol^{-1} \\ &= -0.2118g\cdot mol^{-1}\end{aligned}$$

按此方式反应 1mol 铀-235 应释放出核裂变能为

$$\begin{aligned}\Delta E = \Delta m\cdot c^2 &= -0.2118g\cdot mol^{-1}\times(2.9979\times10^8 m\cdot s^{-1})^2 \\ &= -1.9035\times10^{13}kg\cdot m^2\cdot s^{-2}\cdot mol^{-1} \\ &= -1.9035\times10^{10}kJ\cdot mol^{-1}\end{aligned}$$

由此可知，1g 铀-235 裂变所放出的能量约为 8×10^7kJ，相当于燃烧 3t 标准煤所放出的能量。铀-235 裂变过程中，每消耗 1 个中子能产生几个中子，这些新产生的

中子又能使其他铀-235 发生裂变，同时再产生几个中子，再有铀-235 裂变，形成链式反应，如图 2-10 所示。

连续核裂变释放出巨大的核能，若人工控制使链式反应在一定程度上连续进行，产生的能量加热水蒸气，推动发电机，这是建设核电站的基本原理；若让裂变释放的能量不断积聚，最后则可在瞬间酿成巨大的爆炸，这是制造原子弹的原理。

核裂变能的和平利用主要是用于发电。核电站的工作原理如图 2-11 所示。

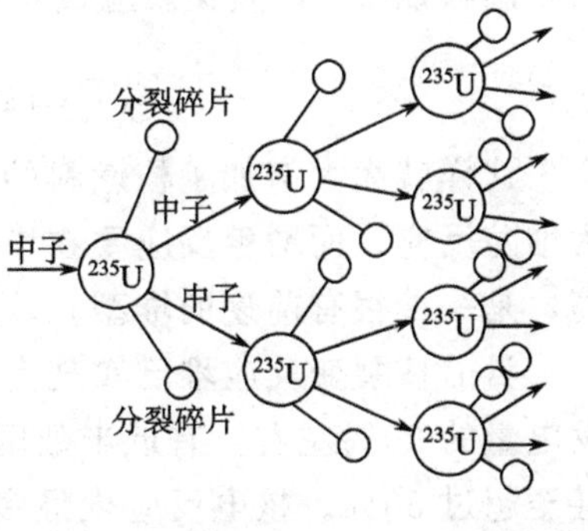

图 2-10　中子诱发铀-235 裂变形成链式反应

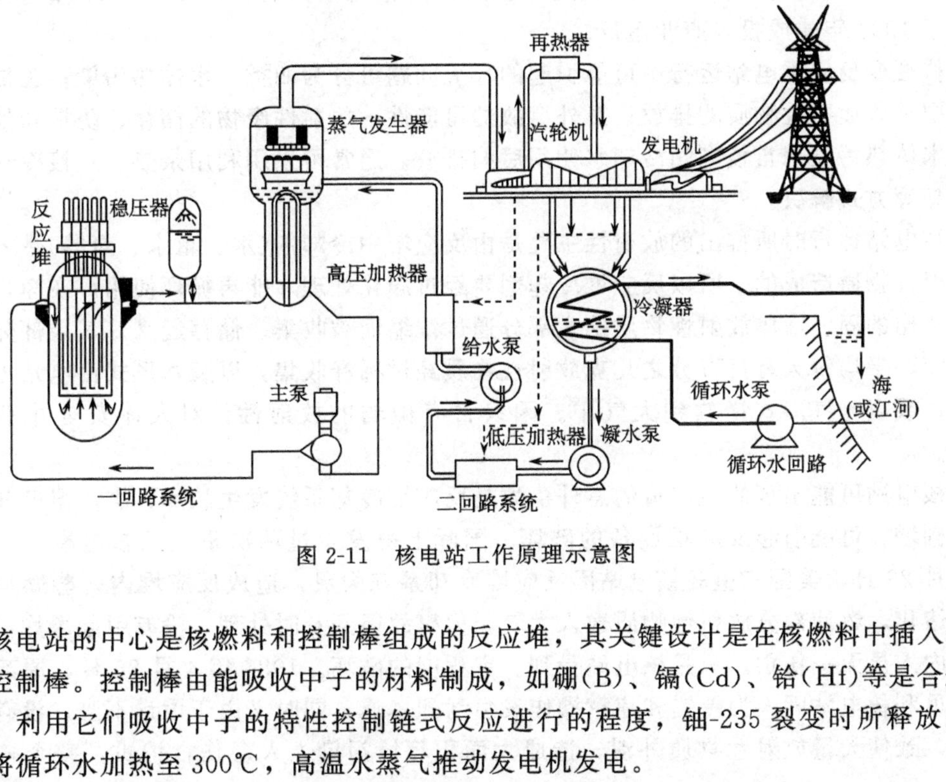

图 2-11　核电站工作原理示意图

核电站的中心是核燃料和控制棒组成的反应堆，其关键设计是在核燃料中插入一定量的控制棒。控制棒由能吸收中子的材料制成，如硼(B)、镉(Cd)、铪(Hf)等是合适的材料。利用它们吸收中子的特性控制链式反应进行的程度，铀-235 裂变时所释放的能量可将循环水加热至 300℃，高温水蒸气推动发电机发电。

最初人们可以用于核裂变的燃料是铀-235（$^{235}_{92}U$），但在天然铀中铀-235 仅占 0.714%，而占 99.26%的是铀-238。铀-238 不能直接用作核裂燃料。如果仅用铀-235 作核燃料，则核燃料的资源就很少。现代技术已经可以使铀-238 在核反应中俘获中子后，再经过两次 β 蜕变成钚-239（$^{239}_{93}Np$），其核反应过程如下：

$$^{238}_{92}U + ^{1}_{0}n \longrightarrow ^{239}_{92}U \xrightarrow[23min]{\beta^-} ^{239}_{93}Np \xrightarrow[23天]{\beta^-} ^{239}_{94}Pu$$

钚-239 可以直接作为核裂变燃料，其核裂变反应为

$$^{239}_{94}Pu + ^{1}_{0}n \longrightarrow ^{90}_{38}Sr + ^{147}_{56}Ba + 3^{1}_{0}n$$

另外，地球上还有一种比铀藏量更丰富的钍，钍在核反应中俘获中子后，可以转变

为核燃料铀-233，其核反应过程如下：

$$^{232}_{90}\mathrm{Th}+^{1}_{0}\mathrm{n}\longrightarrow ^{233}_{90}\mathrm{Th}\xrightarrow[23\mathrm{min}]{\beta^-}{}^{233}_{91}\mathrm{Pa}\xrightarrow[37.4天]{\beta^-}{}^{233}_{92}\mathrm{U}$$

这样就大大增加了核燃料的资源。这种把非裂变核燃料转变成核裂变燃料的反应称为增殖反应。而增殖反应要在增殖反应堆中进行，这种反应堆对核燃料的利用率大大提高，是一种很有前途的堆型。

目前核裂变反应堆已实现商业化，全球有数百个核电站在运转。发电量已占世界总发电量的20%左右，有近半数国家的核发电量已占本国发电量的1/3以上，有些国家甚至超过50%。核电反应堆最多的是美国，1991年是111座，以下依次为法国、俄罗斯、日本、英国、德国。我国自行设计的30万kW的秦山核电站已于1991年年底投入运行，是我国建成使用的第一座核电站。大亚湾核电站具有两座90万kW的反应堆，也已于1994年建成投入商业运行。

核裂变反应堆电站运行中可能引起的环境问题可分为四类：水体热污染；正常运行过程中某些放射性物质的排放；意外事故的可能性；放射性废物的储存、防护和处理。

水体热污染来自核电站冷却水使用后的排放。通常可采用利用余热、直接冷却或蒸发冷却等方式解决。

核电站运行时所排出的放射性主要是由反应堆中冷却剂(水、重水、氦等)带来的一些放射性物质造成的。所以反应堆冷却剂要经过净化处理才能再循环使用。在净化过程中分离出的固、液体放射性物质绝大部分通过浓缩而被收集、储存起来。其余部分在运行期间，平均每天有百万分之几克放射性物质经过稀释收集，以废水形式由电站出水道排出，或以废气形式释放到大气中。因只含有微弱的放射性，对人体安全并不构成威胁。

核电站可能出现的最严重的意外事故是反应堆冷却系统发生故障，堆内温度和压力骤然剧增，可能引起反应堆设备的破坏。国际上曾发生过两次重大的核电事故。1979年3月28日，美国三里岛核电站因反应堆冷却系统失灵，造成反应堆内一些燃料元件过热熔化，致使部分放射性物质逸入大气，但事故得到及时处理，没有引起爆炸，事故中站内人员无一伤亡，只是核电站受到一定程度的破坏。1986年4月26日，原苏联切尔诺贝利核电站因人为差错和违章操作发生猛烈爆炸，同时又由于设计不当，没有密封外壳，致使大量放射性物质外泄，造成大面积环境污染，人畜伤亡惨重，整个核电站关闭。

包括核电站在内的各有关过程所产生的浓缩废物量不少，一方面会释放出大量热能，同时又具有高度放射性和相当长的半衰期，对环境影响极大。现有技术还无法治理或回收利用。目前只能将放射性废物装入钢制容器，深埋处理。一些其他的可行方法正在研究和试验中。

与发电量相同的火力发电厂相比，核电站放出的污染物质要少得多。核电站不排放颗粒物及SO_x、NO_x、CO、碳氢化合物等污染物，所排放的放射性同其他辐射源(如医疗诊断用X射线等)相比，也是微不足道的。火力发电厂有大量二氧化碳排放到大气，对全球气温造成一定影响，而核电站没有这类排放，且核燃料便宜，发电成本比普通火力发电厂低 1/3～1/2，燃料的运输和储存也比化学燃料方便。所以，除非在某些领域（如核聚变能、太阳能利用等）有重大突破外，核裂变能将取代化学燃料，成为提供世界动力的一种主要能源。

2.5.2　核聚变

2 个氘核（$^{2}_{1}H$）在高温下可聚合生成 1 个氦核（$^{4}_{2}He$）：

$$^{2}_{1}H + ^{2}_{1}H \longrightarrow ^{4}_{2}He$$

每克氘聚变时所释放的能量为 5.8×10^{8} kJ，大于每克铀-235 裂变时所释放的能量（8×10^{7} kJ）。从能源的角度考虑，核聚变有几个方面比核裂变优越：①聚变产物是稳定的氦核，没有放射性污染产生，没有难于处理的废料；②聚变原料氘的资源比较丰富，在海水中氘和氢之比为 $1.5\times10^{-4}:1$，地球上海水总量约为 10^{18} t，其中蕴藏着大量的氘，提炼氘比提炼铀容易得多，海水蕴藏氘所能提供的聚变能按目前世界能量消耗水平，估计可使用几百亿年，或相当于世界原始化石燃料总能量的 5000 万倍。遗憾的是这个聚变反应需要非常高的温度，以克服两个带正电的氘核之间的巨大排斥力（从理论计算，要克服这种库仑斥力需要 10^{9}℃的高温）。氢弹的制造原理就是利用一个小的原子弹作为引爆装置，产生瞬间高温引发上述聚变反应发生强烈爆炸。氢元素的几种同位素之间能发生多种聚变反应，这种变化过程存在于宇宙中，太阳辐射出的巨大能量就来源于这类核聚变。但我们目前尚没有办法在地球上利用这类核聚变发电，怎样能取得这样高的温度、用什么材料制造反应器、怎样控制聚变过程等各种问题尚无答案，核科学家并未放弃核聚变的研究。另外一个反应温度低些的聚变反应已引起人们的关注，它以氘和锂（Li）为原料，在特定的强磁场中，可以发生下列聚变：

$$^{2}_{1}H + ^{6}_{3}Li \longrightarrow 2\,^{4}_{2}He$$

此外，等离子体可控热核反应、激光技术引发核聚变等方面的研究都有一定成果。至于是否能利用核聚变的能量发电，目前还处于实验室的初步探索阶段。

2.6　太　阳　能

太阳能就是太阳辐射能，是地球上最根本、最丰富的能源。煤、石油中的化学能是由太阳能转化而成的，风能、生物质能、海洋能等其实也都来自太阳能。太阳每年辐射到地球表面的能量为 5×10^{21} kJ，相当于目前全世界能源消耗的 1.3 万倍。我国 960 万 km^2 土地上每年获得的太阳能，相当于 12000 亿 t 标准煤燃烧时发出的总能量。可见，太阳能是非常巨大的。

太阳能作为一种能源具有以下优点：分布普遍，这对于交通不便的边远地区、山村和海岛有很大的优越性；使用时间无限而可提供的能量又极其巨大；不产生污染，是一种清洁能源。但是，地球上单位面积上所受到的辐射热并不大，如何把分散的热量聚集在一起成为有用的能量是问题的关键。

下面介绍利用太阳能的几种主要途径。

1）光-热转换

太阳能的热利用是通过集热器进行光热转换的。在集热器中，太阳能通过吸收表面转换成热能，所以吸收表面的性能对集热器效率有较大影响，要求吸收表面对太阳能有很大吸收率，且其本身热辐射的发射率又要很小。吸收表面种类较多，通常由金属薄层、金属氧化物或塑料组成。用薄层氧化铜作为吸收表面，它对太阳能吸收率为90%，本身热辐射发射率仅为10%，可达到的平衡温度计算值为327℃。随集热器材料和结构设计的不同，其终端使用温度较低的在100℃以下，可供生活热水、取暖等；中等温度为100～300℃，可供烹调、工业用热等；高温的可达300℃以上，可以供发电站使用。

2）光-电转换

太阳能可通过太阳能电池直接转换变成电能或通过太阳热发电。

太阳能电池是利用光电效应，由半导体材料吸收光子使电子按一定方向流动而产生电流，具有安全、可靠、无噪声、无污染、不需燃料、规模可大可小等优点。已有使用价值的太阳能电池有硅电池、硫化镉电池、碲化镓电池和砷化镓-砷化铅电池等。其中硅电池由于转换效率较高，可达13%～20%，功率可从几瓦到几千瓦，是人造卫星、航天飞机上的主要能源装置。光电池应用范围很广，大的可用于微波中继站、卫星地面站、农村电话系统，小的可用于太阳能手表、太阳能计算器、太阳能充电器等，这些产品已有广大市场。

在太阳能热发电研究方面进展较大的是用聚光式集热器收集太阳能，加热锅炉产生蒸气推动涡轮机发电。太阳能热发电主要问题是效率较低，受自然条件影响较大，需要附加大型储热设备，经济上尚无法与现有火力发电厂竞争。

3）光-化学能转换

这种利用太阳能的方式还在探索之中，其中最引人注意的是研究利用太阳能把水分解为氢气和氧气的方法，因为氢气已被认为是一种很有前途的清洁能源。太阳光在一定条件下被水分子吸收，当水分子吸收的能量达到286kJ·mol^{-1}时，就能分解并释放出氢，这一过程称为光分解制氢。太阳光中并非所有的光都能使水分子分解，只有太阳辐射光谱中波长为0.4μm以下的紫外光才能使水分子实现光分解。由于紫外光未到达地面之前，大部分被大气中的水蒸气分子吸收，因此，地面上要实现光分解水分子必须借助于光催化剂(如一些无机复合盐、复合半导体、合成染料等)，这些光催化剂吸收太阳辐射之后，将能量传给水分子，从而使水分子释放出氢。其光分解反应过程可表示如下：

第一步　$H_2O+\text{光催化剂}\xrightarrow{h\nu}2H^+ +\frac{1}{2}O_2+\text{被还原的光催化剂}$

第二步　$2H^+ +\text{被还原的光催化剂}\longrightarrow H_2+\text{光催化剂}$

总反应　$H_2O\xrightarrow{h\nu}H_2+\frac{1}{2}O_2$

光催化剂一般经过再生处理后，可以重新使用。太阳能制氢前景诱人，今后完全可能实现工业化制氢。

目前对太阳能的利用还处于初始阶段，从长远来看，太阳能是人类最基本的能源，如果在利用的技术上有突破，则将从根本上改变人类利用能源的状况。

2.7 氢　能

氢能是指以氢作为燃料时释放出来的热能。氢在燃烧时能放出大量的热：

$$H_2(g)+\frac{1}{2}O_2(g)\longrightarrow H_2O(l)\qquad \Delta_r H_m^\ominus = 286\text{kJ}\cdot\text{mol}^{-1}$$

1kg 氢气完全燃烧可放出热为 1.43×10^5kJ，它相当于 3kg 优质汽油或 4.4kg 纯碳粉的发热量。氢本身无毒，燃烧的产物是水，不会污染环境，加之质量轻、发热值高，燃烧性能优良，用水制氢资源丰富，因此氢被认为是理想的二次新能源。氢作为一种燃料应用，现在还仅限于国防、航天领域以及在试验性汽车上。人类欲广泛使用氢能，还有待解决氢的制备和储存等问题。

2.7.1 氢的制备

1. 用煤和天然气制氢

工业上制氢常用煤和天然气为原料，使水蒸气通过炽热的煤层，或在催化剂存在下，让水蒸气和天然气在高温和一定压力下进行反应，然后将生成的 CO_2、CO 和随空气混入的 N_2 加以分离除去，就可以获得氢气，如 2.3.1 节。

2. 电解水制氢

电解水制氢的总反应为

$$2H_2O(l)\longrightarrow O_2(g)+2H_2(g)\qquad \Delta_r H_m^\ominus(298\text{K}) = 572\text{kJ}\cdot\text{mol}^{-1}$$

电解水所需要的能量由电能供给。电解法制氢，效率低，投资和运行费用高，生产 1kg 氢需要 57kW·h 电能，比用天然气制氢的成本高 2～3 倍。为了提高电解法制氢的效率，除了在水中加入 10%～15%KOH 或 NaOH 之外，一般都在较高的温度和压力下进行。

3. 热化学分解水制氢

如果用水直接热分解，需要在 2820～3327K 的高温下才能发生，目前要实现直接分解水无论在技术上还是能量消耗上都有一系列问题需要解决。热化学分解水是用 Br、Hg、C、Ca、Fe、Li 等元素的化合物作中间体，在较低温度下进行多级反应，温度一般为 473～1273K。例如，以钙、溴、汞为中间体的四级反应。

第一级反应为水的裂解反应

$$CaBr_2+2H_2O\xrightarrow{1000\text{K}}Ca(OH)_2+2HBr$$

第二级反应释放出氢

$$Hg + 2HBr \xrightarrow{520K} HgBr_2 + H_2$$

第三级反应为氧的转移反应

$$HgBr_2 + Ca(OH)_2 \xrightarrow{470K} CaBr_2 + HgO + H_2O$$

第四级反应为释放出氧的反应

$$HgO \xrightarrow{870K} Hg + \frac{1}{2}O_2$$

总反应方程式为

$$H_2O \longrightarrow H_2 + \frac{1}{2}O_2$$

这一方法的总效率在 50%左右。反应过程中的钙、汞、溴化合物可以回收循环使用。

由于热化学分解法制氢要以消耗热能为前提，因此人们的视线更多地转移到利用太阳能制氢上。

4. 太阳能制氢

可利用太阳能通过光分解制氢，阳光中紫外线的能量足以使水分子分解，直接制氢。但阳光到达地面时紫外线已很少，需要加入催化剂才能实现水的光分解。现已发现几种催化剂，但实用效率还很低。不过科学家对光解制氢的潜在效率和发展前景普遍持乐观态度。

2.7.2　氢的储存

由于氢的密度小，对于储存极为不利，一个 $0.04m^3$ 的钢瓶，在 1.50×10^7 Pa 下，只能储氢 0.5kg。若要将氢压缩成液态或固态，则需要消耗巨大的能量。近年来，人们发现在光、热、电的作用下，氢被活化为原子氢后，可以渗入金属(或合金)的晶格，形成一种整数或非整数比的化合物，又称金属氢化物。

在生成金属氢化物时，一般是放出热量，当加热金属氢化物时，又释放出氢，金属(或合金)可以反复使用，整个过程可视为一种吸氢和放氢的可逆过程。因此，利用金属氢化物储氢比较理想。Li、Ca、Pd、Pt、Ti、Zr、Hf 等纯金属在一定条件下，均能与氢直接生成含氢量很高的金属氢化物。例如，$1m^3$ 钛可吸收 $1600m^3$ 氢气，这相当于 $2m^3$ 液态氢的质量。其反应如下：

$$Ti + H_2 \longrightarrow TiH_2 \qquad \Delta_r H_m^{\ominus}(298.15K) = -144.3kJ \cdot mol^{-1}$$

Zr、Hf 的金属氢化物已有工业生产，但价格昂贵，仅在军事上使用。

近年来发现过渡金属合金具有较高的吸氢和释放氢的能力，吸收和脱氢的速率都比较快，而且价格比较便宜。以镧镍合金为例，它的吸氢反应为

$$LaNi_5 + 3H_2 \longrightarrow LaNi_5H_6$$

每立方米 $LaNiH_6$ 含有 88kg 氢，已超过同体积液态氢的质量。略微加热它就可以把储藏的氢完全释放出来，它的吸氢和放氢过程可反复进行，是一种有很大实用价值的储氢材料。

2.8 其他能源

2.8.1 生物质能

生物质能蕴藏在动物、植物、微生物体内。它由太阳能转化而来，是可以再生的燃料。它可以是固态、液态或气态。稻草、劈柴、秸秆等农牧业废弃物是古老的传统燃料，在大部分农村仍是主要获热能源。但这样的燃料直接燃烧时，热量利用率很低，仅15%左右，现用节柴灶热量利用率最多也只能达到 25%左右，并且对环境有较大的污染。目前把生物质能作为新能源考虑，并不是再燃烧固态的柴草，而是将它们转化为可燃性的液态或气态化合物，即把生物质能转化为化学能，再利用燃烧放热。农牧业废料、高产作物(如甘蔗、高粱、甘薯等)、速生树木(如赤杨、刺槐、桉树等)经过发酵或高温热分解等方法，可以制造甲醇、乙醇等干净的液体燃料。这类生物质若在密闭容器内经高温干馏也可以生成 CO、H_2、CH_4 等可燃性气体，这些气体可用作发电等。生物质还可以在厌氧条件下生成沼气，这种气化的效率虽然不高，但其综合效益很好。沼气的主要成分是 CH_4，作为燃料不仅热值高并且干净，沼渣、沼液是优质速效肥料，用它们施肥的同时又处理了各种有机垃圾，清洁了环境。我国农村约有 500 万个小型沼气池作为家用能源。投资建设中型、大型沼气池不仅可用于发电，也可处理城市垃圾。此外科学家们还成功地培育出若干植物新品种。例如，巴西的香胶树(也称石油树)每株年产 50kg 左右与石油成分相似的胶质；美国人工种植的黄鼠草每公顷(hm，$1hm=10^4m^2$)可年产 6000kg 石油；美国西海岸的巨型海藻可用以生产类似柴油的燃料油。把生物质转化为可燃性的液体或气体是使古老能源焕发青春的途径。

2.8.2 地热能

地热能是指蕴藏于地球内部的热能。地球是一个庞大的热库。它通过地下热水、水蒸气甚至火山爆发，把地热不断地输送到地面上。根据估计，仅在地壳 10km 内含有的地热能足够人类使用 40 万年。可见，地热能是非常大的。

地热能从何而来？大多数科学家认为是地球内部放射性元素发生放射性衰变而释放出来的原子能。根据火山喷出的炽热岩浆推断，地球内部的温度分布如表 2-7 所示。

表 2-7　地球内部温度分布

深度/km	60	100	500	2900～6371
近似温度/℃	500	1400	1800	2000～5000

地幔和地核都由熔融态物质构成。由于地壳深处的温度比地面高得多，利用地下热量也可进行发电。

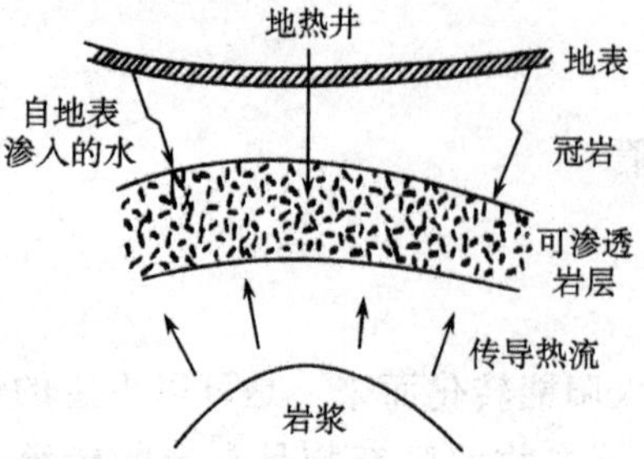

图 2-12　地壳内的地热与地表中水对流的剖面图

图 2-12 是地壳内的地热与地表中水对流的剖面图。地表水通过地壳裂缝渗入地壳岩，在位于热岩浆上方的可渗透岩层中被加热。如果含水层上方覆盖着一层不可渗透的冠岩，将阻止热水流到地面上。在这种情况下，打口地热井，钻透冠岩到达高压热水区，即可获得地热能。如果水温足够高，蒸气会通过地热井输送到地面，若设法将其导入汽轮机，即可带动发电机发电，实现地热能向电能的转换。

然而，蕴藏地热能的理想地区在地球上极少。因此，地热只在少数几个国家得以开发利用，而且其运用主要局限于取暖、温室园艺等。最大的一套地热发电机系统建于美国加利福尼亚的喷泉城。

在我国西藏的发电量中，50%是水力发电，约 40%是地热电，火力发电只占 10%左右。西藏羊八井地热电站的水温在 150℃左右。地热能与地球共存亡，其潜力不容忽视。

2.8.3　海洋能

海洋能包括潮汐能、波浪能、温差能等。潮汐现象是地球表面的海水因受日、月等天体引力而产生的升降运动，并随着地球、月亮、太阳等天体相对位置的不同，发生周期性的变化。所以，潮汐能是一种取之不尽的动力资源。除此之外，潮汐量还取决于海底形状和海岸线的不规则形状。这些因素相互影响产生类似共振的互相作用，形成非常大的潮差。例如，浙江钱塘江最大潮差达 8.93m。

获取潮汐能发电最简单的方法是修建一个潮水库。在涨(或落)潮时开启闸门，将水库充满(或泄空)；待落(或涨)潮至水库水位与外海潮位有一定落差时，开始排水(或注水)，形成的水流驱动一个可逆水轮机-发电机组。这样，电站每昼夜发电 4 次，平均日发电 14～16h。浙江江厦潮汐电站、法国朗斯潮汐电站的成功运行充分证明了利用潮汐在技术上的可行性。

波浪一般是由风生成。它能从发生在千里以外的暴风雨中吸取能量，经由海洋长距离传递过来，这种波浪称为涌浪。若在风的直接持续作用下产生的波浪称为风浪。波能转换装置首先将波浪的动能转换成气流能，以驱动空气透平-发电机组，将波能转换成电能。

入射到地球表面的太阳能被地球表面 70%的海洋吸收，海洋表面水层温度较高，底层海水的温度较低。这个温差的热量可用来气化低压锅炉内的温水或通过热交换器使另一路闭式热循环系统中产生蒸气，驱动涡轮汽轮机，将海洋热能转化成电能。

波浪能发电和温差发电的示范装置都已问世，但要实现大规模开发利用，还有许多技术问题尚待解决。

2.8.4　风能

太阳的辐射能穿过大气层时被大气吸收，使大气被加热，产生对流运动，这就是风。所以风能实际上也是一种由太阳能转化得来的天然能源。据估算，地球上的风能约相当于目前全世界消耗的总能量的两倍多。

从远古时代起，人们就已懂得利用风能抽水、磨粉及推动行船。近代风能的利用主要用于发电，有少量风轮机用于提水或作其他动力，也有将风力直接转换为热能以供热。风能发电装置主要由风轮机、传动变速机构、发电机等组成。按其用途可分为两大类：一类是中小容量发电机装置，主要为农村或分散孤立用户而设计；另一类是大容量风能发电装置，通常与火电并网运行。

英国、丹麦、荷兰、美国、瑞典、俄罗斯等国在风能开发利用方面处于世界前列。我国目前拥有风力发电机最多的是内蒙古，而全国最大的风力发电厂建在新疆达坂城。

新能源的开发受到世界各国的重视，但进展缓慢，这是因为新能源开发的技术难度较大，对所需研究基金的投资要求较高，有些示范装置效能虽好，但因成本过高而不易推广。新能源的开发都是综合性项目，涉及化学、物理、电子、机械、仪表控制等领域。其中，所需各种新材料需要化学工作者进行研制；许多化学过程和反应条件需要化学工作者进行深入细致的研究。总之，化学家将积极参与新能源的开发工作。随着新能源的不断开发，世界能源结构正向多样化的方向发展。

习　　题

1. 什么是能源？什么是一次能源？什么是二次能源？什么是可再生能源？
2. 简述热力学三大定律。为什么永动机是不可能造成的？
3. 我国能源消费结构与国际相比有何特点？
4. 什么是化石燃料？以化石燃料作为主要能源有哪些致命的缺点？
5. 什么是煤的地下气化技术？试对该项技术的优缺点进行评价。
6. 煤焦油、焦炉气中的主要成分各是什么？有何重要用途？
7. 原煤、石油气(液化气)、柴草都是我国的家用能源，试比较它们的优缺点。
8. 什么是化学电源？目前实际应用的化学电源有哪几类？
9. 试述铅蓄电池的工作原理，写出相应的电化学反应式。铅蓄电池的主要优缺点是什么？
10. 什么是核能？目前利用的核燃料主要有哪些？主要是裂变能还是聚变能？
11. 试述利用核能的主要优越性及实际存在的主要困难。
12. 铀-235 的裂变反应为

$$^{235}_{92}U \longrightarrow ^{90}_{38}Sr + ^{144}_{58}Ce + ^{1}_{0}n + 4\,^{0}_{-1}e^-$$

已知 $^{235}_{92}U$、$^{90}_{38}Sr$、$^{144}_{58}Ce$、$^{1}_{0}n$、$^{0}_{-1}e^-$ 的摩尔质量分别为 234.9934g · mol^{-1}、89.8864g · mol^{-1}、143.8816g · mol^{-1}、1.00867g · mol^{-1}、0.000549g · mol^{-1}，1mol 铀-235 裂变时释放出的能量为多少千焦？

13. 1kg 标准煤燃烧可释放出能量 29288kJ，1kg 铀-235 裂变可释放出能量 8.216×10^{10} kJ。试计算：① 燃烧多少吨标准煤才相当于 1kg 铀-235 裂变时放出的能量？② 一座每年发电量为 1.00GW 的大型火电站，每年要耗标准煤 350 万 t，同样规模的核电站，则需核燃料铀-235 多少千克？

14. 什么是太阳能？试述目前人类利用太阳能的几种主要途径。
15. 氢的发热值为 124441kJ · kg^{-1}，汽油的发热值为 46520kJ · kg^{-1}，若用太阳能制氢，1t 水中所含氢的总发热量可折合成汽油多少千克？
16. 试述利用太阳能的前景及目前存在的主要问题。
17. 试述利用氢能的前景及目前存在的主要问题。

第 3 章　环境中的化学

在世界人口日益增长、生产不断发展和人类生活水平不断提高的过程中，环境污染已经成为全球性的重大问题。如何消除环境污染，保护地球环境不再恶化，已成为人类当前和未来面临的重大课题。物质之间的化学反应常对环境造成极大的影响，有些化学反应甚至会对环境造成严重破坏。通过本章的学习，我们将了解环境中的化学知识，认识化学物质对大气及水环境带来的影响，这对于我们自觉地改善并保护生产和生态环境、防止环境污染具有积极意义。

本章将主要介绍以下三方面的内容：第一，大气及水溶液的化学基本定律；第二，大气污染、水污染及其污染防治的重要措施；第三，当今世界面临重大环境污染问题，环境保护和治理改造的迫切性和可能性。

3.1　大气环境中的化学

人类靠空气中的氧维持生命，空气是人类不可缺少的生存条件。一般成年人每天需要呼吸 10～12m^3 空气，相当于一天食品质量的 10 倍，饮水质量的 3 倍。一个人可以几周不吃饭，几天不喝水，但几分钟不呼吸空气就会因缺氧而窒息死亡。由此可见，空气对维持生命具有极其重要的作用。除了提供氧气，大气还吸收来自外层空间的大部分宇宙射线以及来自太阳（除波长为 300～2500nm 外）的大部分电磁辐射，尤其是 300nm 以下的紫外辐射；大气还维持了地球热平衡。因此，大气不仅为地球生命提供了保障，也为其提供了适宜的生存环境。

3.1.1　大气的组成和层次

1. 大气的组成

大气圈包围在地球之外。构成大气圈的物质总称为大气，它是空气、水蒸气和杂质组成的混合物。根据大气中各组分浓度大小，可分为主要组分(N_2、O_2)、次要组分(Ar、CO_2)和微量组分(Ne、He、Kr)等，见表 3-1。

表 3-1　空气基本组成

组分	体积分数/%	组分	体积分数/%
氮 (N_2)	78.084	甲烷(CH_4)	0.0002
氧(O_2)	20.946	氪(Kr)	0.000114
氩(Ar)	0.934	一氧化二氮(N_2O)	0.00005

续表

组分	体积分数/%	组分	体积分数/%
二氧化碳(CO_2)	0.037	氢(H_2)	0.00005
氖(Ne)	0.001818	氙(Xe)	0.000009
氦(He)	0.000524		

大气也可根据其可变性分为三类。

1）恒定组分

氮、氧、氩加上微量的氖、氦、氙等稀有气体构成大气的恒定组分，占大气总体积的 99.9%以上。其组成稳定的主要原因是氮和稀有气体不活泼，而氧的消耗与植物光合作用释放的氧基本平衡。

2）可变组分

可变组分主要指大气中的二氧化碳和水蒸气。正常情况下，二氧化碳的含量为 0.02%～0.04%，水蒸气的含量为 4%以下。这些组分的含量随季节、地理位置、气象和人类活动的影响而变化。

3）不定组分

不定组分是指大气中的煤烟、尘埃、硫化氢、硫氧化物、氮氧化物、碳氧化物、碳氢化合物等。它们的来源有两个：一个是自然灾害，如火山喷发、森林火灾、海啸、地震等；另一个是人类的生活和生产活动等人为因素。后者是大气污染的根源。

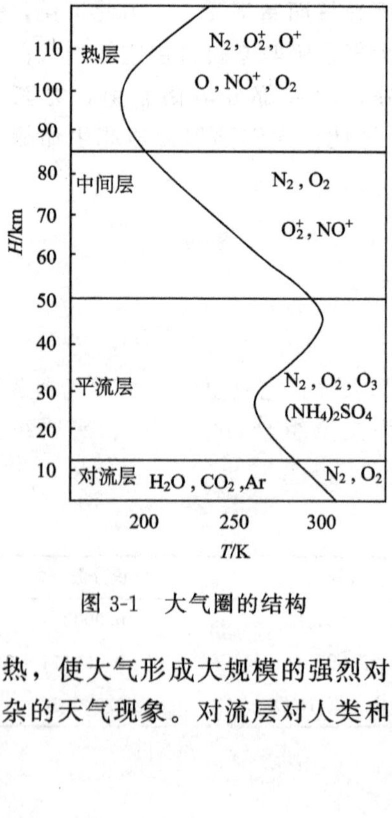

图 3-1 大气圈的结构

2. 大气的主要层次

按大气中化学组成的分布，可将大气圈分为气体组成基本不变的均质层(85km 以下)和气体组成随高度变化很大的非均质层(85km 以上)。按大气的电离状态分布，可将大气圈分为电离层(60km 以上)和非电离层(60km 以下)。目前国际上普遍采用的是根据大气在垂直高度上的温度变化将大气圈分为 5 层，如图 3-1 所示。

1）对流层

对流层是大气圈的最下一层，其下界为地面，上界平均高度为 12km，温度为 220～310K(－53～37℃)。大气质量的 75%、水气 90%以上都在这一层。大气中 CO_2、H_2O 等气体能吸收地球表面的长波辐射，使该层气体温度随高度上升而降低，气温的垂直递减率为 $6.5℃ \cdot km^{-1}$。对流层温度上冷下热，使大气形成大规模的强烈对流运动，从而产生风、雨、雪、霜、雾和雷电等各种复杂的天气现象。对流层对人类和生物的影响最大，大气污染主要发生在这一层。

2）平流层

对流层上至 50km 的范围称为平流层，温度为 220～270K(－53～－3℃)。在 12～30km 内气温基本不变(－53～－50℃)，称为同温层。气温随高度升高而上升，即上热下冷，所以平流层中很少发生对流运动，只有平流运动。在 15～36km 内臭氧浓度较高(质量分数 $0.1\times10^{-6}\sim10\times10^{-6}$)，形成臭氧层，其中 27km 上下处臭氧浓度最高(质量分数 10×10^{-6})。在 30km 以上，臭氧能强烈吸收紫外线，使平流层中气温随高度升高而上升。平流层中气体清洁、干燥、透明度高，几乎没有水汽和尘埃，也不存在风、雨等各种天气现象。

3)中间层

平流层上至 85km 的范围称为中间层，温度为 180～270K(－93～－3℃)。该层大气稀薄，气体温度随高度上升而下降，即上冷下热，气体可产生对流运动，所以又称高空对流层。

4）热层

距地面 85～800km 的范围称为热层(电离层)。由于气体在太阳和宇宙射线作用下处于高度电离状态，所以又称电离层。波长小于 175nm 的太阳辐射被该层气体吸收，如氧原子能强烈吸收太阳紫外线，使气温随高度上升而增加，即上热下冷。在 250km 左右，温度可达 2000K(热层由此得名)。由于大气非常稀薄，这里所讲的温度并不是通常意义的温度，是指粒子所具有的能量。

5）外层

距地面 800km 以上的大气层称为外层(散逸层)。该层空气十分稀薄，受地球引力作用微弱，高速运动的粒子可以挣脱地球引力而散逸到太空，所以又称散逸层。

3.1.2　气体定律

1. 理想气体状态方程式

为了使研究的问题理想化，可以把气体分子设想为只有位置而无体积的几何点，相互之间无任何作用力，这种气体称为理想气体。我们所接触的空气或其他一些气体，其分子都有体积，分子之间也存在着相互作用力，这些气体称为真实气体。

当真实气体处于压力较低(如不高于 100kPa)、温度较高的情况下，表现出来的性质与理想气体的性质很接近。这样，就可以用描述理想气体的一些定律处理真实气体。

对于理想气体来说，压力 p[Pa(帕)，即 $N\cdot m^{-2}$]、体积 V[m^3(立方米)]、物质的量 n 和热力学温度 T [K(开)，0℃＝273.15K] 之间的关系如下：

$$pV = nRT$$

此式称为理想气体状态方程式，R 为摩尔气体常量，其值为 $8.314J\cdot mol^{-1}\cdot K^{-1}$。

2. 道尔顿分压定律

日常生活和工业生产中，经常遇到能以任意比例混合的气体混合物。例如，空气就是氧气、氮气、二氧化碳和稀有气体等几种气体的混合物；合成氨的原料是氢气和氮气的混合物。通常把混合气体中的每一种气体称为组分气体。混合气体中各组分气体的相对含量可用气体的分体积或体积分数表示，也可用组分气体的分压表示。

1）分体积、体积分数、摩尔分数

分体积是指相同温度下，组分气体具有和混合气体相同压力时所占的体积。而混合气体总体积($V_{总}$)等于各组分气体分体积(V_i)之和：

$$V_{总} = \sum_i V_i = V_1 + V_2 + \cdots + V_i$$

每一组分气体的体积分数就是该组分气体的分体积(V_i)与总体积($V_{总}$)之比。体积分数常用 φ_i 表示。

$$\varphi_i = \frac{V_i}{V_{总}}$$

某组分气体“物质的量”(n_i)与混合气体的总“物质的量”($n_{总}$)之比，称为该组分气体的摩尔分数，用符号 x_i 表示，即

$$x_i = \frac{n_i}{n_{总}}$$

2）分压定律

组分气体的分压力是指在同一温度下，它单独占有与混合气体相同体积时所产生的压力。1801 年，道尔顿(Dalton)指出：混合气体的总压力($p_{总}$)等于各组分气体的分压力(p_i)之和。

$$p_{总} = \sum_i p_i = p_1 + p_2 + \cdots + p_i \tag{3-1}$$

这称为道尔顿分压定律。

可以推导出：混合理想气体与单一理想气体的状态方程式有相同的形式，即

$$p_{总} V = n_{总} RT \tag{3-2}$$

由 $p_iV=n_iRT$ 及式(3-2)，可得

$$p_i = p_{总}\frac{n_i}{n_{总}} = p_{总}\, x_i \tag{3-3}$$

即组分气体 i 的分压(p_i)等于混合气体的总压($p_{总}$)与组分气体 i 的摩尔分数(x_i)之积。

同理可得

$$p_i = p_{总}\frac{V_i}{V_{总}} = p_{总}\, \varphi_i \tag{3-4}$$

即组分气体 i 的分压等于混合气体的总压与组分气体 i 的体积分数之积。

实际工作中，常采用气体分析法，在 100kPa 下，测量混合气体的总体积和各组分气体的分体积，再根据式(3-4)计算各组分气体的分压力。例如，烟道气(只含 CO_2 的一种酸性气体)样品为 $100.0cm^3$，通过 KOH 溶液吸收后，剩下 $86.00cm^3$，则 CO_2 气体的体积分数

$$\varphi_{CO_2} = (100.0cm^3 - 86.00cm^3)/100.0cm^3 = 0.14$$

根据式(3-4)，CO_2 在烟道气中的分压力

$$p_{CO_2} = 100\text{kPa} \times 0.14 = 14\text{kPa}$$

3.1.3 大气污染

1. 大气污染概况

按世界卫生组织(WHO)规定，大气污染的定义为“室外的大气若存在人为造成的污染物质，其含量、浓度和持续时间可引起多数居民的不适应感，在很大范围内危害公共卫生，并使人类、动植物生存处于受妨害状态”。一般而言，达到一定浓度以后，能对人体或设备发生物理和化学作用，影响和破坏人体及设备的正常功能，引起暂时或永久性病变或破坏的物质称为大气污染物。

大气污染物的种类很多，目前已产生危害或已受到人们注意的污染物大致有 100 种，其类别如表 3-2 所示。对环境质量影响较大被列入空气质量标准的污染物，除粉尘外，主要有 SO_2、CO、NO_x、碳氢化合物和 O_3 等。

表 3-2 大气污染物类别

分类	成分
粉尘	碳粒、飞灰、$CaCO_3$、ZnO、PbO_2、各种金属尘粒
含硫化合物	SO_2、SO_3、H_2SO_4、H_2S、CS_2、硫醇等
含氮化合物	NO、NO_2、NH_3 等
臭氧及过氧化物	O_3、过氧化物
碳氧化合物	CO、CO_2
氯及卤化物	Cl_2、HF、HCl、SF_6
有机化合物	烃类、甲醛、有机酸、焦油、有机卤化物、酮类、稠环致癌物、酚类、醚类

2. 大气污染源

大气污染来源于人类活动与自然过程。自然过程造成的是暂时和局部的污染，而人类活动造成的污染则是长期和广泛的。100 多年前恩格斯指出：“我们不要过分地陶醉于我们对自然界的胜利，对于每一次这样的胜利，自然界都报复了我们。”随着人类社会发展以及人类生产活动规模和范围的扩大，人类对环境的影响和破坏也日益明显。18 世纪 60 年代英国产业革命以后，人类的能源从木炭变成以煤为主，随着以蒸气为代表的机器发明和广泛使用，人类社会生产力飞速发展的同时，大气环境污染也越加严重。这里所说的大气污染源是指人为因素形成的，一般分为四类：

(1) 工业污染源。工矿企业的生产过程和燃料燃烧过程中，排放的有害物质称为工业污染源。

(2) 农业污染源。在农业生产活动中，氮素和磷素等营养物质、农药以及其他有机或无机污染物质通过农田的地表径流和农田渗漏，形成水环境的污染，称为农业污染源。主要包括化肥污染、农药污染和集约化养殖场污染。

（3）生活污染源。人类为了满足生活的需要，使用家庭炉灶及取暖设备等排放的有害物质称为生活污染源。

（4）交通污染源。汽车、飞机和火车等交通工具排放的尾气称为交通污染源。

污染物是从污染源直接排放出来的原始物质称为一次污染物。一次污染物与大气中原有成分或其他污染物之间发生化学反应或光化学反应，生成新的污染物称为二次污染物。

根据能源性质和大气污染物的组成，可将大气污染分为四类：

煤烟型：以燃煤排放的有害物质为主，一次污染物主要为煤烟、粉尘 SO_2 和 SO_3 等。

石油型：以燃油排放的有害物质为主，一次污染物主要为碳氢化合物和氮氧化合物等。

混合型：以燃煤排放的有害物质为主，包括燃油，是煤烟型向石油型过渡的阶段。

特殊型：排放特殊气体所造成的污染，如氯气、硫化氢等。

3. 大气污染的危害

烟是引起大气污染最明显和最常见的有害物，是一种含有固体微粒和液体微粒的气溶胶。固体微粒有烟黑、粉尘、重金属及其化合物等，液体微粒为水滴和酸滴等。烟黑是燃烧不完全而产生的小黑颗粒，含碳、氢和氧多种元素，有的烟黑带有多种稠环芳烃——公认的致癌物。粉尘直径大于 10μm 者为落尘，小于 10μm 者为飘尘。落尘容易自行沉降，而飘尘会长时间在空气中飘浮。特别是直径 5μm 内的飘尘比细菌还小，可以在人和畜的肺部沉积，甚至由肺泡进入血液被送至全身。有的飘尘粒子本身就是重金属或非金属氧化物，表面还会吸附一些致癌性很强的芳香烃化合物。所以世界各国都视飘尘为大气污染之首。

大气中硫氧化物 SO_x 是指 SO_2 和 SO_3，它们主要来自燃烧含硫的燃料。SO_2 是无色有臭味的窒息性气体，对人体的呼吸道有强烈的刺激性。吸入含 SO_2 的体积分数大于 0.002 的空气时，会使人嗓子变哑，喘息，甚至失去知觉。它不仅对生物产生危害，还会对建筑物、金属结构以及名胜古迹等造成腐蚀与损害。SO_2 还是酸雨的成因之一。

氮氧化物 NO_x 主要是指 NO 和 NO_2。人类活动排放的 NO_x 大部分也来自燃料的燃烧过程。NO 是无色无臭的气体，它能刺激呼吸系统，并能与血红素结合形成亚硝血红素而引起中毒。NO_2 是棕色有特殊臭味的气体，其毒性很强，约为 NO 的 4～5 倍。它对呼吸器官有强烈的刺激作用，能迅速破坏肺细胞，可能是引起肺气肿和肺癌的病因之一。

CO 污染绝大多数来自交通运输，特别是来自汽车排放的尾气。CO 对人体的危害主要是它能与血红蛋白(Hb)结合生成羰血红蛋白(Hb-CO)，使血液输氧能力降低，造成机体组织缺氧而致急性或慢性中毒。

以上侧重阐述了大气中某单一物质的污染问题，但共存于大气中的各种物质之间会发生相互作用，有的相互作用使其对环境的危害比污染物简单的相加更为严重，这类相互作用称为协同作用。

4. 当代世界面临的主要大气环境问题

1) 温室效应

太阳表面温度约为 6000K，辐射能量的 99%左右为波长 0.15～4μm 的短波辐射。其中波长 0.4～0.75μm 的可见光部分辐射最强。辐射波长为 3～120μm 的部分是红外辐射，也称长波辐射。大气中的 CO_2、CH_4、NO_2、PFCs、HFCs 和 SF_6 等微量气体对太阳的短波吸收非常少，可以让太阳短波辐射自由通过而到达地面。而这些气体对地面的长波吸收却很强烈，类似于温室里的玻璃作用，导致地面与大气之间形成一个绝热层，使近地面的热量得以保持，造成全球气温升高，如图 3-2、图 3-3 所示。这种能强烈吸收地面长波辐射，从而加热大气，使大气温度升高的现象称为温室效应。能够导致温室效应的气体称为温室气体。

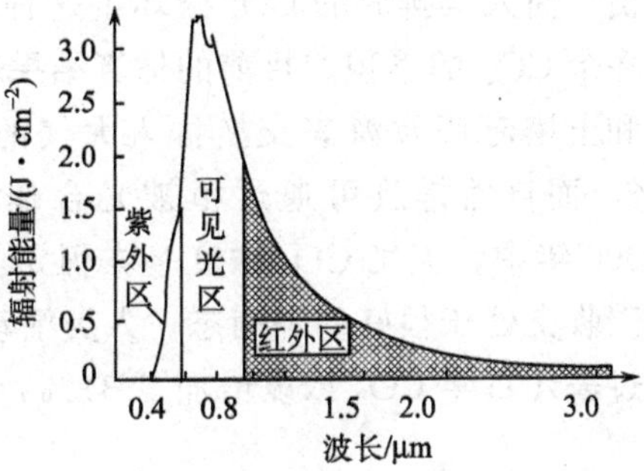

图 3-2　太阳辐射的主要波长范围及能量分布

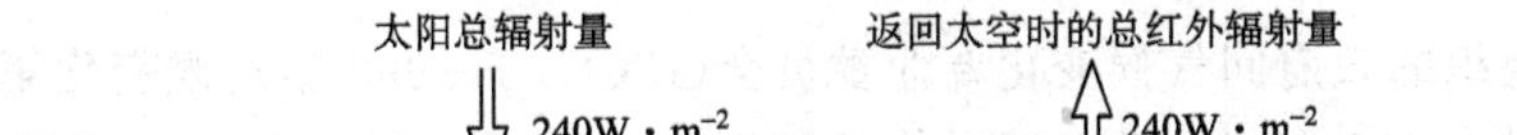

图 3-3　太阳辐射与地表辐射示意图

温室效应是地球上生命赖以生存的必要条件。如果没有温室效应，地球年平均温度只有 253K(－20℃)，地球将会是一个冰冷寂寞的荒凉世界。温室效应使地球表面的年平均温度稳定在 288K(15℃)，从而使生命能够繁衍生息。

地球人口激增，人类活动频繁，矿物燃料用量增加，大量的森林植被破坏，使大气

中 CO_2 和各种气体微粒含量不断增加，温室效应加剧，导致全球气温升高。

CO_2 是数量最大的温室气体，在过去的几千年中，海洋和陆地生态系统等自然源排入大气的大量 CO_2 已通过光合作用和海洋吸收等自然过程的清除作用几乎完全达到平衡。而人类排放的 CO_2 破坏了这种平衡。随着时间的推移，这种非平衡态导致大气中多余 CO_2 的累积。目前的估算结果表明，人类每年排入大气的 CO_2 为 280 亿 t，是植被和土壤呼吸及海表交换排入大气的 CO_2 平均自然通量(每年总量约为 5500 亿 t)的 5%。而自然排放可通过植被光合作用和海洋吸收等自然过程抵消。工业化之前的 10000 年中，大气 CO_2 浓度基本恒定在 280ppm(1ppm 为百万分之一)。这一时期的自然碳收支处于很好的平衡态。人类活动造成的虽小却不断增长的碳收支平衡的积累，导致过去几百年 CO_2 浓度增加了 31%，见表 3-3。

表 3-3　大气中 CO_2 浓度变化情况

年份	CO_2/ppm	年份	CO_2/ppm	年份	CO_2/ppm
1806	280	1970	325	2000	369
1864	288	1980	338	2006	381
1949	311	1990	353	2008	394

联合国组织的政府间气候变化专业委员会(IPCC)于 1990 年气候变化第一次评估报告中指出，过去 100 多年中，全球平均地面温度上升了 0.3～0.6℃。英国对全球 2000 多个陆地观测站的大约 1×10^8 个数据以及 6000×10^4 个海洋观测数据的分析结果表明，1981～1990 年全球平均气温比 100 年前的 1861～1880 年上升了 0.48℃。100 年来，地球上的冰川大部分后退，海平面上升了 14～25cm。有学者认为，海平面若上升 1m，可导致尼罗河三角洲全部淹没；使埃及的可耕地面积减少 12%～15%；将淹没孟加拉国土面积的 11.5%，使其 8%的国民生产总值受到威胁。从世界范围而言，影响区域可达 $5\times10^{10}km^2$，占全球土地面积的 3%，将使 10^9 人的生存受到威胁。温室效应还会影响人类健康。气候变暖有可能加大发生疾病的危险和死亡率，增加传染病的患病概率。高温会给人类的循环系统增加压力，热浪会引起死亡率增长。

全球变暖已引起全人类的极大关注。温室气体引起气候变化已成为各种国际会议的主题。1992 年 5 月 22 日由 176 个国家签署，并于 1994 年 3 月 21 日生效的《联合国气候变化框架公约》的最终目标是，将大气圈中温室气体的浓度稳定在一个水平上，以防止人类对气候系统的有害干预。1997 年 12 月，在日本京都召开的“联合国气候变化框架公约”缔约方第三次会议通过了旨在限制发达国家温室气体排放量，以抑制全球变暖的《京都议定书》。该议定书中受到限制的气体有 6 种：CO_2、CH_4、N_2O、PFCs、HFCs 和 SF_6。发达国家这 6 种气体的排放总量从 2008 年到 2012 年要比 1990 年减少 5.2%，其中美国减少 7%，欧盟减少 8%，日本、加拿大等国减少 6%、俄罗斯、新西兰等国保持 1990 年水平。对发展中国家不作限制，要求发达国家从资金和技术上帮助发展中国家实施减少有害气体排放工程。

《京都议定书》目前已有 141 个国家和地区签署，并于 2005 年 2 月 16 日正式生效。

这是人类历史上首次以法规的形式限制温室气体排放。然而议定书只能轻微舒缓全球温室气体的排放量。据统计，1990～2010 年全球废气排放量将上升 30%，而根据议定书的约定只能减少其中 1/10。可见，防止地球气温不断上升的任务任重而道远，需要全人类共同积极行动起来。

我国于 1998 年 5 月签署，并于 2002 年 8 月核准该议定书。作为发展中大国，目前我国面临巨大的国际压力：一方面，我国是世界能源生产大国；另一方面我国也是世界能源消费大国，各种废气排放量都居世界前列。我国的温室气体排放量占全球总量的 28%，因此，如何保持我国国民经济不断快速增长的同时，又要保护环境，限制大规模开发和使用化学能源，积极开发和利用新能源是摆在我们面前重大而艰巨的课题。

2）臭氧层空洞

地球上一切生命所需的能量都来自太阳。太阳在普照大地的同时要辐射各种各样的紫外线，其中短波紫外线(UVC 紫外线，波长 280～200nm)对生物的杀伤力最大。太阳光在射向地球的过程中，对生物有危害的短波紫外线和大部分中波紫外线被臭氧层挡在外面，只剩下危害微小的长波紫外线和小部分中波紫外线到达地面。如果太阳光不受任何阻挡直接照射在地球上，那么地球上的生物会毁灭殆尽。

在距离地面 20～35km 处的平流层中，氧吸收太阳紫外线辐射而生成臭氧：

$$O_2 + h\nu \longrightarrow 2[O] \quad ([O]\text{表示不稳定的原子氧})$$

$$[O] + O_2 \longrightarrow O_3$$

臭氧对光的吸收在紫外和可见光区有三个吸收带，即 0.2～0.4μm、0.3～0.36μm、0.44～0.85μm。能够达到臭氧层的紫外波长为 0.2～0.4μm，其中紫外线 A 为 0.32～0.4μm，紫外线 B 为 0.28～0.32μm，紫外线 C 为 0.2～0.28μm。可见，除一小部分紫外线 A 以外，99%的紫外线都可被臭氧层吸收。对生物危害最大的正是紫外线 B 和 C，而紫外线 A 对生物的危害小得多。当臭氧的浓度在大气中达最大值时，就形成厚度约为 20km 的臭氧层。臭氧是地球大气层中的一种蓝色有刺激性气味的微量气体，总量只占大气的 0.4%，如果在摄氏零度下，沿着垂直于地表的方向将大气中的臭氧全部压缩到一个标准大气压，臭氧层的总厚度只有 3mm 左右。正是这层薄薄的臭氧层的存在，为地球上万物生灵的生存提供了前提条件。因此，臭氧层被誉为生物在地球上得以生存繁衍的“保护伞”。

自然状态下，大气层中的臭氧处于动态平衡状态，即臭氧的形成和分解速率几乎是相同的。然而臭氧却能与许多物质反应而被消耗。联合国环境规划署(UNEP)的一份报告认为，臭氧层的破坏 90%是由氟利昂和哈龙，其次是由 N_2O 和 NO，还有 CCl_4 等气体造成的。这些物质能长期滞留在大气中，并最终从对流层进入平流层，在紫外线辐射下能发生光解，产生的活性基团能与臭氧反应而消耗臭氧。这些物质在平流层中的含量虽然很少，但因能起催化作用，自身消耗很少，对臭氧的破坏作用却十分严重，最后导致臭氧浓度下降。

氟利昂(freon)是氟氯昂的商品名，代号 CFC。氟利昂是含有氟和氯的有机化合物，其种类很多，如

氟利昂	CFC-11	CFC-12	CFC-22
分子式	CCl_3F	CCl_2F_2	$CHClF_2$
名称	一氟三氯甲烷	二氟二氯甲烷	二氟一氯甲烷

用氟利昂作制冷剂具有很多优点：沸点低、易液化、无毒、无味、无腐蚀、热稳定性好，不会燃烧爆炸。氟利昂也广泛用作喷雾剂、发泡剂和清洁剂等。

氟利昂与臭氧反应机理如下(以 CFC-11 为例)：

$$CCl_3F \xrightarrow{h\nu(\lambda < 0.226\mu m)} CCl_2F\cdot + Cl\cdot$$

$$Cl\cdot + O_3 \longrightarrow ClO\cdot + O_2$$

$$ClO\cdot + O_3 \longrightarrow Cl\cdot + 2O_2$$

在强烈紫外线作用下，CFC-11 光解产生氯自由基(Cl ·)，产生的氯自由基很容易与臭氧反应生成氧化氯自由基(ClO ·)，而氧化氯自由基可继续与臭氧反应生成氯自由基。如此不断循环，一个 CFC 可以消耗成千上万个臭氧分子。1995 年，莫利纳(Molina，墨西哥)、罗兰(Rowland，美国)和克鲁岑(Crutzem，荷兰)证明了这些化学物质对臭氧层构成破坏作用。他们因这一成果而获得诺贝尔化学奖。

哈龙是含溴的卤代烷烃的商品名，是英文"halon"的音译。化学式按碳、氟、氯和溴原子个数顺序组成四位数放在哈龙后面，作为哈龙的代号。例如，哈龙-1301，分子式为 CF_3Br；哈龙-1211，分子式为 CF_2ClBr。哈龙可用作高效灭火剂。

从地面到高空垂直柱中臭氧的总层厚来反映大气中臭氧含量的方法称为柱浓度法。正常大气中臭氧的柱浓度约为 3mm。当臭氧的柱浓度小于 2mm 时，臭氧浓度减少的区域臭氧极其稀薄，与周围相比好像形成了一个"洞"，若该区域直径达上千公里，则称为"臭氧空洞"。

1982 年 9 月，两位日本科学家首次发现并报道南极上空出现"臭氧空洞"这一现象。1984 年，英国科学家约瑟·法曼等观察到南极上空臭氧急剧减少。之后不久，科学家相继发现南极上方出现面积与美国大陆相近的臭氧层空洞。1986 年，美国公布了通过"雨云二号"卫星得到的数据，证实自 1979 年到 1984 年 10 月南极上空出现总臭氧含量持续减少的情况，这样显著的变化引起了全球的关注。1995～2006 年，南极上空臭氧层空洞覆盖的面积列于表 3-4 中。2000 年南极臭氧层空洞覆盖的面积达 $2.977\times 10^7 km^2$，这是迄今为止观测到臭氧空洞的最大面积。从美国国家航空航天局(NASA)发布的图片看到，臭氧空洞像一个巨大的蓝水滴，完全罩在南极的上空，并延伸到南美的南端，如图 3-4 和图 3-5 所示。

表 3-4 南极上空臭氧层空洞覆盖的面积

时间/年	1995	1996	1997	1998	1999	2000
臭氧空洞面积/($\times 10^4 km^2$)	2590	2200	2830	2720	2700	2977
时间/年	2001	2002	2003	2004	2005	2006
臭氧空洞面积/($\times 10^4 km^2$)	2800	2096	2822	2096	2820	2950

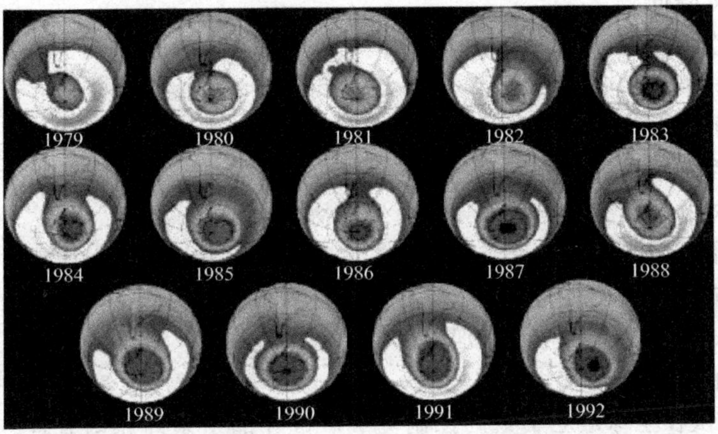

图 3-4　美国国家航空航天局发布的臭氧逐年减少的卫星照片(1979～1992)
颜色越深，表示臭氧厚度变薄或有空洞

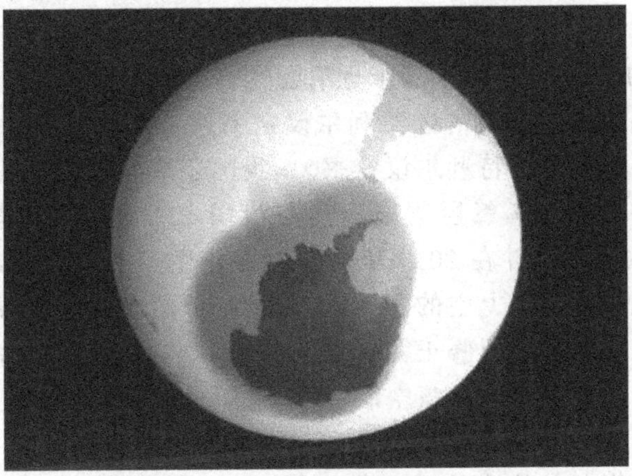

图 3-5　2000 年南极上空臭氧层图谱

美、日、英、俄等国科学家联合观察发现，北极上空的臭氧层已形成面积约为南极臭氧空洞 1/3 的北极臭氧空洞。我国大气物理及气象学家观测发现，在我国青藏高原上空的臭氧正以每 10 年 2.7%的速度减少，已经成为大气中第三个臭氧空洞。

臭氧层破坏可带来以下四个方面的危害：

(1) 对人类的影响。过量的太阳紫外线辐射对人类健康最直接的危害是，降低人体免疫系统功能，增加传染疾病的发病率；损害眼睛(角膜和晶体)，增加白内障的发病率。据报道，我国青藏高原白内障的发病率明显升高；靠近南极的澳大利亚皮肤癌患者大量增加。

(2) 对农作物的影响。过量的紫外线照射会破坏植物绿叶中的叶绿素，影响植物的光合作用。同时还会改变细胞的遗传基因和再生能力，使农作物生长受到限制，质量降低，产量大幅度降低。

(3) 对水生生物的影响。水生生物大多贴近水面生长，这些处于水生食物链最底部的小型浮游植物最易受到臭氧损耗的影响，从而危及整个生态系统。对于底层的浮游动物，紫外线辐射具有很强的穿透能力，能穿透至水下 20m，过量的紫外线会杀死水中的微生物，削弱浮游植物的光合作用，破坏水生生物食物链，从而引起水生生态系统发生变化，降低水体的自然净化能力，导致水生生物大批死亡。

(4) 对城市环境的影响。平流层中臭氧浓度降低，紫外线辐射增强，会使近地面对流层中的臭氧浓度增加，地表的臭氧对人体和植物有很大的危害，尤其是在人口和机动车辆最密集的城市中心，使光化学烟雾污染的概率增加。

1985 年，由联合国环境规划署发起，21 个国家的政府代表签署了《保护臭氧层维也纳公约》，首次在全球建立了共同控制臭氧层破坏的一系列原则方针。1987 年 9 月，36 个国家和 10 个国际组织的 140 名代表和观察员在加拿大蒙特利尔集会，通过了大气臭氧层保护的重要历史性文件《关于消耗臭氧层物质的蒙特利尔议定书》。目前为止，缔约方已达 165 个国家。联合国环境规划署规定从 1995 年起，每年的 9 月 16 日为“国际保护臭氧层日”。

我国于 1989 年加入《保护臭氧层维也纳公约》，参与了历次的《保护臭氧层维也纳公约》和《关于消耗臭氧层物质的蒙特利尔议定书》缔约国会议，1991 年加入修正后的《关于消耗臭氧层物质的蒙特利尔议定书》。我国还成立了保护臭氧层领导小组，开始编制并完成了《中国消耗臭氧层物质逐步淘汰国家方案》。根据这一方案，我国于 1999 年冻结氟利昂的生产，并在 2010 年前全部停止生产和使用所有消耗臭氧层物质。即使我们如此努力地弥补地球上空的“臭氧空洞”，但由于臭氧层损耗物质从大气中除去十分困难，预计采用哥本哈根修正案，在 2050 年左右平流层氯原子浓度才能下降到临界水平。那时，我们上空的“臭氧空洞”才有望开始恢复。

3) 酸雨

在没有大气污染物存在的情况下，降水酸度主要由大气中的二氧化碳所形成的碳酸组成，其 pH 为 5.6～6.0。因此，一般将 pH<5.6 的降水称为酸雨(acid rain)。1872 年，英国化学家史密斯(Smith)在其专著《大气和降雨：化学气候学的开端》中首次使用“酸雨”这一术语，并一直沿用至今。

酸雨的产生与工业化的形成有着密切的关系。早在 19 世纪中叶，英国的工业急速发展，用煤量大幅度增加，大气污染导致建筑物四壁出现脱落现象。1939 年以后，瑞典、挪威发现由邻近国家(英国)飘移来的酸性二氧化硫使水中鱼和森林的生长受到影响。到 20 世纪 50 年代后期，在比利时、荷兰和卢森堡相继发现酸雨；60 年代酸雨几乎覆盖整个西北欧。1984～1988 年，日本在酸雨监测网的数据表明，降水的加权平均 pH 为 4.7。在朝鲜半岛降水中 SO_4^{2-} 和 NO_3^- 的浓度接近美国东部和中欧的水平，年平均 pH 为 4.6～4.8。国际应用系统分析研究所的研究人员通过研究发现，目前降水的平均酸度与取自格陵兰 180 年前冰块的酸度相比增长了 99 倍。在被认为是“净土”的南北两极也检测到了酸雨。1986 年，在肯尼亚首都内罗毕召开的第三世界环境保护国际会议上，将酸雨列为严重威胁世界环境的十大问题之一。

随着经济的高速发展，酸雨在我国正呈蔓延之势，长江以南、青藏高原以东及四川盆地的广大地区为中心的亚太地区已经成为继欧洲、北美之后世界第三大酸雨区。研究表明，我国 pH<5.6 的降水面积已由 1985 年的 $1.75\times10^6 km^2$ 扩大到 1996 年的 $3.84\times10^6 km^2$，约占全国国土总面积($9.60\times10^6 km^2$)的 40%，11 年中扩大了 $2.09\times10^6 km^2$。pH<5.6 降水等值线也从长江以南地区大幅度向西、向北移动，越过了长江和黄河。酸雨监测结果表明，20 世纪 90 年代全国降水酸度总体上保持稳定状态，2000 年以后降水酸度呈现出总体升高的趋势，到 2005 年，降水中的硫酸根和硝酸根的平均浓度分别升高 12%和 40%。重酸雨区的面积由 2002 年占国土面积的 49%增加到 2005 年的 61%。2006 年，全国酸雨发生频率在 5%以上的区域占国土面积的 32.6%，酸雨发生频率在 25%以上的区域占国土面积的 15.4%。2007 年，全国酸雨发生频率大于 80%的区域主要位于江西、湖南、湖北等省，其中长沙、广州及重庆等 17 个城市年酸雨频率在 90%以上，如图 3-6 所示。安徽黄山、四川峨眉山、甘肃兰州和北京观象台等地年酸雨频率比 2006 年增长 20%～30%。图 3-7 列出了 1993 ～2007 年全国平均酸雨日数及酸雨量。由图 3-7 可见，2007 年年平均酸雨日数达到 40 天的高点，为有酸雨系统观测以来最多的一年。年均酸雨日数的走势较为一致，2004～2007 年其比值由 49%增至 64%左右，增幅较为明显。

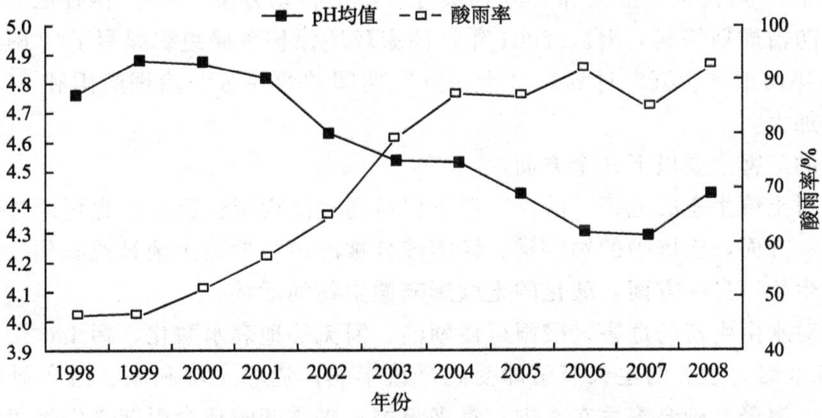

图 3-6　1998～2008 年全国年平均降水 pH 和酸雨率

酸雨是一个全球性问题，1979 年 33 个国家签订了《远距离跨界大气污染公约》(LRTAP)，1985 年各国在 LRTAP 协定下签订了两份议定书：《削减硫排放议定书》和 1988 年在索菲亚签订的《稳定 NO_x 排放议定书》。各国逐渐开始致力于削减各种酸性污染物的排放。进入 20 世纪 90 年代，亚洲各国由于经济快速发展，污染物排放量急剧增加，酸雨污染越来越严重，从 1992 年开始，亚洲地区启动了“亚洲酸雨及其减排”项目。

我国政府对酸雨问题十分关注。1982 年 5 月，国家环境保护总局下达“西南地区酸雨污染问题的研究”课题。1986 年起，国家正式将“酸雨来源、影响和控制对策”

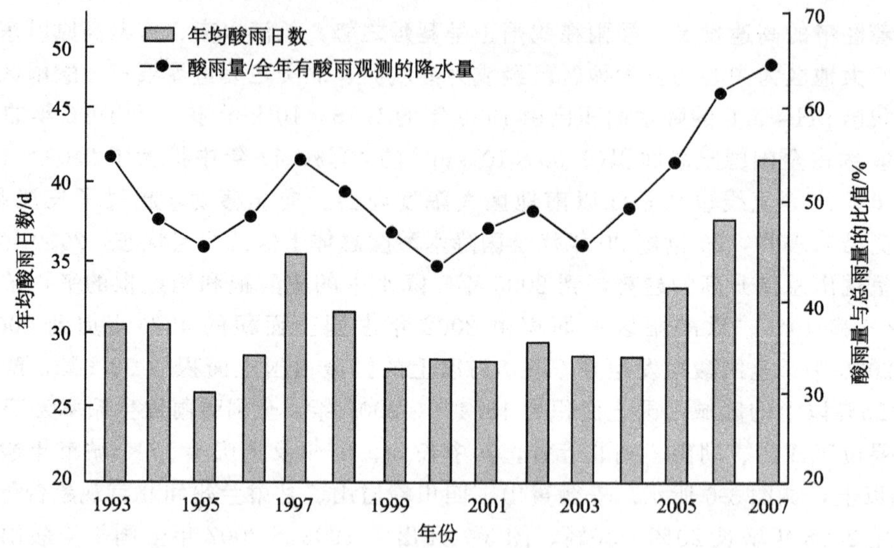

图 3-7　1993～2007 年全国平均酸雨日数及酸雨量(88 个站点)

的研究列为“七五”国家环境保护攻关课题。1998 年，国务院批准“两控区”划分方案，并发布《“两控区”酸雨和 SO_2 污染综合防治行动方案》和《“两控区”酸雨和 SO_2 污染综合防治规划编制大纲》。2001 年，国家环境保护总局组织编写了《“两控区”酸雨和 SO_2 污染防治“十五”计划》。“十一五”期间“两控区”治理酸雨和 SO_2 污染的力度进一步加大。

酸雨的危害主要以下几个方面：

(1) 对土壤生态的危害。酸性物质不仅可通过降雨湿性沉降，也可通过干性沉降进入土壤。一方面，土壤中的钙、镁、钾等养分被淋溶，导致土壤日益酸化、贫瘠化，影响植物的生长；另一方面，酸化的土壤影响微生物的活性。

(2) 对水生生态的危害。酸雨可使湖泊、河流等地表水酸化，污染饮用水源。当水体 pH<5.0 时，鱼类的生长繁殖即受到严重影响；流域土壤和湖、河底泥中的有毒金属，如铅、镉等，则会溶解在水中，毒害鱼类；水质变酸还会引起水生生态结构上的变化，酸化后的湖泊与河流中，鱼类会减少甚至绝迹。

(3) 对植物的危害。受到酸雨侵蚀的叶子，其叶绿素含量降低，从而使光合作用受阻，农作物产量降低。酸雨对森林产生的危害最大。1950～1965 年，酸雨使瑞典森林生产率下降 2%～7%；1983 年，原联邦德国有 34%的森林受酸雨之害。据估计，美国每年由酸雨和大气污染造成的生态损失达几十亿美元。

(4) 对材料和古迹的影响。酸雨地区的混凝土桥梁、大坝和道路以及高线钢架、电视塔等土木建筑基础设施都是直接暴露在大气中，遭受酸雨的腐蚀。酸雨与这些基础设施的构筑材料发生化学或电化学反应，形成诸如金属的锈蚀、水泥混凝土的剥蚀、疏松物岩石表面的粉化侵蚀以及塑料、涂料侵蚀等。酸雨加速这些材料的腐蚀，还能严重损害古迹、历史建筑以及其他重要文化设施。

(5) 对人体健康的影响。酸雨不仅可造成很大的经济损失，也可危害人体的健康，这种危害可以是直接的，也可以是间接的。首先，酸雨中含有多种致病、致癌因素，能破坏人体皮肤、黏膜和肺部组织，诱发哮喘等多种呼吸道疾病和癌症，降低儿童的免疫能力。其次，酸雨还会对人体健康产生间接影响。在酸沉降作用下，土壤和饮用水水源被污染，其中一些有毒的重金属会在鱼类机体中沉积，人类因食用而受害。

控制酸雨污染最根本的途径是控制 SO_2 和 NO_x 的排放。由于我国的酸沉降是硫酸型的，控制和消除 SO_2 的排放是目前我国环境保护的当务之急。

SO_2 的净化技术也称脱硫技术。按煤使用的不同过程，可将其分为燃烧前、燃烧中烟气脱硫。煤燃烧前脱硫技术是指煤炭洗选技术和清洁煤技术(煤气化技术和水煤浆技术)。通过洗选技术使煤脱硫、脱灰，这是国际上通用的成熟技术。目前一些发达国家的煤炭洗选率高达 90%以上。煤燃烧中脱硫技术是指煤在燃烧过程中生成的 SO_2 与加入的固硫剂反应生成硫酸盐而留在灰渣中，从而减少烟气中 SO_2 的排放量。固硫剂一般用石灰或石灰石粉，加入方法有两种：一种是在煤炭燃烧前加入，制成型煤；另一种是在煤炭燃烧过程中加入固硫剂。烟气脱硫的方法很多，见表 3-5。

表 3-5　燃煤的主要脱硫技术

<table>
<tr><th>项目</th><th colspan="2">技术名称</th><th>脱硫率</th></tr>
<tr><td rowspan="3">燃烧前</td><td colspan="2">煤炭洗选技术</td><td>40%～60%</td></tr>
<tr><td colspan="2">煤气化技术</td><td>85%以上</td></tr>
<tr><td colspan="2">水煤浆技术</td><td>50%</td></tr>
<tr><td rowspan="2">燃烧中</td><td colspan="2">型煤加工技术</td><td>50%</td></tr>
<tr><td colspan="2">流化床燃烧技术</td><td>70%</td></tr>
<tr><td rowspan="9">烟气脱硫
(燃烧后)</td><td rowspan="5">湿法</td><td>石灰石(石灰)-石膏法</td><td>95%以上</td></tr>
<tr><td>简易石灰石(石灰)-石膏法</td><td>70%～80%</td></tr>
<tr><td>海水脱硫工艺</td><td>60%～70%</td></tr>
<tr><td>烟气磷铵复肥法</td><td>50%～80%</td></tr>
<tr><td>碳酸钠、碳酸镁和氨为吸收剂工艺</td><td>60%～80%</td></tr>
<tr><td>半干法</td><td>喷雾干燥法</td><td>70%～95%</td></tr>
<tr><td>干法</td><td>吸收剂喷射法</td><td>50%～70%</td></tr>
<tr><td>电子法</td><td>电子束辐射技术</td><td>50%～70%</td></tr>
<tr><td>其他</td><td>脱硫除尘一体化技术</td><td>40%～70%</td></tr>
</table>

4) 伦敦型烟雾

1952 年 12 月 5～8 日，英国首都伦敦市上空烟雾弥漫，煤烟粉尘积蓄不散，造成震惊一时的烟雾事件(图 3-8)。这起事件使 4000 名健康市民因此死亡，8000 名患肺部疾病的人也因吸入过多的有毒物质而停止呼吸。这是因为粉尘中含有一种三氧化二铁的成分，促使空气中的二氧化硫氧化成三氧化硫，遇大雾中的水滴变成硫酸，硫酸液沫或

图 3-8　伦敦烟雾

附着在烟尘上或凝聚在雾点上进入人的呼吸系统，使人发病或加速慢性病患者的死亡。

伦敦烟雾是大气中的三种污染物粉尘、SO_2 和雾滴“协同”造成的。粉尘颗粒的表面对 SO_2 的氧化起催化作用。

$$2SO_2 + 2H_2O + O_2 \xrightarrow{\text{粉尘}} 2H_2SO_4(\text{雾})$$

5）光化学烟雾

大气中的氮氧化物和碳氢化合物经紫外光照射形成一种刺激性的浅蓝色有毒烟雾，这种烟雾称为光化学烟雾(图 3-9)。它能使环境中能见度降低，轻者使人眼睛红肿，喉咙疼痛，重者使人呼吸困难，手足抽搐，甚至死亡。20 世纪 40 年代，美国洛杉矶首次出现光化学烟雾。20 世纪 50 年代以来，光化学烟雾污染事件在美国其他城市和世界各地相继出现。例如，日本的东京、大阪，英国的伦敦以及澳大利亚、德国等国的大城市。在我国兰州、成都和广州都出现过光化学烟雾事件。

20 世纪 50 年代初，美国加州大学的哈根 · 斯密特(H. Smit)初次提出，洛杉矶光化学烟雾是由汽车排放尾气中的氮氧化物(NO_x)和碳氢化合物在强太阳光作用下，发生光化学反应而形成的，如图 3-10 所示。

图 3-9　光化学烟雾

光化学烟雾是由于汽车尾气和工业废气排放造成的，一般发生在湿度低、气温在 24～32℃的夏季晴天的中午或午后。汽车尾气中的烯烃类碳氢化合物和二氧化氮(NO_2)被排放到大气后，在强烈的阳光紫外线照射下，会吸收太阳光所具有的能量。这些物质的分子在吸收太阳光的能量后变得不稳定，原有的化学链遭到破坏，形成新的物质。这种化学反应称为光化学反应，其产物为含剧毒的光化学烟雾。

1986 年，森富德(Seinfeld)概括了光化学烟雾形成的过程：

引发反应

$$NO_2 + h\nu \longrightarrow NO + O$$

$$O + O_2 \xrightarrow{M} O_3$$

$$NO + O_3 \longrightarrow NO_2 + O_2$$

链传递反应

$$RH + \cdot OH \longrightarrow RO_2 \cdot + H_2O$$

$$RCHO + \cdot OH \longrightarrow RC(O)O_2 \cdot + H_2O$$

$$RCHO + h\nu \longrightarrow RO_2 \cdot + HO_2 \cdot + CO$$

$$HO_2\cdot + NO \longrightarrow NO_2 + \cdot OH$$

$$RO_2\cdot + NO \longrightarrow NO_2 + R'CHO + HO_2\cdot$$

$$RC(O)O_2\cdot + NO \longrightarrow NO_2 + RO_2\cdot + CO_2$$

终止反应

$$\cdot OH + NO_2 \longrightarrow HNO_3$$

$$RC(O)O_2\cdot + NO_2 \longrightarrow RC(O)O_2NO_2$$

$$RC(O)O_2NO_2 \longrightarrow RC(O)O_2\cdot + NO_2$$

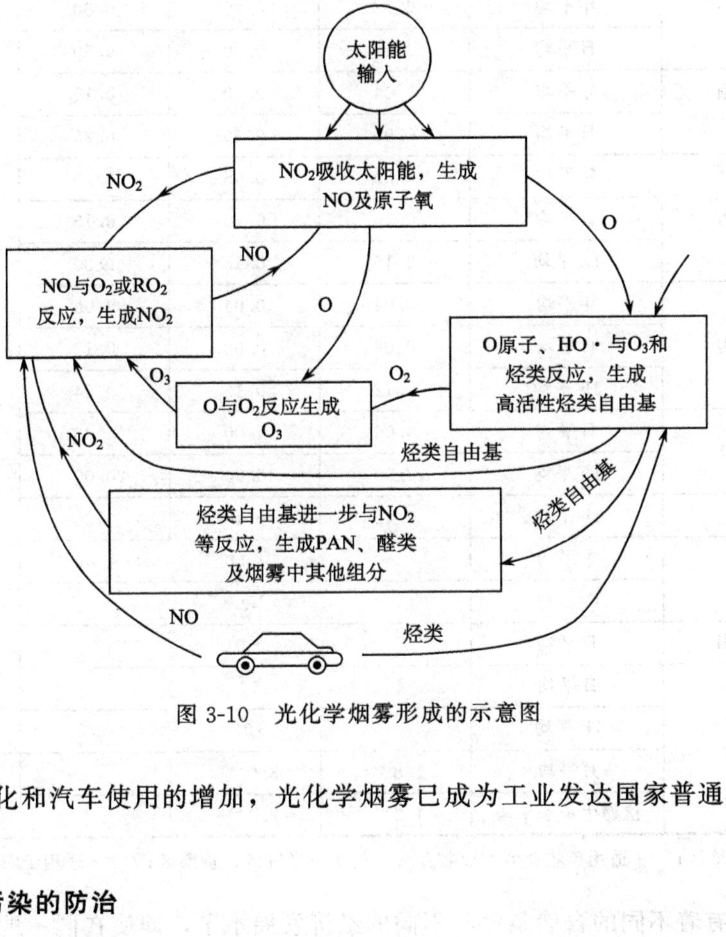

图 3-10 光化学烟雾形成的示意图

随着工业化和汽车使用的增加，光化学烟雾已成为工业发达国家普通存在的大气污染问题。

3.1.4 大气污染的防治

1. 环境空气质量标准

大气污染危害甚大，因此大气污染的防治是一件十分重要的大事。首先要制定大气环境质量标准，规定大气中有害物质的最高允许浓度。我国于 1962 年颁布了《工业企业设计卫生标准》，首次对居民区内大气中的 12 种有害物质规定了最高允许浓度。后于 1982 年颁布了 GB 3095—82《大气环境质量标准》，1996 年颁布了 GB 3095—1996《环境空气质量标准》，用以代替 GB 3095—82，具体内容见表 3-6。

表 3-6　环境空气质量标准(GB 3095—1996)

污染物名称	取值时间	浓度限值			浓度单位
		一级标准	二级标准	三级标准	
二氧化硫 SO_2	年平均	0.02	0.06	0.10	
	日平均	0.05	0.15	0.25	
	1h 平均	0.15	0.50	0.70	
总悬浮颗粒物 TSP	年平均	0.08	0.20	0.30	
	日平均	0.12	0.30	0.50	
可吸入颗粒物 PM_{10}	年平均	0.04	0.10	0.15	
	日平均	0.05	0.15	0.25	
氮氧化物 NO_x	年平均	0.05	0.05	0.10	$g \cdot m^{-3}$ (标准状态)
	日平均	0.10	0.10	0.15	
	1h 平均	0.15	0.15	0.30	
二氧化氮 NO_2	年平均	0.04	0.04	0.08	
	日平均	0.08	0.08	0.12	
	1h 平均	0.12	0.12	0.24	
一氧化碳 CO	日平均	4.00	4.00	6.00	
	1h 平均	10.00	10.00	20.00	
臭氧 O_3	1h 平均	0.12	0.16	0.20	
铅 Pb	季平均		1.50		$\mu g \cdot m^{-3}$ (标准状态)
	年平均		1.00		
苯并[a] B[a]P	日平均		0.01		
氟化物 F	日平均		7*		
	1h 平均		20*		
	月平均	1.8**	3.0***		$\mu g \cdot dm^{-2} \cdot d^{-1}$ (标准状态)
	植物生长季平均	1.2**	2.0***		

*适用于城市地区；**适用于牧业区和以牧业为主的半农半牧区、蚕桑区；***适用于农业和林业区。

不同地区有着不同的自然条件与不同的经济发展水平，即使在同一地区，不同的地段也具有不同的社会功能，因而对环境的质量要求也不同。因此该标准的标准值分为三级，它们对应着社会功能的三个类区。一级标准为对一类区的要求，即对国家规定的自然保护区、风景游览区、名胜古迹和其他需要特殊保护地区的要求；二级标准为对二类区的要求，即对城镇规划中确定的居住区、商业交通居民混合区、文化区、一般工业区和农村地区的要求；三类标准为对三类区的要求，即对特定工业区。

2007 年我国环境状况公报数据表明，空气质量达到国家一级标准的城市占 2.4%，二级标准的占 58.1%，三级标准的占 36.1%，劣于三级标准的占 3.4%。

颗粒物年均浓度达到二级标准的城市占 72.0%，劣于三级标准的占 2.2%，如图 3-11 所示。污染较重的城市主要分布在青海省、新疆维吾尔自治区、宁夏回族自治区、浙江省、四川省、北京市、江苏省、湖北省、内蒙古自治区、陕西省、甘肃省、辽宁省、湖南省、河北省、山西省、山东省、河南省、重庆市。

二氧化硫年均浓度达到二级标准的城市占 79.1%，低于三级标准的占 1.2%，如图 3-12 所示。污染较重的城市主要分布在山西省、贵州省、内蒙古自治区、云南省、重庆市、湖南省、河北省、新疆维吾尔自治区、广西壮族自治区、甘肃省、安徽省、河南省、辽宁省、陕西省、浙江省、江苏省、天津市。

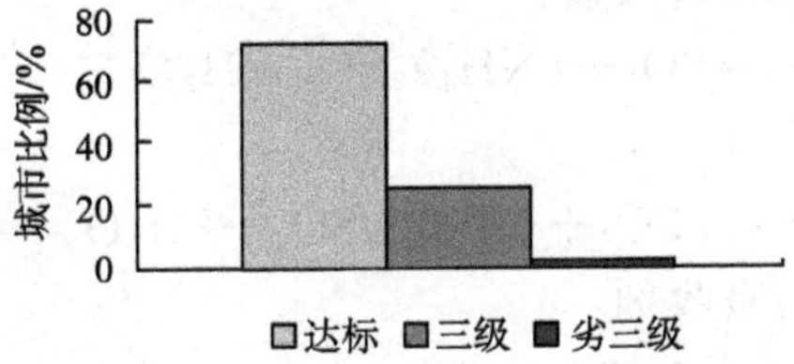

图 3-11　2007 年颗粒物浓度分级城市比例

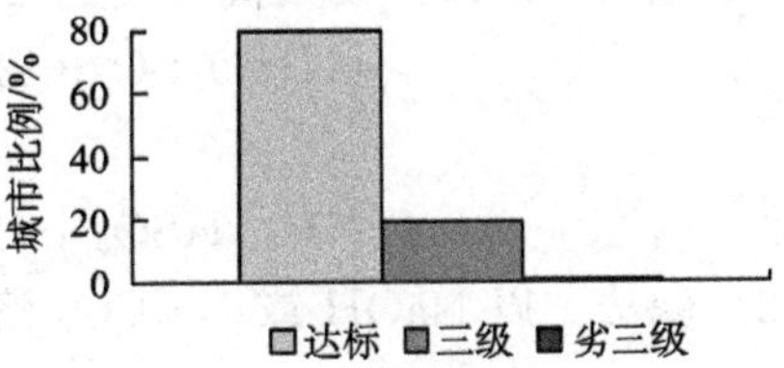

图 3-12　2007 年二氧化硫浓度分级城市比例

所有地级及以上城市二氧化氮年均浓度均达到二级标准，86.9%的城市达到一级标准，浓度相对较高的城市主要分布在新疆维吾尔自治区、北京市、广东省、浙江省、江苏省、上海市。

2. 大气污染的防治

大气污染主要由燃料的燃烧而来，因此防止大气污染则应一方面改变燃料的结构与成分；另一方面改进燃烧设备，使燃烧过程尽量减少污染物的排放。

我国煤的储量相当丰富，在相当长时间内煤仍为主要能源。所以，大气污染物主要是 SO_2 和烟尘，如表 3-7 所示。2007 年，二氧化硫排放量为 2468.1 万吨，烟尘排放量为 986.3 万吨，工业粉尘排放量为 699.0 万吨，因此，防治大气污染就要对煤炭开发、加工和利用的各个环节采取有利于环境的措施。例如，对原煤进行脱硫处理；将煤转化为电、煤气等清洁能源；实行区域集中供暖供热，烟气净化等，使其达到国家规定的排放标准。

表 3-7　全国近年废气中主要污染物排放量

年度＼项目	二氧化硫排放量/万吨			烟尘排放量/万吨			工业粉尘排放量/万吨
	工业	生活	合计	工业	生活	合计	
2005	2168.4	380.9	2549.3	948.9	233.6	1182.5	911.2
2006	2237.6	351.2	2588.8	864.5	224.3	1088.8	808.4
2007	—	—	2468.1	770.8	215.5	986.3	699.0

根据大气污染物的存在状态所具有的特性，可采用除尘、吸收、吸附、氧化和催化还原等方法，对污染源排放的废气进行净化。下面只讨论大气污染治理的化学方法。

1) 从烟气中除去二氧化硫

烟气脱硫的方法有干法(用固体吸收剂或吸附剂吸收 SO_2)和湿法(用水和水溶液作

吸收剂吸收 SO_2)两大类。湿法主要有氨法、碱法、钙法等。

(1) 氨法。用氨作吸收剂，用于处理硫酸厂制酸尾气和电厂锅炉烟气。此法对 SO_2 的吸收率可达 90%以上，其反应为

$$SO_2 + 2NH_3 + H_2O = (NH_4)_2SO_3$$

或

$$SO_2 + NH_3 + H_2O = NH_4HSO_3$$

经酸化后，最终产物是高浓度的 SO_2 气体和硫酸铵：

$$(NH_4)_2SO_3 + H_2SO_4 = SO_2 + (NH_4)_2SO_4 + H_2O$$

或

$$2(NH_4)HSO_3 + H_2SO_4 = 2SO_2 + (NH_4)_2SO_4 + 2H_2O$$

(2) 碱法。以 NaOH 或 Na_2CO_3 溶液作为吸收剂：

$$Na_2CO_3 + SO_2 = Na_2SO_3 + CO_2$$

以碳酸钙或消石灰或两者的混浊液作吸收剂，最后可以得到石膏。

2) 从烟气中除去氮氧化物

(1) 催化还原法。排烟中的 NO_x 主要是 NO，NO 不溶于水，不能采用碱或盐溶液作吸收剂。但 NO 和 NO_2 有氧化性，可采用催化还原法除去。

我国已研究成功用氨作还原剂，CuO-CrO 为催化剂，催化还原除硝酸尾气中的 NO_x，反应如下：

$$4NH_3 + 6NO = 5N_2 + 6H_2O$$

$$8NH_3 + 6NO_2 = 7N_2 + 12H_2O$$

所用催化剂价格低廉，NO_x 的去除率达 99%以上。

(2) 亚硫酸铵法。亚硫酸铵法是利用亚硫酸铵将 NO_x 还原为 N_2，从而净化含 NO_x 的尾气。亚硫酸铵溶液是利用氨法处理硫酸尾气得到的亚硫酸铵-亚硫酸氢铵母液，加氨中和并稀释而得。吸收后产物以硫酸铵为主，可作为农用化肥。此法适用于同时生产硫酸和硝酸的化工厂，国内某些厂做了实验，并投入生产。

$$2NO + 2SO_3^{2-} = 2SO_4^{2-} + N_2$$

$$2NO_2 + 4SO_3^{2-} = 4SO_4^{2-} + N_2$$

最后，对大气的环境保护来说，值得提出的极为有效的措施就是大量地植树造林。它不仅可以调节大气中氧与 CO_2 的含量，还对粉尘、二氧化硫、光化学烟雾等有不同程度的吸收能力，对调节气温、防止噪声和保持水土起到重要作用。

3.2 水环境中的化学

水是人类社会极为宝贵的自然资源，是维持人民生活需要与保证国民经济发展的重要物质基础之一。地球上的水资源是十分丰富的，据联合国统计资料显示，地球上水资源的储存量总计约 138.6 亿亿立方米。但是，它们绝大部分分布在海洋里，与人类生活密切相关的淡水资源——河流、湖泊和浅层地下水等只有 104.6 万亿立方米，不到地球水资源总储量的万分之一。随着工农业的发展和人民生活水平的提高，水的需求量越来

越大。在工业较发达的城市中，耗水量可达每日人均 1t 以上。许多厂矿日用水量可达数万吨乃至数十万吨，出现了国际性的用水竞争和世界性的水资源危机，全世界已有 100 多个国家缺水，严重缺水的国家已达 40 多个。我国也有近 300 个城市缺水，严重缺水的城市有 50 多个。

另一方面，随着人口的剧增、工农业生产的迅速发展，大量未经处理的废水、固体废弃物排入江河、湖泊，造成水的污染，使本来就短缺的水资源形势更加严峻。据联合国调查统计，全世界每年排放的污水使全世界河流稳定流量的 40%左右受到污染。当前，水的污染已成为全球公害，是严重的社会问题。因此，合理地利用水资源、防治水的污染是工程技术人员应予重视和值得研究的一个课题。

3.2.1 水的基础知识

1. 水分子的结构

水的最简式为 H_2O。高温下测出水的相对分子质量为 18.02，分子式与最简式相同。水分子的结构已准确测定，O—H 键长为 96pm，键角∠HOH＝104.5°，呈 V 字形，如图 3-13 所示。所以水分子是强极性分子。

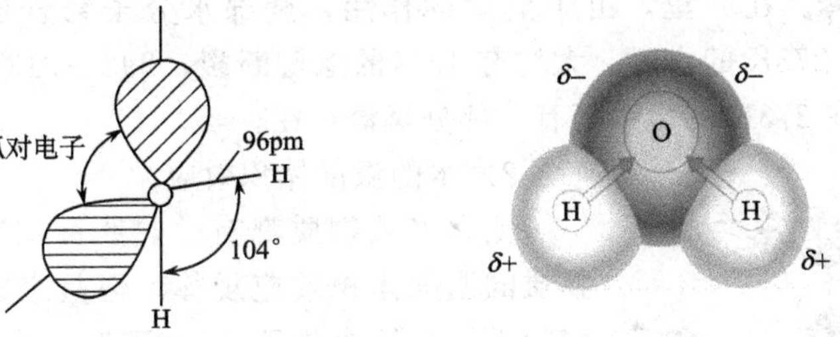

图 3-13　水分子的结构

沸点时，测出水的相对分子质量为 18.64，大于按最简式计算的相对分子质量，此时的水蒸气除有单分子 H_2O 外，还有约 3.5%的双分子 $(H_2O)_2$ 存在。液态水的相对分子质量则更大，说明液态水中含有较复杂的 $(H_2O)_n$ 分子，n 可以是 2、3、4、…这种由简单分子结合成为较复杂的分子集团而不引起物质化学性质改变的过程称为分子的缔合，如图 3-14 所示。

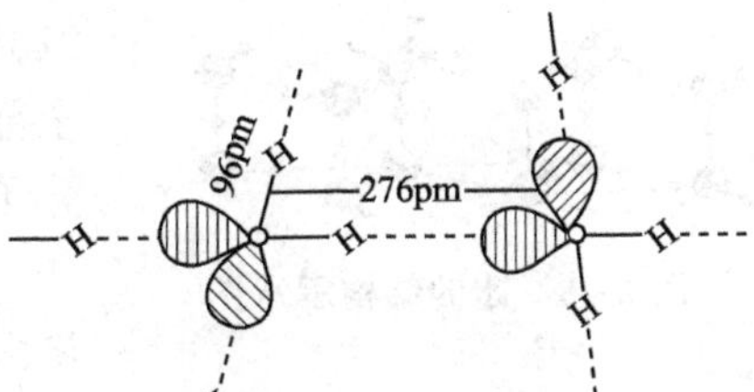

图 3-14　水分子因氢键而缔合的示意图

$$nH_2O \underset{\text{解离}}{\overset{\text{缔合}}{\rightleftharpoons}} (H_2O)_n$$

缔合分子和简单分子处于平衡状态。缔合是放热过程，解离是吸热过程，因此升高温度，水的缔合程度降低（n 减小）；降低温度，水的缔合程度增大（n 增大）。水分子缔合的根本原因是水分子间形成了氢键。每一个水分子最多可以与另外四个分子形成四个氢键，如此持续扩展就使若干水分子相互缔合形成缔合分子$(H_2O)_n$。

对于液态水的结构，学术界提出了几种模型，至今仍是有待深入研究的课题。其中一种模型认为，液态水是由$(H_2O)_n$构成的不完全网状结构，其中充填有H_2O分子。这种模型得到了X射线衍射实验的证实：升高温度，有利于缔合分子的解离；降低温度，有利于水分子的缔合，温度降至0℃，全部水分子结成巨大的缔合物——冰。

液态水凝固为固态冰，是水分子高度缔合的结果，但为何冰的密度反而变小呢？研究冰的内部结构发现，原来水分子在冰中的排列虽有规则但不紧密，水分子之间的空隙较多，因此它的密度反而比水小。

水分子间由于氢键的存在，缔合成为较复杂的分子集团——缔合分子，因而带来了许多独特的物理化学性质，在自然界发挥了巨大的作用。

2. 水的物理化学特性

1） 水的熔点和沸点

与其他氧族元素氢化物的熔点和沸点相比较，由于水分子间有氢键存在，其熔、沸点反常地高。

水的熔点为273K，沸点为373K。它以液态形式存在的温度范围较宽，这可以从氢键的存在得到解释。在冰里，由于氢键的作用，全部水分子缔合成一个大分子。由273K的冰转变为273K的水时，大约有15%的氢键断裂，293～313K时，仍有一半的氢键存在。即使在373K的水中仍有一部分氢键存在。

2） 水的温度体积效应

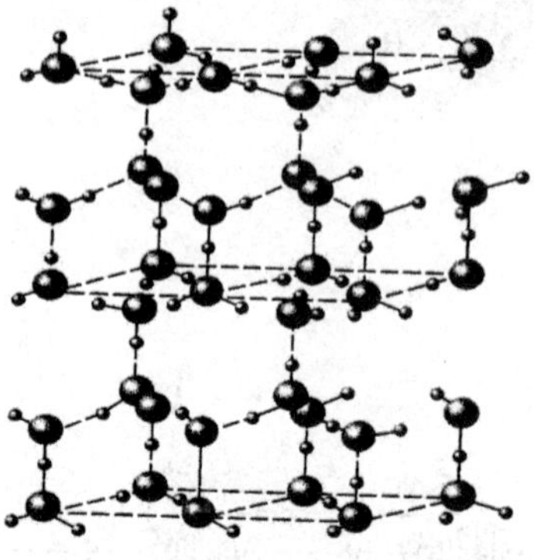

图 3-15 冰的结构示意图

绝大多数物质都有“热胀冷缩”现象，这是一般物质的温度体积效应规律。但是水在273～277K(0～4℃)不服从这个规律。273K时，水的密度为999.9kg·m^{-3}，而277K(严格讲是276.98K)时水的密度最大，其值为1000kg·m^{-3}。图3-15是冰的结构示意图，在273K时冰的密度较小，为916.8kg·m^{-3}。这是因为全部水分子缔合成一个巨大的、具有较大空隙的缔合分子。

温度为273～277K时，随着温度升高，水的密度增大，到277K时其密度最大，单位质量的水占有的体积最小。水在273～277K具有反常的温度体积效应，原因如下：当水受热温度升高时，一方面，水分子热运动增强，使分子间的距离增大，体积膨胀，从而使水密度减小，这是一般物质热胀冷缩的共性；另一方面，温度升高时，水分子间的若干氢键发生断裂，水分子的缔合程度降低，一部分水分子填充到缔合分子的空隙中，使水分子排列更紧密，空隙减小，从而使水体积减小，密度增大，这是水分子结构特有的性质。水的密度随温度变化的实际结果是上述两种相反过程的综合表现。温度为273～277K时，温度升高使氢键发生断裂，缔合程度降低的过程占优势，所以水的密度增大。在277K以上，分子热运动增强使水密度减小的过程占优势，故随温度升高，水的密度将减小。因此在 277K 时水具有最大的密度。严冬季节，冰封水面时，冰比水轻，从而使冰浮在水上面，使冰下的水层不易冷却，有利于水生动物越冬生存。

3）水的比热容、熔化热、气化热

单位质量的某种物质温度升高 1K 吸收的热量，称为这种物质的比热容。单位质量的固体完全熔化为同温度的液体所需要的热量，称为这种物质的熔化热。单位质量的液体在温度保持不变的情况下，转化为气体时所需要的热量，称为这种物质的气化潜热，简称气化热。

水的比热容为 $4.18\times10^3\,\mathrm{J\cdot kg^{-1}\cdot K^{-1}}$，在所有液态(除液氨外)和固态物质中是最大的。常压下，水在 273K 时的摩尔熔化热($\Delta_{fus}H_m$)为 $6.025\times10^3\ \mathrm{J\cdot mol^{-1}}$，在 373K 时的摩尔气化热($\Delta_{vap}H_m$)为 $4.637\times10^4\ \mathrm{J\cdot mol^{-1}}$，这在氧族元素的氢化物中也异常的高。它同样是因为水中缔合分子的存在，无论是熔化、加热升温还是气化，都要消耗相当多的热量使缔合分子解离。

4）水的介电常数及溶解特性

作为天然的优良溶剂，水是任何物质都不能与之比拟的。许多物质(特别是离子型化合物)在水中的溶解度都较大，不少具有极性基团的有机物也溶于水。水还能促进弱电解质的电离，这与水分子的极性很强这一特性密切相关。

极性分子在外电场中发生取向作用：正端趋向电场的负极(或负离子)，负端趋向电场的正极(或正离子)。这种取向减弱了外电场(或正、负离子间)的作用力。把库仑定律应用于水溶液中，正、负离子间的作用力 f 由下式确定：

$$f=\frac{q_+\cdot q_-}{4\pi\varepsilon l^2}$$

式中：f 为正、负离子间的吸引力；q_+、q_- 分别为正、负离子的电量；l 为正、负离子间的距离；ε 为溶剂的介电常数。

溶剂的介电常数 ε 越大，正离子和负离子之间的作用力就越小，这种溶剂对离子型化合物的溶解度就较大。实验测定 298K 时水的介电常数 $\varepsilon=78.5\varepsilon^\circ$($\varepsilon^\circ$ 为真空介电常数)，即正、负离子之间在水中的吸引力仅为其在真空的 1/78.5。水的介电常数在液体物质中很大，因此各种离子型化合物都易溶解于水中。

此外，促使离子化合物溶解于水的另一个因素是水合作用。极性很强的水分子与正离子和负离子(或分子)之间有作用力，使得水溶液中的正离子和负离子(或分子)不是单独存在，而是与若干水分子结合，形成水合离子或水合分子，常在其化学符号后面注上“(aq)”。把离子(或分子)变成水合离子(或水合分子)的过程称为水合，如图 3-16 所示。

在 NaCl 水溶液中，水合作用不仅使 Na^+ 和 Cl^- 之间静电引力减弱，而且使形成的 Na^+ 和 Cl^- 可以稳定存在。水合作用是强烈的放热过程，这有利于离子的溶解。

$$\mathrm{NaCl(s)}\longrightarrow \mathrm{Na^+\,(aq)+Cl^-\,(aq)}$$

水的强溶解性为地球生命的代谢起了重要的作用。它使得动物体内的水溶液能携带各种所需要的物质在体内循环。

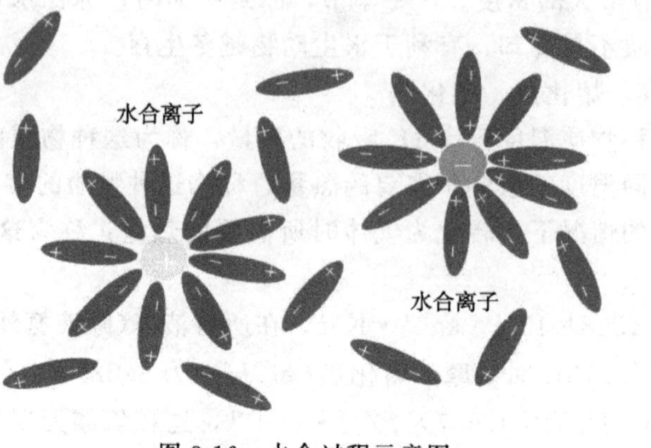

图 3-16　水合过程示意图

3. 水对环境的影响

人类生活的地球表面70%被液态水覆盖。几乎所有生命形式的主要构成成分都是水，没有水就没有生命的存在。水的物理化学特性对环境有重要的作用，水较高的比热容、熔化热、气化热使水在自然界具有调节气温的作用，避免了较大水体中发生温度突变，保护水生生物不受温度突变的冲击。例如，在海洋地区，水的调节使其温度变化范围为−2～35℃，在陆地干燥地区，如沙漠，其温度为−70～57℃，而在没有水的月球上，温度则可以在−155～135℃变化。当气温下降时，水会因为温度降低而放出大量的热以提高周围环境温度；当气温升高时，水会吸收大量的热以减小周围环境温度的升幅。正是水的这一气温调节作用，为相对脆弱的生命形式的存在提供了一个重要的保证。水的固态密度小于液态密度的特性在自然界中几乎是独一无二的。在寒冷的冬天，江河里的冰可以将下方的液态水与冷空气隔离开，从而阻止或减缓冰下液态水的固化，保证水中以液态水为生活条件的生命形式的存活。

表 3-8 列出了水的物理化学特性对环境的影响。

表 3-8　水的物理化学特性对环境的影响

性质	同其他物质比较	对环境的影响
熔化热	液体中最大(氨除外)	由于吸收或放出潜热，在凝固点有恒温作用，可以调节气候
比热容	所有液体和固体中最高(氨除外)	能防止大气温度变化过大；对水体运动的热能传输能力大；能使体温保持均一
气化热	所有物质中最高	对环境中热量的传递和输送起着非常重要的作用，如植物叶面蒸发时，使叶面冷却，以防阳光灼伤组织
热膨胀	密度最高时的温度随盐的浓度增大而下降，在4℃时体积最小，密度最大	淡水和稀海水最高密度时对应的温度在凝固点以上，在控制湖泊中温度分布和垂直循环中起着重要作用

续表

性质	同其他物质比较	对环境的影响
表面张力	所有液体中最高(汞除外)	控制某些表面现象和液滴的形成及行为；毛细现象和润湿能力强，对生物细胞的渗透和活性等均有重要作用
溶解能力	比其他液体能溶解更多的物质，并有较大的溶解度	在生物细胞活动过程中传递营养物和排泄废弃物，并给生物反应和化学反应提供反应介质
介电常数	所有液体中最高	对离子化合物的溶解有重大作用，并能使其发生最大的电离，便于生化反应和溶解吸收营养物质
电离度	很小	是真正的中性物质，并能同时提供微量的 H^+ 和 OH^-，有利于维持生物体液的酸碱平衡
密度	在液态时最大	使冰可以浮起，控制垂直循环，防止水体分层，保护冰下生物继续生存
透明度	相对较大	对红外和紫外的辐射能吸收大，对可见光的选择吸收比较小，既是无色的又透明度大，这种特征性的吸收能保护浮游生物等不受紫外线的伤害
热传导	所有液体中最高(除汞外)	在活细胞中等小尺度范围内有重要作用，其分子热传导过程不如涡动热传导过程剧烈
氢键	很容易成氢键	对物质在水体中的迁移反应影响很大，生物体内许多生命物质的活性都依赖于氢键的存在
偶极矩	液体中最大	容易形成水合物，有利于生物体内元素的传递和交换
存在状态	在室温 20℃左右就能顺利进行固、液、气三态转化	便于水在环境中和生物体内的循环和温度调节，有利于促进细胞的新陈代谢和废物的排泄

4. 溶液浓度的表示方法

(1) 物质 B 的摩尔分数。溶液中物质 B 的物质的量 n_B 与溶液中总物质的量 $\sum_i n_i$ 之比称为物质 B 的摩尔分数 x_B。

$$x_B = \frac{n_B}{\sum_i n_i}$$

(2) 物质 B 的质量分数。溶液中物质 B 的质量 m_B 与溶液总质量 $\sum_i m_i$ 的比称为物质 B 的质量分数 w_B(%)。

$$w_B = \frac{m_B}{\sum_i m_i}$$

(3) 物质 B 的体积分数。溶液中物质 B 所占体积 V_B 与溶液总体积 $\sum_i V_i$ 之比称为物质 B 的体积分数 φ_B。

$$\varphi_B = \frac{V_B}{\sum_i V_i}$$

(4) 物质B的物质的量浓度。单位体积溶液中物质B的物质的量 n_B 称为物质B的物质的量浓度 c_B，单位为 $mol \cdot m^{-3}$ 或 $mol \cdot L^{-1}(mol \cdot dm^{-3})$。

$$c_B = \frac{n_B}{V}$$

(5) 物质B的质量浓度。单位体积溶液中物质B的质量 m_B 称为物质B的质量浓度 ρ_B，单位为 $kg \cdot m^{-3}$ 或 $g \cdot L^{-1}(g \cdot dm^{-3})$。

$$\rho_B = \frac{m_B}{V}$$

(6) 物质B的质量摩尔浓度。溶液中单位质量的溶剂A中物质B的物质的量 n_B 称为物质B的质量摩尔浓度 b_B，单位为 $mol \cdot kg^{-1}$ 或 $mol \cdot g^{-1}$。

$$b_B = \frac{n_B}{m_A}$$

3.2.2 水溶液中的化学平衡

水溶液中存在多种化学平衡，如酸碱平衡、沉淀溶解平衡、配位平衡等，这些平衡系统在自然界、人类生命过程和生产活动中发挥重要作用。研究溶液中的平衡体系对了解溶液性质和变化规律是十分有益的。为了讨论各种平衡系统的规律，必须首先了解化学平衡。

1. 化学平衡

在高温条件下，一个反应既可以按化学反应方程式从左向右进行，也可以从右向左进行，这称为反应的可逆性。例如，在高温条件下，一氧化碳与水蒸气作用生成二氧化碳和氢气：

$$CO + H_2O \rightleftharpoons CO_2 + H_2$$

一般常把按反应方程式从左向右进行的反应称为正反应，把从右向左进行的反应称为逆反应。几乎所有的反应都是可逆的。

可逆反应的进行必然导致化学平衡。化学平衡是可逆反应在一定条件下，正、逆反应速率相等时，反应物和产物的浓度不再随时间而改变的状态。化学平衡是一种动态平衡。平衡态是在一定条件下化学反应所能进行的最大限度。

2. 平衡常数

对于溶液中的可逆反应：

$$aA + bB \rightleftharpoons gG + dD$$

在一定温度下达平衡时，反应物和产物的平衡浓度 c_A、c_B、c_D、c_G 之间有如下关系式：

$$K^\ominus(T) = \frac{(c_G/c^\ominus)^g (c_D/c^\ominus)^d}{(c_A/c^\ominus)^a (c_B/c^\ominus)^b} \tag{3-5}$$

式中：$c^{\ominus}$为标准浓度，其值为 1.00mol · dm^{-3}；$c/c^{\ominus}$为相对平衡浓度；$K^{\ominus}(T)$是无量纲的量。可将式(3-5)简写为

$$K^{\ominus}(T)=\frac{(c_G)^g(c_D)^d}{(c_A)^a(c_B)^b} \tag{3-6}$$

式(3-5)和式(3-6)为溶液平衡常数的表达式。$K^{\ominus}(T)$为溶液中反应的标准平衡常数，简称平衡常数。可用文字叙述为，在一定温度下，可逆反应达平衡时，产物的浓度(相对平衡浓度)以其计量系数为幂的乘积与反应物的浓度(相对平衡浓度)以其计量系数为幂的乘积之比是一个常数。

同理，对于理想气体的可逆反应：

$$a\mathrm{A(g)}+b\mathrm{B(g)} \rightleftharpoons g\mathrm{G(g)}+d\mathrm{D(g)}$$

当该反应在一定温度下达平衡时，各物质平衡时的分压 p_A、p_B、p_D、p_G 为定值，不随温度以外的其他条件而变，平衡常数的表达式为

$$K^{\ominus}(T)=\frac{(p_G/p^{\ominus})^g(p_D/p^{\ominus})^d}{(p_A/p^{\ominus})^a(p_B/p^{\ominus})^b} \tag{3-7}$$

式中：$p^{\ominus}$为标准压力，其值为 100kPa；$p/p^{\ominus}$为气体的相对平衡分压。

利用平衡常数 $K^{\ominus}$时，要注意以下几点：

(1) $K^{\ominus}$是温度的函数，某反应温度一定时，其 $K^{\ominus}$就有唯一确定的值。

(2) $K^{\ominus}$是无量纲的量。

(3) 在标准平衡常数表达式中，必须代入平衡时各物质的相对分压、相对浓度，且指数与配平的化学方程式中该物质的化学计量系数的绝对值相同。一般气体用相对分压，溶液用相对浓度表示。

(4) 化学反应中涉及的固体物质、纯液体不列入标准平衡常数表达式中。例如

$$\mathrm{CaCO_3(s)} \rightleftharpoons \mathrm{CaO(s)}+\mathrm{CO_2(g)} \quad K^{\ominus}=\frac{p_{CO_2}}{p^{\ominus}}$$

$$\mathrm{N_2H_4(l)} \rightleftharpoons \mathrm{N_2(g)}+2\mathrm{H_2(g)} \quad K^{\ominus}=p_{H_2}^2 \cdot p_{N_2}$$

(5) 同一化学反应，书写方式不同，$K^{\ominus}$的表达式及数值均不同，但它们之间存在一定关系。例如，合成氨反应：

$$\mathrm{N_2(g)}+3\mathrm{H_2(g)} \rightleftharpoons 2\mathrm{NH_3(g)} \quad K^{\ominus}=\frac{(p_{NH_3}/p^{\ominus})^2}{(p_{N_2}/p^{\ominus})(p_{H_2}/p^{\ominus})^3}$$

$$\frac{1}{2}\mathrm{N_2(g)}+\frac{3}{2}\mathrm{H_2(g)} \rightleftharpoons \mathrm{NH_3(g)} \quad K_1^{\ominus}=\frac{p_{NH_3}/p^{\ominus}}{(p_{N_2}/p^{\ominus})^{\frac{1}{2}}(p_{H_2}/p^{\ominus})^{\frac{3}{2}}}$$

显然

$$K^{\ominus}=(K_1^{\ominus})^2$$

从标准平衡常数表达式中可以看出，平衡时产物的浓度(或相对浓度)越大，$K^{\ominus}$值就越大，说明反应进行得越彻底，产率越高。因此，$K^{\ominus}$值可用来表示反应进行的程度。

3. 化学平衡的移动

前已述及，化学平衡是一种动态平衡。当外界条件变化时，平衡状态会受到破坏，系统中各物质的组成会发生变化，直到建立新条件下的平衡，这就是化学平衡的移动。

影响化学平衡移动的因素有浓度、压力和温度。早在1884年，法国化学家勒夏特列(Le Chatelier)就从大量的实验中归纳出一条规律，即改变平衡系统中的条件之一(如浓度、压力、温度)，平衡将向着减弱这种改变的方向移动。例如，当其他条件不变时，增加反应物浓度或减少生成物的浓度，平衡都会向正反应方向进行；反之，减少反应物浓度或增加生成物浓度，平衡都会向逆反应方向进行。对气相反应来说，总压力改变(指同等程度地改变各气体物质的分压)只对反应方程式两侧气体分子总数不等的反应有影响，而对反应方程式两侧气体分子总数相等的反应无影响。即增大总压力，平衡向着气体分子总数较少的方向移动；减少总压力，平衡向着气体分子总数较多的方向移动。无论是浓度改变还是压力改变，都会使平衡发生移动，但不会改变标准平衡常数。

温度对化学平衡的影响与浓度、压力对化学平衡的影响有着本质的区别，它是通过改变平衡常数引起平衡移动的。

由热力学关系式可以推导出式(3-8)：

$$\lg\frac{K^{\ominus}(T_1)}{K^{\ominus}(T_2)}=\frac{\Delta_r H_m^{\ominus}(298\text{K})}{2.203R}\left(\frac{1}{T_2}-\frac{1}{T_1}\right) \tag{3-8}$$

式中：$\Delta_r H_m^{\ominus}$ 为反应的标准摩尔焓变(指任一给定反应 $a\text{A}+b\text{B} = g\text{G}+d\text{D}$ 在标准状态下，即压力为 100 kPa 时，$a$mol A 与 $b$mol B 完全作用生成 $g$mol G 和 $d$mol D 时反应的标准焓变)，$\text{kJ}\cdot\text{mol}^{-1}$；$T$ 为热力学温度，K；$K^{\ominus}(T_1)$、$K^{\ominus}(T_2)$为 T_1、T_2 下的 $K^{\ominus}$。

由式(3-8)可知，已知某反应的标准摩尔焓变及某一温度(T_1)下的 $K^{\ominus}(T_1)$，就可计算其他温度(T_2)下的 $K^{\ominus}(T_2)$。

分析式(3-8)可知，若 $\Delta_r H_m^{\ominus}>0$(吸热反应)，当 $T_2>T_1$(温度升高)时，等式右端为负数，说明 $K^{\ominus}(T_1)/K^{\ominus}(T_2)<1$，则 $K^{\ominus}(T_2)>K^{\ominus}(T_1)$，即若反应吸热，温度升高，使平衡常数增大；同理，若反应放热，温度升高，平衡常数则减小。

总之，在平衡系统中，温度变化会引起平衡常数的变化：升高温度，平衡总是向着吸热方向移动；降低温度，平衡总是向着放热方向移动。

【例 3-1】　对于合成氨反应

$$N_2(g)+3H_2(g) \rightleftharpoons 2NH_3(g)$$

已知 $\Delta_r H_m^{\ominus}(298\text{K})=-92.2\text{kJ}\cdot\text{mol}^{-1}$，$K^{\ominus}(298\text{K})=5.97\times10^5$，计算 $K^{\ominus}(673\text{K})$，并判断该反应平衡向什么方向移动。

解　由式(3-8)得

$$\lg\frac{K^{\ominus}(T_1)}{K^{\ominus}(T_2)}=\frac{\Delta_r H_m^{\ominus}(298\text{K})}{2.203R}\left(\frac{1}{T_2}-\frac{1}{T_1}\right)$$

$$\lg\frac{5.97\times10^5}{K^{\ominus}(673\text{K})}=\frac{-92.2\text{kJ}\cdot\text{mol}^{-1}}{2.203\times8.314\times10^{-3}\text{kJ}\cdot\text{mol}^{-1}\cdot\text{K}^{-1}}\left(\frac{1}{673\text{K}}-\frac{1}{298\text{K}}\right)$$

$K^{\ominus}(673K)=6.11\times10^{-4}$

此反应为放热反应，温度升高，$K^{\ominus}$值减少，平衡向逆方向移动。

4. 酸碱平衡与缓冲溶液

1) 弱酸弱碱水溶液的 pH

一元弱酸在水溶液中的解离为可逆过程：

$$HA+H_2O \rightleftharpoons H_3O^+ + A^-$$

在一定温度下，该反应达平衡时，有

$$K_a=\frac{[c(H_3O^+)/c^{\ominus}]\cdot[c(A^-)/c^{\ominus}]}{[c_{平}(HA)/c^{\ominus}]}$$

简写成

$$K_a=\frac{c(H^+)\cdot c(A^-)}{c_{平}(HA)}$$

K_a 称为酸常数。不同的弱酸，其酸常数 K_a 的值也不同。K_a 越大，酸越强。因此，可用 K_a 比较弱酸的相对强弱。

当 $c_{初}(HA)/K_a\geqslant400$ 时，可用式(3-9)和式(3-10)计算 HA 水溶液中 H^+ 浓度和 pH。

$$c(H^+)=\sqrt{c_{初}(HA)K_a} \tag{3-9}$$

$$pH=\frac{1}{2}[pK_a-\lg c_{初}(HA)] \tag{3-10}$$

式(3-10)中 $pK_a=-\lg K_a$，$pH=-\lg c(H^+)$。

同理，对一元弱碱 B 有

$$B+H_2O \rightleftharpoons BH^+ + OH^-$$

$$K_b=\frac{c(BH^+)\cdot c(OH^-)}{c_{平}(B)}$$

K_b 称为碱常数，同样可用其比较弱碱的相对强弱。附录 5 给出了一些弱酸弱碱的 K_a、K_b 值。

当 $c_{初}(B)/K_b\geqslant400$ 时，计算一元弱碱 B 水溶液中 OH^- 浓度和 pH，有式(3-11)和式(3-12)：

$$c(OH^-)=\sqrt{c_{初}(B)K_b} \tag{3-11}$$

$$pH=14-\frac{1}{2}[pK_b-\lg c_{初}(B)] \tag{3-12}$$

式(3-12)中 $pK_b=-\lg K_b$。

【例 3-2】　求 $c(HAc)=0.10mol\cdot dm^{-3}$ 溶液中的 H^+ 浓度。

解　查表知 $K_a(HAc)=1.8\times10^{-5}$，$K_a(CH_2ClCOOH)=1.4\times10^{-3}$，因 $0.10/1.8\times10^{-5}>400$，所以可以用式(3-9)计算，求得

$$c(H^+)=\sqrt{0.10\times1.8\times10^{-5}}=1.3\times10^{-3}(mol\cdot dm^{-3})$$

【例 3-3】　求 $c(NH_3)=0.10mol\cdot dm^{-3}$ 的氨水溶液中的 OH^- 浓度。

解　已知 $K_b(NH_3)=1.8\times10^{-5}$，因 $c(NH_3)/K_b(NH_3)=0.10/1.8\times10^{-5}>400$，所以可用式(3-11)计算，求得

$$c(OH^-)=\sqrt{0.10\times1.8\times10^{-5}}=1.3\times10^{-3}(mol\cdot dm^{-3})$$

2）缓冲溶液

缓冲溶液是一种能够抵抗外加少量酸碱或稀释，而本身 pH 不发生显著变化的溶液。缓冲溶液能保持其 pH 不发生显著变化的作用称为缓冲作用。

缓冲溶液一般是由浓度较大的弱酸及其共轭碱或弱碱及其共轭酸组成的，如 HAc+NaAc、NH_3+NH_4Cl 等，并称之为缓冲对。

在 HAc 和 NaAc 混合溶液中，存在平衡：

$$HAc+H_2O \rightleftharpoons H_3O^+ + Ac^-$$

当向该溶液中加入少量强酸时，Ac^- 接受 H^+ 生成其共轭酸 HAc，平衡向左移动，使溶液中 $c(H^+)$不会显著地增大。如果加少量强碱，则 OH^- 接受 H^+ 生成 H_2O，平衡向右移动，溶液中 HAc 便进一步给出质子，以补偿 H^+ 的消耗，使 $c(H^+)$保持稳定，因此 pH 改变也不大。这就是缓冲溶液具有缓冲作用的原因。

现以 HAc+NaAc 缓冲溶液为例说明其 pH 的计算。在 HAc+NaAc 溶液中，设 HAc、NaAc 的初始浓度分别为 $c(HAc)$、$c(NaAc)$，由可逆反应：

$$HAc \quad + \quad H_2O \quad \rightleftharpoons \quad H_3O^+ \quad + \quad Ac^-$$

平衡浓度　$c(HAc)-c(H^+)$　　　$c(H^+)$　$c(NaAc)+c(H^+)$

$$K_a=\frac{c(H^+)\cdot[c(NaAc)+c(H^+)]}{c(HAc)-c(H^+)}$$

因弱酸给出 H^+ 的能力较弱，故可近似为

$$c(HAc)-c(CH^+)\approx c(HAc) \qquad c(NaAc)+c(H^+)\approx c(NaAc)$$

于是有

$$K_a=\frac{c(H^+)\cdot c(NaAc)}{c(HAc)}$$

$$c(H^+)=K_a\frac{c(HAc)}{c(NaAc)}$$

对酸性缓冲体系(如 HAc+NaAc)，可将上式写成：

$$c(H^+)=K_a\cdot\frac{c(\text{弱酸})}{c(\text{共轭碱})} \tag{3-13}$$

从而有

$$pH=pK_a-\lg\frac{c(\text{弱酸})}{c(\text{共轭碱})} \tag{3-14}$$

对碱性缓冲体系(如 NH_3+NH_4Cl)，用类似方法也可得到 $c(OH^-)$和 pH 的计算公式：

$$c(OH^-)=K_b\frac{c(\text{弱碱})}{c(\text{共轭酸})} \tag{3-15}$$

$$pOH=pK_b-\lg\frac{c(\text{弱碱})}{c(\text{共轭酸})} \tag{3-16}$$

$$pH = 14 - pK_b + \lg \frac{c(\text{弱碱})}{c(\text{共轭酸})} \tag{3-17}$$

常把式(3-14)、式(3-17)称为缓冲公式。式(3-16)中 $pOH = -\lg c(OH^-)$。

【例 3-4】　计算由 $0.50\text{mol} \cdot \text{dm}^{-3}$ 乙酸和 $0.40\text{mol} \cdot \text{dm}^{-3}$ 乙酸钠组成的缓冲溶液的 pH。

解　乙酸的 $K_a^\ominus = 1.8 \times 10^{-5}$，则

$$pH = pK_a - \lg \frac{c(\text{乙酸})/c^\ominus}{c(\text{乙酸钠})/c^\ominus}$$

$$= -\lg(1.8 \times 10^{-5}) - \lg \frac{0.50\text{mol} \cdot \text{dm}^{-3}/1.0\text{mol} \cdot \text{dm}^{-3}}{0.40\text{mol} \cdot \text{dm}^{-3}/1.0\text{mol} \cdot \text{dm}^{-3}}$$

$$= 4.74 - 0.10 = 4.64$$

缓冲溶液缓冲能力的大小取决于缓冲组分的浓度及其比值 c(弱酸)/c(共轭碱)或 c(弱碱)/c(共轭酸)，理论上已证明，若缓冲组分的浓度较大，且缓冲组分的比值为 1∶1，缓冲能力最大。从式(3-14)和式(3-16)可见，这时 $pH = pK_a$，$pOH = pK_b$。对任何缓冲体系，都有一个有效的缓冲范围，此范围如下：

弱酸及其共轭碱体系：　　$pH \approx pK_a \pm 1$

弱碱及其共轭酸体系：　　$pOH \approx pK_b \pm 1$

在选择缓冲溶液时，如果所选择的缓冲溶液是由弱酸及弱酸盐组成，则 pK_a 尽量与所要求的 pH 相接近。例如，欲配制 pH 为 5 左右的缓冲溶液，选用 HAc-NaAc 混合溶液比较合适，因为 HAc 的 $pK_a = 4.57$，与所需 pH 接近。如果所选择缓冲溶液是由弱碱及弱碱盐组成，即应使 $pK_b \approx pOH$。例如，$NH_3 \cdot H_2O$-NH_4Cl 混合溶液的 $pK_b = 4.74$，可配制 pH 为 9 的缓冲溶液。然后通过改变 c(弱酸)/c(共轭碱)或 c(弱碱)/c(共轭酸)的比值，使其符合所要求的 pH。

缓冲溶液在工农业、科研等方面都有重要用途。例如，金属电镀中需用缓冲溶液控制 pH，在许多水处理中需控制一定的 pH，在若干金属离子的分离、鉴定中也需控制 pH。缓冲溶液在生命过程中也有重要作用。例如，人体血液中含有 H_2CO_3-$NaHCO_3$、NaH_2PO_4-Na_2HPO_4 等化合物以维持其 pH 恒定($pH = 7.40 \pm 0.05$)。土壤中的硅酸、磷酸、腐殖酸等与其盐构成的复杂缓冲系统使得土壤的 pH 保持为 5～8，维持植物正常生长。

5. 溶解-沉淀平衡

实践证明，在水中绝对不溶的物质是不存在的。一般将在 100g 水中溶解少于 0.01g 的物质称为难溶物，难溶物在水中也会或多或少的溶解。在工业废水处理中把可溶性的有害成分(如 Hg、Pb、Cd 等)转化为沉淀的形式脱除，就是利用难溶电解质的溶解-沉淀平衡，这类平衡又称为多相离子平衡。

利用沉淀-溶解平衡可以解决许多生产、生活问题。例如，水的软化过程是加入一定量的沉淀剂，使水中 Ca^{2+}、Mg^{2+} 沉淀，从而降低水的硬度。

在处理工业含铅废水时，可以加消石灰 $Ca(OH)_2$，使之生成 $Pb(OH)_2$ 沉淀，以除去 Pb^{2+}。在氧化铅的生产中通常是使 Al^{3+} 与 OH^- 反应生成 $Al(OH)_3$，再进行焙烧

制取 Al_2O_3。为了充分利用 Al^{3+}，生产中常加入过量 $Ca(OH)_2$，使 Al^{3+} 沉淀更加完全。

水溶液中的沉淀-溶解平衡被破坏也会带来严重后果。例如，湖泊的水体富营养化，即蓝藻暴发性增殖，使得湖水中沉淀-溶解平衡被破坏，大量沉淀物生成，最终可能导致水体消失。

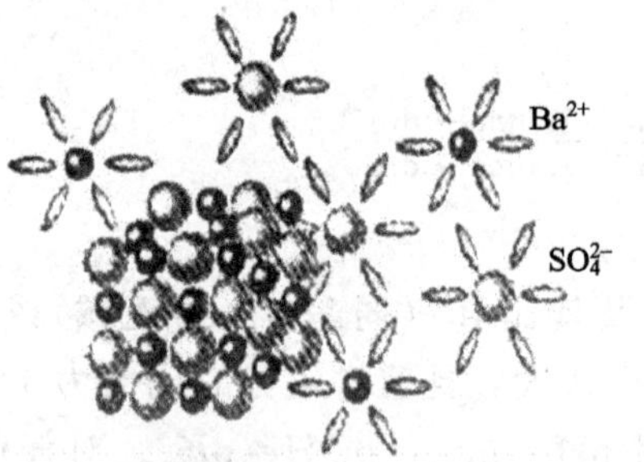

图 3-17　电解质 $BaSO_4$ 水中溶解和沉淀示意图

1）溶度积

将难溶电解质 $BaSO_4$ 投放到水中，在一定温度下，当溶解与沉淀的速率相等时，便建立了固体和溶液中离子之间的动态平衡（图 3-17）。

$$BaSO_4(s) \underset{\text{沉淀}}{\overset{\text{溶解}}{\rightleftharpoons}} Ba^{2+} + SO_4^{2-}$$

上式的平衡常数表达式可写成：

$$K_{sp} = c(Ba^{2+})c(SO_4^{2-})$$

K_{sp}称为溶度积。它是难溶电解质的溶解平衡常数，描述某难溶电解质过剩的固相与其溶剂化的离子之间的平衡。它表示当温度一定时，难溶电解质饱和溶液中，其离子浓度幂的乘积为常数。

如果难溶电解质在它的化学式中含有多于一个的某类离子，该离子浓度在溶度积表达式中就应以离子数为幂指数。例如

$$Ca_3(PO_4)_2(s) \rightleftharpoons 3Ca^{2+} + 2PO_4^{3-}$$

$$K_{sp} = [c(Ca^{2+})]^3[c(PO_4^{3-})]^2$$

用一般通式表示为

$$A_mB_n(s) \rightleftharpoons mA^{n+} + nB^{m-}$$

溶度积表达式为

$$K_{sp} = [c(A^{n+})]^m[c(B^{m-})]^n$$

式中：n^+ 和 m^- 分别为阳离子和阴离子的电荷数。

一些常见物质的溶度积可查阅附录 6。

溶度积与物质的本性和温度有关，它反映了物质的溶解能力。对同类型（如 AgCl 与 $BaSO_4$）的难溶电解质来说，溶度积越小，其溶解度也越小。但对不同类型（如 AgCl 与 Ag_2CrO_4）的难溶电解质来说，不能认为溶度积小，其溶解度也小。例如，Ag_2CrO_4 的 $K_{sp}(9.0\times10^{-12})$ 比 AgCl 的 $K_{sp}(1.8\times10^{-10})$ 小，但 Ag_2CrO_4 的溶解度 $s(1.31\times10^{-4}\ mol\cdot dm^{-3})$ 却比 AgCl 的溶解度 $s(1.3\times10^{-5}\ mol\cdot dm^{-3})$ 大。这是因为在它们各自的溶度积表达式中，其离子浓度的幂指数不同。因此，对不同类型的难溶电解质，应该用溶解度来比较其溶解能力的大小。

注意：用溶度积和溶解度进行计算时，溶解度的单位均换算成 $mol\cdot dm^{-3}$，而溶度积是无量纲的量。

【例 3-5】　已知 298.15K 时 AgCl 的 $K_{sp}=1.8\times10^{-10}$，求 AgCl 在水中的溶解度 s。

解　设在此温度下 AgCl 的溶解度为 $s(mol\cdot dm^{-3})$。

$$AgCl(s)\rightleftharpoons Ag^{+}+Cl^{-}$$

平衡时，有 $s=c(AgCl，饱和溶液)=c(Ag^{+})=c(Cl^{-})$

$$K_{sp}=c(Ag^{+})c(Cl^{-})=s^{2}(AgCl)$$

$$s=\sqrt{K_{sp}}=\sqrt{1.8\times10^{-10}}=1.3\times10^{-5}(mol\cdot dm^{-3})$$

【例 3-6】　已知在 298.15K 时，Ag_2CrO_4 的溶解度 s 为 $1.3\times10^{-4}mol\cdot dm^{-3}$，求 Ag_2CrO_4 的溶度积 K_{sp}。

解
$$Ag_2CrO_4(s)\rightleftharpoons 2Ag^{+}+CrO_4^{2-}$$

平衡时

$$s=c(Ag_2CrO_4,饱和溶液)=c(CrO_4^{2-})=\frac{1}{2}c(Ag^{+})$$

$$K_{sp}=[c(Ag^{+})]^{2}[c(CrO_4^{2-})]=(2s)^{2}s=4s^{3}$$

$$=4\times(1.31\times10^{-4})^{3}=9.0\times10^{-12}$$

2）溶度积规则

某难溶电解质溶液中，其离子浓度幂的乘积称为离子积，用符号 Q_c 表示。

例如，$Mg(OH)_2$ 的离子积为

$$Q_c=[c(Mg^{2+})][c(OH^{-})]^{2}$$

当 $Q_c>K_{sp}$ 时，反应向生成沉淀的方向进行，直到溶液饱和为止；

当 $Q_c=K_{sp}$ 时，溶液达到饱和，处于平衡状态；

当 $Q_c<K_{sp}$ 时，溶液为不饱和溶液，若有沉淀存在，则反应向沉淀溶解的方向进行，直至溶液饱和为止。

以上规则称为溶度积规则，是多相离子水溶液中的平衡移动规律。根据溶度积规则可以判断沉淀-溶解反应进行的方向。

当溶液中某难溶电解质的离子积大于溶度积时会产生沉淀，等于其溶度积时溶液达到饱和，小于其溶度积时无沉淀生成或原有沉淀继续溶解。

应该注意到，虽然离子积和溶度积的表达式相同，但含义却不同。离子积是在一定温度下，任一指定状态离子浓度幂的乘积，而溶度积必须是饱和溶液状态离子浓度幂的乘积。从而可看出，只有在饱和溶液的情况下，离子积才等于溶度积。对某一难溶电解质，在一定温度下，离子积可以有多个值，但溶度积却只有一个值，是个常数。

利用溶度积规则可预测或解释沉淀的生成与溶解。例如，向 $0.1mol\cdot dm^{-3}$ Na_2CO_3 溶液中加入等体积的 $0.1mol\cdot dm^{-3}$ $BaCl_2$ 溶液，此时由于

$$Q_c=c(Ba^{2+})c(CO_3^{2-})=\frac{0.1}{2}\times\frac{0.1}{2}=2.5\times10^{-3}>K_{sp}(2.58\times10^{-9})$$

所以有白色 $BaCO_3$ 沉淀生成。

$$Ba^{2+}+CO_3^{2-}\rightleftharpoons BaCO_3(s)$$

随着 $BaCO_3$ 沉淀量的增加，溶液中的 Ba^{2+} 和 CO_3^{2-} 浓度将逐渐降低，直到 $Q_c = K_{sp}$，此时溶液达到饱和。若在此饱和溶液中加入稀盐酸，则由于盐酸给出 H^+，溶液中的 CO_3^{2-} 接受 H^+ 生成弱电解质 H_2CO_3，H_2CO_3 不稳定，再分解为 H_2O 和 CO_2 气体，从而使溶液中的 CO_3^{2-} 浓度降低，致使 $Q_c < K_{sp}$，破坏了固体 $BaCO_3$ 与溶液中 Ba^{2+} 和 CO_3^{2-} 之间的平衡，使平衡向 $BaCO_3$ 沉淀溶解的方向移动，结果使 $BaCO_3$ 沉淀溶解。若加入足量的盐酸，可使 $BaCO_3$ 沉淀全部溶解。该反应过程可用离子方程式表示如下：

$$BaCO_3(s) \rightleftharpoons Ba^{2+} + CO_3^{2-}$$

$$+$$

$$2HCl \longrightarrow 2Cl^- + 2H^+$$

$$\updownarrow$$

$$H_2CO_3 \rightleftharpoons CO_2 + H_2O$$

若在 $BaCO_3$ 的饱和溶液中，加入 Na_2CO_3 溶液，由于 CO_3^{2-} 浓度增大，此时 $Q_c > K_{sp}$，平衡向生成 $BaCO_3$ 沉淀方向移动，直到溶液中 $Q_c = K_{sp}$ 为止。当达到新平衡时，溶液中的 Ba^{2+} 浓度降低，使 $BaCO_3$ 的溶解度减小，这称为同离子效应。在难溶电解质的饱和溶液中，加入与该难溶电解质具有共同离子的另一种强电解质时，难溶电解质的溶解度减小，这是多相离子平衡中的同离子效应。

【例 3-7】 计算 $BaSO_4$ 在 $0.1mol \cdot dm^{-3}$ Na_2SO_4 溶液中的溶解度，并和它在水中的溶解度比较。

解 设 $BaSO_4$ 在 $0.1mol \cdot dm^{-3}$ Na_2SO_4 溶液中的溶解度为 $s\,mol \cdot dm^{-3}$。

$$BaSO_4(s) \rightleftharpoons Ba^{2+} + SO_4^{2-}$$

平衡时，有

$$s = c(Ba^{2+})$$

$$c(SO_4^{2-}) = s + 0.1$$

$$K_{sp} = c(Ba^{2+})c(SO_4^{2-}) = s \times (s + 0.1mol \cdot dm^{-3})$$

因 $K_{sp} = 1.1 \times 10^{-10}$，其值很小，又有同离子效应，使 $s \ll 0.1mol \cdot dm^{-3}$，则 $s + 0.1mol \cdot dm^{-3} \approx 0.1mol \cdot dm^{-3}$，所以

$$K_{sp} = s(BaSO_4) \times 0.1 = 1.1 \times 10^{-10}$$

$$s = 1.1 \times 10^{-9}(mol \cdot dm^{-3})$$

$BaSO_4$ 在水中，则其溶解度 s' 与 Ba^{2+}、SO_4^{2-} 浓度之间，有如下关系式：

$$s' = [Ba^{2+}] = [SO_4^{2-}]$$

$$s' = \sqrt{K_{sp}} = \sqrt{1.1 \times 10^{-10}} = 1.0 \times 10^{-5}(mol \cdot dm^{-3})$$

$$s/s' = 1.1 \times 10^{-9} mol \cdot dm^{-3} / (1.0 \times 10^{-5} mol \cdot dm^{-3})$$

$$= 1.1 \times 10^{-4}$$

即 $BaSO_4$ 在 $0.1mol \cdot dm^{-3}$ Na_2SO_4 溶液中的溶解度 s 仅为它在水中的溶解度 s' 的 1.1/10000。

从这个例子可以看出，同离子效应使难溶电解质的溶解度明显减小。

3.2.3　水体污染

1. 水资源现状

水是自然资源的重要组成部分，是所有生物的结构组成和生命活动的主要物质基础。从全球范围讲，水是连接所有生态系统的纽带，自然生态系统既能控制水的流动又能不断促使水的净化和循环。在自然环境中，水对于生物和人类的生存来说具有决定性的意义。

从广义来说，地球的水资源是指水圈内水量的总体。海水是咸水，不能直接饮用，所以通常所说的水资源主要是指陆地上的淡水资源，如河流水、湖泊水、地下水和冰川等。水资源是世界上分布最广、数量最大的资源。水覆盖着地球表面 70%以上的面积，总量达 15 亿立方千米，也是世界上开发利用得最多的资源。现在人类每年消耗的水资源数量远远超过其他任何资源，20 世纪末全世界用水量已达 5 万亿吨。

地球水资源的分布很不均匀，各地的降水量和径流量差异很大。全球约有 1/3 的陆地少雨干旱，而另一些地区在多雨季节易发生洪涝灾害。例如，我国长江流域及其以南地区，水资源占全国总量的 82%以上，耕地占全国耕地面积的 36%，水多地少；长江以北地区，耕地占全国耕地面积的 64%，水资源不足全国总量 18%，地多水少。而粮食增产潜力最大的黄、淮海流域的耕地占全国耕地面积的 41.8%，而水资源不到 5.7%。我国水资源总量少于巴西、俄罗斯、加拿大、美国和印度尼西亚，居世界第六位。若按人均水资源占有量这一指标衡量，我国人均水资源占有量则仅为世界平均水平的 1/4、美国的 1/5，在世界上名列第 121 位，是全球 13 个人均水资源最贫乏的国家之一。

目前我国缺水状况仍普遍存在，而且有不断加剧的趋势。全国 670 个城市中，一半以上存在着不同程度的缺水现象，其中严重缺水的有 110 多个城市。目前我国城市供水以地表水或地下水为主，或者两种水源混合使用。有些城市因地下水过度开采，造成地下水位下降，有的城市下方形成了几百平方千米的大漏斗，使海水倒灌数十千米。另外，工业废水的肆意排放导致 80%以上的地表水、地下水被污染，且有逐年加重的趋势。日趋严重的水污染不仅降低了水体的使用功能，进一步加剧水资源短缺的矛盾，还严重威胁城市居民的饮水安全和人民群众的健康，对我国正在实施的可持续发展战略也带来严重影响。

2. 水体污染及危害

纯净的水由水分子组成，而水体则包括水、水中所含的各种物质、水底淤泥以及水生物等。水体是指地表被水覆盖地段的自然综合体，包括河流、湖泊、沼泽、水库、冰川、地下水和海洋等。天然水体受到有毒、有害物质入侵，品质变坏的现象称为水体污染。

水体污染主要是人为造成的。近几十年来，人口、工农业生产和消费的迅速增长，使人类社会的用水量与日俱增。一个工业城市每天从天然水体中取水数百万吨，在使用后变成溶入和夹带着许多有毒、有害物质的废水，绝大部分废水未经处理最后流入天然水体。此外，工矿废渣和生活垃圾倾倒在水中或岸边，以及农田施用的农药和化肥等经降雨淋洗也使大量有毒、有害物质流入天然水体中。

如果注入天然水体的污染物的量不大，那么就有可能在河流的流动过程中，将污染物稀释、扩散，同时在水中发生氧化、还原、分解等化学反应以及吸附、凝聚等物理化学过程，或在微生物的作用下，使污染物在水中的浓度自然降低，这种现象称为水体的自净。

遗憾的是，未经处理直接排放到天然水体中的废水实在太多，远远超过水体的自净能力。水体污染已成为当前世界上突出的环境问题之一。

20 世纪 90 年代初，我国废水排放总量已达每年 350 亿吨以上，其中工业废水占 70%左右。据统计，1997 年，我国七大水系、湖泊、水库、部分地区地下水和近岸海域均受到不同程度的污染，年废水排放总量 416 亿吨。其中，工业废水排放量 227 亿吨，生活污水排放量 189 亿吨。据国家环境保护部统计，2001～2007 年年废水排放总量增加了 141.5 亿吨。至 2007 年，全国年废水排放总量为 556.7 亿吨；化学需氧量排放量为 1328.8 万吨，氨氮排放量为 132.3 万吨，如表 3-9 所示。

表 3-9　全国废水及其主要污染物年排放量对比

年度	废水排放总量/亿吨			COD 排放量/万吨			氨氮排放量/万吨		
	合计	工业	生活	合计	工业	生活	合计	工业	生活
2000	415.2	194.3	220.9	1445	704.5	740.5	—	—	—
2001	433	202.7	230.3	1404.8	607.5	797.3	125.2	41.3	83.9
2002	439.5	207.2	232.3	1366.9	584	782.9	128.8	42.1	86.7
2003	460	212.4	247.6	1333.6	511.9	821.7	129.7	40.4	89.3
2004	482.4	221.1	261.3	1339.2	509.7	829.5	133	42.2	90.8
2005	524.5	243.1	281.4	1414.2	554.7	859.4	149.8	52.5	97.3
2006	536.8	240.2	296.6	1428.2	542.3	885.9	141.3	42.5	98.8
2007	556.7	246.5	310.2	1328.8	—	—	132.3	34.0	98.3

近年来，我国七大流域污染日趋严重。2005 年，七大流域共接纳废水 414.4 亿吨，占全国废水排放总量的 79.0%；接纳工业废水 168.5 亿吨，占全国工业废水排放量的 69.3%，比 2004 年增加 5.0%；接纳生活污水 245.8 亿吨，占全国生活污水排放量的 87.4%，见表 3-10。七大流域中，长江接纳的废水量占各流域接纳量的 44.5%，列第一位；其次是珠江，占 15.1%；第三位是海河，占 11.3%。

2005 年，七大流域 COD（定义见 3.2.4）接纳量为 1140.1 万吨，占全国 COD 排放量的 80.6%；工业 COD 接纳量为 409.3 万吨，占全国工业 COD 排放量的 73.8%，比 2004 年增加 6.3%；生活 COD 接纳量为 730.8 万吨，占全国生活 COD 排放量的 85.0%。

表 3-10　七大流域废水及污染物接纳情况

流域名称	废水/亿吨			COD/万吨			氨氮/万吨		
	总计	工业	生活	总计	工业	生活	总计	工业	生活
辽河	16	5.5	10.5	56.9	20.2	36.8	7.8	2.6	5.2
海河	47	21.3	25.7	126.4	60.5	65.9	13.9	6.3	7.7
淮河	39.2	14	25.2	103.2	26	77.2	14	4.4	9.6
长江	184.2	78.6	105.6	453.3	136.1	317.3	45	13.6	31.4
黄河	43.3	19	24.3	156.4	72.7	83.7	18.5	7.6	10.9
松花江	21.8	8.7	13.1	94.9	32.8	62.1	9.8	2	7.8
珠江	62.7	21.3	41.4	149	61.1	87.9	13.2	5.6	7.7

目前，城市地面水污染普遍严重，并呈恶化趋势。我国绝大多数大、中城市的地下水都存在或多或少的单项超标现象，水质均遭受不同程度的污染，给人们的生产和生活造成严重的损害。

下面把因工业废水、废渣的排放而引起的几种污染作扼要介绍。

1）酸、碱、盐等无机物污染

污染水体的酸类物质的来源有硫化矿物，因自然氧化作用产生的酸性矿山排水和各种工业废水。许多化工生产要排出酸性废水，冶金厂、机械厂的酸洗工序也是水体酸污染的污染源。全国冶金、机械等工业企业每年排放的废水中有 100 万吨以上的硫酸注入天然水体。

造纸、制碱、制革、炼油等工业废水是水体碱污染的重要来源。

水体被酸、碱污染后，pH 会发生变化。当 pH 小于 6.5 或大于 8.5 时，水中微生物的生长会受到抑制，从而降低水体的自净能力。在酸性水中，水利工程构筑物、水下设备及船舶受到腐蚀。碱性水长期灌溉田地将使土壤盐碱化，农作物减产。

工业废水常含有大量无机盐类，酸性废水和碱性废水中和后也产生无机盐类。水体中含盐量高会增大水的渗透压，危害淡水水生动植物的生长，加速土壤盐碱化。

无机污染物中以氰化物的毒性最强。含氰废水来自电镀、焦化、冶金、金属加工、农药、化工等部门。氰在水中以简单盐类及金属配合物的形式存在。除铁氰配合物较稳定、毒性较小外，其他氰化物均易产生毒性极大的 CN^-。氰化物被人体吸收后，将引起人体缺氧，使人窒息而死亡。

2）重金属污染

对水体造成污染的重金属有 Hg、Cd、Cr、Pb、V、Co、Ni、Cu、Zn、Sn 等，其中以 Hg、Cd、Cr、Pb 的毒性最大。非金属砷的毒性与重金属相似，常把它和重金属一起讨论。由于这些重金属具有优良的物理、化学特性，在人类的生产和生活中具有广泛应用。在开采、冶炼、生产及使用过程中，它们可能随废渣、废水、废气排放到环境中，因此有色金属矿山、冶炼厂、机械厂、电镀厂、化工厂、电器厂等可能是重金属污染的污染源。

重金属污染的共同特点：水中含有微量浓度便有毒性，通常为 1～10mg · dm^{-3}，某些重金属（如 Hg、Cd）甚至在 0.001～0.01mg · dm^{-3} 也有毒性。微生物不能将其分解，甚至可能将其转变成毒性更大的化合物。水生生物对重金属有很高的富集能力，经过浮游生物—虾—鱼的“食物链”逐级传递富集后在高级生物体内的含量成千倍地增加。微量重金属进入水体时，无色、无嗅、无味，不易被发现，当出现危害时污染已很严重。因此，各种工矿企业哪怕是极微量的含重金属废水的排放都应引起重视，予以监控。

3）有机物污染

（1）酚。钢铁工业的焦化厂、城市煤气厂、化工厂、洗煤厂、炼油厂等排放的废水是酚污染的主要来源。1t 煤在加工中将产生含挥发酚 $1.6\sim3.2g\cdot dm^{-3}$ 的废水 0.35t。

酚类化合物通过水体中微生物作用被氧化分解成一系列中间产物，最后得到 CO_2 和 H_2O，这是水的自净过程。各类酚的化合物中，一元酚较易分解，但高浓度的含酚废水会抑制和杀害水体中的微生物，使水体的自净能力下降，所以高浓度的含酚废水必须经生化处理后才能排放。

酚类化合物通过皮肤、黏膜、呼吸道及消化道侵入人体，使细胞变性，进而侵犯神经中枢。高浓度酚类化合物可引起急性中毒，以致昏迷、死亡；低浓度酚类化合物也会引起积累性慢性中毒。

（2）难降解有机物。在水体中很难被微生物分解的有机物称为难降解有机物。有机氯农药、有机磷农药、DDT(二氯代苯三氯乙烷)、多氯联苯等这些化合物在水体中很难被微生物分解，而且通过食物链逐步被浓缩并长期留在生物体内形成积累性中毒。

难降解有机物的危害很广。据调查，南极地区虽远离人群，但已在企鹅体内检出 DDT。可见，DDT 的污染通过大气气流和食物链的形式传到了人迹罕至的地方。

（3）石油。近年来，采油和石油化工的飞速发展带来了石油污染的环境问题，在河口及近海水域最为突出。石油污染的来源有：油船及各种机动船只的压舱水、含油废水、洗船水；海上石油开发泄漏的石油；炼油厂、石油化工厂排放的工业废水等。一旦海域遭到石油污染，每 1t 石油可覆盖 $12km^2$ 的海面，从而造成海水缺氧，海洋生物死亡。海面油膜还会降低海水的蒸发量、吸收更多的太阳辐射能，使海洋表层水温升高甚至导致世界气候异常。用含油污水灌溉田地，会使农产品带有石油异味，甚至因油膜的黏附使农作物枯死。

当前，石油污染已引起世界的广泛关注。为控制石油污染，各国已分别制定了含油废水的排放标准，并制造了特种水面油层回收船在污染水域净化水面。

（4）洗涤剂。洗涤剂是人们日常生活中经常接触的一种化学物质。随同污水排入水体的洗涤剂对水生生物尤其是鱼类具有严重的危害。鱼主要靠它的味觉器官觅食以维持生存，而鱼的味觉器官味蕾组织中含有类脂质物质。由于洗涤剂对油质有很强的溶解能力，因此，水体中的洗涤剂就可能对鱼的味觉器官味蕾组织产生影响，从而使鱼的味觉器官迟钝，甚至丧失觅食能力。

稀释的洗涤剂溶液附着在皮肤上，部分可被吸收，引起过敏症湿疹反应。经动物实验证明，洗涤剂 ABS(表面活性剂，十二烷基苯磺酸钠)有致畸作用。水中溶解的洗涤剂浓度达到 10mg · L^{-1}以上时，鱼类就难以生存。

洗涤剂中含有添加剂二聚磷酸钠，它是藻类的重要营养物。这种磷化合物随洗涤剂排放到水里，可使藻类迅速地大量繁殖。水流缓慢、更新期长的地表水体接纳大量氮、磷、有机碳等植物营养素，引起藻类等浮游生物急剧增殖，死藻腐烂、分解，水中氧含量减到很低值，水质恶化，生物大量死亡的现象，称为水体的富营养化。

4）热污染

向水体排放大量温度较高的废水，使水体因温度上升而造成一系列的危害称为热污染。

火力发电厂、核电站及许多工厂的冷却水是水体热污染的主要来源。一般热电厂燃料中约 1/2 的热量流失到冷却水中。一座十万千瓦的火力发电厂，每天排出温度升高了 6～8℃的冷却水 60 万吨。这些热水若不采取措施就直接排入水体，将使水体的水温上升，溶解氧减少，就会使鱼类的生存受到威胁。热污染还会加速细菌繁殖，助长水草生长，加速嗜氧微生物对有机物的分解，使水中溶解氧越来越少，甚至会发生腐败现象。

热污染的危害近年才逐渐被人们认识，为控制热污染，应当进一步提高热转换效率，改进冷却方式，利用余热。有的城市利用电站余热供居民冬季取暖，或用于农业温室；有的工厂利用已升温的冷却水养殖非洲鱼，化害为利，收到一定的成效。

3.2.4　水质指标与水处理

自然环境中的水又称天然水。由于水具有优异的溶解特性，又总是处于不断的运动之中，和环境发生密切的联系，因而能把接触到的大气、土壤、岩石中的许多物质溶入其中，使其自身成为极其复杂的体系。在自然环境中，不可能存在化学概念上的纯水。

1. 评价水质的工业指标

水质的优劣取决于水中所含杂质的种类和数量的多少。可以通过一些水质指标来评价水质的优劣，判断它是否能满足生活用水和各种不同工业企业用水对水质的要求。

1）浑浊度

水中含有悬浮物质就会产生浑浊现象，水的浑浊程度以“浑浊度”量度，它是用待测水样与标准比浊液比较而得到的。浑浊度是从外观上判断水是否纯净的主要指标。

2）电导率

电导率表示水导电能力的强弱，间接反映出水中含盐量的多少。水中溶解的离子浓度越大，电荷越高，温度越高，则其导电能力越强，电导率越大。电导率的单位为西［门子］每米，符号是 $S \cdot m^{-1}(=\Omega^{-1} \cdot m^{-1})$。有时也用电阻率表示水的导电能力，电阻率为电导率的倒数，单位为 $\Omega \cdot m$。

298.15K 时，纯水的电导率约为 $5.5\times10^{-6} S \cdot m^{-1}$，蒸馏水的电导率一般为

$10^{-3}S \cdot m^{-1}$左右，天然水的电导率为$0.5\times10^{-2}\sim5\times10^{-2}S \cdot m^{-1}$，含盐量高的工业废水电导率可高达$1S \cdot m^{-1}$。

3）pH

pH对水中许多杂质的存在形态和水质控制过程都有影响。不同的用水场合对pH都有一定的要求，如电站锅炉给水要求pH为8.5～9.4。

4）硬度

水中所含Ca^{2+}、Mg^{2+}的总量称为水的总硬度，简称硬度，它是表示水中结垢物质含量的指标。江河水都有一定的硬度，地下水、海水的硬度更大。硬度还可分为碳酸盐硬度和非碳酸盐硬度两部分。

碳酸盐硬度本来是钙、镁的碳酸盐和重碳酸盐含量的总和，但是钙、镁碳酸盐的溶解度都较小，天然水中常不含碳酸盐，所以可将碳酸盐硬度看作水中钙、镁重碳酸盐的含量。又因水煮沸后，它们可沉淀除去，故常称为暂时硬度。

钙、镁的氯化物与硫酸盐等的含量称为非碳酸盐硬度，因其长时间煮沸也不能除去，故又称为永久硬度。

硬度的单位用水中所含钙、镁离子的浓度$\mu mol \cdot dm^{-3}$表示。我国东南沿海地区河水硬度较低，西北地区硬度较大；在天然水中钙硬度约占全硬度的70%左右。

5）耗氧量

耗氧量是指在水中发生的化学或生物化学反应所消耗氧化剂或溶解氧的量。由于天然水中耗氧量最多的是各种有机物，所以它间接地反映水中有机物的含量。耗氧量越大，水被有机物污染越严重。

耗氧量通常用两个参数表示，即生化需氧量(BOD)和化学需氧量(COD)。

(1) BOD。水中有机物在有氧条件下被微生物分解，在此过程中所消耗的溶解氧量称为生化需氧量(或生化耗氧量，以BOD表示)。这个参数，通常是将水样在20℃条件下培养微生物5天后，测定溶解氧消耗量来确定的，以BOD_5表示。

(2) COD。当废水中含有机物时，用强氧化剂重铬酸钾处理水样，由所消耗氧化剂的量，即可算出水中有机物被氧化所消耗的溶解氧量，以氧的$mg \cdot L^{-1}$表示，称为化学需氧量(或化学耗氧量，以COD表示)。

BOD虽能较真实地反映水质情况，但测定BOD既费时又麻烦，故在实际工作中常采用化学需氧量COD。

6）微生物学指标

水受到人畜粪便、生活污水的污染时，水中细菌含量大增。检测水中细菌总量和大肠杆菌群数可间接判断水质受粪便污染的情况。

以上六项指标仅是评价水质的主要指标。此外，作为无机有毒物质的氰化物、镉、汞、铬、铅、砷；作为有机有毒物质的酚类化合物、DDT、六六六等在水中都有严格的含量限制指标。

表3-11、表3-12分别列出我国地表水环境质量标准和生活饮用水卫生标准。根据地表水水域使用目的和保护目标划分为五类：Ⅰ类主要适用于源头水、国家自然保护区；Ⅱ类主要适用于集中式生活饮用水源地一级保护区、珍贵鱼类保护区、鱼虾产卵场

等；Ⅲ类主要适用于集中式生活饮用水源地二级保护区、一般鱼类保护区及游泳区；Ⅳ类主要适用于一般工业用水区及人体非直接接触的娱乐用水区；Ⅴ类主要适用于农业用水区及一般景观要求水域。

表 3-11　地表水环境质量标准(GB 3838—2002)

序号	检测项目	Ⅰ类	Ⅱ类	Ⅲ类	Ⅳ类	Ⅴ类
1	水温/℃	人为造成的环境水温变化应限制在：周平均最大温升≤1 周平均最大温降≤2				
2	pH(无量纲)	6～9				
3	溶解氧	饱和率≥90% (或≥7.5)	≥6	≥5	≥3	≥2
4	高锰酸盐指数	≤2	≤4	≤6	≤10	≤15
5	化学需氧量(COD)	≤15	≤15	≤20	≤30	≤40
6	五日生化需氧量(BOD_5)	≤3	≤3	≤4	≤6	≤10
7	氨氮(NH_3-N)	≤0.15	≤0.5	≤1.0	≤1.5	≤2.0
8	总磷(以 P 计)	≤0.02 (湖、库≤0.01)	≤0.1 (湖、库≤0.025)	≤0.2 (湖、库≤0.05)	≤0.3 (湖、库≤0.1)	≤0.4 (湖、库≤0.2)
9	总氮(湖、库，以 N 计)	≤0.2	≤0.5	≤1.0	≤1.5	≤2.0
10	铜	≤0.01	≤1.0	≤1.0	≤1.0	≤1.0
11	锌	≤0.05	≤1.0	≤1.0	≤2.0	≤2.0
12	氟化物(以 F^- 计)	≤1.0	≤1.0	≤1.0	≤1.5	≤1.5
13	硒	≤0.01	≤0.01	≤0.01	≤0.02	≤0.02
14	砷	≤0.05	≤0.05	≤0.05	≤0.1	≤0.1
15	汞	≤0.00005	≤0.00005	≤0.0001	≤0.001	≤0.001
16	镉	≤0.001	≤0.005	≤0.005	≤0.005	≤0.01
17	铬(Ⅵ)	≤0.01	≤0.05	≤0.05	≤0.05	≤0.1
18	铅	≤0.01	≤0.01	≤0.05	≤0.05	≤0.1
19	氰化物	≤0.005	≤0.05	≤0.2	≤0.2	≤0.2
20	挥发酚	≤0.002	≤0.002	≤0.005	≤0.01	≤0.1
21	石油类	≤0.05	≤0.05	≤0.05	≤0.5	≤1.0
22	阴离子表面活性剂	≤0.2	≤0.2	≤0.2	≤0.3	≤0.3
23	硫化物	≤0.05	≤0.1	≤0.2	≤0.5	≤1.0
24	粪大肠菌群/(个·L^{-1})	≤200	≤2000	≤10000	≤20000	≤40000

注：表中各检测项目的单位除单独标出以外，均为 mg·dm^{-3}。

表 3-12　生活饮用水卫生标准(GB 5749—2006)

序号	检测项目	标准值	序号	检测项目	标准值
	微生物指标①			感官性状和一般化学指标	
1	总大肠菌群［MPN·$(100mL)^{-1}$ 或 CFU·$(100mL)^{-1}$］	0	20	色度/铂钴色度单位	≤15
2	耐热大肠菌群［MPN·$(100mL)^{-1}$ 或 CFU·$(100mL)^{-1}$］	0	21	浑浊度/NTU-散射浊度单位	≤3
3	大肠埃希氏菌［MPN·$(100mL)^{-1}$ 或 CFU·$(100mL)^{-1}$］	0	22	臭和味	无异臭、异味
4	细菌总数(CFU·mL^{-1})	100	23	肉眼可见物	无
	毒理指标		24	pH	6.5～8.5
5	砷(As)/(mg·L^{-1})	≤0.01	25	铝(Al)/(mg·L^{-1})	≤0.2
6	镉(Cd)/(mg·L^{-1})	≤0.005	26	铁(Fe)/(mg·L^{-1})	≤0.3
7	铬(Cr^{6+})/(mg·L^{-1})	≤0.05	27	锰(Mn)/(mg·L^{-1})	≤0.1
8	铅(Pb)/(mg·L^{-1})	≤0.01	28	铜(Cu)/(mg·L^{-1})	≤1.0
9	汞(Hg)/(mg·L^{-1})	≤0.001	29	锌(Zn)/(mg·L^{-1})	≤1.0
10	硒(Se)/(mg·L^{-1})	≤0.01	30	氯化物/(mg·L^{-1})	≤250
11	氰化物/(mg·L^{-1})	≤0.05	31	硫酸盐/(mg·L^{-1})	≤250
12	氟化物/(mg·L^{-1})	≤1.0	32	溶解性总固体/(mg·L^{-1})	≤1000
13	硝酸盐(以 N 计)/(mg·L^{-1})	≤20	33	总硬度(以 $CaCO_3$ 计)/(mg·L^{-1})	≤450
14	三氯甲烷/(mg·L^{-1})	≤0.06	34	耗氧量(以 O_2 计)/(mg·L^{-1})	≤5
15	四氯化碳/(mg·L^{-1})	≤0.002	35	挥发性酚类(以苯酚计)/(mg·L^{-1})	≤0.002
16	溴酸盐/(mg·L^{-1})	≤0.01	36	阴离子合成洗涤剂/(mg·L^{-1})	≤0.3
17	甲醛/(mg·L^{-1})	≤0.9		放射性指标②	指导值
18	亚氯酸盐/(mg·L^{-1})	≤0.7	37	总 α 放射性/(Bq·dm^{-3})	≤0.5
19	氯酸盐/(mg·L^{-1})	≤0.7	38	总 β 放射性/(Bq·dm^{-3})	≤1.0

注：①MPN 表示最可能数，CFU 表示菌落形成单位。②放射性指标超出指导值，应进行核素分析和评价，判定能否饮用。

2. 水处理

水处理可分成三种主要类型：生活用水净化，工业专用水的处理，使其允许排放或再使用的废水处理。水处理方式和程度由水源情况和水的用途决定。生活用水必须彻底消毒，以消灭引起疾病的微生物，但可含有溶解形式的钙和镁，允许有适量硬度。锅炉用水则可以有细菌，但必须完全软化，以防锅垢形成。随着世界对有限水资源的需求数量日益增加，需要采取更加完善和多样化的水处理方法。

1）水的净化

天然水中含有许多杂质，通常不能直接作为饮用水或工业用水。根据不同用水对象的要求，可分别对天然水进行深度的净化处理。

(1) 澄清与消毒。澄清是除去水中悬浮物体和胶体物质的过程。在澄清过程中需加入混凝剂，过去常用 $Al_2(SO_4)_3 \cdot 18H_2O$ 及 $FeCl_3 \cdot 6H_2O$，现在新发展起来的无机高分子混凝剂（如聚氯化铝 $[Al_2(OH)_nCl_{6-n} \cdot xH_2O]_m$）、有机高分子絮凝剂（如聚丙烯酸钠等）效果更好。它们能吸附水中的天然胶体及悬浮物颗粒形成絮状物，大大加快凝聚、澄清的速度。澄清后接着过滤以除去水中的细粒悬浮物。经澄清、过滤处理的水外观清澈、透明，但仍有大量的致病细菌。若要作为生活饮用供水，可通入氯气或臭氧以杀灭水中的细菌和病毒。

(2) 软化。以锅炉用水为代表的许多工业部门要求水的硬度较低，必须对水进行软化处理，降低水的硬度。常用的有化学软化与离子交换软化两种方法。

(i) 化学软化法。

石灰软化法：向硬水中加入石灰乳的软化法。它可以除去水中的暂时硬度，其反应如下：

$$Ca(HCO_3)_2 + Ca(OH)_2 = 2CaCO_3(s) + 2H_2O$$

$$Mg(HCO_3)_2 + 2Ca(OH)_2 = Mg(OH)_2(s) + 2CaCO_3(s) + 2H_2O$$

但它不能与 $CaSO_4$、$CaCl_2$ 发生反应，与 $MgSO_4$、$MgCl_2$ 反应后又产生 $CaSO_4$、$CaCl_2$，故不能消除水的永久硬度。

石灰-纯碱法：在石灰软化法的基础上，进一步加入纯碱 Na_2CO_3，使永久硬度成分的钙、镁氯化物与硫酸盐转变成 $CaCO_3$、$Mg(OH)_2$ 沉淀而除去，使水的硬度降至 $250\mu mol \cdot dm^{-3}$左右。

(ii) 离子交换软化法。

用离子交换剂交换水中的钙、镁离子，使水软化的方法称为离子交换软化法。

离子交换剂是具有离子交换能力的不溶于水的物质。它能在吸收水中阳(或阴)离子的同时，放出本身的带有同种电荷的阳(或阴)离子，起到离子交换的作用。

有机合成离子交换剂又称离子交换树脂，是人工合成的颗粒状有机高分子聚合物，分阳离子交换树脂和阴离子交换树脂两大类，常用氢型和羟型离子交换树脂，分别用 H—R 和 R—OH 表示，以 H^+ 或 OH^- 进行离子交换。

用离子交换树脂软化水时，首先用 NaCl 溶液将氢型阳离子交换树脂软化为钠型离子交换树脂(NaR)，即

$$H—R + Na^+ = NaR + H^+$$

再用钠型离子交换树脂与水中的钙、镁离子发生交换反应：

$$2NaR + Ca^{2+} = CaR_2 + 2Na^+$$

$$2NaR + Mg^{2+} = MgR_2 + 2Na^+$$

离子交换树脂的交换能力有一定的限度，当大部分离子交换树脂已由钠型转变成 CaR_2(或 MgR_2)型后，将逐渐失去交换能力。这时可用食盐水使树脂再生，加入 5%～10%NaCl 溶液，使交换反应逆向进行，树脂由 CaR_2(或 MgR_2)型恢复为 NaR 型，重新获得软化水的能力。

原则上，离子交换树脂可长期反复使用，软化过程中消耗的只是价廉的食盐，而且交换能力大，工业上的交换器每小时可软化数吨至上百吨硬水。

为了减少再生次数，提高软化水质量，常将两个交换器串联使用。软化水的硬度可达 1.5μmol·dm^{-3}以下，满足 5.78×10^{6}Pa 以下电厂锅炉及一般工业用软水的要求。

(3) 除盐。软化处理后的水仍含有大量的 Na^+ 及各种阴离子，含盐量还很高，这样的水往往达不到现代工业生产及科学研究对水质的要求。例如，高温高压锅炉、直流锅炉要求使用含盐量很低的水。电子工业、光刻工艺等常使用杂质极少，电阻率高达 $10^4\sim10^5\Omega\cdot m$ 的去离子水，这就要求进一步降低水中各种杂质的含量。将除去水中各种杂质离子的过程称为去离子或除盐。除盐的方法有蒸馏、离子交换、电渗析、反渗透等。

(i) 离子交换法。

用离子交换树脂除去水中的阳离子和阴离子杂质所得的纯水称为去离子水，俗称离子交换水。将氢型阳离子交换树脂 H—R 与羟型阴离子交换树脂 R′—OH 联合使用，它们分别与水中的阳、阴离子进行离子交换。

水中（除 H^+ 外）各种阳离子(以 M^{n+} 表示)与氢型阳离子离子交换树脂发生交换反应：

$$M^{n+} + nH\text{—}R = MR_n + nH^+$$

从阳离子交换器流出的水呈酸性，接着把它通入阴离子交换器。水中(除 OH^- 外)各种阴离子(以 A^{n-} 表示)与羟型阴离子交换树脂发生交换反应：

$$A^{n-} + nR'\text{—}OH = R'_nA + nOH^-$$

阳、阴离子交换树脂分别被杂质阳、阴离子饱和失效后，可分别被 HCl 和 NaOH 溶液再生。

为提高水质，还可将上述去离子水通入混合装有氢型阳离子交换树脂和羟型阴离子交换树脂的离子交换器（如离子交换混合床）中，在一个交换器中完成许多次的阴、阳离子交换过程。

离子交换法制取去离子水的质量较高，不需要消耗大量的能源。但水中所含的微量有机物还不能除去，再生时需消耗 HCl 和 NaOH。

(ii) 电渗析法。

电渗析是在外电场的作用下，利用阴、阳离子交换膜对溶液中阴、阳离子的选择透过性(阳膜只允许阳离子透过，阴膜只允许阴离子透过)而使溶液中溶质和溶剂分离的一种物理化学过程。把它用于海水淡化、水的除盐及浓缩、分离、提纯、回收等化工过程是近二三十年发展起来的一项新技术。

当原水含盐量为 500mg·dm^{-3}左右时，经一次电渗析除盐，可将含盐量降到 50mg·dm^{-3}左右。若再串联第二台电渗析器处理，可得含盐量 5mg·dm^{-3}左右的除盐水，电阻率可达到 $10^3\Omega\cdot m$，除盐率达 99%。

电渗析法除盐只消耗电能，不需其他化学药品，操作简便，工艺卫生。用于含盐量很高的水(如海水)的除盐较为合理，若要制取纯度较高的除盐水则因电能消耗太大，不很经济，故目前电渗析除盐多用于含杂质较多的水的预处理，为进一步的处理(如离子交换混合床)减轻负担。

(iii) 反渗透法。

利用反渗透原理制备纯水的方法称为反渗透法。反渗透法能得到应用的关键是制造强度高，既能承受高压又能只让水分子透过的半透膜。一种半透膜非对称性醋酸纤维素膜已成功地投入实际应用。

反渗透法的除盐效率可达 93%，SiO_2 也能被除去 80%。据报道，国外已有每天生产 1000t 以上淡水的脱盐水工厂投入运行。这种方法的能耗仅为蒸馏法的 30%，是一种有发展前途的除盐方法。

(4) 高纯水的制备。在科学研究和电子工业的半导体器件、大规模集成电路、微波器件等的生产及其他一些水质要求很高的地方，仅用离子交换的办法还不能制成纯度极高的高纯水，还需增加若干进一步提高水质的措施。若从自来水出发，首先用紫外线照射以杀灭细菌，用活性炭过滤以除去水中残余的有机物和部分微生物，再用阳离子交换树脂-阴离子交换树脂-混合床阴、阳离子交换树脂以除去水中的各种阴、阳离子，然后用由聚四氟乙烯制成的微孔滤膜除去水中大于 0.5μm 的各种微粒。这样即可制得几乎无尘、无菌的高纯水，293K 时的电阻率可达 $10^5\Omega\cdot m$ 以上。

实际生产中为了保证出水的品质，又要获得较高的经济效益，常将几种除盐方法组合，取长补短。例如，有电渗析-阴、阳离子交换树脂复床-混合床系统，反渗透-混合床系统等。

2) 工业废水的处理

为了防止江、河、湖、海的污染，改善环境质量，保护人民的健康，促进生产的发展，必须把各种工业废水和生活污水进行处理，使其达到国家规定的排放标准后再行排放。

根据国家环境保护部发布的污水综合排放标准(GB 8978—1996)，将排放的污染物分为两类。第一类污染物能在环境或动植物内蓄积，对人体健康产生长远的不良影响。含有此类污染物的污水一律在车间或车间处理设施排出口取样，其最高允许排放浓度必须符合表 3-13 所列的控制指标。第二类污染物的长远影响小于第一类污染物，在排污单位排出口取样，其最高允许排放浓度必须符合表 3-14 所列控制指标。

表 3-13　第一类污染物质最高允许排放浓度(GB 8978—1996)

序号	污染物	最高允许排放浓度/($mg\cdot dm^{-3}$)
1	总汞	0.05
2	烷基汞	不得检出
3	总镉	0.1
4	总铬	1.5
5	六价铬	0.5
6	总砷	0.5
7	总铅	1.0
8	总镍	1.0
9	苯并[a]芘	0.00003

续表

序号	污染物	最高允许排放浓度/(mg·dm^{-3})
10	总铍	0.005
11	总银	0.5
12	总α放射性	1Bq·L^{-1}
13	总β放射性	10Bq·L^{-1}

表 3-14　第二类污染物最高允许排放浓度(GB 8978—1996)

序号	污染物	1997 年 12 月 31 日之前建设的单位			1998 年 1 月 1 日后建设的单位		
		一级标准	二级标准	三级标准	一级标准	二级标准	三级标准
1	pH	6～9	6～9	6～9	6～9	6～9	6～9
2	色度(稀释倍数)	50	80	—	50	80	—
3	悬浮物(ss)	70	200	400	70	150	400
4	生化需氧量(BOD_5)	30	60	300	20	30	300
5	化学需氧量(COD)	100	150	500	100	150	500
6	石油类	10	10	30	5	10	20
7	动植物油	20	20	100	10	15	100
8	挥发酚	0.5	0.5	2.0	0.5	0.5	2.0
9	氰化合物	0.5	0.5	1.0	0.5	0.5	1.0
10	硫化物	1.0	1.0	2.0	1.0	1.0	1.0
11	氨氮	15	25	—	15	25	—
12	氟化物	10	10	20	10	10	20
13	磷酸盐(以 P 计)	0.5	1.0	—	0.5	1.0	—
14	甲醛	1.0	2.0	5.0	1.0	2.0	5.0
15	苯胺类	1.0	2.0	5.0	1.0	2.0	5.0
16	硝基苯类	2.0	3.0	5.0	2.0	3.0	5.0
17	阴离子合成洗涤剂(LAS)	5.0	10	20	5.0	10	20
18	铜	0.5	1.0	2.0	0.5	1.0	2.0
19	锌	2.0	5.0	5.0	2.0	5.0	5.0
20	锰	2.0	2.0	5.0	2.0	2.0	5.0

注：表中相关检测项目的单位为 mg·dm^{-3}。

处理工业废水的方法很多，一般可归纳为物理法、化学法、物理化学法和生物法。各种方法都有其特点和适用范围，同时因为工业废水种类多、成分复杂，只用单一的方法难以使处理后的水达到排放标准，往往将几种方法联合使用才能收到满意的效果。下面简要介绍它们的原理和应用。

(1) 物理法。过滤、重力沉浮、浮选、离心分离等方法可除去水中的悬浮物质，作为进一步处理的预处理。

(2) 化学法。化学法通常是往水中投入化学药剂来完成的。

(i) 中和沉淀法。通过投入酸碱药剂调节废水的 pH，同时使废水中的重金属离子生成难溶的氢氧化物沉淀而使水净化。

(ii) 氧化还原法。向废水中加入适当的氧化剂或还原剂，使有毒、有害物质被氧化或还原后转变成无毒、低毒或易于分解的新物质，从而达到净化的目的。

常用的氧化剂有空气、漂白粉、臭氧等。常用的还原剂有铁屑、$FeSO_4$、Na_2SO_3、SO_2 等。

从机械厂、无线电厂、仪表厂等排出的含氰废水浓度为 25～500mg · dm^{-3}，必须处理。最常用的除氰方法是碱性氧化法，使氰化物转化成无害的 CO_2 和 N_2。例如，在废水中加入 NaOH，维持 pH=10.5 左右，并通入氯气使氰化物转变为氰酸盐，其反应如下：

$$NaCN + Cl_2 + 2NaOH = NaCNO + 2NaCl + H_2O$$

在另一反应器中加入 H_2SO_4 调整 pH 为 8.0～9.0，再通入氯气，使其转变成 CO_2 和 N_2。

$$2NaCNO + 4NaOH + 3Cl_2 = 6NaCl + 2CO_2 + N_2 + 2H_2O$$

含铬废水则可用还原中和法将 Cr^{6+} 还原成 Cr^{3+}，然后转化成 $Cr(OH)_3$ 沉淀。还原剂采用 $FeSO_4$ 或 $NaHSO_3$，使 pH 在 3 以下，反应如下：

$$6FeSO_4 + H_2Cr_2O_7 + 6H_2SO_4 = 3Fe_2(SO_4)_3 + 7H_2O + Cr_2(SO_4)_3$$

再加消石灰中和，使 pH 达 8～9，Cr^{3+} 即可形成 $Cr(OH)_3$ 而被除去。

$$Cr_2(SO_4)_3 + 3Ca(OH)_2 = 2Cr(OH)_3(s) + 3CaSO_4(s)$$

(3) 物理化学法。

(i) 吸附法。用活性炭、硅藻土等吸附剂吸附废水中的有色、有害物质而使水净化的方法称为吸附法。采用此法处理低浓度废水有较高的净化效率。

(ii) 萃取法。利用有害物质在水和有机溶剂中溶解度的不同，进行萃取净化。

此外，反渗透、离子交换、电渗析等净化水的方法同样也可用于工业废水的处理。

(4) 生物法。自然界存在着大量依靠有机物生活的微生物，它们具有氧化分解有机物的巨大能力。生物法处理废水就是利用微生物自身的新陈代谢作用，使水中的有机物和某些无机毒物通过生化过程分解为简单、稳定、无毒的无机物，从而使废水得到净化。

实践证明，利用微生物氧化分解废水中的有机物比用化学方法经济得多。用生物法处理废水具有效率高、净化效果好、成本低等优点，广泛用于处理生活污水和含有机物的工业废水。例如，含酚废水经生物处理，酚最后分解为 CO_2 和 H_2O。

习　题

1. 利用真空泵抽气，可使容器内压力降到 1.33×10^{-5} Pa，试计算在 300K 时，对一个 5.0×10^{-2} m^3 的氧气瓶进行抽气，最后瓶内还剩下多少 O_2 分子(单位：mol)？
2. 一个体积为 V 的容器中，盛有压力为 2.0×10^5 Pa 的某种气体，现从容器内放出部分气体，容器内气体压力降到 1.5×10^5 Pa，而放出的气体在 1.0×10^5 Pa 下占有体积为 3.0dm^3，原容器的体积为多少(单位：m^3)？(整个过程温度都保持恒定)

3. 温度400K时，0.22kg CO_2 气体在 0.020m^3 容器中产生的压力是多少？
4. 一定量的某气体在290K和 9.80×10^4 Pa下，体积为 $4.20\times10^{-4}m^3$，当压力为 1.01×10^5 Pa、体积为 $3.90\times10^{-4}m^3$ 时，气体的温度是多少？
5. 300K时，A气体在 6.0×10^4 Pa下，体积为 $1.25\times10^{-4}m^3$，B气体在 8.0×10^4 Pa下，体积为 0.15dm^3，现将这两种气体在300K下混合(彼此不发生反应)于 0.50dm^3 容器中，混合气体的总压力是多少？
6. 水能够形成缔合分子的原因是什么？
7. 为什么说标准平衡常数 $K^\ominus$ 表示化学反应进行的程度？如何书写标准平衡常数表达式？
8. 反应 $2A(g)+B(g)\longrightarrow 2C(g)$ 的 $\Delta_r H_m^\ominus>0$，你认为下列说法对吗？在一定温度下，随着反应进行，C浓度不断增加，A、B浓度不断减小，平衡常数不断增大。
9. 某温度下 $CaO(s)+CO_2(g)=\!=\!=CaCO_3(s)$ 的 $K^\ominus=255p^\ominus$，则此温度下 $p(CO_2)$ 为多少？
10. 已知反应 $H_2O(g)=\!=\!=H_2(g)+\frac{1}{2}O_2(g)$ 的 $\Delta_r H_m^\ominus=242kJ\cdot mol^{-1}$，温度降低时，此反应的标准平衡常数是增大还是减小？
11. 已知反应 $N_2(g)+O_2(g)\longrightarrow 2NO(g)$ 的 $\Delta_r H_m^\ominus(298K)=90.25kJ\cdot mol^{-1}$，298K时的 $K^\ominus=1.47\times10^{15}$，计算该反应在标准状态500K时的平衡常数 $K^\ominus$。
12. 两种酸溶液HX和HY的pH相同，能够说明这两种酸的浓度也相同吗？为什么？
13. 25℃时，在 1dm^3 0.1$mol\cdot dm^{-3}$ 的氨水($NH_3\cdot H_2O$)溶液中，加入多少克 NH_4Cl(相对分子质量为53.5)才能使溶液的pH=9？
14. 将 0.4 $mol\cdot dm^{-3}$ HAc溶液 100 cm^3 与 0.5$mol\cdot dm^{-3}$ NaAc溶液 80 cm^3 相混合，求混合溶液的pH(已知HAc的 $K_a^\ominus=1.8\times10^{-5}$)。
15. 以下几种缓冲溶液中，哪一种可以用于配制pH=7.5的缓冲溶液？
① $HAc\text{-}Ac^-$；② $HSO_3^-\text{-}SO_3^{2-}$；③ $HCO_3^-\text{-}CO_3^{2-}$；④ $HPO_4^{2-}\text{-}PO_4^{3-}$
16. 分别写出AB型、A_2B型(或AB_2型)、A_3B型(或AB_3型)难溶电解质的溶度积 $K_{sp}^\ominus$ 与溶解度 s ($mol\cdot dm^{-3}$)之间的换算关系式。
17. 已知25℃时，PbI_2 的溶度积 $K_{sp}^\ominus=8.4\times10^{-9}$，计算：① PbI_2 在水中的溶解度($mol\cdot dm^{-3}$)；② 饱和溶液中 Pb^{2+} 和 I^- 的浓度；③ 0.010$mol\cdot dm^{-3}$ KI溶液中 PbI_2 的溶解度和 Pb^{2+} 浓度。
18. 工业废水的排放标准规定 Cd^{2+} 降到 0.1$mg\cdot dm^{-3}$ 以下即可排放。若用中和沉淀法除 Cd^{2+}，按理论计算pH应如何控制？[已知 $K_{sp}\{Cd(OH)_2\}=2.5\times10^{-14}$]
19. ① 有人提出加FeS(s)到废水中，使废水中的 Cd^{2+}、Cu^{2+} 分别生成CdS和CuS沉淀除去，可否？道理何在？② 废水中的 Mn^{2+} 可否用上法除去？
20. 计算在298.15K时，$1.0\times10^{-1}mol\cdot dm^{-3}$ $H_2C_2O_4$ 溶液的pH。
21. 求在含HCOOH和HCOONa的浓度均为 0.10$mol\cdot dm^{-3}$ 的 1dm^3 缓冲溶液中加入 0.010mol HCl，溶液pH的变化。
22. 计算向 0.40$mol\cdot dm^{-3}$ HAc溶液中加入等体积的 0.20$mol\cdot dm^{-3}$ NaOH溶液后溶液的pH。
23. 溶液中同时含有 NH_3 和 NH_4Cl，而 $c(NH_3)=0.20mol\cdot dm^{-3}$，$c(NH_4Cl)=0.20mol\cdot dm^{-3}$，计算此溶液的pH。
24. 选择题(将正确的答案填入空格)。
① 在 $Zn(OH)_2$ 饱和溶液中，$[OH^-]=4.0\times10^{-6}mol\cdot dm^{-3}$，则其溶度积 K_{sp} 为__________。
a. 1.6×10^{-11}　　b. 3.2×10^{-17}　　c. 8.0×10^{-6}　　d. 6.4×10^{-17}
② Ag_2S 溶度积的表达式 $K_{sp}=$__________。
a. $[Ag^+][S^{2-}]$　　b. $[2Ag^+][S^{2-}]$　　c. $[Ag^+]^2[S^{2-}]$　　d. $[Ag^+]^2[S^{2-}]$

25. 计算 AgCl 在下列物质中的溶解度 $s(\mathrm{mol \cdot dm^{-3}})$。

① 纯水中；② 1.0mol · dm^{-3} NaCl 溶液中

26. 电镀工业中含铬废水需经处理达标后才能排放。现有 Cr^{3+} 浓度为 0.05mol · dm^{-3}的废水，欲使其生成 $Cr(OH)_3$ 沉淀除去，计算溶液中 $c(OH^-)$ 至少有多大？当加入 0.01mol · dm^{-3} $NH_3 \cdot H_2O$ 时，是否可以实现？

27. 大气污染物中主要有哪些危害较大的物质？

28. 为什么说烟和粉尘是大气污染中最明显的危害极大的毒物？

29. 治理气体污染物 SO_2 和 NO_x 的方法主要有哪些？它们的基本原理是什么？

30. 现在认为防治大气污染最好的办法是杜绝污染源，你认为这话是否正确？为什么？

31. 空气污染主要来自哪些方面？应该怎样治理？

32. 什么是温室效应？对于控制温室效应，提出一些具体的措施。

33. 什么是臭氧层空洞？它是怎样形成的？

34. 什么是酸雨？

35. 什么是光化学烟雾？产生光化学烟雾的条件是什么？

36. 你对汽车尾气造成大气污染有什么看法？

37. 简述我国水资源和水污染状况。

38. 评价水体被污染程度的指标有哪些？BOD、COD 的含义是什么？其数值与水质之间的关系如何？

39. 水体富营养化是如何产生的？有什么危害？

第 4 章　化学与人类健康

化学是一门中心学科，与人类的生产、生活息息相关。现代生活中，化学渗透在我们的衣食住行中，为了不断提高生活质量，人们必须科学地认识和处理化学与健康之间的关系。我们生活在化学的世界中，享受着化学带给我们的种种方便和利益，同时，如果控制不当，我们也必然要承受化学带给我们的种种污染和危害。如何利用化学知识和化学的力量来获得更好、更健康的生活是我们每一个人的责任和共同追求。

4.1　化学与健康的关系

4.1.1　概述

人体是由各种化学物质构成的，C、H、O、N 形成的有机物和水占人体质量的 96%，其余 4%是由 Ca、P、S、K、Na、Cl、Mg 等元素组成的无机物。人体中，水占 55%～67%，蛋白质占 15%～18%，脂类占 10%～15%，糖类占 1%～2%，矿物质占 3%～4%，它们在人体内时刻都在进行化学反应。发生在人体内并由整个人体所调控的动态化学过程是生命的基础，生命过程本身就是无数化学反应的综合表现。人体遗传物质的传递、体内各种循环的调节、人体对外界的反应以及对环境的适应等都是许多具有生物活性的分子之间有序化学反应的表现。例如，人处于兴奋状态时可以分泌一些有益健康的化学激素，而在忧郁时，这些激素的浓度明显降低；人在兴奋和痛苦时，眼泪中化学物质的浓度不同。

人体时刻都在与外界环境进行物质交换和能量交换，从环境中摄入的食物为人体修补机体以及维持生命活动提供“化学原料”，而排泄物便是满足人体需要(消耗和积累)并经一系列复杂化学反应后产生的“生成物”。在外界与人体进行交换的物质中，有些物质是人体必需的，它们为人体提供营养，保证人体健康；有些是有毒有害的，对人体造成危害。而人体生病后，多半要用化学物质——药品来治疗，进行解毒和排毒，从而恢复人体健康。药品分为中药和西药。中药由天然植物、矿物、动物或由这些物质制成的成药，其成分、结构都很复杂，目前不完全清楚；西药是由化学、生物方法合成和提炼的物质，其结构、性质都已清楚。药品具有二重性，即疗效和毒副作用。常言道“是药三分毒”，因此在服用药品时，要严格控制剂量、次数、时间，更不能乱服。

总之，化学与人体健康紧密联系，人体是各种化学物质的聚集器和反应器，化学物质影响人体健康，人体健康离不开化学物质。随着科学技术的进步、先进仪器设备和手段的运用，化学与健康关系的研究将向微观、深层次方向发展，人类将更好地利用化学知识为健康服务。

4.1.2 人体中的化学

现代科学研究表明："生命的起源必然是通过化学途径实现的。"生命的进化可以理解为生命与环境长期相互作用的结果，是一个量变到质变的过程。由无机物形成小分子有机物，由小分子有机物形成生物高分子，又由生物高分子形成超分子集合体，进而形成生命的基本结构单元——细胞，这中间经历了多种多样或简单或复杂的化学变化。

人体中的化学反应更是数不胜数，有酸碱中和反应、沉淀与溶解反应、氧化还原反应、催化反应、配位反应、电化学反应等。人体中的化学反应都在常温常压、接近中性的温和条件下进行，速率快、选择性好、效率高是人体中化学反应的突出特点。化学反应是人体一切生理活动的基础，任何一个化学反应被破坏，人体的正常生理活动或生理功能将受到影响，威胁人体健康，甚至威胁人的生命安全。

4.1.3 化学元素与人体健康

地球表层存在 92 种稳定的化学元素，在人体中已经发现 81 种。表 4-1 列出了现代人(70kg)的化学元素组成。

表 4-1 现代人的化学元素组成

元素	体内含量/g	质量分数/%	元素	体内含量/g	质量分数/%
氧 O*	43000	61	铅 Pb	0.12	0.00017
碳 C*	16000	23	铜 Cu*	0.072	0.00010
氢 H*	7000	10	铝 Al	0.061	0.00009
氮 N*	1800	2.6	镉 Cd	0.050	0.00007
钙 Ca*	1000	1.4	硼 B	<0.048	0.00007
磷 P*	720	1.0	钡 Ba	0.022	0.00003
硫 S*	140	0.20	硒 Se*	0.020	0.00003
钾 K*	140	0.20	锡 Sn*	<0.017	0.00002
钠 Na*	100	0.14	碘 I*	0.018	0.00002
氯 Cl*	95	0.12	锰 Mn*	0.012	0.00002
镁 Mg*	19	0.027	镍 Ni*	0.010	0.00001
硅 Si*	18	0.026	金 Au	<0.010	0.00001
铁 Fe*	4.2	0.006	钼 Mo*	<0.0093	0.00001
氟 F*	2.6	0.0037	铬 Cr*	<0.0066	0.000009
锌 Zn*	2.3	0.0033	铯 Cs	0.0015	0.000002
铷 Rb	0.32	0.00046	钴 Co*	0.0015	0.000002
锶 Sr	0.32	0.00046	钒 V*	0.0007	0.000001

* 为人体必需元素。

1. 人体内化学元素的来源

自然界由大气圈、水圈、岩石圈和生物圈组成。生物圈中的动植物和人类在大气圈、水圈、岩石圈构成的环境中生存发展，进行物质和能量的交换。

自然界的生物体可以分为自养生物和异养生物两大类。自养生物可以通过光合作用将二氧化碳和水在叶绿素和光的作用下合成淀粉而获得养分：

$$6CO_2+6H_2O\xrightarrow[\text{光}]{\text{叶绿素}}C_6H_{12}O_6+6O_2$$

大部分植物和藻类属于自养生物，而人类属于异养生物。异养生物是指必须依靠自养生物作为养分和能量来源的生物。人类作为捕食者处于食物链的末端，食物链中各级动植物逐级积累的各种元素都以食物的形式进入人体，这是人体化学元素的主要来源。

2. 人体内元素的分类

人体内的元素按其作用大致可分为三大类：必需元素、非必需元素和毒性元素。

1）必需元素

必需元素是指下列几类元素：

(1) 生命过程中的某一环节(一个或一组反应)需要该元素的参与，即该元素存在于所有健康的组织中。

(2) 生物体主动摄入并调节其体内分布和含量水平的元素。

(3) 存在于体内与生物化合物活性有关的元素。

(4) 缺乏该元素时会引起生理变化，当补充后即能恢复。

表 4-2 中列出了 25 种生命必需元素及其功能。生命必需元素是维持生命所必需的元素。人体中的脂肪、糖类、蛋白质、酶、核酸都含碳、氢、氧、氮、硫、磷等元素。人体中的许多化学反应需要酶来催化，而金属酶是非常重要的催化剂，因此多种微量金属元素是人体所必需的。人体体液需要有电解质，而氯化钾、氯化钠是良好的电解质，因此体液中不可缺少钾离子(K^+)、钠离子(Na^+)和氯离子(Cl^-)。人们对人体生命必需元素的认识是逐渐深化的。例如，1925～1956 年，科学家发现铜、锌、钴、锰、钼是人体必需元素，后来采用人为造成微量元素缺失而引起感应的方法，证实了钒、铬、镍、氟、硅也是生命必需元素。

表 4-2　25 种生命必需元素及其功能

元素	功能
H	水、糖类、蛋白质、脂肪、酶等的组成成分，标志体内酸碱度大小
O	水、糖类、蛋白质、脂肪的组成成分，参与人体多种氧化过程，释放能量
C	糖类、蛋白质、脂肪等组成成分
N	蛋白质、酶的组成成分(氨基酸)
S	蛋白质的组分，组成铁-硫蛋白
P	存在于三磷酸腺苷(ATP)等中，为生物合成与能量代谢所必需
Cl	细胞外的阴离子
K	细胞内的阳离子
Na	细胞外的阳离子
Ca	骨髓、牙齿的主要组分，神经传递和肌肉收缩所必需，调节细胞壁的渗透压
Fe	组成血红蛋白、细胞色素、铁-硫蛋白，构成各种金属酶等辅助因子
I	合成甲状腺素，维持正常生理功能

续表

元素	功能
Mg	酶的激活、叶绿素构成、细胞内液、骨骼的成分
Zn	许多酶的活性中心、胰岛素组分，调节细胞分化和基因表达等
Cu	构成多种酶和铜蓝蛋白，调节免疫与应激反应
F	人骨骼的成长所必需，防龋齿，防骨质疏松，促生长
Si	骨骼、软骨形成的初期阶段所必需，合成黏多糖必需
V	对细胞周期、凋亡、酶活性有影响，促进骨骼、牙齿的矿化
Cr	参与葡萄糖、脂肪代谢，与胰岛素的作用机制有关
Mn	酶的激活、光合作用中水光解所必需，增强内分泌功能，调节神经功能
Se	抗氧化性，参与酶催化，增强机体免疫力，参与阻断自由基反应等
Mo	黄素氧化酶、醛氧化酶、固氮酶等所必需
Sn	与黄素酶的活性有关，促进蛋白质及核酸的合成
B	与维生素 D_3、钙、镁协同，增强骨骼强度
Co	红细胞形成所必需的维生素 B_{12} 的组分，刺激造血作用

按照各元素在人体中的含量高于或低于 0.01%，又分为常量元素和微量元素。

属于常量元素的有碳、氢、氧、氮、磷、硫、钙、钠、钾、镁、氯 11 种元素，它们占人体质量的 99.7%(表 4-1)。碳、氢、氧、氮、磷和硫对生命起着特别重要的作用，大部分有机物是由这 6 种元素构成的，钙、钾、钠、镁和氯 5 种元素在生物体内虽然较少，但也是必需的。锰、铁、钴、铜、锌、硒、碘、铬、硅、钒、氟、钼、锡、镍 14 种含量小于 0.01%的微量元素也是人体不可缺少的。

2) 非必需元素

非必需元素都属于微量元素。它是指其生理功能尚未确定或在机体内可有可无的元素，包括铷、砷、硼、钛、铝、钡、铌、锆 8 种。

铝作为非必需元素常用于医药品中。氢氧化铝可以中和胃酸，治疗胃溃疡的药品是利用铝的配合物与胃、肠黏膜的蛋白质结合而附在患处，或直接与胃蛋白酶结合而抑制溃疡。铝离子(Al^{3+})与铁离子(Fe^{3+})的性质相似，很容易与输送铁的血红蛋白结合，因此铝在人体内过多，会阻碍铁的新陈代谢。铝滞留在骨骼和肌肉中，可导致骨脆化、肌肉萎缩硬化。铝在脑中蓄积，可以使脑细胞萎缩，从而引发老年痴呆症。

3) 毒性元素

毒性元素指对人体有毒而无生理功能的元素。在自然界中，这些元素多数形成硫化物，除铍以外，原子序数均比较大。它们也被分为毒性元素、潜在毒性和放射性元素等。毒性元素有铋、锑、铍、镉、汞、铅等。潜在毒性和放射性元素有铊、钍、铀、钋、镭、锶、钡等。严格来说，几乎每一种元素摄取(或误服)过量都会产生毒性，上面所列毒性元素对人体没有有益作用，而只有毒性。此外，应当注意的是，元素对人体有益、必需还是有害与许多因素有关。同一元素在人体中的浓度和形态与其毒理密切相关。例如，三价铬对于防治心血管病有重要作用，六价铬却是已经确定的致癌物；人体中硒有很重要的作用，硒浓度为 $0.1mg \cdot kg^{-1}$ 对人体是有益的，但如果达到 $10mg \cdot kg^{-1}$ 则致癌。有害微量元素是在生命过程中不需要该元素参与或干扰那些必需微量元素发挥其正常功能的元素，其含量超过一定范围就会引起中毒。除了所列的 6 种公认的有害微量元素外，其他元素(包括必需微量元素)在人体内均有各自的最佳健康浓度范围，在最佳浓度和中毒浓度之间有一狭窄的安全范围，超过该范围同样对人体有害，如氟中毒、镍中毒等，但是它们与有害微量元素有本质区别。

因此，研究微量元素与人体健康的关系必须与整个环境统一起来考察。微量元素的分类是相对的，除了本章列出的各种元素外，还有 20～30 种普遍存在于人体组织中的元素，这些元素的浓度是变化的，它们的生物效应和作用尚未被人们认识。

3. 人体中化学元素的浓度与生物效应

必需元素与非必需元素在人体中的浓度与生物效应不同。每种必需元素都有相应的最佳健康浓度，有的具有范围较大的体内恒定值；有的在最佳浓度和中毒浓度之间只有一个狭窄的安全范围。

任何一种必需元素缺乏或过量，对人体都有影响。必需元素严重不足会导致生长缓慢或生殖衰退甚至死亡。元素的浓度太高又会产生毒性，造成不正常的生长、患病甚至死亡。一些化学元素缺乏与过量对人体的影响列于表 4-3。

表 4-3　一些化学元素缺乏与过量对人体的影响

元素	元素缺乏的影响	元素过量的影响
Ca	畸形骨骼，手足抽搐，诱发高血压、佝偻病、软骨病、骨质疏松	动脉粥样硬化、白内障、胆结石、缺血性心脏病、呕吐、肾结石、尿毒症
Fe	贫血	血红蛋白沉积症，肝、肾受损
Zn	伊朗村病	金属烟雾症
K	精神疲惫、心脏麻痹、肌肉松弛、无力	肾上腺皮质机能减退，表现为手足麻木、知觉异常、四肢疼痛、恶心、呕吐、心律不齐、心力衰竭
Na	肾上腺皮质机能减退	高血压
Mg	生长停滞、发育障碍、骨质疏松、牙齿生长不良、骨痛、抑郁、心动过速、肌肉痉挛	引起神经系统作用抑制、降低动脉压力、麻木
Cu	贫血、门克斯(Menkes)病	威尔逊(Wilson)病
Mn	骨骼畸形	生殖功能障碍，中枢神经损伤
Li	狂躁症	抑郁症，可抑制心肌活动、降低血压，严重者导致心脏停搏。锂中毒表现为肌无力、发射亢进、震颤、视力模糊、昏睡不醒
Si	骨骼不良、软骨生长	肾结石、肺病
Al	—	干扰磷代谢，降低血磷，产生各种骨骼病变，骨脱钙、软化、萎缩；干扰组织代谢；干扰神经中枢系统、造成脑病变
Cr	糖尿病、动脉硬化	肺癌
Ni	血红蛋白和红细胞减少	肺癌，中枢神经障碍
Co	恶性贫血	红细胞增多症，诱发甲状腺肿大，心肌病
Se	白肌病、白内障	硒中毒，脱发，指甲畸形，神经中毒

人体具有强大的自我平衡机制，当外部环境发生相当大的变化时，这种机制能使人体内部并不随之发生显著变化。例如，虽然人们每天的食物结构变化很大，每天摄入的各种化学成分的量有很大的差异，但血液的化学成分却几乎保持恒定。这种体内自动平衡机制也能使人体内必需微量元素的浓度水平维持在最佳范围内。当体内某一必需微量元素缺乏时，这种机制能提高人体对该元素的吸收率，并首先保证最紧要的器官和组织拥有合适的该元素浓度；当体内某一必需微量元素过剩时，这种机制也能在一定程度上降低人体对该元素的吸收率，并能将已过量摄入的元素排泄到体外。当然，这种平衡与调控是有一定限度的。

我们要充分利用这一特点，避免某元素过量(超过适宜浓度范围)蓄积而造成不必要的伤害，最好的办法是通过食补而不是药补。食补不易过量，而药补往往会造成元素在体内蓄积，因此食补胜于药补。多样化的膳食是获得各种适量基本营养素的最好方法，同时也是避免物质达到有害剂量的有效方法。

在人体必需微量元素的研究中，有许多营养强化保健品应运而生，甚至出现了全营养素。从健康的观点出发，人体不可能缺乏所有的微量元素，对机体不缺少的元素盲目地补充会造成这些元素在体内蓄积，可能产生上述过量的危害。比较安全的是食补，从各种含量丰富的食物中获取所需元素。如果需要通过特殊制剂来补充微量元素一定要“缺什么补什么”。从化学的观点而言，全营养素的概念也是不科学的。

4. 人体中化学元素的功能

25 种生命必需元素在人体内所起的生理和生化作用，主要表现在以下几个方面。

1）结构材料

碳、氢、氧、氮、硫是构成有机大分子的结构材料，如多糖、蛋白质、核酸等是构成肌肉、皮肤、骨骼、血液、软组织等的主要物质。无机元素中的钙、磷、氟、硅和少量的镁多以难溶无机化合物的形态存在于由 $SiO_2 \cdot CaCO_3$、$Ca_{10}(PO_4)_6(OH)_2$ 等构成的硬组织中。

2）运载作用

人体对某些元素和物质的吸收、输送以及它们在体内的传递等代谢过程，往往不是简单地通过扩散或渗透作用实现的，而是需要有载体。金属离子或它们所形成的一些配合物在这个过程中担负重要作用，如含有 Fe^{2+} 的血红蛋白对 O_2 和 CO_2 有运载作用等。

3）调节体液的物理、化学特性

人的体液主要由水和溶解于其中的电解质组成。生物体的大部分生命活动是在体液中进行的。为保证人体正常的生理活动和功能，需要维持体液中水、电解质和酸碱平衡，存在于体液中和细胞内的 Na^+、K^+、Cl^-、Mg^{2+}、Ca^{2+} 等发挥了重要作用。

4）组成金属酶或作为酶的激活剂

人体内约四分之一酶的活性与金属离子有关。有的金属离子参与酶的固定组成，称为金属酶；有一些酶必须有金属离子存在时才能被激活以发挥它的催化功能，这些酶称为金属激活酶。

5）"信使"作用

人体需要不断地协调机体内各种生物过程，这就要求有各种传递信息的系统。细胞间的沟通即信号传递需要有接收器，化学信号的接收器是蛋白质。Ca^{2+}是细胞中功能最多的信使，其主要受体是一种由很多氨基酸组成的单肽链蛋白质，称为钙媒介蛋白质(相对分子质量为16700)。氨基酸中的羧基可与Ca^{2+}结合。钙媒介蛋白质与Ca^{2+}结合而被激活，活化后的媒介蛋白质可调节多种酶的活性，因此Ca^{2+}起到传递某种生命信息的作用。生物体内也有细胞内信使，如Ca^{2+}也是细胞内信使。

有些元素可同时在几个方面发挥作用，如Ca^{2+}。而有些生理作用是许多元素共同协作完成的。表4-4列出人体中的主要元素及其功能。

表4-4　人体中的主要元素及其功能

元素	元素的功能
Fe、Cu、Zn、Mo、Se、Mn	参与人体各种酶的组成
I、Cu、Ca、Mn、Cr、Co、Ni	具有催化作用
Zn、I、Se、Ti	增强肌体免疫功能提高抗病能力
K、Na、Li、Ca、Mg、Ti、V、Se、Fe、Cu、Zn、Ni、Co	保护心脑血管

5. 微量元素与地方病

常见的地方病有地方性甲状腺肿、地方性克汀病、地方性氟中毒、克山病、大骨节病等。常见地方病与微量元素的关系及其主要症状见表4-5。

表4-5　常见地方病与微量元素的关系及其主要症状

地方病	微量元素状况	主要症状
地方性甲状腺肿	碘缺乏、碘中毒	甲状腺肿大、功能亢进
地方性克汀病	碘缺乏	呆(傻)、小(矮)、聋、哑、瘫
侏儒症、先天性畸形	锌缺乏	厌食、生长障碍、骨畸形
克山病	硒缺乏	心律不齐、心脏扩大、心力衰竭、休克
大骨节病、拐子	与硒缺乏有关	骨端软骨细胞变性坏死、肌肉萎缩、发育障碍、行动蹒跚
地方性硒中毒	硒过量	脱发脱甲、皮肤潮红、神经、牙齿损害
黑皮(脚)病	慢性砷中毒	皮肤色素过度沉着、神经性皮炎、脚趾自发性坏死、致癌
水俣病	慢性甲基汞中毒	感觉障碍、共济失调、语言障碍、眼异常、智力障碍、震颤等
骨痛病	慢性镉中毒	易骨折、骨质疏松、软化变形、全身疼痛
地方性氟中毒	饮水中氟过量	氟斑釉齿、氟骨病、心脏病
鬼剃头(铊中毒)	饮水中铊过量	脱发、头晕、乏力、食欲不振、视觉模糊

人在进化过程中与周围环境保持着极为密切的关系。机体组织与地壳中各种化学物质保持着一定的动态平衡。当某一地区的某种元素缺乏或过多时，会直接或间接地引起这种动态平衡的失调，严重时人体就会发生某种病变。地方病就是指发生在某一特定地区，在一定的环境影响下，人群中患某种疾病的人数达到一定比例时的一类疾病。地方

病流行的特点：凡是接触该环境的人群，其发病率比未接触该环境的人群高，且随着居住年限的增加而上升；外来的健康人进入该地区一定时间以后也会发病，且发病率与当地居民类似，但搬离该地区以后，发病率下降。

4.2　影响健康的因素

随着社会的发展、人们生活水平的提高，影响人体健康的因素不但没有减少，反而逐步增多。例如，现在社会节奏加快，使人们的心理负担增加，出现了许多精神障碍；在解决了温饱问题、基本消除营养不足之后，又出现了营养过剩，从而导致肥胖症及心血管疾病等。影响健康的因素既有物质方面的又有精神方面的，既与个体行为、生活方式有关，又与生活环境有关。

个体行为和生活方式对个体健康有很大影响。良好的行为和生活方式有利于身体健康、长寿，不良的行为和生活方式可导致各种疾病甚至缩短生命。在我国人口的死因中，不良行为、生活方式因素的比重也逐渐增大。对健康影响较大的行为和生活方式有吸烟、饮酒、饮食、运动等。

4.2.1　吸烟与健康

据世界卫生组织的一项调查报告显示，每年全世界有 300 万人死于因吸烟引起的疾病，因此，吸烟已成为世界上严重的公害。世界卫生组织将每年的 5 月 31 日定为“世界无烟日”，以警示世人。据报道，烟草中的化学成分有 400 多种，而在烟草燃烧后的烟雾中，化学成分比烟草中更为复杂，多达数千种。这是由于烟草燃烧的温度高达 850～900℃，烟草里的成分在高温状态下，有的被破坏分解，有的又合成了新的化学物质。其主要有害物质是尼古丁、焦油、一氧化碳。另外还有 40 多种致癌物质、1200 多种有毒物质，如多环芳烃、苯、3,4-苯并[a]芘、亚硝胺、甲醛、二 英、氰化物，以及烟尘微粒和铬、铅、镉等有毒金属。一支烟含铅量可达 0.8μg，烟草中还含有放射性元素 ^{210}Pb 和 ^{210}Po。可见，吸烟是吸入多种有毒化学物质，使其在体内发生不利于健康的多种化学反应。

吸烟可诱发各种病症，与吸烟有关的疾病有肺癌、喉癌、食道癌、胰腺癌、胃癌、肝癌、膀胱癌、脑中风、冠心病、支气管炎、消化道溃疡等。吸烟可引起孕妇流产、早产，增加胎儿畸形的概率和死亡率。吸烟可以影响周围的人群，除了影响吸烟者的身体健康状况外，还使周围环境受到污染，强迫他人甚至胎儿“被动吸烟”。被动吸烟者受到的危害不亚于主动吸烟者。据资料介绍，在吸烟场所，周围环境 70% 的空气污染物皆来源于此。吸烟不仅对一般人群的健康有害，对职业人群的危害更大。例如，在吸烟时接触石棉、氯乙烯、铀、砷等其他有害物质，由烟雾作为载体，使上述有害物质同时进入体内，可产生协同催化作用，使其对人体产生的危害加重。有人指出，除了核战争、瘟疫和饥饿之外，对人类健康最大的威胁就是吸烟。许多与吸烟有关的疾病，其潜伏期都很长，所以在短时间内人们往往看不到吸烟的危害，有时从开始吸烟到导致死亡要经历几十年的时间。

我国是世界上最大的烟草生产和消费国。1999 年 9 月至 11 月，中国消费者协会“吸烟与健康”大型调查表明：我国吸烟人数达总人口的 31.3%以上，现有 3.5 亿人是吸烟者，每天消耗 2.2 亿盒烟，每年因吸烟造成的各种浪费达 300 多亿人民币。吸烟对自己有百害而无一利，对他人健康也有一定危害，对家庭是一种浪费，对社会是一种公害。为了自己和他人的健康，吸烟者应尽早尽快戒烟。在对吸烟者加强吸烟危害性教育的同时，还要营造一个戒烟的外部环境。这需要全社会成员都来反对吸烟，并配以经济罚款和卫生监测等手段加以控制。

4.2.2 饮酒和健康

酒是一种很普通的传统饮料，它的种类很多，有啤酒、白酒、葡萄酒等，其主要成分是酒精(乙醇)。酒精进入人体后，可被口腔、食道、胃、肠等吸收，从而进入体内的各种组织和脏器中，并于 5min 内即可出现在血液中，待到 30～60min 时，血液中的酒精浓度达到最高点。酒精在肝脏中进行代谢，其主要过程是由乙醇脱氢酶将其转变为乙醛，然后由乙醛脱氢酶分解、转变、降解，最后生成 CO_2 和 H_2O，其反应可表示如下：

$$C_2H_5OH \xrightarrow{\text{乙醇脱氢酶}} CH_3CHO \xrightarrow{\text{乙醛脱氢酶}} CO_2 + H_2O$$

适当的饮酒可以增加热量，促进血液循环，有御寒去湿、调整情绪的作用，但超过一定的量就会有副作用。人体饮食的各种物质都需要经过肝脏处理，使有害变为无毒。健康成人的肝脏每天能代谢酒精的量为 160～180g，饮用量超过此范围，肝脏将不能承受，对机体造成一定的损害。经常过量地饮酒还会导致其他疾病和一系列的社会问题。长期过量饮酒会加重肝脏的负担，削弱肝脏的解毒功能，损害肝细胞，从而引起肝硬化、脂肪肝、酒精性肝炎、急性酒精胃肠炎，表现为恶心、呕吐、嗳气、上腹难受或胃疼；可使脑细胞受损，引起意识不清，反应迟钝，注意力不集中，记忆力减退；能使血压、血脂升高，胆固醇含量增加，加快动脉粥样硬化过程，增加冠心病、高血压等发病率。酒是一种性腺毒素，过量饮酒能破坏生殖细胞及其功能。

过量饮酒可对社会构成极大的危害。例如，社会治安、家庭离异、吸毒、暴力犯罪、车祸等多数与酗酒因素有关。一些特殊的职业人群应当禁止其工作前饮酒，如司机、高空作业者、运动员、裁判员等。统计资料表明，在导致死亡的交通事故中，30%～50%与司机酒后驾车有关。我国交通部门已严格规定，禁止司机酒后驾车，若有违反，将重罚，直至吊销驾驶执照、刑事拘留等。

我国是一个酒的生产和消费大国。有些不法之徒见利忘义，用甲醇(CH_3OH)兑白酒牟取暴利。甲醇具有醇的香味，比酒精便宜，但毒性强，误食 10mL 可致眼睛失明，严重时可致死，且毒性有累积作用。我国对白酒中甲醇含量有严格的规定，一般最高不能超过 $0.4g \cdot L^{-1}$。近年我国山西、广西都发生过饮用假酒致人死亡的案件，其教训是深刻的，应该引起每一个人的重视。

4.2.3 饮食与健康

人们每天必须摄取一定数量的食物来维持自身的生命与健康，保证身体的正常生长、发育和从事各项活动。饮食营养对人体的健康有很大影响，早期人类对食品和营养的认识仅仅是为了生存，后来逐渐发展到利用食物来治病——食疗，争取健康长寿。人类靠饮食获取营养，若没有适当食物来维持人体的需要，就会造成营养不足；若饮食过量，超过人体所需，则会造成营养过剩，产生肥胖症。这些都属于饮食营养不良，会导致多种疾病。常见营养不良大致有四种情况：①营养不足，如饥饿、消瘦；②营养缺乏，如维生素 A 缺乏症；③营养不平衡，如缺乏某种必需的氨基酸或某种元素；④营养过剩，如肥胖。

因饮食问题而造成的疾病常见的还有癞皮病、脚气病、夜盲症(缺乏某些维生素)、甲状腺肿大(缺碘)、克山病(缺硒)、佝偻病(缺钙)等。人体的生长与饮食营养紧密相连，在不同生长阶段有不同的要求。孕妇怀孕期内的饮食营养对胎儿的健康影响最大，孕妇营养不良可导致婴儿体格与智能发育迟缓，出生时体重低，死亡率高，某些营养成分过多或过少可导致胎儿畸形。儿童、青少年的成长也需要一些特别的饮食营养，若营养不良，会出现智力发育低下、身材矮小、肥胖等症状，导致身体素质低下。在全国学生身体素质测试中，男生身高提高的幅度高于女生，城市女生则处于停滞状态，其原因是节制饮食。衰老是一种自然现象，若饮食营养合理，则可延缓衰老，使人健康长寿。随着生活水平的改善和提高，人的寿命也在逐步延长。据估计，北京猿人的平均寿命为 14 岁，这与当时的条件有关；建国前，我国人民的平均寿命为 35 岁，而欧洲在这一时期的平均寿命已在 60 岁以上。1985 年，我国人口平均寿命是 68.92 岁；而到 1990 年，我国人口平均寿命已达 70 岁。

饮食营养不良可导致各种疾病，饮食习惯不良同样对健康不利。营养摄入过多，偏食，择食，就餐无规律，烹饪方式不科学(如煎、熏、烤太多)，喜欢零食，暴食，进食过快，饮食过热、过冷等都属不良饮食习惯，它们均可使人体摄入的营养构成不合理，或不利于人体吸收，或造成新陈代谢紊乱，使人与环境间的物质交换和能量交换不平衡而对健康产生不利影响。例如，多吃糖类、蛋白质、脂肪类食物，可能引发糖尿病、高血压、冠心病、结肠癌、肥胖症；食物中缺铁造成贫血症；缺钙造成佝偻病；缺维生素 A 造成夜盲症等。

4.2.4　运动与健康

生命在于运动，合理的运动有利于健康。运动可增强身体机能，使全身各器官充满活力，代谢旺盛。一般人肺活量为 3500mL 左右，而经过体育锻炼的人肺活量可达 4000～5000mL，提高了肺泡吸收氧气和排除二氧化碳的换气效能。运动可增强心肌收缩力，增加血液输出量，改善心脏功能状态，有利于全身血液循环。运动可加强新陈代谢，增进食欲，促进睡眠，增强体质，提高抗病能力，延缓衰老。

人体必须呼吸，在一般情况和适量运动时，吸入新鲜 O_2 呼出 CO_2，体内发生的反应为

$$C_6H_{12}O_6 + 6O_2 \xrightarrow{\text{酶}} 6CO_2 + 6H_2O + 2881\text{kJ} \cdot \text{mol}^{-1}$$

即在酶的作用下，体内的葡萄糖被氧化成 CO_2 和 H_2O，释放出能量。由于所需的 O_2

少而葡萄糖氧化完全，故称为有氧呼吸或有氧运动。在激烈运动时，人体所需的氧气增加，当呼吸的氧气不能满足需要时，则葡萄糖氧化不完全，称为无氧呼吸或无氧运动。无氧运动发生的反应如下：

$$C_6H_{12}O_6 \xrightarrow{\text{酶}} C_3H_6O_3\text{(乳酸)} + 196.65\text{kJ}\cdot\text{mol}^{-1}$$

或

$$C_6H_{12}O_6 \xrightarrow{\text{酶}} 2C_2H_5OH + 2CO_2\text{(放出少量能量)}$$

平常很少运动的人，由于肺活量较小，偶尔进行大量的运动时，吸入氧气不够用，便会发生无氧呼吸。无氧呼吸使体内产生乳酸，出现的症状是肌肉酸痛，重症时易晕倒或休克，而平时坚持运动的人很少出现这种现象。在体内发生无氧呼吸后，需要一段时间身体才能恢复，故在体育比赛和激烈的工作之前，不宜大量运动。运动员进行高山训练都是基于有氧运动和无氧运动，这样可以增大运动员的肺活量，提高运动成绩。有些持续时间较长的运动，如马拉松，会导致体内的矿物质消耗过大。例如，K^+、Na^+随汗流出，人体会出现抽筋现象，应该及时补充无机盐。

要注意的是，有些运动员为了提高成绩而服用违禁药品，这是违背奥林匹克精神的。常说的违禁药品是指兴奋剂，它是类固醇一类的物质，能增强人体肌肉的力量和提高人的反应灵敏性，对人体肝脏有极大损害，可导致多种疾病，应绝对禁止使用。

4.3　食品与健康

4.3.1　营养与健康

营养是维持人体生命的先决条件，是保证身体健康的物质基础。人体的化学组成虽然很复杂，但都依赖于基本的营养物质来维持它们的生物活性。为了维持生命与健康，保证身体正常的生长发育和从事各项劳动，每天必须从食物中摄取一定量的营养物质。除氧以外，人体需要无机盐、维生素、蛋白质、脂类、糖类、纤维素和水七大营养素。其中，水占人体总质量的55%～67%，蛋白质占15%～18%，脂类占10%～15%，糖类占1%～2%，矿物质占3%～4%，如图4-1所示。这些物质在新陈代谢中还能合成许多其他结构复杂的重要生命物质。

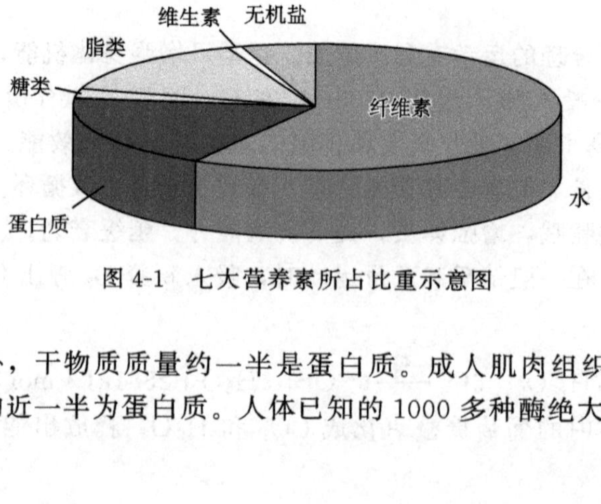

图4-1　七大营养素所占比重示意图

人体中除水以外，干物质质量约一半是蛋白质。成人肌肉组织干重的3/4是蛋白质，脑及神经干重的近一半为蛋白质。人体已知的1000多种酶绝大多数由蛋白质构成。

现代科学证明，生命的产生、存在和消亡都与蛋白质有关。没有蛋白质就没有生命，蛋白质是人类生命的基础。糖类是人体的“快速能源”，是人生命活动和劳动做功所需能量的主要供给者。脂肪则是体内能源的“仓库”，是糖类的后备物质。其他类脂(如胆固醇、磷脂等)也有着重要的生理功能。水和无机盐可以维持体液的渗透压和体内酸碱平衡等，微量元素是“生命的火花”。维生素对物质代谢和生命活动起着重要作用，是人体化学反应的“催化剂”。在人的正常生长过程中，另一种多糖聚合体为纤维素，虽然它既不提供能量又不像水和无机盐那样参与生理过程，但它的作用却是其他营养物质不可替代的，我们称之为“第七营养素”。人体构成离不开这些营养物质，同样，维持人类的生命活动也需不断地从食物中获得七大营养物质。缺乏任何一种物质或发生代谢失常引起某物质供应不足，都会造成人体组织结构的变化或功能的异常。

1. 无机盐——不可或缺的矿物质

构成人体的化学元素有 60 多种，在这些元素中，除 C、H、O、N 四种元素以有机化合物形式存在外，其他各种元素无论含量多少，都统称为矿物质。人体内的矿物质与有机营养物不同，它们既不能在人体内合成，除排泄外也不能在体内代谢过程中消失。根据它们在人体内的含量和膳食中需要量的不同，矿物质分成两类：一类是人体内含量在 0.01%以上，需要量每天在 100mg 以上的元素，称为常量元素；另一类是含量低于 0.01%、需要量低于每天 100mg 的其他元素，称为微量元素或痕量元素。尽管人体对微量元素的需要量很少，但它们很重要，如 Fe、Zn、Cu、I 等。

矿物质构成机体组织和维持正常生理功能，但不能提供热量，它们的生理功能主要有 7 个方面。

(1) 构成机体组织的重要材料。例如，钙、磷、镁是骨骼和牙齿的重要成分，磷、硫是构成组织蛋白的成分。

(2) 细胞内、外液的重要成分。它们(主要是钠、钾、氯)与蛋白质一起维持细胞内、外液一定的渗透压，对体液的储留和移动起重要作用。

(3) 酸性、碱性无机离子的适当配合，加上重碳酸盐和蛋白质的缓冲作用是维持机体酸碱平衡的重要机制。

(4) 组织液中的各种无机离子，特别是保存一定比例的钾、钠、钙离子，是维持神经、肌肉的兴奋性，细胞膜的通透性以及所有细胞正常功能的必要条件。

(5) 无机元素是构成某些特殊生理功能物质的重要成分，如甲状腺中的碘、血红蛋白和细胞色素中的铁(亚铁)。

(6) 无机离子是很多酶的活化剂、辅因子或组织成分。

(7) 改善食品的感官性状与营养价值。

下面介绍几种重要矿物质元素的生理功能、缺乏症状及食物来源。

1) 钙

钙是人体中含量最丰富的矿物质元素，其含量仅次于氧、碳、氢、氮，居体内元素的第五位。成人体内含钙总量是 1200g，占体重 1.5%～2%。其中，99%的钙存在于骨骼和牙齿等硬组织中，是骨骼和牙齿的主要成分，主要以羟基磷灰石 [$3Ca_2(PO_4)_2 \cdot Ca(OH)_2$]

形式存在，其余1%常以游离或结合状态存在于软组织及体液中，这部分钙统称为混溶钙，并与骨骼保持动态平衡。钙还参与凝血过程，是凝血酶的激活剂，血液在血管里不会凝固，然而一旦外溢便会凝成血块。钙还能控制神经肌肉的兴奋性，人在呼吸、说话、运动及消化等活动中，都有肌肉收缩，而指挥肌肉收缩的也是钙离子。当人体血液中钙离子浓度降低时，神经肌肉的兴奋性增高，人体出现抽搐现象。钙对体内的多种酶都有激活作用，且是淀粉酶活性必不可少的部分。

人体对钙的吸收是主动的，但对膳食中的钙吸收却很不完全，通常食物中70%～80%钙被排除，这主要是钙与食物中的植酸、草酸以及脂肪酸形成不溶性钙盐所致，故摄入过多的脂肪和含植酸、草酸较多的食物不利于钙的吸收。维生素D可促进钙的吸收，使血钙含量升高，促进骨中钙沉积。人体缺钙可导致多种疾病。例如，智力、记忆力下降，体质差，婴幼儿的佝偻病，成年人的骨质软化和骨质疏松症、腰酸背痛、腿脚抽筋等。若血液中钙离子浓度过高，会降低神经肌肉的兴奋性，对外界刺激反应减弱和导致尿结石、肾结石等疾病。钙的食物来源以奶及奶制品最好，小虾、海带、蔬菜、豆类、油料种子中的含钙量也丰富。

2）铁

铁是人体内必需的微量元素之一，也是体内含量最多的微量元素。成人体内的含铁量为4～5g，体内没有游离的铁离子，它们都与蛋白质结合在一起，主要以血红蛋白质存在于红细胞中，少量存在于肝、脾、骨髓中，血液呈红色就在于血红素是含铁的复杂配合物。血红素中的Fe^{2+}参与氧的运送、交换和组织呼吸过程，其过程表示如下：

$$\text{Hem(血红素)} + O_2 \longrightarrow \text{Hem} \cdot O_2 \xrightarrow[\text{铁氧血红素}]{C_6H_{12}O_6\ \text{酶}} \text{Hem} + CO_2 + H_2O$$

凡能将Fe^{2+}氧化为Fe^{3+}的氧化剂，如$NaNO_2$、H_2O_2、$KMnO_4$都会干扰运载氧的功能，可与Fe^{2+}生成配离子的物质能取代氧气的位置，造成机体缺氧症状，直至死亡。铁在体内可被反复利用，排出的数量很少。成人每天损失铁1mg，如果膳食供铁不足，会导致血红蛋白含量低，即缺铁性贫血。膳食中铁的良好来源有动物肝脏及全血、肉类、鱼类和某些蔬菜。

3）锌

人体含锌为1.4～2.3g，约为含铁量的一半，是含量仅次于铁的微量元素。人体内各个组织都含有痕量的锌，主要集中于肝脏、肌肉、骨骼和皮肤(包括头发)。血液中的锌大多数分布在红细胞中，主要以酶的形式存在，头发中锌的含量可反映食物中锌的长期供给水平。锌是很多酶的组成成分，人体内有100多种酶含锌，并为酶的活性所必需。人体锌缺乏的临床表现为食欲不振，生长停滞，创伤愈合不良及皮炎等。锌的食物来源有动物性食品，如猪肉、牛肉、羊肉、鱼类及各种海产品，蔬菜、水果中的锌含量一般都不高。

4）碘

人体内的碘有20～50mg，20%存在于甲状腺中。甲状腺的聚碘能力很高，其碘浓度比血浆高25倍，血浆中的碘主要为蛋白质结合碘。碘的功能是参与甲状腺素的合成并调节机体的代谢。甲状腺素是含碘的激素，在体内主要调节热能代谢及蛋白质、脂肪、糖类的合成与分解代谢，促进机体的生长发育。人体缺碘时，甲状腺素合成降低，血液中甲状腺素水平下降，引起甲状腺组织增生和肿大，俗称“大脖子病”。儿童缺碘可导致智力低下，生长迟缓。我国内陆大多数地区缺碘，补碘的方法是食盐加碘。食物中海带、紫菜及海产品含碘量很高，如紫菜中碘的质量分数可达 0.5%。需注意的是，碘摄入过多也可引起地方性甲状腺肿，补碘反而使病情加重，所以不缺碘地区不宜使用加碘食盐。

5）硒

成人体内含硒 14～21mg，分布于指甲、头发、肾和肝中。硒具有抑制过氧化的作用，抗毒性，能刺激免疫球蛋白及抗体的产生，有抑制癌细胞繁殖的作用，硒也是智力发育的营养素。缺硒是引起克山病的一个重要病因，成人每日实际摄入硒量为 60～70μg，主要食物来源有动物的肝和肾、海产品及肉类，谷物中的硒含量随土壤而异。

除上述人体容易缺乏的矿物质元素以外，还有些矿物质元素对人体相当重要，但在正常情况下，一般通过日常饮食可得到足够的补充，不易造成缺乏。现将部分矿物质元素的生理功能、缺乏症状及食物来源列于表 4-6。

表 4-6　部分矿物质元素的生理功能、缺乏症状、食物来源与日推荐量

名称	日推荐量/mg	主要生理功能	缺乏症状	食物来源
Mg	200～300	激活体内多种酶，抑制神经兴奋，参与蛋白质的合成、肌肉收缩和调节体温等作用	肌肉震颤，手足抽搐，心律过快，心律不齐，情绪不安，易激动	肉、动物内脏、粮食、绿色蔬菜
P	800～1200	骨骼、牙齿的主要成分，细胞核及各种酶的成分。帮助糖类、脂肪的代谢，维持渗透压和酸碱平衡	骨骼、牙齿发育不正常，骨质疏松，软骨病，食欲不振	豆类、蛋类、乳、肉、绿色蔬菜
K		维持体内水、渗透压及酸碱平衡，增强肌肉的兴奋性，维持心跳规律，参与热能代谢	倦怠，嗜睡，无力，严重时心理失常，麻痹	
Na		维持水、渗透压及酸碱平衡，增强肌肉的兴奋性	眩晕，恶心，食欲不振，心律过快，血压下降，严重时昏迷虚脱	食盐
Sr	1.9	促进骨骼生长，维持血管功能和通透性，合成黏多糖，维持组织弹性	骨质疏松，抽搦症，白发，龋齿	乳、蔬菜、豆类、海产品
Cl		维持体内水、渗透压及酸碱平衡，激活唾液中的淀粉酶	食欲不振	食盐
Cu		金属酶的成分，促进结缔组织形成和骨骼发育正常，维持中枢神经系统的健康	贫血，生长迟缓，情绪易激动	谷类、豆类、坚果、肉类、海产品
Mn	3	活化硫酸软骨素合成的酶系统，促进生长和正常的成骨作用	生长迟缓，生殖机能受阻	

续表

名称	日推荐量/mg	主要生理功能	缺乏症状	食物来源
Cr	2～2.5	激活胰岛素，维持正常葡萄糖代谢。三价铬为人体所必需，六价铬有毒	葡萄糖耐量异常，导致糖尿病	动物蛋白、豌豆、胡萝卜
Co	0.29	维生素 B_{12} 的重要组成成分	贫血	含维生素 B_{12} 食物
Mo	0.3	构成多种氧化酶的重要成分，能量交换过程必需，眼色素的构成组分	龋齿、肾结石、营养不良	豆荚、卷心菜、大白菜
Sn	3	促进蛋白质和核酸反应，促生长，催化氧化还原反应	抑制生长，门齿色素不全	龙须菜、西红柿、橘子、苹果
Ni	0.3	参与细胞激素和色素的代谢，生血，激活酶，形成辅酶	肝硬化，尿毒，肾衰，肝脂质和磷脂质代谢异常	蔬菜、谷类
V	1.5	刺激骨髓造血，降血压，促生长，参与胆固醇和脂质及辅酶代谢	脂固醇高，生殖功能低下，心肌无力，骨异常，贫血	海产品
F	2.5～3	牙齿和骨骼的成分，可预防龋齿，老年人的骨质疏松症	摄入量过多可引起斑牙症	食物中较少，主要通过饮水摄入

2. 维生素——新陈代谢的催化剂

维生素(vitamin)是维持生命的元素，是维持生物正常生命过程的必需营养素，是一类结构较为复杂的有机物。维生素的主要功能是作为辅酶调节机体新陈代谢，能在人的正常体温时促进生物化学反应。若干维生素还可以结合到机体组织结构中，常称为生命的生物催化剂。因此，人体缺乏维生素时，会因处于不健康状态而患病，甚至死亡。

目前已经发现 20 多种维生素，人们需要的维生素大约 13 种，即维生素 A、维生素 C、维生素 D、维生素 E、维生素 K 和 8 种维生素 B，8 种维生素 B 包括维生素 B_1、维生素 B_2、维生素 B_5、维生素 B_6、维生素 B_{12}、叶酸、泛酸和生物素。这些维生素性质各异，但具有以下共同特点：

(1) 维生素或其前体都在天然食物中存在，但没有任何一种天然食物含有人所需的全部维生素。

(2) 它们在体内不提供热能，一般也不是机体的组成成分。

(3) 参与维持机体正常生理功能，需要量通常以 mg 有的甚至以 μg 计，但是绝对不可缺少。

(4) 一般不能在体内合成或合成的量少，不能满足机体需要，必须经常由食物供给。

1) 维生素的由来及命名

维生素是从研究营养缺乏症而逐渐被发现的。例如，对脚气病的研究发现了维生素 B_1，从研究坏血病发现了维生素 C。早在公元 7 世纪，我国医书中就有对维生素缺乏症和食物防治的记载。隋唐名医孙思邈(581—682)发现食米区有“脚气病”，采用中药车前子、防风、杏仁可以治愈。脚气病是缺乏维生素 B 导致。国外一直到 1642 年才第一次描述这种疾病。后人研究发现，孙思邈所用中药都含有维生素 B。孙思邈还首先用猪肝治疗“雀目”(夜盲症)，它是维生素 A 缺乏症。

维生素缺乏在人类历史的进程中曾经是引起疾病和造成死亡的重要原因之一。20 世纪前，欧洲、美洲有数以百万的人死于癞皮病。今天，即使有各种商品维生素可供选用，仍然有维生素缺乏症。造成维生素缺乏的原因除食物中含量不足外，还可由机体消化吸收障碍和增加需要量所致。

维生素一般是按发现的先后顺序命名，在“维生素”之后加上 A、B、C、D 等字母。也有根据其化学结构和生理功能命名的。例如，维生素 B_1 结构中含有硫和胺，也称硫胺素；烟酸具有抗癞皮病的功能，所以也称抗癞皮病维生素等。

现在维生素的命名，虽然按阿拉伯数字排列，但并不连贯，有些维生素的序号空缺，这主要有以下 3 种情况。

(1) 开始按发现的先后次序用拉丁字母顺序排列的物质，后来证明是同一种物质，于是需要废弃一个名字，从而造成空白。例如，维生素 B_3 是泛酸，因此废弃维生素 B_3，于是就有维生素 B_1、维生素 B_2、维生素 B_6、维生素 B_{12} 等。

(2) 刚发现时认为是一种，但后来又证明是几种维生素混合在一起，所以又在拉丁字母的右下角注明 1、2、3 等加以区别。例如，维生素 D_1、维生素 D_2、维生素 D_3 等。

(3) 人体内必需的营养物质并非维生素而当做维生素命名。例如，维生素 F 后来证明是“必需脂肪酸”，所以其命名被废弃。

2) 维生素的分类

维生素的种类很多，化学结构差异很大，功能多种多样，按溶解性质将其分为脂溶性和水溶性两大类。水溶性维生素有 B 族维生素(B_1、B_2、B_6、B_{12}、烟酸、胆碱等)及维生素 C，脂溶性维生素有维生素 A、D、E、K 等。

脂溶性维生素与水溶性维生素的区别主要体现在以下几个方面。

(1) 化学成分。脂溶性维生素只含有碳、氢和氧 3 种元素，水溶性维生素还含有氮元素。

(2) 来源。维生素主要来源于植物组织中，脂溶性维生素以维生素原(或维生素体)的形式存在于植物组织中，维生素原能在动物体内转变为维生素。水溶性维生素没有维生素原。

(3) 吸收。有脂肪存在时，脂溶性维生素可被肠道吸收。任何增加脂肪吸收的因素也将增加脂溶性维生素的吸收。一般来说，水溶性维生素的吸收过程相对简单，因为肠道不断吸收水而使其随水分进入血液中。

(4) 储存。脂溶性维生素可储存于体内，在储存脂肪的地方就能够储存脂溶性维生素，吸收得越多，储存得也就越多。相比之下，水溶性维生素不能大量储存，且每天大量的水携带水溶性维生素排出体外，因此每天的膳食中都应补充水溶性维生素。由于所有的活细胞都含有 B 族维生素，所以，维生素 B 缺乏症一般不会立刻产生。

(5) 排泄。脂溶性维生素通过胆汁从粪便中排出，水溶性维生素主要随尿排出。这种排泄途径上的区别也反映了它们在溶解性上的不同。

(6) 生理作用。脂溶性维生素参与调节结构单元的代谢，且每种维生素均显示有一种或多种特定的生理作用，水溶性维生素 B 主要与能量传递有关。

(7) 缺乏症状。膳食中缺乏一种或多种维生素，可能导致机体生长或繁殖的衰退和特有的代谢紊乱，称为维生素缺乏症，严重时会导致死亡。

脂溶性维生素缺乏症有时与维生素的功能有关。例如，钙的代谢需要维生素 D，缺乏会引起骨骼变形；维生素 B 严重缺乏后会引起皮炎、头发粗糙和生长受阻。

(8) 毒性。过量摄入脂溶性维生素 A 和维生素 D 会引发严重的中毒症状，食物中脂溶性维生素常与脂类物质共存，吸收后脂溶性维生素主要在肝脏内储存。脂溶性维生素不溶于水，当体内长期存在且在高水平积累时，它不易随尿排出而发生中毒。由于体内缺乏储存水溶性维生素的能力，所以超出体内需要的多余的水溶性维生素即随尿排出体外，因而其毒性也相对小些。

3) 维生素的来源与功用

维生素一般不能在体内合成。人体所需的维生素大多要从食物中摄取。当人体暴露在紫外线下时，维生素 D 会由它的前体(存在于皮下)合成。

维生素的主要功能是作为辅酶的成分调节机体代谢。长期缺乏任何一种维生素都会导致某种营养不良症及相应的疾病。每种维生素履行着特殊的生理功能，同时，维生素不能互相替代。人类每日必须从膳食中摄入一定数量的各种维生素，各种维生素的摄食量虽然应适当充足，但并非越多越好，需要量有一定范围。现已发现，有些脂溶性的维生素过量可致中毒症状。例如，小儿长期吃鱼肝油或大量服用维生素 D 易造成中毒。维生素 D 摄食过量会引起乏力、疲倦、恶心、头痛、腹泻等，还可使总血脂和血胆固醇量增加，妨碍心血管功能。这再一次证明，生命体对任何营养素的需求都是有其浓度范围的。表 4-7 中给出各种水溶性和脂溶性维生素的来源、主要功能以及缺乏的症状。

表 4-7 维生素的来源、主要功能以及缺乏的症状

名称	食物来源	功能	维生素缺乏症状
维生素 B_1(硫胺素)	谷物，豆，动物的肝、脑、心、肾脏	促进能量代谢、维护神经与消化系统的正常功能	脚气病，心力衰竭，精神失常
维生素 B_2(核黄素)	牛奶、鸡蛋、肝、酵母、阔叶蔬菜	电子传递链的辅酶	皮肤皲裂，视觉失调
维生素 B_6(吡哆醇)	谷物、豆，猪肉、动物内脏	氨基酸和脂肪酸代谢的辅酶	幼儿惊厥，成人皮肤病
维生素 B_{12}(氰钴胺)	动物的肝、肾、脑，由肠内细菌合成	合成核蛋白	恶性贫血
烟酸	酵母，精瘦肉，动物的肝，谷物	氢转移过程中的辅酶	糙皮病，皮损伤，腹泻，痴呆
维生素 C(抗坏血酸)	柑橘类水果、绿色蔬菜	使结缔组织和糖类代谢保持正常	坏血病，牙龈出血，牙齿松动，关节肿大

续表

名称	食物来源	功能	维生素缺乏症状
叶酸	酵母，动物内脏，麦芽	合成核蛋白	贫血症
泛酸	酵母，动物肝脏、肾，蛋黄	形成辅酶 A	运动神经元失调，消化不良，心血管功能紊乱
维生素 H(生物素)	动物肝脏、蛋清、干豌豆和利马豆，由肠内细菌合成	维持脂肪和蛋白质正常代谢	干燥的鳞状皮炎、舌炎
肌醇	存在于很多水果和蔬菜中	有助于脂肪的代谢	脂肪肝
胆碱	蛋黄、肝、小麦	抗脂肪肝	胃溃疡、肝硬化
维生素 A(A_1-松香油、A_2-脱氢松香油)	绿色和黄色蔬菜及水果，鳕鱼肝油	形成视色素，使上皮结构保持正常	夜盲症，皮损伤，眼病
维生素 D(D_2-骨化醇、D_3-胆钙化醇)	鱼油，肝，皮肤中由太阳光激活的前维生素	使小肠吸收 Ca^{2+} 的能力增加，对牙和骨的形成很重要	佝偻病，骨质疏松
维生素 E(生育酚)	绿色阔叶蔬菜	保持红细胞抗溶血能力	增加红细胞的脆性
维生素 K	由肠内细菌合成	促成肝合成凝血酶原	血液凝结作用丧失

一般正常人每天可以从食物中摄取多种维生素，不致发生缺乏症。但在不良气候、环境中(如高温、寒冷、缺氧等恶劣条件下)工作或特殊职业和特殊生理状况下，每天可适当补充维生素。老年人需要较多的维生素 B 和维生素 C，对维生素 D 需要很少。需要视力集中的人，如射手、领航人员、精细机器制造工人、对暗适应力低的患者和眼角膜干燥的患者，一般需要摄取较多的维生素 A。膳食中糖类比例较大的人、食欲不好及有神经性疾病的患者需要较多的维生素 B，化工厂和高温车间工人需要较多的维生素 C。

有些维生素在体内有协同作用。例如，维生素 C 能提高对铁的吸收率。维生素 D 又称抗软骨病维生素，其主要功能是调节钙、磷代谢，维持血液钙、磷浓度正常，从而促进钙化，使牙齿、骨骼正常发育。植物体内不含维生素 D，仅动物体内才含有，鱼肝油含量最丰富，蛋黄、牛奶中也都含有维生素 D。

此外，为了保证从每日饮食中获取足够的维生素，还要注意在食物的烹调中稳定维生素。

维生素是身体内必需的活性物质，有的可以作为辅酶促进代谢，有的能调节体内的氧化还原反应，有的可促进细胞分化再生等。这些物质都具有特殊的化学结构，一旦改变它们的结构，其生理功能就可能降低甚至消失。很多因素可以改变它们的结构，使其丧失生物活性。例如，强光照射可以使维生素 A、维生素 B_2 的结构改变，空气中的氧和氧化剂可以使维生素 A、维生素 D_1、维生素 B_2 和维生素 C 被破坏，碱性环境可以使维生素 B_1 和维生素 B_2 被破坏，酸可以破坏维生素 A，金属离子可以使维生素 C 被破坏，热可以加速维生素 C 活性丧失等。

在烹调中，可采取不同的烹调手段，稳定食物中的维生素，加强营养。主食焖蒸：

可最大限度地保存其水溶性维生素、蛋白质、糖类和脂肪等营养；少用炸煎：炸煎食品可导致维生素大量损失，且不易消化；保存维生素C：可在炒菜中加醋或加淀粉，熬煮时应先将水煮沸然后放菜；尽量急火快炒：这样可以最大限度地保存蔬菜中的营养成分。

4）几种常见维生素的结构与功能

（1）维生素A。维生素A也称视黄醇，因为它与视觉有关。1913年，Mccllum等发现，脂溶性食物（如鱼肝油、蛋黄和黄油）中存在一种营养必需品，命名为脂溶性维生素A。维生素A的化学结构是人们阐明得最早的一种维生素，维生素A的化学结构与β-胡萝卜素（图4-2）关系密切。β-胡萝卜素是维生素A的前体，在动物体内可被转化为维生素A，所以又称为维生素A原。维生素A能保证正常视觉，若缺乏维生素A，就会影响体内视紫红质的合成，引起夜盲症。维生素A还能保持上皮细胞组织的完整和健全，增强抵抗力。体内维生素A缺乏会出现上皮组织萎缩、皮肤干燥等症状。此外，维生素A还能维持骨骼和牙齿的正常发育，增强生殖力等。

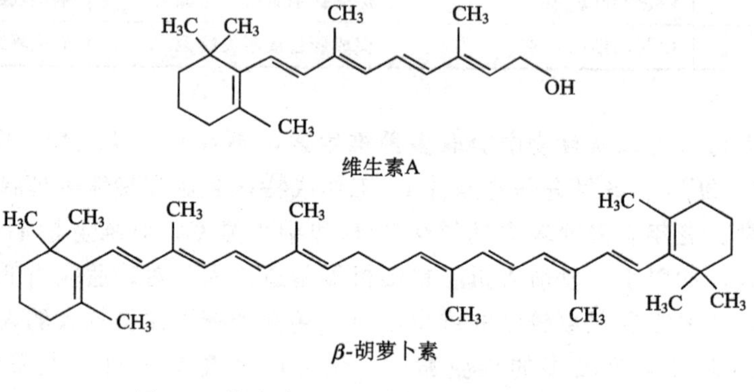

图4-2　维生素A和β-胡萝卜素的化学结构

（2）维生素C。维生素C能防治坏血病，因而又称抗坏血酸。维生素C具有烯二醇的结构，显酸性和强还原性，为高度水溶性维生素，其结构式如图4-3所示。维生素C广泛存在于新鲜水果及绿叶蔬菜中，尤以番茄、橘子、山楂、刺梨和辣椒中含量丰富。维生素C能促进胶原生物合成，有利于组织创伤伤口的愈合；促进生物氧化还原过程，保护细胞膜的完整性；改善铁、钙和叶酸的利用。维生素C是一种重要的自由基清除剂，它通过逐级供给电子而变成三脱氢抗坏血酸和脱氢抗坏血酸，从而起到清除自由基的作用。若人体缺乏维生素C会感到全身乏力、食欲减退，能引起坏血病，主要症状是出血、关节血性渗出和关节软骨的改变。

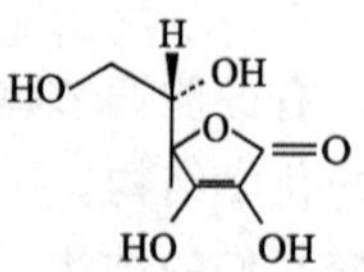

图4-3　维生素C的结构式

（3）维生素D。维生素D是类固醇的衍生物。维生素D活性的化合物约有10种，但主要是D_2和D_3。D_2和D_3的结构十分相似，其差别只是D_2比D_3在侧链上多一个甲基和双键。由于植物中的麦角固醇被日光或紫外线照射激活后会转变成维生素D_2，因此麦角固醇又称维生素 D 原。人体皮肤中含有的维生素 D 原为 7-脱氢胆固醇，在日光或紫外线照射下可以转变为维生素 D_3，其反应式如图 4-4 所示。

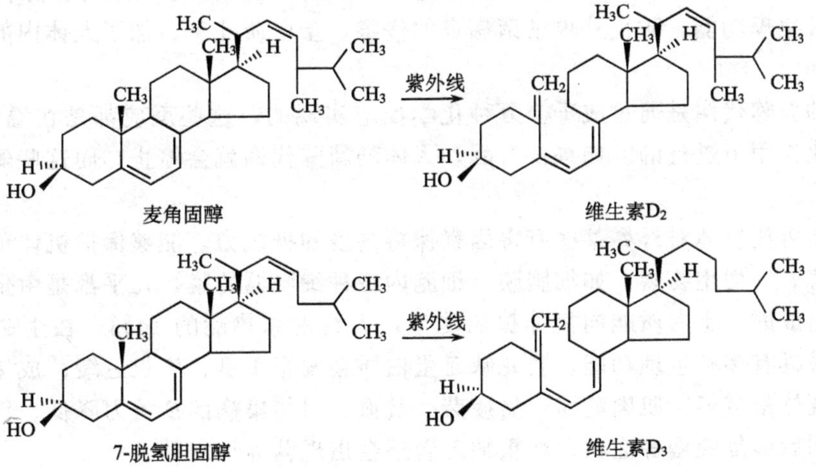

图 4-4　光照条件下合成维生素 D_2 和 D_3 的反应式

维生素 D 能促进钙和磷的吸收，维持血清钙、磷浓度的稳定，是调节钙、磷正常代谢所必需的物质。维生素 D 能够促进牙齿和骨骼的正常生长，利用钙、磷的沉积促进骨组织钙化，可使钙、磷成为骨质的基本结构。它还能促进皮肤的新陈代谢，增强皮肤的抵抗力。佝偻病、软骨病是膳食中缺乏维生素 D 或人体缺乏日光照射的结果。

(4) 维生素 E。维生素 E 又称生育酚。天然的生育酚有 8 种，其化学结构大同小异，都是苯并二氢吡喃的衍生物，其中 α-生育酚(图 4-5)的效力最大。由于其结构中无极性基团，所以 α-生育酚在水中不溶，而溶于无水乙醇、丙酮、氯仿、乙醚和石油醚等有机溶剂中。维生素 E 是一种天然抗氧化剂，具有抗衰老作用，能促进肌肉的正常生长发育。维生素 E 缺乏会引起肌肉萎缩症，而适当给以维生素 E，可以减少肌肉内氧的消耗量，治疗肌肉萎缩症。

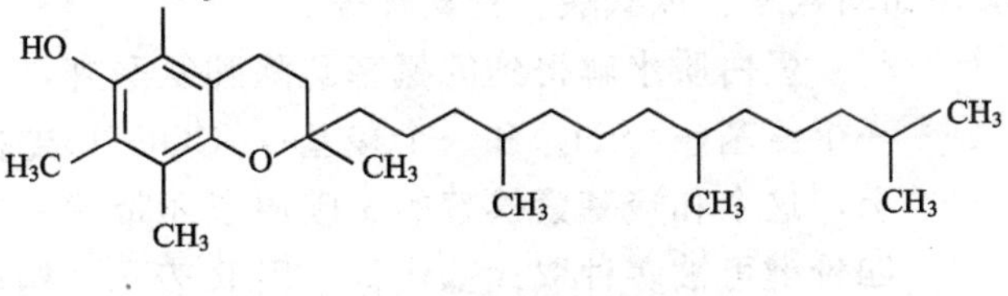

图 4-5　α-生育酚的结构式

3. 蛋白质——生命的基础

蛋白质是生命的重要物质基础，生命活动是蛋白质运动的表现。病毒、细菌、激素、植物和动物细胞原生质都是以蛋白质为基础的。人体和动物体内最重要的组成成分是蛋白质，机体中所有重要组织都有蛋白质参与，如神经、肌肉、内脏、血液等都含有蛋白质。蛋白质是构成细胞和组织的“建筑材料”，在人体细胞中的含量仅次于水，占细胞干重的 50%以上。蛋白质构成酶、抗体和某些激素，参与人体的新陈代谢，维持人体的正常生理功能，防止外界细菌病毒的侵害，蛋白质几乎参加了人体内的每一项正常生理活动。

人体的新陈代谢是通过成千上万种化学反应实现的，这些反应都是在温和条件下、在酶的催化作用下进行的。如果没有酶，人体的新陈代谢就会停止，而这些酶绝大部分是蛋白质。

蛋白质可使机体对外界某些有害因素保持高度的抵抗力，能够保护机体免受细菌和病毒的侵害。一切生物膜，如细胞膜、细胞内各种细胞器的膜，几乎都是由蛋白质和脂类等物质组成的。蛋白质能向机体提供能量，大约占总热能的 14%。在生命活动过程中，蛋白质具有多种生理功能。婴儿缺乏蛋白质会发育不良、生长迟缓；成年人缺少蛋白质会出现体重减轻、肌肉萎缩、易疲劳、贫血、对传染病的抵抗力降低、创伤骨折不易愈合、病后康复缓慢等症状，严重缺乏者还会出现营养性水肿。

1）蛋白质的化学组成

人体中的蛋白质分子多达 10 万种，是一种化学结构非常复杂的含氮有机高分子化合物。蛋白质一般含碳、氢、氧、氮和少量的硫，有些蛋白质还含钙、磷、铁、锌、铜、锰、钼、镁等。蛋白质相对分子质量都在 10^4 以上，不同的蛋白质结构和相对分子质量不同，氮的含量平均为 16%，这是蛋白质元素组成的一个特点。

蛋白质可以被酸、碱和蛋白酶催化水解为相对分子质量较小的胨、肽，最后成氨基酸，即蛋白质→胨→肽→α-氨基酸。因此，氨基酸是组成蛋白质的基本单位。1965 年，我国科学工作者首先合成了具有生物活性的蛋白质——结晶牛胰岛素。人工合成蛋白质的成功使人类真正打开了探索生命奥妙的大门。

2）氨基酸化学

组成蛋白质的氨基酸有 20 种，分为脂肪族氨基酸、芳香族氨基酸、杂环氨基酸、杂环亚氨基酸 4 类。人血液中的“血清白蛋白”分子由 15 个甘氨酸、45 个缬氨酸、58 个亮氨酸、9 个异亮氨酸、31 个脯氨酸等 18 种 526 个氨基酸构成。在体内代谢过程中还会产生一些氨基酸，如鸟氨酸、瓜氨酸、胱氨酸等。

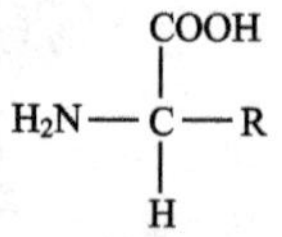

图 4-6　α-氨基酸的结构通式

蛋白质水解得到的氨基酸除脯氨酸外，均为 α-氨基酸，即一个氨基（$-NH_2$）和一个羧基（—COOH）连接在同一个碳原子上，这个和羧基紧挨着的 α-碳原子还带着一个氢原子，它的第四价键可被多种取代基代替，用 R 表示，构成各个氨基酸之间的差异，其结构通式如图 4-6 所示。

氨基酸的结构有长链、中链、短链和支链之分；对机体的作用有必需和非必需之分；按存在形式，有单纯和复合之分。

氨基酸的功能主要包括：

（1）经胃肠道消化、吸收进入血液的氨基酸进入人体组织细胞合成相应的蛋白质（如肌蛋白、血红蛋白、脂蛋白、核蛋白等），以满足人体生长、发育、补充消耗的需要。

(2) 存在于血液内的氨基酸可维持血容量的相对恒定。

(3) 合成多种含氮化合物(如肾上腺素、甲状腺素、嘌呤、嘧啶等)，甚至直接充当神经介质，从各个不同的角度起到维持身体机能和遗传的作用。

(4) 合成多种抗体、补体物质，参与人体免疫功能。

(5) 多余的氨基酸还可以合成脂类物质或氧化放出能量。

此外，氨基酸作为药物治疗肝病、肠胃病、肿瘤、高血压等都有疗效。在食品工业中添加氨基酸能增加食品的色、香、味。例如，在葡萄糖中加缬氨酸，能产生巧克力香味；加半胱氨酸，能产生牛肉香味；加亮氨酸，能产生乳酪香味等。

3) 蛋白质的生理作用

(1) 参与生理活动和劳动做功。心脏跳动、呼吸运动、胃肠蠕动以及日常各种劳动做功等都离不开肌肉的收缩，而肌肉的收缩又离不开具有肌肉收缩功能的蛋白质。有一种疾病称为“重症肌无力”，它是由于肌肉失去了正常收缩功能而发生进行性萎缩，影响走路，严重时不能自行翻身，甚至使呼吸肌无力收缩而致人死亡。

(2) 参与氧和二氧化碳的运输。在生命活动中，将氧气供给全身组织，同时将新陈代谢所产生的二氧化碳排出体外的运输工具就是血红蛋白。血红蛋白是红细胞的主要成分，也是红细胞行使其功能的物质基础。

(3) 参与维持人体的渗透压。血浆中有多种蛋白质，对维持血液的渗透压、细胞内外的压力平衡起着重要作用。血浆蛋白质减少会导致人体发生水肿。

(4) 具有防御功能。血浆中的抗体主要是丙种球蛋白，这是一种具有防御功能的蛋白质。如果人体缺少丙种球蛋白，就会受到细菌或病毒的侵袭而生病。

(5) 参与调节人体内物质的代谢。物质代谢中，都需要酶系统的催化或调节，而绝大部分酶的本质就是蛋白质。在调节代谢过程中，蛋白质以酶和激素的形式出现，发挥了生命活动中“指挥员”的作用。

4) 蛋白质的代谢平衡

人体从食物中摄取的蛋白质与代谢中排出的蛋白质有一定的平衡关系。通过测定食入的蛋白质含氮量和代谢中蛋白质排泄氮的含量，就可以知道蛋白质的食入量和排泄量。蛋白质的平衡实际就是氮的平衡。

(1) 正氮平衡，即食入的氮的量大于排出的量。这种平衡情况多见于儿童、孕妇及疾病初愈的患者。这说明食入的蛋白质有一部分保留在体内补充生理的需要，也就是构筑新的细胞组织，这样，食入的氮就多于排出的氮。对于这类人群需要供应大量蛋白质以保证满足机体生长、修复的需要。

(2) 负氮平衡，即食入的氮的量少于排出的量。常见于患慢性消耗性疾病者、饥饿者以及摄取食物中缺乏蛋白的人。每日进入体内的蛋白质少于排出的蛋白质，人体就会动用一部分体内蛋白质从而使身体消瘦、虚弱。

(3) 氮的总平衡，就是食入的氮量和排出的氮量相等。这种情况多见于成年人。每日食入的蛋白质能够维持身体组织蛋白的更新与修复，此时蛋白质含量处于动态平衡。

通过了解以上 3 种氮的平衡情况，可以帮助我们确定在不同情况下蛋白质的不同需要量。

生理学家的实验数据表明，成人每天体内蛋白质更新3%，每千克体重每日需补充约1.5g蛋白质才能维持氮平衡。一个体重60kg的成年人按劳动量的不同，每天需补充70～105g蛋白质才能保证组织更新和修补的平衡，从而保持氮的总平衡。若以60g为需要的最低量，大约2L牛奶可以满足此量。当然，我们不可能每天喝这么多牛奶，肉、蛋、鱼等动物性食品和许多植物性食品都含有丰富的蛋白质。营养学家认为，动物蛋白在总蛋白量中至少占1/3，若达不到可以多食用豆制品，使二者加起来占总蛋白质的1/3～1/2，其余的蛋白质由其他主、副食中获得。

5）蛋白质的生物效价

蛋白质的营养价值取决于所含氨基酸的种类和数量。食物中必需氨基酸的种类和数量越接近体内蛋白质的组成，其营养价值越高。食用混合食物可使蛋白质互补，提高蛋白质的营养价值。

植物蛋白质以大豆含量最高，其次是小麦、小米、高粱、玉米、大米等。肉类则以鸡肉含动物蛋白量最高。干贝是水生动物中含蛋白质最高的食品，其次为鲤鱼、牛肉、羊肉、猪肉、鸡蛋。

评价食物蛋白质的营养价值还要考虑蛋白质被人体消化吸收的程度。一般来讲，动物性食品消化率较高，乳类的97%～98%能被消化吸收，而蛋类为98%，肉类为92%～94%；植物性蛋白质被纤维包围，不易与消化酶接触，因而消化率较低。大豆整粒进食，其消化率仅为60%，若加工成豆腐则消化率可提高到80%。蛋白质的利用率可用生物效价表示。生物效价表示食物蛋白质被消化吸收后在体内的储留程度，生物效价越大则利用率越高。不同食物蛋白质中氨基酸的含量和比例关系不同，其营养价值不一。若将不同的食物适当混合食用，使它们之间相对不足的氨基酸互相补偿，从而接近人体所需的氨基酸模式，可以提高蛋白质的营养价值。例如，在大豆蛋白中加入少量的鸡蛋蛋白，可提高大豆蛋白的生物效价。常见食物中的蛋白质含量及其生物效价如表4-8所示。

表4-8 常用食物中的蛋白质含量及其生物效价

食物	蛋白质含量/%	生物效价	食物	蛋白质含量/%	生物效价
猪肉	13～19	74	玉米	8～9	60
牛肉	16～22	76	高粱	7～9	56
羊肉	14～18	69	小米	9～10	57
鸡肉	21～24	80	大豆	36～38	64
鲤鱼	17～18	83	豆腐	4～7	65
鸡蛋	13～15	94	花生	25～30	59
牛奶	3.3	85	白菜	1～1.5	76
大米	7～9	77	红薯	1～2	72
小麦	12～13	67	马铃薯	2～3	67

人体需要蛋白质的数量需根据年龄、生理特点和健康状况而定。根据我国营养学会建议，成人每日每千克体重以 1.2g 为宜。成人每天在饮食中的蛋白质比例应占总热量的 10%～12%，儿童、青少年应占 12%～14%。

可以通过不同蛋白质的协同互补提高其利用率。通过食物搭配合理利用各种食物蛋白资源，一般植物蛋白与动物蛋白的比例以 3∶1 较为合适。食用时间也会影响其生物效价，蛋白质在体内存留时间越长，生物效价越高。现在人们大都有早上喝牛奶的习惯，如果清晨空腹喝牛奶，蛋白质作为能量会很快分解转化，不会作为构成体质的原料，尤其是生长发育期的青少年。比较合理的做法是在早餐吃饱的前提下，9∶00～10∶00喝一包牛奶，临睡前 21∶00～22∶00 再加一包牛奶(或酸牛奶)，这样可以较好地提高牛奶的生物效价。早餐应当以含糖丰富的淀粉类为主(供给全天的能量)，馒头、稀饭、小菜、水煮鸡蛋外加一个水果是营养合理的早餐。值得注意的是，蛋白质的生物效价也会受到其他因素(如加工方法、个体的消化吸收差异等)的影响。

6) 蛋白质的“毒性”

蛋白质摄入量不足会影响身体发育，导致体重减轻、容易疲劳、对传染病抵抗力降低，甚至出现营养性水肿等。但是，蛋白质也不是吃得越多越好，因为蛋白质在人体内分解代谢过程中会产生氨基酸、氨、尿素、肌酐等含氮物质。正常情况下，人体内有部分氨基酸要分解为氨，然后在肝脏中合成尿素随尿排出体外。如果体内氨基酸的量过多，氨的生成就会相应增多。研究表明，人体中氨的增多，将迫使肝脏合成的尿素相应增多(尿素的毒性比氨的毒性作用更大)。如果肝脏长时间处于超负荷工作状态，就会引起肝功能不良。对于肝脏疾病患者，氨在肝脏的处理减少或出现障碍，就会引起氨的蓄积中毒，发生肝昏迷；肾功能不全的患者，尿素排泄比较困难，容易引起尿毒症和尿毒性心包炎等。这些都是严重危害人体生命的疾病，治疗也比较困难。因此，氨基酸不仅有作为营养剂的一面，同样也有它毒性作用的一面。那种认为氨基酸是补药，摄入越多越好的想法是不正确的。使用氨基酸时，应慎重权衡利弊，尤其对有些患者，多吃高蛋白的甲鱼、海参、老母鸡等反而不利于健康。

蛋白质和糖类、脂肪不一样。脂肪和糖类在人体里过多可以储藏起来，以后慢慢供人体使用。而多余的蛋白质在体内不能储藏，总要设法变成氨基酸，再分解出有毒物质氨，反而有害身体健康。从这个角度来说，暴饮暴食对身体是十分有害的。

健康成人每千克体重每天摄入 1g 蛋白质就可以保持体内蛋白质代谢的平衡。

4. 糖类——人体的主要能源来源

糖类是指具有多羟基醛或多羟基酮的一大类有机化合物，是生物体中重要的生命有机物之一，也是自然界分布最广、含量最丰富的一类有机化合物，在人类的生命活动过程中起着十分重要的作用，是人体必需的营养素。糖是人体的主要供能物质，在正常生理情况下，60%～70%的能量是靠糖类供应的。

1) 糖的组成与分类

糖类只含碳、氢、氧 3 种元素，许多糖类的分子式可用通式 $C_x(H_2O)_y$ 表示，如葡萄糖($C_6H_6O_6$)可表示为 $C_6(H_2O)_6$，蔗糖($C_{12}H_{22}O_{11}$)可表示为 $C_{12}(H_2O)_{11}$。从表面上看，

它们好像是由碳和水组成的，故又称碳水化合物。糖类中的氢和氧并不是以水分子形式出现，也不是所有糖类分子都符合通式 $C_x(H_2O)_y$，如鼠李糖 $C_6H_{12}O_5$ 就不符合。其实糖类物质是多羟基醛类或酮类以及以它们为构筑单元所形成的聚合物。

糖类一般分为单糖、低聚糖和多糖 3 类。单糖是指不能再水解为更小分子的糖，主要是指葡萄糖和果糖，人体可以直接吸收。此外还有半乳糖、甘露糖、肌醇、戊糖、阿拉伯糖及木糖等。低聚糖是指能被水解生成 2～10 个单糖分子的糖。自然界游离的低聚糖主要存在于植物体内，动物体内很少。这些由少数(2～6 个)单糖分子构成的糖又称寡糖，其中以二糖存在最为广泛，二糖主要有蔗糖、乳糖、麦芽糖、棉籽糖、水苏糖等。多糖分为两类：一类是可被人体消化吸收的，如淀粉、糊精、动物糖原等；另一类是不能被人体消化吸收的，如食物纤维、半纤维素、木质素和果胶等。多糖能水解为很多个单糖分子。多糖在性质上与单糖、低聚糖有很大的区别，它没有甜味，一般不溶于水。与生物体关系最密切的多糖是淀粉、糖原和纤维素。

淀粉是葡萄糖的高聚体，水解到二糖阶段为麦芽糖，完全水解后得到葡萄糖。淀粉分直链淀粉和支链淀粉两类。直链淀粉含几百个葡萄糖单元，支链淀粉含几千个葡萄糖单元。在天然淀粉中直链淀粉占 22%～26%，它是可溶性的，其余的则为支链淀粉。当用碘溶液进行检测时，直链淀粉液呈现蓝色，而支链淀粉与碘接触时则变为红棕色。

淀粉是植物体中储存的养分，存在于种子和块茎中。大米中含淀粉 62%～86%，小麦含淀粉 57%～75%，玉米中含淀粉 65%～72%，马铃薯中含淀粉 12%～14%。淀粉是食物的重要组成部分，咀嚼米饭时感到有些甜味，这是因为唾液中的淀粉酶将淀粉水解成单糖。食物进入胃肠后，还能被胰脏分泌的淀粉酶水解，形成的葡萄糖被小肠壁吸收，成为人体组织的营养物。支链淀粉部分水解可产生称为糊精的混合物。糊精主要用于食品添加剂、胶水、糨糊中，并用于纸张和纺织品的制造(精整)等。

糖原的成分近似淀粉，广泛存在于人及动物体内，又称动物淀粉，在肝脏及肌肉中含量较高，是动物的糖储存库，也可以看作体内能源库。当动物血液中葡萄糖含量较高时，会结合成糖原储存于肝脏中；当葡萄糖含量降低时，糖原可分解成葡萄糖，供给机体能量。糖原的结构与支链淀粉结构基本相同，只是糖原的分支更多，平均每隔3～5个葡萄糖基就有一个分支，每个分支平均有 8～12 个葡萄糖基。肝脏中的糖原分解后进入血液，供身体各部分物质和能量的需要。

纤维素是自然界中最丰富的多糖。纤维素结构与直链淀粉结构的差别在于 D-葡萄糖单位之间的连接方式。分子间氢键的作用使这些分子链平行排列、紧密结合，形成纤维束，每一束有 100～200 条纤维系分子链。这些纤维束拧在一起呈绳状，绳状结构再排列就形成了纤维素，纤维素的机械性能和化学稳定性与这种结构有关。

淀粉与纤维素仅仅是结构单体在构型上的不同，却有不同的性质。淀粉在水中会变成糊状，而纤维素不仅不溶于水，甚至不溶于强酸或强碱。由于人体中缺乏具有分解纤维素结构所必需的酶，因此纤维素不能作为人类的供能物质，但它能促进肠的蠕动而有助于消化，是人体的“清道夫”，是人体必需的第七营养素。牛、马等动物的胃里寄生的某些微生物可以分泌使纤维素水解的酶，将纤维素分解为葡萄糖，因此可食用含大量纤维素的草、糠等饲料。人们正在研究从木霉菌中提取纤维素酶，以将纤维素分解为葡萄糖为人类所用。纤维素是植物支撑组织的基础，棉花中纤维素含量高达 98%，亚麻和木材中含纤维素分别为 80%和 50%左右。纤维素是制造人造丝、人造棉、玻璃纸、火棉胶等的主要原料。

多糖不是一步水解成为单糖的。例如，淀粉水解成糊精，再水解成为麦芽糖，最终成为葡萄糖。一个直链的淀粉分子含有 200～300 个葡萄糖分子，淀粉在消化道内被分解为葡萄糖，由血液送到全身，供组织和细胞使用。多余的葡萄糖聚合为糖原，暂时储存在肝和肌肉里备用。糖类不仅是生物体的能量来源，在生物体内还可发挥其他作用，即与其他分子形成复合物(复合糖类)。例如，糖类与蛋白质可组成糖蛋白和蛋白聚糖，糖类还可以与脂类形成糖脂和多脂多糖等。

2）糖类的生理功能

糖是组成人体的重要成分之一，占人体干重的 2%左右。从食物中摄取的糖比脂肪和蛋白质都多。糖在生物体内经过一系列的分解反应后释放出大量能量，可供生命活动之用。同时，糖分解过程形成的某些中间产物又可作为合成脂类、蛋白质、核酸等生物大分子物质的原料。

在人和动物体内，高分子糖类物质都是在消化道中经酶的作用分解为单糖，然后通过血液循环输送到细胞内，而有些微生物自身可以分泌出分解高分子糖类物质的酶，将糖类分解为单糖后吸收到体内。进入细胞内的单糖被细胞内的酶进一步分解为简单的小分子物质，如二氧化碳和水等。

糖的主要生理功能如下：

(1) 供给能量。糖类最主要的功能是其在生物体内经过一系列的分解反应后，释放大量的能量，供生命活动之用。在人体供能物质中，糖产热量最快，供能及时，所以又称其为快速能源。人的大脑及神经组织只能靠血液中的葡萄糖供给能量，若血糖过低，可导致昏迷、休克，甚至死亡。

血糖在人体内的去路有三条：①葡萄糖在体内氧化释放出能量，供人体做功和活动消耗；②合成肝糖原和肌糖原，将血液中过多的葡萄糖在肝脏和肌肉中合成肝糖原和肌糖原储存起来；③把糖转变成甘油、脂肪酸和某些氨基酸等物质。因此，吃糖过多易发胖就是由于食入糖过剩，多余的糖便转化为脂肪在皮下积累储存起来。

糖经过有氧氧化和无氧氧化降解的代谢过程向机体提供能量。每 1mol 葡萄糖(180g)完全氧化成二氧化碳和水可生成 38mol 三磷酸腺苷。

(2) 构成机体。糖类是构成机体的重要物质，糖是神经和细胞的重要组成物质，参与细胞的许多生命活动。所有神经组织和细胞粒中都含有碳水化合物，作为控制和代替遗传物质的基础——脱氧核糖核酸和核糖核酸都属于糖类。糖也是细胞的组成成分之一，原生质、细胞核、神经组织中均含有糖的复合物。

(3) 控制脂肪和蛋白质的代谢。体内脂肪代谢需要有足够的糖类来促进氧化。糖类量不足时，所需能量将大部分由脂肪提供，而脂肪氧化不完全时产生酮酸，酮酸积聚过多易引起中毒，所以糖类具有辅助脂肪氧化的抗生酮作用。食物中糖的充足供给，可使蛋白质作为抗体、机体等的能量被消耗，使蛋白质用于最合适的地方。此即糖类对蛋白质的保护作用，或称糖类节约蛋白质的作用。

(4) 维持神经系统的功能与保肝解毒。尽管大多数细胞可由脂肪和蛋白质代替糖作为能源，但是，脑、神经和肺组织却需要葡萄糖作为能源物质。若血液中葡萄糖水平下降(低血糖)，脑缺乏葡萄糖可产生不良反应。在生物体内有很多水溶性差的有机化合物(有的来自食物，有的是体内的代谢产物)，它们长期储存在体内是有害的。生物体内有一些酶能催化葡萄糖醛酯与这些水溶性差的化合物反应，使其溶于水而排出体外，从这个意义上来说，糖类具有解毒的作用。

(5) 增强食品风味。糖用于烹调可以提味，改善食品的色、香、味。糖是食品加工中的重要原、辅材料，对食品的感官性状具有很重要的作用。

3) 糖的自然合成——光合作用

生物界对太阳能的利用归根到底始于植物的光合作用和对 CO_2 的固定，与这两种现象密切相关的都是糖类的合成。光合作用是自然界将光能转变为化学能的主要途径。

自然界中的氧气是不断循环的，动植物在呼吸过程中吸入氧气，排出二氧化碳。除了进行呼吸作用外，绿色植物在日光下还要进行光合作用。光合作用和呼吸作用是完全不同的，它使吸进的二氧化碳和从根部吸入的水分发生化学反应，化合生成植物需要的营养物质，同时放出氧气。植物放出的氧气总量比它呼吸时的需要量多 20 倍左右，这样氧气在空气中的量就不会减少，而是保持 21%的含量，同时二氧化碳也经常保持在 0.03%的含量。近些年环境的污染和植被的破坏使大气中的二氧化碳逐渐增多，从而产生一系列环境问题，如温室效应等。植物的光合作用和呼吸作用的区别列于表 4-9 中。

表 4-9 光合作用和呼吸作用的比较

光合作用	呼吸作用
仅在植物的绿色细胞中进行	在动植物中都能进行
需要水和二氧化碳，放出氧气	需要氧气，放出二氧化碳
在日光下进行	随时可以进行
光合作用制造营养物质，吸收能量	呼吸作用消耗营养物质，放出能量

光合作用是一个很复杂的过程，其总反应为二氧化碳和水在叶绿素的作用下吸收太阳能转化为多糖类，把能量转化为化学能储存起来。在光合作用中，二氧化碳被还原为糖，水中的氧被氧化成氧气。

$$6CO_2 + 24H^+ + 24e^- \longrightarrow C_6H_{12}O_6 + 6H_2O$$

$$12H_2O \longrightarrow 6O_2 + 24H^+ + 24e^-$$

总反应为

$$6CO_2 + 6H_2O + 能量 \longrightarrow C_6H_{12}O_6 + 6O_2$$

叶绿素是含镁的配合物，能吸收可见光。当叶绿素吸收光子后，能量被植物细胞中的亚细胞组分摄取，通过一系列的步骤以化学势能的形式将能量储存起来。上述的光合作用称为光反应，能在黑暗中进行的反应称为暗反应。在绿色植物细胞中发生的光反应和暗反应组成了光合作用的全过程。植物能发生光合作用，动物不能发生光合作用，但可通过摄取植物而得到能量。动植物体产生代谢作用时，碳水化合物氧化成二氧化碳和水(光合作用的逆反应)，同时释放出能量，转移给通用的“生化能量储藏室”——三磷酸腺苷以供生命活动的需要。

光合作用是自然界的基本反应之一。认识光合作用的机理是近年的科技成果，德国科学家戴森霍弗(Deisenhofer)、林伯(Huber)和米歇尔(Michel)因阐明光合作用机理而获诺贝尔化学奖。

4) 糖的来源及对健康的影响

糖类食物的来源，除了纯糖外，以植物性食品为最多，谷类、豆类、薯类、根茎类(马铃薯、红薯、芋头、藕)等是淀粉的主要来源；动物性食品中乳类是乳糖的主要来源；蔬菜、水果、粗粮是纤维素的主要来源。

维持人体生存的三大供能物质是葡萄糖、氨基酸、脂肪酸。糖在人体健康体系中是一个非常重要的营养物质。过量的摄入与主观“戒糖”造成体内严重缺糖都可能诱发疾病。近来，许多人说“糖”色变，总怕因食糖过多引起肥胖。其实，适量的甜食有益健康。人的大脑尤其需要葡萄糖营养，若血液中葡萄糖(血糖)含量下降，脑的运动思维就会迟钝，严重的还会使脑细胞死亡，从而威胁生命。通常，血糖含量在人空腹时最低，饭后一个半小时最高。患老年痴呆症的患者，在空腹时血糖值比健康人低，饭后血糖值上升得少，且下降得快。这是因为，患者体内脑垂体分泌的荷尔蒙分子妨碍血糖的代谢，造成血糖下降。食用白砂糖及其他甜食可立刻转化成葡萄糖，而米饭转化成血糖则需要一段时间。因此，甜食可使血糖快速上升，是补充脑部营养的最佳食品。

有实验证明，下午上班前喝些甜饮料，下午则精力充沛，可以提高工作效率。事实上，在脑力劳动后，喝咖啡、吃甜蛋糕都能减轻大脑疲劳的程度，这是由于甜蛋糕中的糖分和咖啡中的咖啡因能迅速有效地补充脑部营养。因此，医生在治疗老年痴呆症时，往往劝患者多吃些甜蛋糕或其他甜食。女性多怕胖，因而平时尽量不吃甜食，其实长年拒食甜食对身体并无益处。

糖是人类生命活动中能量的源泉。糖类的供给量一般以平均每日摄入糖类占总热量的 60%～70%较为合适。如果每天食用过量的糖，会使血液中的中性脂肪增加，而沉着在血管壁上，引起动脉硬化、冠心病。糖类中蔗糖吃得太多，可引起龋齿。食糖(食用糖、糖果)要适量，否则会影响食欲，特别饭前不宜大量吃糖。中老年人不宜过多摄入糖类，原因是精制糖在体内代谢过程中容易转变为甘油三酯(血脂)，血脂过高会引起动脉硬化等多种心血管疾病。有资料表明，过多食用白糖还是导致骨折的重要原因之一。因为过多地吃糖，体内产生大量的酮酸、乳酸等酸性物质，影响体内酸碱平衡，长期下去会消耗大量的钙、镁、钠等碱性物质，造成骨质疏松，从而易发生骨折。还有资料显示，脾气暴躁与饮食中进食过多的糖有关。糖与癌症、冠心病、糖尿病都有一定关系。过量食糖还与下列疾病的发生有一定关系。

糖与近视：体内糖代谢需要维生素 B，糖摄入量过多，使维生素 B 消耗加大，就可能发生视神经炎。多吃糖还易造成体内缺钙，从而促使眼球内膜的弹力减退，引起轴性近视。

糖与结核：只要吃一定量的糖，白细胞的杀菌作用就会受到抑制，吃糖越多，抑制作用越强，结核病便容易蔓延。同理，患急性感染病和感冒、扁桃腺炎、肺炎及痈肿等疾病时，也不宜多吃糖。

糖与肾炎：肾炎是一种忌盐性疾病，这很容易诱使人多吃糖。然而肾炎患者的血管功能本已受损，加之糖有促使血管内脂质代谢混乱的作用，因此多吃糖反而会加重肾脏的负担。

糖与皮肤病：多余的糖会转变成脂肪，使皮脂分泌增多，所以不利于皮肤健康和皮肤病的治疗。患化脓性皮肤病或脂溢性皮炎者，多吃糖易使病情恶化。

糖与肠道疾病：糖能促使胃酸增多，加重胃病患者的疼痛。糖还会减弱胃肠的蠕动，造成便秘及痔疮的频繁发作。

糖与风湿病：风湿病患者体内碱的储备本来就少，而糖属酸性，增加糖的摄入，患者体内的碱储备会更少，无形中加重病情。

糖与结石：糖或高糖饮食会使尿中钙、镁的排出量增加，乙二酸浓度增加，从而引起尿道结石。

5. 脂类——人体的燃料

脂类以多种形式存在于人体的各种组织中。它不仅是构成生物膜的重要物质，而且机体代谢所需能量也以这种形式储存和运输，因此俗称“人体的燃料”。脂肪在人体内储藏量大约是成年人体重的10％～20％，储存脂肪最多的地方是皮下、大网膜和内脏周围。

脂类是人类主要的食品之一，它不仅具有重要的营养价值——为人体提供热量和必需的脂肪酸，而且能改善食品的风味。

脂类主要由碳、氢、氧3种元素组成，有的还含有氮和磷。脂类的化学结构差异很大，但它们都有一个共同特性：不溶于水，微溶于热水，溶于乙醚、氯仿、苯等非极性溶剂。用非极性溶剂可将脂类化合物从细胞和组织中提取出来，因此脂类就是生物体中能够溶于有机溶剂的多种化合物的总称，或者说是脂肪和类脂的总称。

脂类的生理功能如下：

(1) 供给和储存热能。脂肪是发热量最高的一种热源，每氧化1g脂肪平均释放能量37.8kJ，比糖类和蛋白质高一倍多。体内营养过多时，过剩的糖、蛋白质等以脂肪的形式储存起来，一旦营养缺乏，则又可把脂肪转化为碳水化合物供人体需要。因此，胖人比瘦人耐饥饿、耐消耗。

(2) 构成自身组织。脂肪是构成人体细胞的主要成分。类脂中的磷脂、糖脂和胆固醇是组成人体细胞膜类脂层的基本原料。脂类中的胆固醇、磷脂与蛋白质结合，构成细胞的各种膜；脂类为神经和大脑的重要组成部分；胆固醇还是合成激素的原料。这些类脂在维持细胞生理功能和神经传导方面起着重要作用。

(3) 维持体温，保护器官。脂肪是热的不良导体。分布在皮下的脂肪可减少体内热量的过度散失，对维持人的体温和御寒起着重要作用。分布在器官、关节和神经组织等周围的脂肪组织起着隔离层和填充衬垫的作用，可以保护和固定器官。脂肪对一些脏器起着固定作用，如肾周围脂肪少易发生肾下垂。所以肾下垂多发生于瘦人，而胖人则会怕热耐寒。

(4) 促进脂溶性维生素的吸收，增加食欲和饱腹感。脂肪能协助脂溶性维生素的吸收。例如，维生素 A、维生素 D、维生素 E、维生素 K 及胡萝卜素等必须溶解在脂肪中，才能被输送和吸收。

(5) 供给脂肪酸，调节生理功能。必需脂肪酸是细胞的重要构成物质，尤其是线粒体和细胞膜，它又是合成人体重要激素——前列腺素的必要前提。

此外，脂肪在皮下适量储存，还可滋润肌肤，增加皮肤的弹性，充盈营养物质，延缓皮肤的衰老，其中尤以植物脂肪中亚麻酸为佳。

总之，脂肪对于人的生命活动有着重要的作用，是人体不可缺少的营养素。害怕发胖而拒食含脂肪较多的食物的做法是不对的；同样，贪图口福、嗜食膏粱厚味也是不可取的。科学实验告诉我们，一个体重 65kg 从事一般体力劳动的成年男子，每天要从主、副食品中得到 50g 脂肪，才能满足机体对脂肪的需要。

6. 纤维素——人体内的清道夫

纤维素被称为“没有营养的营养素”。实际上，纤维素在人体中的作用是其他营养素无法替代的，是除蛋白质、脂肪、糖、维生素、无机盐、水之外的“第七营养素”。纤维素实质是一类多糖化合物，是葡萄糖的多聚体。按照纤维素的溶解性，分为水溶性和不溶性纤维素。水溶性纤维素是指植物细胞中的储藏物质和分泌物扩散到水中形成胶状物，滑腻而有黏性。例如，蔬菜、水果中的果胶，海带、裙带菜等中的海藻酸等属于水溶性纤维素。不溶性纤维素很多，主要是植物细胞壁的成分，不溶于水，能吸收水分。例如，谷物、豆类、小麦麸等中的纤维素、半纤维素、木素，虾、蟹壳等中大量存在的甲壳素等。

由于人体内没有分解纤维素的消化酶，所以它不被消化吸收，不能给人体提供营养，但在体内的作用是其他营养素无法替代的。

(1) 纤维素在胃肠道中吸水膨胀形成致密的网络，吸附有机物、无机物及水分等，是维护人体胃肠道中正常菌群结构、免致菌群失调的保障，菌群失调可造成严重腹泻；吸附作用还可以对抗药物、食物添加剂等有害化学物质。

(2) 人体肠道中的大肠杆菌能利用纤维素合成泛酸、尼克酸（烟酸）、谷维素、核黄素、肌醇、维生素、生物素等，以保障人体对这些生命物质的需求。

(3) 食用纤维素密度小、体积大，可增强饱腹感，防止摄入热量过多所致的肥胖。

(4) 刺激胃肠消化液分泌。膳食纤维在口腔里增加了咀嚼时间，刺激唾液分泌，并增加其缓冲酸碱的能力，减少附在牙齿上的食物残渣，有利于预防牙周疾病和龋齿。咀嚼时间长，还可增加胃液和胆汁分泌，胆汁可吸附胆酸，从而加强胃肠蠕动，使食物残渣排泄增快，使粪便排泄和肠内有益细菌增多，可预防大肠肿瘤发生。

(5) 纤维素能阻碍脂肪吸收，可以螯合胆固醇，吸附胆酸，使之由粪便排出，所损失的胆酸则由血中胆固醇经肝转化予以补偿，从而降低血清胆固醇，抑制机体对胆固醇的吸收，可防止动脉硬化，预防心、脑血管疾病和糖尿病的发生。

正常情况下成人每日食物纤维的摄取量应为 20～25g。增加食物纤维的摄取量的最好办法是吃好一日三餐，多吃蔬菜、海藻类和非精白食品，多食用根菜类或海藻类以增加纤维的摄取量。

7. 水——生命的源泉

水是人体内含量最多的营养物质，水是生命的“源泉”。人体是由细胞组成的，一个人的全身细胞总数有100万亿个，大脑是全身的指挥机关，约有300亿个神经细胞，凡是有细胞的地方就有水。血液、唾液、胃液、……、各种体液中，几乎都是水，连头发、骨头、指甲也都含有水。人体中的水有70%在细胞中，20%在组织液中，10%在血浆中。体内的水分有相当一部分以结合水的形式存在，它与氨基多糖、蛋白质和磷脂等相结合，构成细胞原生质的特殊形态。

除了是机体的重要组成部分外，水还是人体的重要营养物质。人体的许多生命活动都要在水的作用下才能进行。水对于维持体内营养，进行物质代谢，维持正常的生命活动，保证身体健康都有特殊的作用。

(1) 调节体温。1g水每升高1℃需4.18J的热量，因而可以作为一种缓冲剂，使周围环境温度波动对细胞的影响减到最小；1g水在37℃时完全蒸发需要吸热2260J，这对调节体温具有十分重要的意义。脊椎动物能够利用汗水蒸发作为一种冷却机制。水的比热容高，能吸收较多代谢过程中产生的热量，使体温变化不大；蒸发热大，蒸发少量的汗就能放出大量的热，这对人体适应较高的气温环境很重要。另外，水的流动性大，它能随血液迅速分布全身，人体在代谢过程中产生的热还可以通过血液送到体表从而散发到环境中，使全身各部分保持均衡的温度。因此，水对于维持机体温度的稳定起很大作用。

(2) 水是体内化学作用的介质。水的介电常数大，可以促进体内物质的解离，有利于加速体内化学反应进行。水是一种良好的溶剂，机体所需的多种营养物质和各种代谢产物都能溶于水或分散在水中。因为水的分子极性大，可使溶解于其中的物质解离成离子，这样有利于体内化学反应的进行。即使那些不溶于水的物质，如脂肪和某种蛋白质，也能在适当的条件下分散于水中成为乳浊液或胶体溶液。只有溶解或分散于水中的物质，才容易发生化学反应。所以，水对于体内许多生化反应都有促进作用。同时，水本身也直接参加水解、水化、脱水和氧化还原等生化反应，如蛋白质、脂肪、糖类的水解反应都是在水的参与下进行的。

(3) 水是体内物质运输的载体。由于水溶液的流动性大，水在体内还起运输物质的作用，分散在水中的各种营养物、组织和细胞所需的养分及代谢物在体内的运转都要靠水作为载体，经血液循环或淋巴系统运送至各组织细胞进行代谢或排出体外。

(4) 水是体内摩擦的润滑剂。水的黏度小，可使摩擦面滑润，因此它在体内还有润滑作用，可减少体内脏器的摩擦，防止损伤，并可使器官运动灵活，体内的关节、韧带、肌肉、膜等处的润滑液体都是水溶液。呼吸道黏液有利于呼吸道的运转，唾液有利于吞咽和咽部润湿，泪液有利于眼球转动并防止眼球干燥。

8. 营养素的协同与拮抗

人体中必需的每一类营养素都有其特殊的生理功能，都是不可缺少和不可替代的。一种营养素在体内的吸收、利用、代谢、排泄都与其他营养素密切相关。人体对每一类营养素都有一个最适宜范围。同时，各类营养素又在相互配合、互相影响、彼此制约下对人体发挥作用。一旦长期营养失衡，人体的新陈代谢将失去平衡，引发各种疾病。

与化学元素类似，人体中不同的营养素、化学因子之间也存在着很多相加、协同与拮抗作用。食物的协同作用是指一种营养物质促进另一种营养物质在体内的吸收或存留，从而减少另一种营养物质的需要量以有益于机体健康。例如，维生素 A 促进蛋白质合成，维生素 C 促进铁的吸收，维生素 E 和微量元素硒都能保护体内的易氧化物质等。蛋白质、脂肪、糖类三大产热营养素在体内氧化都可以产生热量，且在代谢过程中三者可以相互转化，即不论是蛋白质、脂肪或糖类，作为能源都是为了满足能量的需要，可以互相取代，但是三者的 ATP 产率不同。即使是同一营养素，因其代谢途径不同，ATP 的产率也可能不同。氨基酸经脱氨基作用，其中不含氮部分可合成糖类和脂类，葡萄糖也可转变成脂类。由于三大营养素的功能各异，因此，产热营养素不能完全互相代替，能量平衡不仅取决于产热营养素的需要量与供给量的动态平衡，而且与产热营养素之间的比例相关。糖类过多、脂肪太少的膳食会增加 B 族维生素的消耗，影响脂溶性维生素的吸收；脂肪含量过多、糖类供给不足则易患心脏病、结肠癌等疾病；蛋白质摄入过少会影响生长发育及正常生理活动，过多则会增加肝、肾的代谢负担。因此，三大营养素的摄入应有适宜的比例，才能让各营养素最大限度发挥其生理作用，维持机体的能量平衡。产热营养素与维生素也有协同作用，维生素主要是作为某些酶的辅酶而影响产热营养素的代谢。例如，维生素 B_1 以辅酶的形式参与糖代谢，如果体内维生素 B_1 供应不足，则辅酶的活力下降，从而引起糖类的代谢发生障碍，影响整个机体代谢过程。多数维生素在体内也具有协同作用。例如，维生素 E 对维生素 A 和维生素 C 有保护作用，能减少维生素 A 的氧化破坏，促进维生素 A 在体内(如肝脏)的储存。维生素 B_1 缺乏时可影响维生素 B_2 在体内的正常利用。因此，各种维生素在剂量上保持平衡非常重要，过量摄入一种维生素可引起其他营养素缺乏症。微量元素还可通过它构成激素，间接影响其他营养素的代谢。无机盐与维生素的关系十分密切，维生素 C 有利于铁的吸收，维生素 D 对调节钙、磷代谢有十分重要的意义。因此，只有保持各元素间的平衡，才能使它们的营养作用正常发挥。

食物的拮抗作用是指在吸收的过程中，两种营养物质间的性能或数量比例不当，使一方阻碍另一方吸收或存留的现象。营养素的拮抗同样应当引起我们的重视。日常饮食中有些化学因子能明显的拮抗营养素的功能，常见的抗营养因素如下：

(1) 胰蛋白酶抑制剂。胰蛋白酶抑制剂是一类具有蛋白质性质的物质，可通过加热钝化。大豆、菜豆、花生、油菜子等食物中均含有能够抑制胰蛋白酶的胰蛋白酶抑制剂，如果生食上述食物，胰蛋白酶抑制剂没有遭到破坏，不仅蛋白质吸收利用率明显下降，而且会反射性地引起胰腺肿大。

(2) 植物凝血素。豆类含有能使红细胞凝集的物质，这对人体有害，轻者恶心、呕吐，重者会导致死亡。通常可通过在常压下蒸气处理 1h，或高压蒸气($1kg \cdot cm^{-2}$)处理 15min 使其失活。

(3) 植酸。大豆等豆类与谷类一样也含有植酸，植酸能与钙、锌、铁、镁等元素螯合，影响机体对其的利用。例如，把大豆适当发芽，豆芽中植酸酶的活性将大大升高，植酸被分解，游离的氨基酸、维生素 C 则会增加，即原来被螯合的元素释放出来，变成可被人体利用的状态。把大豆制成豆浆或豆腐也是同样的道理，均提高了豆类食品中钙、锌、铁、镁等无机盐的利用率。

研究营养素之间的协同或拮抗作用不仅具有理论意义，同时在实践中能从“量”与“质”两方面评价食物的营养与毒性，并为制定更为合理的评价食品综合生理价值指标提供科学依据。例如，钙与磷、钙与锌、钙与乙二酸、纤维素与锌、乙二酸与铁等。我们应当利用化学营养元素之间的协同与拮抗，取得营养获取的最佳组合方案，减少有毒有害物质在人体中的蓄积，防止食物在体内转化为有害物质。

9. 合理的营养——饮食平衡

合理膳食是营养之本。食物合理的搭配是我们在每日、每餐中应当注意的一种资源。“合理配置”、“优势互补”是 21 世纪餐饮中应当注意的一种新理念。合理搭配就是保持各种营养素平衡。

人体对营养的需要和膳食之间的平衡关系影响着健康，新陈代谢快慢、体质强弱、智力高低、免疫能力优劣以及人体衰老、癌瘤的形成等都与营养质量、各种营养素之间的配比有一定的关系，合理的营养可以预防多种疾病。

平衡营养是指通过食物补充人体所需的热能和营养素，以满足人体的正常生理需要。各种营养素之间比例适当有利于营养素的吸收和利用。营养素可以互相补充、互相制约、共同调理，以达到在人体中的和谐。日常食物中，没有一种食物能满足人们所需的一切营养素，必须吃多样化的食物来满足多种营养素的供给。营养紊乱和营养过剩已成为诱发多种疾病的原因。例如，锌过高可影响铁的吸收；适量的维生素 A、维生素 E 或锌会促进免疫功能的提高，而过高则可抑制等。片面强调营养越多越好是错误的，盲目追求全营养也是不恰当的，人体不可能同时大量缺乏所有营养素。机体状态的不同，体内营养水平的不同，决定了人们对营养素的需求各不相同。全营养、高营养必然引起某种营养素摄入过多，不仅造成浪费，同时又会影响机体对真正缺乏营养素的吸收和利用。因此，应树立科学的营养观念。食补胜于药补；缺什么补什么，过量的危害大于缺乏；全营养素概念是不科学的；食得越杂，获取全营养的机会就越多，要平衡营养观念，合理膳食。

1）营养的指导原则

食物品种单调或短缺易造成营养缺乏症，如缺铁性贫血、佝偻病和维生素 A、维生素 B_2 缺乏症等，而膳食不平衡所形成的与某些营养失调有关的疾病，如心血管疾病、脑血管疾病、恶性肿瘤、体重超常或肥胖等已成为我国经济较发达地区的现实营养问题。营养的指导原则包括合理的饮食制度和均衡的能量供应。

(1) 合理的饮食制度。每日饮食安排应当与人体的消化机能协调。胃的工作通常分为三个阶段：第一阶段是早晨 5：00～12：00，这段时间糖的酵解作用强烈，应当保证淀粉类主食的摄入，这是我们一天能量的基本保证；第二阶段是午后 1：00～6：00，肠、胃的功能全面启动，适宜处理脂肪、蛋白质；第三阶段是晚上 7：00～睡前，肠、胃的消化力较弱，易积食，宜吃易消化的流食等。这与我国民间谚语“早饱(以糖类为主)、中好(副食中肉类及各种荤菜)、晚少(稀粥等)”的原则相符，“晚餐过饱发福早”、“晚饭少一口，活到九十九”都是这种消化周期的反映。

为了满足人体的营养需要，应把平衡膳食的原则落实到日常生活中，每日饮食按一定的次数、一定的时间间隔和一定的“量”分配到各餐，使摄入的食物得到充分的消化吸收，发挥更大的营养效能。按照中国营养学会提出的“食物要多样，饥饱要适当，粗细要搭配，油脂要适量，三餐要合理，甜食要适量，饮酒要节制，食盐要限量”的膳食指导原则，安排日常生活。

(2) 均衡的能量供应。饮食获得的能量用来维持正常生活，特殊劳动和饮食自身的分解、转化和个体的积累等对能量的消耗。能量供应随年龄、工作性质、个人情况而异，但平衡是共同要求。饥饿和过饱都会影响生理功能和免疫系统。应当特别注意防止过食，这不仅是浪费，而且也是生理和心理疾患的主要原因。除了肥胖、糖尿病与过食及不正确的饮食习惯有关外，小儿弱智、老年性痴呆也与过食有一定的关系，过食还会导致嗜食，产生某种精神病态。

(3) 饮食平衡的“黄金分割”法则。“黄金分割”法则是古希腊人的重大发现。他们将一段直线定为“1”，然后在 0.618 处分割，剩下的一小段与割下的一大段之比也正好是 0.618∶1。“黄金分割”法则与人们生活有着密切的关系。小孩子先长 20 颗“乳牙”，再在青少年期渐渐换成 32 颗“恒牙”，32 的 0.618 就是 20；测量人的身高，从脚底往上，0.618 处正好是在肚脐附近，人的“气海”、“丹田”、“命门”都在这个要位上。“黄金分割”不仅仅是美学意义上的法则，同时也是自然法则。

人类是杂食动物，消化道长 9m，其 0.618 为 5.5m，恰是承担消化吸收任务的小肠的长度，饮食植物性食物应占总量的 0.618。一些发达国家食物结构中，这一“黄金分割”被颠倒，动物性食物占大部分，造成心血管疾病、糖尿病、肥胖症的发病率大大上升。食物供给人体以热能，热能由糖类、蛋白质和脂肪提供，糖类供热要占人体总热能需要的 0.618。

人体中水分占体重的 0.618，不计出汗，每天失去和需要补充的水达 2500mL。其中，固态食物供给的水和人体合成的水为 1500mL，正好是 0.618，其余 1000mL 则需要以饮料的形式补充才能保持水分平衡，即一天要喝 5 杯水。

人体中蛋白质由 20 种氨基酸组成，20 的 0.618 即 12 种氨基酸人体能自行合成，另外 8 种是必需的氨基酸，需要食物供给。为了提高蛋白质的生物效价，植物蛋白与动物蛋白比例按照“黄金分割”法则，动物蛋白 1/3，植物蛋白 2/3，膳食中优质蛋白应达 0.618 的比例，优质蛋白在动物性食物和豆类食物中均含有，因此每天吃适量豆类食物和豆制品对健身很有好处。

米、面、肉、蛋、油、糖、酒都属于成酸性食物，进食过多使血液偏向酸性，导致酸性体质，使人体免疫能力下降，容易患病，所以应该多吃些碱性食物中和调节，使血液保持正常的微碱性，碱性食物有海带、食用菌、蔬菜和水果，食用量最好占膳食总量的 0.618。

健康的饮食中素食的比例、淀粉供热的比例、优质蛋白的比例、碱性食物的比例都要尽可能达到“黄金分割”的最佳点。

2）食物的酸碱性平衡

人体吸收的矿物质元素，由于其性质不同，在生理上也有酸性和碱性的区别。属于金属元素的钠、钾、钙、镁等在人体中氧化生成带阳离子的碱性氧化物，如 Na_2O、K_2O、CaO、MgO 等，将带阳离子金属元素较多的食品称为碱性食品；而食品中所含的非金属元素（如磷、硫、氯等）在体内氧化后生成带阴离子的酸根，如 PO_4^{3-}、SO_4^{2-} 等，含阴离子非金属元素较多的食品则称为酸性食品。

食物酸碱性的划分是依据食物在人体内代谢的结果进行的，产生酸性性质的为酸性食品，产生碱性的为碱性食品。因此，这里所指的酸碱性质与原来食物本身的性质（酸碱性）无关。例如，橘子是酸的，却是碱性食品。

食品在生理上是酸性还是碱性，可以通过食品灰化后用酸或碱进行中和确定。灰分的酸度和碱度是指 100g 食品的灰分溶于水中，用 $0.1mol \cdot L^{-1}$ 标准酸溶液或碱溶液中和时所消耗的酸或碱的体积（mL），再乘以灰分的百分含量之值。以"＋"表示碱性，以"－"表示酸性。酸碱性食物列于表 4-10 和表 4-11 中。

表 4-10　碱性食物

食物	灰分/%	灰分碱度	食物	灰分/%	灰分碱度
豆腐	0.64	+0.20	黄瓜	0.47	+4.60
大豆	4.64	+2.20	橘汁	0.36	+10.00
四季豆	3.62	+5.20	西瓜	0.22	+9.40
菠菜	1.30	+12.00	香蕉	1.05	+8.40
莴苣	1.14	+6.33	梨	0.31	+8.40
胡萝卜	0.77	+8.32	苹果	0.43	+8.20
土豆	0.93	+4.60	柿子	0.43	+6.20
藕	1.13	+3.40	牛乳	0.73	+0.30
洋葱	0.70	+2.40	蛋白	0.67	+4.80
海带	2.78	+14.40	茶（$5g \cdot L^{-1}$）	0.18	+8.89

表 4-11　酸性食物

食物	灰分/%	灰分酸度	食物	灰分/%	灰分酸度
鸡肉	1.37	−7.60	糙米	1.46	−10.60
猪肉	1.10	−5.60	面粉	0.53	−6.50
牛肉	1.00	−5.00	面包	0.74	−0.80
蛋黄	1.02	−18.80	蚕豆	3.11	−1.40
鲤鱼	1.37	−6.40	花生	1.80	−3.00
虾	1.77	−18.00	紫菜	8.75	−0.60
白米	0.37	−11.67	啤酒	0.23	−4.80

食物的酸碱性对保持人体体液的酸碱平衡影响颇大。食入的碱性食物与 CO_2 反应形成碳酸盐，由尿排出；酸性食物在肾脏中与氨生成铵盐而排出，才使体液保持中性。人类血液由于本身的缓冲作用，在正常的情况下均保持 pH 7.30～7.40。如果食入的酸

性食物过多，致使血液本身的缓冲作用无法承受而变成酸性，此时就需消耗钙等碱性元素，使血液黏度增加、血压升高。这样，青少年易产生皮肤干燥、胃酸过多、便秘、龋齿等病症；中老年则易产生神经痛、血压亢进、动脉硬化、脑出血、胃溃疡等症状。此时应食用含矿物质较高的碱性食品（如柑橘、海带等）中和血液中的酸，以保持酸碱平衡。如果饮食中只有米饭和鱼、肉类等酸性食品，那么易导致血液变酸，产生酸中毒现象。所以，我们在日常生活中所摄取的食物一定要酸碱适度配合。摄取食物的一般原则为主、副食互相配合，如鱼肉类、蔬菜类同时进食等。从表 4-10 和表 4-11 中可以看出，大部分蔬菜、水果、豆类都属于碱性食品；大部分的肉、鱼、禽、蛋等食品因含有丰富的含硫蛋白质，都属于酸性食品；米、面及其制品中含磷较多，也多是酸性食品。如果饮食中各种食品搭配不当，即过量食用偏酸性或碱性食品，长期如此势必造成体内酸碱失调而引发多种疾病。另外，人类生命活动中的精神状态对人体血液的酸碱性也颇有影响。精神愉快、性格开朗的人血液呈弱碱性。易怒和时常忧郁的人血液多为酸性。因此，遇事焦躁、易发火的人应当常吃碱性食物调整情绪。随着人们生活水平的提高，不健康酸性体质的人日益增多，在膳食中若多食鱼肉荤腥、醇醪美酒、糖果甜食，而新鲜蔬菜、水果摄入不足就会导致酸性体质，易产生疲劳、情绪急躁、胃肠闷胀、消化不良、呼吸加快、智力减退等轻重不一的酸中毒症状，还能诱发近视、龋齿、软骨病、神经衰弱、胃酸过多、动脉硬化、脂肪肝、肥胖症、高血压、糖尿病、冠心病等现代文明病。

4.3.2　食物的污染与毒性

食物污染造成的疾病是世界上最广泛的卫生问题。有研究资料表明，疾病与死亡的重要原因中至少有 1/3 与食源性疾病有关。此外，心血管疾病、糖尿病和某些肿瘤等也与饮食有关，人类癌症患者 65％以上是由食物的污染所致。

在人类文明早期，不同地区和民族都以长期生活经验为基础，在不同程度上形成了有关饮食卫生和安全的禁忌禁规。2500 年前，孔子就有“五不食”原则：“食殪而竭、鱼馁而肉败，不食。色恶、不食。臭恶、不食。失饪、不食。才时、不食。”这是我国较早的有关食物安全性的论述。

环境毒物进入人体的主要途径有饮食、呼吸和皮肤。俗话说“病从口入”，进食被病菌、农药、化肥或重金属等污染的食物，人体将不知不觉摄入这些有毒物质，容易引发急性或慢性的食物中毒。人的饮食习惯、食品的卫生安全与食源性疾病的发生或后果密切相关。

1. 食物中毒

食物中毒是指随食品摄入有毒有害物质或把有毒有害物质当做食品摄入后出现的非传染性的急性、亚急性疾病。食物中毒分为致病性化学食物中毒、有毒的动植物中毒、环境污染的食物中毒、细菌等微生物污染食物中毒四种。

食物中毒的特点是潜伏期短，食用某种食物后突然发病，常伴有呕吐、头痛、腹泻等肠胃炎的病症，严重时出现昏迷、休克，甚至死亡。

食品中微生物污染所引起的食物中毒是食品安全中最重要的公共卫生问题。微生物污染食物中毒居其他各类食物中毒之首，最常见的是被致病性细菌或细菌产生的毒素所污染的食品引起的急性细菌性食物中毒，这与不同区域人群的饮食习惯有密切关系。例如，美国多食肉、蛋和糕点等，葡萄球菌食物中毒最多；日本喜食生鱼片，副溶血性弧菌食物中毒最多；我国食用畜禽肉、禽蛋类较多，以沙门氏菌食物中毒最多。

生物毒素按其化学组成分为蛋白毒素和非蛋白毒素，化学结构包括简单的小分子化合物、结构复杂的有机化合物乃至大分子蛋白质等几乎所有化学结构类型。

细菌产生的外毒素为蛋白质毒素，对人的危害最大，如肉毒素、破伤风毒素和志贺氏痢疾毒素，它们对人的注射致死剂量都在微克级以下。

2. 致癌物质

致癌因素包括来自体外的物理因素(如紫外线、X 射线、电离辐射等)、生物因素(如病毒的感染)、化学因素(如化学致癌物质)，以及来自体内的自由基，如脂肪氧化、高能紫外线或辐射均可在人体内产生自由基。

根据化合物的结构特征可把化学致癌物分成以下几大类：①多环芳烃；②亚硝胺；③黄曲霉素(AFS)；④重金属；⑤其他(芳香胺、偶氮染料、农药等)。与食物有关的、危害较大的化学致癌物质有黄曲霉素、亚硝基化合物、多环芳烃等。黄曲霉素是一类结构类似的微生物毒素的混合物。其中以黄曲霉素最常见、毒性最大。黄曲霉素主要污染粮油及其制品，在发霉的花生、玉米、谷类、豆类等中的含量最高。

亚硝胺也可在人体内合成，在胃、口腔、肺及膀胱中最易合成，体内亚硝基化问题已引起人们极大的重视。蔬菜腐烂时，腌制的咸菜、咸肉和咸鱼等食品以及发酵食品(如酱油、醋、啤酒等)中也可检出亚硝胺的存在；环境中的 NO_x 也可转为亚硝酸盐；吸烟者体内亚硝胺含量较高。维生素 C 能还原亚硝酸盐，可以阻止亚硝胺的体内合成。因此，建议少吃腌肉类食品，多吃新鲜蔬菜和水果。

多环芳烃(主要是 4 个或 5 个苯环的稠环芳烃)有致癌性，其中以 1,2-苯并芘(苯并[a] 芘)最为常见。煤焦油、汽油、煤油、垃圾、香烟等的不完全燃烧都可能产生多环芳烃；蛋白质、脂肪、胆固醇在烟熏、烘烤过程中也可能产生多环芳烃。因此要少吃烟熏食品，不吃“万年油炸的食物”。

3. 细菌及其毒素

自然界中对动物或植物有病害的微生物称为病原微生物，简称病原菌或致病菌。自然界中还有大量非致病的腐生微生物，其中部分腐生微生物在一定的条件下可以引起食物变质，有些还能产生对人体有毒的物质。人误食含有腐生微生物或微生物毒素的食物后，就会发生不同程度的中毒。食物中能产生毒素的微生物多为细菌和霉菌。

细菌性食物中毒是最常见的一类食物中毒。细菌是微生物中的一大类群，大小约数微米，可呈球形、杆形、弧形或螺旋形，二分裂为其主要繁殖方式。细菌分有益菌群和有害菌群。细菌对环境适应性很强，有的菌种可在极低温度(如−18℃)条件下生存和活动，有的则可在极高温度(100℃以上)甚至在饱和食盐水中生活。

细菌性食物中毒多发生在气候炎热的季节，一方面气温高适合细菌的生长繁殖；另一方面，人体肠道的防御机能在夏季下降，容易患病。细菌性食物中毒发病率高，除椰毒假单胞菌和肉毒中毒以外，病死率较低，恢复快，一般不会留下后遗症，但年长、体弱者如抢救不及时也可能造成死亡。

4. 真菌污染及真菌毒素中毒

真菌是原生生物菌类中的一大类，能使人或牲畜感染致病的真菌称为病原真菌，能引起人、畜中毒的真菌毒性代谢产物称为真菌毒素。

真菌毒素中毒有如下特点：①一般的烹调方法(加热处理)不能将食物中的毒素破坏或去除；②没有传染性和免疫性；③有明显的季节性和地区性。

5. 排毒健康饮食

食物的污染与环境的污染一样，有时是不以人们的意志为转移的。当诸多毒源进入人体后，是否对人体健康产生危害，首先取决于毒物的浓度，同时与毒物在机体内的代谢速率有关。一旦毒素进入人体，干扰和破坏了人体的正常生理功能，就会对人体产生蓄积性中毒的潜在危害，因此应借助饮食排毒。尽量避免不当的饮食，减少由于食物污染带来的健康问题，同时利用化学物质的相互拮抗作用，从而不断排除身体中的毒素，保持健康。

能清除体内毒素的饮食主要包括：

(1) 水——最廉价的排毒物质。白开水是排毒的首选饮料。水可以稀释毒素在体内的浓度，加速其代谢速率，促进毒素及时从尿液中排泄出体外，晨起一杯凉白开可以排除体内经过一夜消化产生的毒物，同时兼具稀释血液黏度的作用。

(2) 新鲜果蔬排毒。饮用各种果蔬汁有利于排毒。新鲜果蔬汁多属碱性食物，进入体内使血液偏碱性，使积存在组织细胞中的毒素稀释，排出体外，并保持体内酸碱平衡，预防酸中毒、皮肤病、青春痘、神经衰弱等。蔬菜中的大蒜、生姜、萝卜都具有较好的杀菌作用，大蒜中有2%的挥发油，其中大蒜辣素能抑制多种病菌生长，如痢疾杆菌、伤寒杆菌、霍乱弧菌等，大蒜还能阻断亚硝胺在体内合成，具有抗癌作用。生姜有抗生素活性，能杀灭沙门氏菌和葡萄球菌，还有抗抑郁、抗腹泻、抗血栓形成和抗癌活性。萝卜中的磷脂素可提高人体巨噬细胞吞噬病菌、病毒和癌细胞的能力，阻止亚硝胺在体内合成。

(3) 酸牛奶排毒。酸牛奶不仅保留了鲜奶中的蛋白质、脂肪和糖类等营养成分，而且还能刺激胃酸分泌、增加食欲、促进人体新陈代谢。酸牛奶中的乳酸杆菌转化为乳酸，抑制腐败菌生长，减轻毒性物质对人体的危害；如果早餐先食用300mL冷酸乳酪，可强烈刺激结肠(胃结肠反射)，促进大肠蠕动，排出毒素。酸牛奶中的γ-干扰素是有效的抗病毒物质，可干扰病毒在活细胞上安全着陆、复制子代。

(4) 饮茶排毒。茶叶中的茶多酚类物质具有抗菌、抗病毒、抗癌、抗突变等作用，多饮茶水，尤其是绿茶，可有效排除体内毒素。

(5) 食醋排毒。乙酸本身就是很好的消毒杀菌剂，一般食醋中含3%～5%乙酸，还有乳酸、甘油和醛类化合物，能促进毛细血管扩张，增加皮肤血液循环，并对多种细菌及病毒有抑制作用。食醋可祛邪毒，解除谷、鱼、肉、菜内的虫毒；还有提高肝脏排毒功能，抑制过氧化物形成，降低体内毒素的作用，尤其对于生物碱类毒素有很好的解毒作用。民间用食醋治疗病毒性感冒、病毒性肝炎、蠹虫叮咬、脚癣、体癣等确有一定道理。注意，直接饮用食醋要有一定量的限制，成人每天可饮粮食酿造醋 20～40mL，可以兑 2～3 倍温开水稀释后再饮，也可加入适量蜂蜜调味。胃溃疡、十二指肠溃疡患者以及胃酸过多和低血压的老年人应慎用。此外，食用过多食醋也会中毒，并可能会出现牙脱钙及晕吐等症状。

(6) 特殊人群排毒饮食。接触粉尘较多的人群应在日常饮食中多食用动物血液食品，如猪血、鸭血、鹅血、羊血等。动物的血浆蛋白可以产生一种排毒滑肠的物质，有利于体内尘毒的排出。接触放射性较多的人群，如经常和放射线打交道或接受化疗的癌症患者，在日常饮食中要常吃豆类、乳制品和蛋类等高蛋白食品，以补充因射线损伤引起的蛋白质分解，常食用海带等海产品，海带中不仅富含人体必需的八种氨基酸，还含有褐藻酸氨、岩藻多糖、昆布素等有减少放射性元素吸收的作用，可以预防白血病和胃癌，降低脂蛋白、胆固醇，预防动脉粥样硬化等。海带中丰富的可溶性纤维素海藻酸，能促使体内放射性毒素排出体外。接触苯较多的人群，应在日常饮食中经常食用高糖、高蛋白、低脂肪、富含多种维生素的食物。高糖类食物可促进苯的衍生物从体内排出；高蛋白的膳食可促使苯的分解及增强肝脏的排毒功能；控制脂肪摄入可降低苯在体内的蓄积和吸收；多种维生素能增强抵抗力，防止白细胞浓度降低，加快机体代谢使毒素排出体外。接触铅较多的人群及居住在冶炼厂和交通密集地区的居民，最好每天喝1～2杯牛奶并常食用大蒜和富含维生素 C 的果蔬。牛奶中的蛋白质能与铅等重金属结合成不溶物，大蒜中的有机硫化物也能结合铅等重金属，果蔬中的维生素能与铅结合成溶解度低的抗坏血酸盐，其中的果胶也可促使铅等重金属排出。受噪声污染较严重的人群，长期处于噪声环境下工作，应在饮食中注意补充富含维生素 B 族类食物，可预防听觉器官损伤，减轻噪声疲劳，对改善听力大有益处。

饮食排毒，首先要对生活、工作环境中污染毒物种类有所了解，针对不同的污染毒物食用相应的排毒抗污染食物。

4.4 药物与健康

随着社会的进步，人类的平均寿命在不断增长。一个重要原因就是广泛使用了许多新药物治疗各种疾病。能够对机体某种生理功能或生物化学过程产生影响的化学物质称为药物。药物可用以预防、治疗和诊断疾病。药物或多或少都具有一定的毒性，大剂量时尤其明显。有的药物本身就出自毒物，如箭毒、蛇毒都可制成药剂。可见，药物与毒物之间并无明显界限。但一般认为毒物是指能损害人类健康的化学物质，包括环境和工农业生产中的毒物、生物毒素以及超过中毒量的药物。此外，当食物的某种成分被用于防治其缺乏症时也可视为药物，所以药物与食物也难以截然区分。

药物的分类方法很多。根据药物的来源分为天然性药物和合成药物，根据药物的用途分为预防疾病药物、治疗药物、诊断药物和计划生育药物等，根据药物的化学组成分为无机药物、有机药物。科学研究表明，药物是通过干扰或参与机体内在的生理、生物化学过程而发挥作用的。但药物性质各不相同，其作用情况也各不相同。药物的作用主要有：①改变细胞周围环境的理化性质，如抗酸药通过简单的化学中和作用使胃液的酸度降低，以治疗溃疡；②参与或干扰细胞物质代谢过程，如补充维生素就是供给机体缺乏的物质，使之参与正常生理代谢过程，从而使缺乏症得到纠正；③对酶起抑制或促进作用，如胰岛素能促进己糖激酶的活性。

4.4.1　杀菌剂

常用的杀菌剂有碘、次氯酸钠($NaClO$)、高锰酸钾($KMnO_4$)、过氧化氢(H_2O_2)等，它们都是常用的杀菌剂和消毒剂，其作用是利用其氧化性。乙醇（酒精，CH_3CH_2OH)、肥皂(活性成分 R—COONa)则是利用其还原性和碱性。

4.4.2　助消化药

(1) 稀盐酸。主治胃酸缺乏症(胃炎)和发酵性消化不良，其作用是激活胃蛋白酶元转变成胃蛋白酶，并为胃蛋白酶提供发挥消化作用所需的酸性环境。山楂也可起到类似的作用。

(2) 胃蛋白酶。例如，乳酶生、干酵母，其作用是直接提供胃蛋白酶以促进蛋白质的消化。

(3) 制酸剂。例如，胃舒平（复方氢氧化铝）等，可使胃内细胞分泌盐酸以抑制细菌生长，促进食物水解。制酸剂的作用是中和过多胃酸，由弱碱性物质构成。制酸的碱性化合物有 MgO、$Mg(OH)_2$、$CaCO_3$、$NaHCO_3$、$Al(OH)_3$ 等。

4.4.3　抗生素

它是指某些微生物在代谢过程中所产生的化学物质，能阻止或杀灭其他微生物的生长。

(1) 磺胺类药物。它主要用于治疗和预防细菌感染性疾病，其功能通常是帮助白细胞阻止细菌的繁殖。当一个人患病(如肺炎、脑膜炎、伤寒等)时，就意味着侵入人体的细菌繁殖超过白细胞吞噬它们的速度。而白细胞、抗体再加上抗生素的作用，就有可能挫败致病细菌的攻击，使人得以康复。磺胺类药物杀灭细菌的机理是，它能阻止细菌生长所必需的维生素叶酸的合成。叶酸合成过程中关键作用的物质称为对氨基苯甲酸。而磺胺的结构与它十分相似，故磺胺很容易参与反应，从而阻止叶酸的生成，细菌因为缺乏叶酸而难以生存。

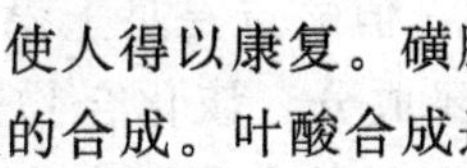

对氨基苯甲酸

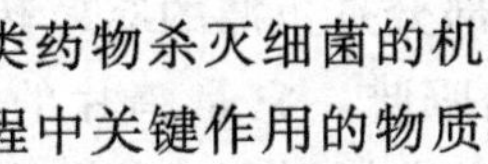

对氨基苯磺酰胺(磺胺)

（2）青霉素。它是青霉菌所产生的一类抗生素的总称。天然青霉素共有 7 种，其中青霉素 G 的抗菌效果最好，临床用青霉素 G 的钠盐或钾盐。氨苄西林和阿莫西林具有更广谱的抗菌作用。它们的差别在于侧链 R 基团的结构不同，其中 G 型应用最广。青霉素的抗菌作用与抑制细菌细胞壁的合成有关。细菌的细胞壁主要由多糖组成，在它的生物合成中需一种称为转肽酶的关键的酶，青霉素可抑制转肽酶，从而使细胞壁合成受到阻碍，引起细菌抗渗透压能力下降，菌体变形、破裂而死亡。

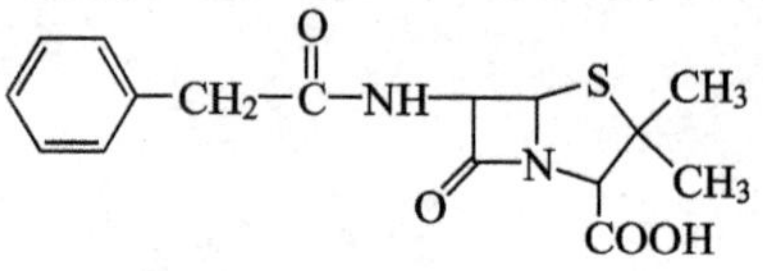

青霉素

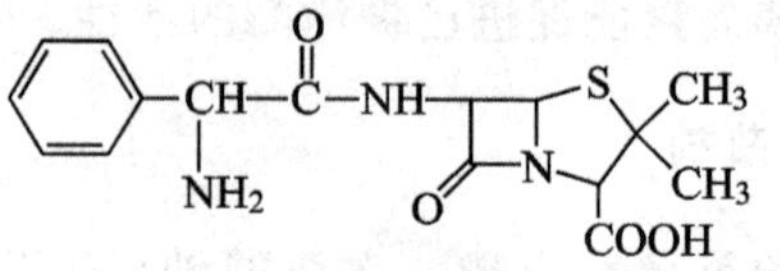

氨苄青霉素

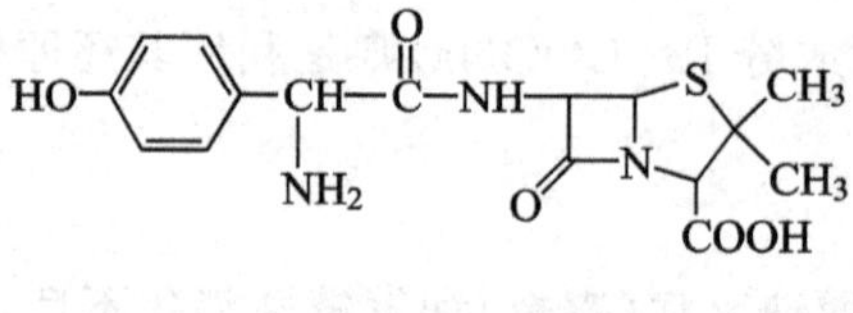

羟氨苄青霉素

（3）四环素类。四环素、土霉素、金霉素都是常用的抗生素。四环素是一类抗生素的总称，之所以称为四环素，是因为这些抗生素中都有 4 个环相连。四环素有副作用，它在杀菌的同时也会杀灭正常存在于人体肠道内的寄生细菌，从而引起腹泻。儿童时期过多服用四环素使牙齿发黄，称四环素牙。

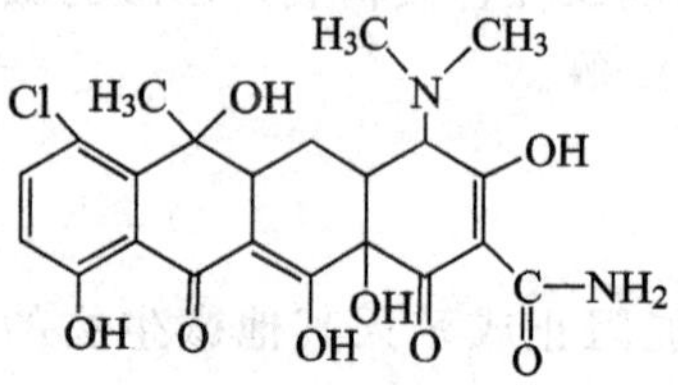

金霉素

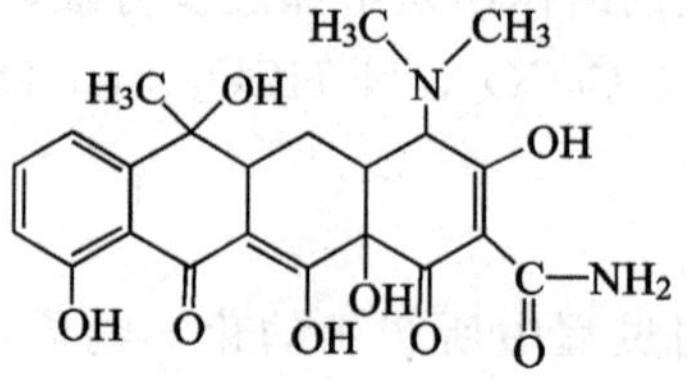

四环素

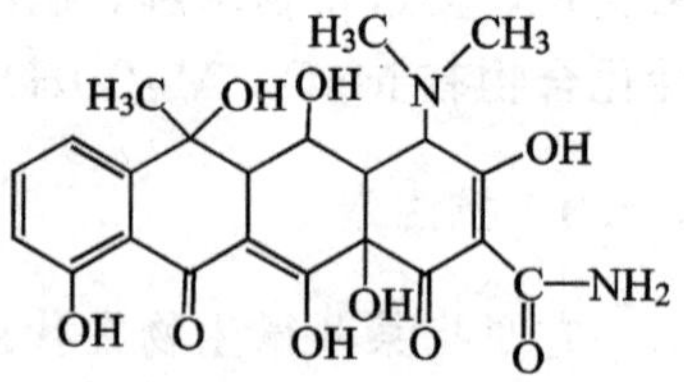

土霉素

4.4.4　止痛药与毒品

鸦片及其衍生物大部分是止痛的有效药物，但缺点是易上瘾。鸦片含有 20 多种生物碱，其中 10%左右是吗啡，它是鸦片的主要成分。该化合物有两个熟知的衍生物：一个是可待因，是吗啡的单甲醚衍生物，它比吗啡的上瘾性小些，也是一种强有力的止痛药；另一个是海洛因，它比吗啡更容易上瘾，因此无药用价值，成为毒品。科学家们研究发现，人的大脑和脊柱神经上有许多特殊部位。麻醉药剂分子正好进入这种位置，把传递疼痛的神经锁住，疼痛就消失了。人自身可以产生麻醉物质，但如果海洛因之类服用过量，会引起自身产生麻醉物质的能力降低或丧失。一旦停药，神经中这些部位就会空出，症状立即重现，导致对药物的依赖性。

根据止痛机理，人们开发出许多有效药物，如普鲁卡因、阿司匹林等。阿司匹林通用性较强，其化学成分是乙酰水杨酸，不仅可以止痛而且可以退热、抗风湿、抑制血小板凝结。阿司匹林明显的副作用是对胃壁有伤害作用，当未溶解的阿司匹林停留在胃壁上时会引起水杨酸反应(恶心、呕吐)或胃出血。现在已有肠溶性阿司匹林药片使用，可保护胃部不受伤害。

某些止痛药长期服用具有成瘾性。它们不仅能阻断疼痛神经的传递而起镇痛作用，产生欣快感，还会使人产生强烈的依赖性，这就成为毒品。目前国际和国内作为毒品严厉禁止的主要有鸦片、吗啡、海洛因、可卡因、大麻等，一些毒品的化学结构如下：

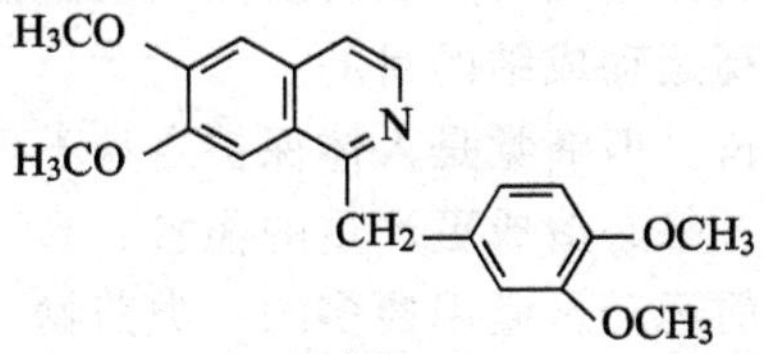

鸦片

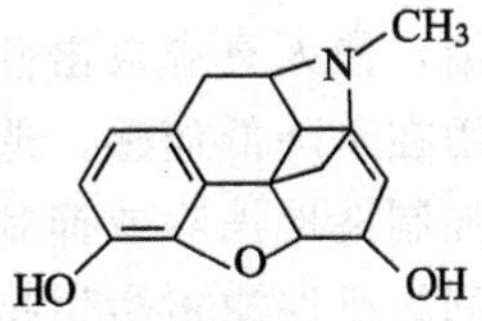

吗啡

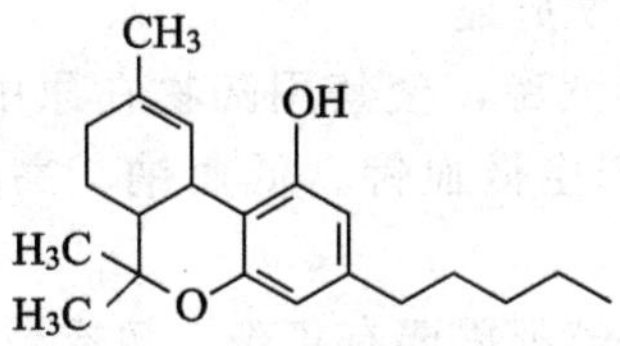

大麻

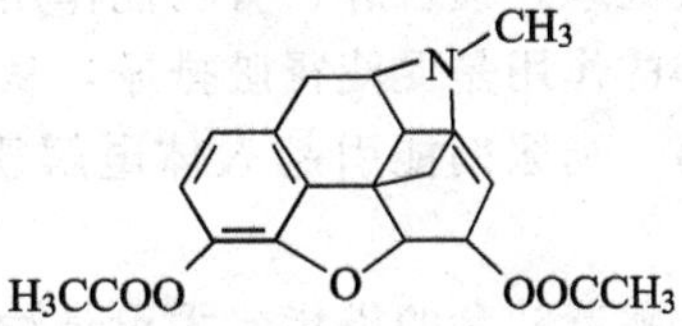

海洛因

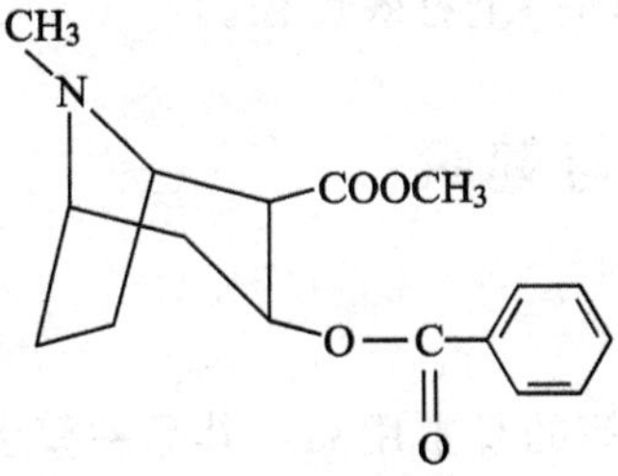

可卡因

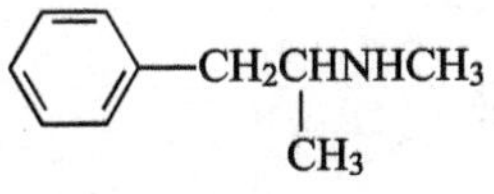

冰毒

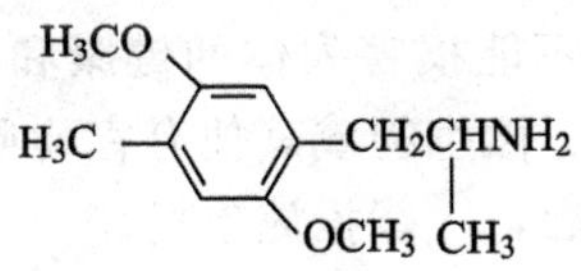

摇头丸

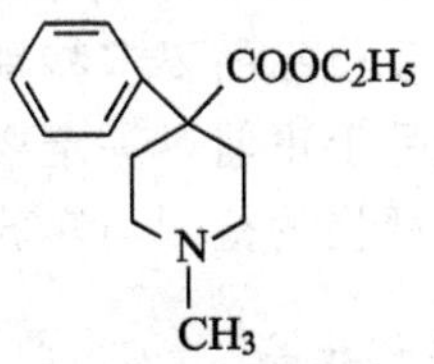

杜冷丁

吸毒可导致多种疾病，造成吸毒者体质极差。吸毒者对毒品的依赖性极强，如果中止毒源，马上会引起一系列的生理变化和生物化学变化，吸毒者往往无法自拔，或抱头乱窜，或发狂自杀等。吸毒者成瘾后对毒品有一种极为强烈的渴求，为了满足毒瘾，会不择手段地获取毒品，严重地扰乱社会治安，造成国家和民族的危机。吸毒严重地危害人体健康与社会安定，是社会的一大公害。

4.4.5 兴奋剂

体育比赛中，一些运动员为了提高竞技成绩，服用某些非常规药物的现象称“药物滥用”，也就是常说的服用兴奋剂。药物滥用不仅破坏高尚的奥林匹克公平竞争的原则，使体育成绩失去真实性，而且药物本身的毒副作用也严重地威胁着运动员的身心健康。国际奥林匹克委员会规定六大类药物为禁用药物，它们是刺激剂、麻醉剂、蛋白同化制剂(类固醇及 β_2 激动剂)、利尿剂以及肽和糖蛋白激素及类似物。

刺激剂多用于需要耐力大的比赛项目，主要作用是对大脑皮质和网状激活系统的刺激，从而提高情绪，使人具有攻击性，达到提高运动成绩的目的。

麻醉剂的作用在于降低痛感，造成心理亢奋。但痛觉是人体保护自身不再进一步受伤的手段，如果强制性地消除或抑制这种感觉，势必造成更严重的伤害。

蛋白同化制剂为雄性激素衍生物，这是目前运动员滥用最多的一类药物。此类药物服用后，会干扰人体的自然激素平衡，造成人体内分泌紊乱，引发一系列临床症状，严重损害身心健康，损害肝、肾功能作用，从而诱发肝癌。

利尿剂的作用是促使肾脏排尿，从而使尿样变稀，使禁用药物在尿中的浓度减小，不易被查出。利尿剂能引起人体电解质紊乱，产生低血钾、低血钠、高尿酸、高血糖等症。

总之，随着社会的进步，无论是治病还是保健都需要有更新、更有效的药物提供给人类，化学担负着开发新药的重任。众所周知，我国传统的中药有奇特药效，如用化学手段剖析出有效成分，再模拟合成，也是开发新药的一个有效途径。

4.5 日用化学品与健康

4.5.1 化妆品

化妆品是清洁、美化人体面部、皮肤以及毛发等的日常用品，其品种繁多。按产品的用途可分为皮肤用、毛发用两类。每类又可分为清洁用、保护用、美容用和营养及日常治疗用等类别。由于化妆品是人们日常生活用的消费品，而且几乎天天都用在皮肤上，因此，对化妆品的要求特别高，要安全可靠，不能损害人体的健康和有毒副作用。一种新的化妆品上市前，一定要对其毒性、刺激性、微生物或其他有害物质及使用的效果等方面进行严格的检测与实验，在确保使用安全后，才能投放市场。

1. 膏霜类化妆品

膏霜类化妆品主要是由油、脂、蜡、水和乳化剂等组成的一种乳化体，是广泛使用的一类化妆品。按其乳化性质可以分为 W/O 和 O/W 型两类。W/O 型乳化体是水分散成微小的水珠被油包围，水是分散相，油是连续相，再加入乳化剂使乳化体成稳定状态。O/W 型乳化体恰好相反，油是分散相，水是连续相，它同样需要乳化剂使乳化体稳定。呈半固体不能流动状态的膏霜一般称为固体膏霜，如雪花膏等；呈流动状态的称为液态膏霜，如奶液。

2. 香水类化妆品

它主要是以乙醇溶液作为基质的透明液体。乙醇对香水类化妆品质量的影响很大，要求所选用的乙醇不能带有丝毫杂味，否则会对香气产生严重的破坏作用，一般采用经过纯化的95%以上的乙醇。香精要进行预处理，使调配出的香精的香气成熟和协调。水质要求也高，要采用蒸馏水、去离子水或脱去矿物质的软水，水中不能含有微生物。香水类化妆品主要有香水、古龙水、花露水、化妆水等。

(1) 香水。香水具有芬芳浓郁的香气，喷洒在衣服、手帕、头巾和发髻上能散发出悦人的香气，是重要的化妆品之一。香料是决定香型和质量的关键，高级香水中一般都使用茉莉、玫瑰和麝香等天然香料。近年来合成了很多新型香料，可补充天然香料的不足。香水中香精一般为15%～25%，浓度稍淡的含香精约为7%。如果在香水中加入0.5%～1.2%豆蔻异丙酯，能使香水涂抹部位的皮肤或衣服内侧形成一层膜，从而延长香气的保留时间。香水的配制简单，只有香精和酒精，故香水是香精的酒精溶液。为了防止在衣服或手帕上留下斑迹，通常都不加色素。

(2) 古龙水。古龙水是男性用花露香水，由于其香气清新、舒适和高雅，在男性化妆品中占第一位。古龙水的生产与一般的香水相同，也是用香精与酒精混合而成。古龙水中的香精主要含有柠檬油、香柠檬油、熏衣草油、橙花油及迷迭香等。一般的古龙水中香精占2%～5%，乙醇浓度80%左右。

(3) 花露水。花露水是香水的一个品种，它是一种用于沐浴后祛除汗臭，以及在公共场所去除难闻气味的卫生用品。花露水要求香气容易散发，并且有一定持久留香的能力。其制备方法与香水、古龙水相同，只是在配方中要加入一些醇溶性的色素，使之有清凉的感觉。颜色一般有淡蓝、湖蓝、绿、黄等，香精用量一般为2%～5%，酒精浓度70%～75%。

3. 香粉类化妆品

香粉类化妆品是用于面部化妆的物品，其作用是使颗粒极细的粉质物质涂敷于面部以遮盖皮肤上的某些缺陷。它应该具备下列特性：较好的遮盖能力，对香精和油脂及水分有好的吸收性，无毒并对皮肤无刺激，在皮肤上有较好的黏附性及滑爽性。

(1) 香粉。香粉中用料最多的是滑石粉，其次是高岭土、碳酸钙等，另外还要加入一定量起遮盖作用的氧化锌或钛白粉，在香粉中加入硬脂酸锌或硬脂酸镁可增进其黏附性。香粉的生产比较简单，主要是混合、磨细和过筛。某配方如下：滑石粉45.5%，高岭土8%，碳酸钙8%，碳酸镁15%，氧化锌15%，硬脂酸锌8%，香料和颜料适量。

(2) 粉饼。粉饼是香粉的另一种形式，主要是为了便于携带和防止倾翻和粉粒飞扬，其使用效果与香粉一样。它有两种形式，一是用湿海绵敷面作粉底用的粉饼；另一种是普通用粉饼。粉饼的生产方法较简单，将胶水先和适量的粉混合均匀过筛后，再和其他粉料混合，然后在低温处放置数天使水分保持均匀后，即可进行压制。要注意的是，粉料不能太干燥，否则会失去胶合作用。

(3) 爽身粉。爽身粉不是化妆品，其主要作用是作沐浴后滑爽肌肤和吸收汗液用，是一种男女老幼均适用的卫生用品。其主要成分是滑石粉，再配一些碳酸钙、碳酸镁、氧化锌、高岭土、硬脂酸锌和硬脂酸镁等以及少量作为杀菌消毒用的硼酸等；为了给人一种清凉的感觉，在配方组成中还要加入少量的薄荷脑等。爽身粉的原料及生产方法与香粉基本相同，区别在于爽身粉对滑爽性要求较为突出，而对遮盖性要求不高。婴儿用爽身粉必须没有任何刺激性，故香精用量要适当减少，一般为 0.15%～0.25%。

4. 毛发用化妆品

(1) 发乳。头发如果缺少水分则容易断裂，发油与发蜡能增加头发的光泽，补充油分，但不能补充水分而无法抑制头发的断裂。发乳，特别是 O/W 型发乳，水是连续相，容易被头发吸收，油为分散相，能在头发上形成油脂保护膜。洗发后用发乳还有固定发型的作用，并能使头发柔软润滑，色泽自然。药性发乳还具有减少头屑和止痒等功能。

(2) 染发剂。染发就是改变头发原来的颜色。例如，将白发染成黑色或棕褐色，或把黑发染成红褐色、棕色等深浅不同的颜色，或将黑发漂白脱色等。染发剂必须符合染色良好、不伤头发，对人体无害，对空气、日光、酸碱、氧化剂、还原剂及发油和香波等化妆品稳定的要求。永久性的黑色染发剂一般是氧化染发剂，其主要原料是对苯二胺、氨基酚或此类化合物的衍生物。市场上的染发剂形式一般有膏霜状、液体状和染发香波等，不管其形式怎样，原料组成均相同。产品一般包括两个包装，一个是含有形成颜色的基质原料，另一个是含有氧化剂的显色剂，将两者混合后，立即均匀地涂抹在头发上，经过 20～30min，用水洗净，即可将头发染成所需要的颜色。

(3) 烫发剂。使头发卷曲的最早方法是加热卷烫，故称烫发。随着化妆品生产技术的发展，不用加热烫发就可以达到头发卷曲的效果，即冷烫。头发由水溶性的角蛋白组成，其内部含有胱氨酸，胱氨酸中含有一种二硫键，它使头发保持一定的刚韧性。还原性的化学试剂(卷发剂)能将这种二硫键打开，这时，头发就会变得非常的柔软而可以任意造型。造型后再用氧化性的化学试剂(定型剂)将其氧化，就能将断开的二硫键接上，头发就恢复原来的刚韧性而定型。通常把加热时使用的卷发剂称为烫发剂，其主要成分是亚硫酸盐，另外加一定量的碱，如碳酸钾、硼砂、碳酸铵或氨水等，使其维持适当的碱性。冷烫发剂也称冷卷发剂，其主要成分是巯基乙酸及其衍生物，其他成分大体与烫发剂相同。

(4) 护发水。护发水对头发主要起调节作用，可以防止秃发，消除瘙痒及减轻头屑，促进头发生长。护发水主要由乙醇(50%左右)、刺激剂、营养剂、生发剂、杀菌剂和保湿剂等组成。刺激剂主要有奎宁及其盐、苄香碱及其盐等；营养剂主要有激素、氨基酸、纤维素、固醇及磷脂类；生发剂主要有何首乌、薄荷、大蒜液等；杀菌剂主要有水杨酸、苯酚和季铵盐等；保湿剂主要有甘油、丙二醇和山梨醇等。护发水的生产方法比较简单，将油溶性原料溶于乙醇，将水溶性原料溶于水，再将水相缓慢加到醇相中，搅拌均匀，冷却至 0～5℃，过滤即得成品。

4.5.2　洗涤用品

1. 污垢的种类

附着在手、脸、脚、头发、皮肤、衣服、厨具、家具、卫生设备等上的污垢需要经常擦洗。污垢的种类很多，成分也十分复杂。根据性质，污垢可以分成 3 类。

（1）油质污垢。它包括植物、动物油脂以及人体分泌的皮脂、脂肪酸、胆固醇类，还有矿物油及其氧化物。其特点是不溶于水，对纺织品、皮肤和其他基质附着力强，不易洗脱。

（2）固体污垢。一般固体污垢属于不溶性物质，如来自地表面、生活、工作场所的尘土、垃圾、金属氧化物等。它们可能单独存在，也可能与油、水黏结在一起，一般带负电，也有带正电的。尽管这类污垢不溶于水，但可被洗涤剂分子吸附，将粒子分散，悬浮在水中。

（3）水溶性污垢。它包括盐、糖、有机酸。但是血液、某些金属盐溶液作用于织物和其他基质上会形成色斑，这类污垢很难去除。

上述 3 类污垢常连成复合体，在自然环境中还会氧化分解，形成更为复杂的化合物。这些复杂的化合物通常都需要用洗涤剂去除。

洗涤剂的去污过程是一个十分复杂的过程。例如，由尘土和有机脂质组成的污垢在含表面活性剂的溶液中被充分润湿，活性物质渗透到污垢中，逐渐溶解。通过搅拌，表面活性剂将污垢乳化、分散于溶液中，最后随液体排除。因此，去污作用是通过表面活性剂降低表面张力，从而产生润湿、渗透、乳化、分散、排放等多种作用的综合结果。为了提高洗涤效果，常施以一定的机械作用力，如搅拌、揉搓，漂洗，使污垢与基质更容易分离脱落。

2. 肥皂

肥皂是至少含有 8 个碳原子的脂肪酸或混合脂肪酸的无机或有机碱性盐类的总称。肥皂具有天然物和合成物的综合性质。制皂的原料主要是油脂和碱。制造肥皂最常用的碱是氢氧化钠，制造液体皂则用氢氧化钾。所用原料还有抗氧化剂、杀菌剂、消炎剂、香料、着色剂、透明剂等。但肥皂不能在硬水中很好地发挥洗涤作用，也不适用于酸性环境。因为在酸性环境中肥皂会分解成脂肪酸和盐，而失去洗涤作用。制造肥皂还必须使用大量动植物油脂。鉴于肥皂的上述缺点，人类发明了合成洗涤剂。

3. 合成洗涤剂

合成洗涤剂是多种组分复配而成的混合物，具有去污力强的优点，在碱性、酸性及中性环境中均可使用，洗涤过程快，省时、省力，效力明显强于肥皂。同时还可以降低成本，如生产 1 万吨肥皂需 5000t 油脂，而生产 1 万吨洗衣粉只需要 2000～2500t 石油。目前合成洗涤剂产量最大的是洗衣粉，发展最快的是液体洗涤剂。合成洗涤剂主要由表面活性剂、助洗剂、填充料等组成。

1）表面活性剂

它是既能溶于水又能溶于油，同时能在相界面上定向排列并改变界面性质的有机化合物，其结构特点是分子中既具有亲水基，又具有疏水基。洗涤时，表面活性剂水溶液中的疏水基溶于被洗涤基质（如衣服或纺织物品）表面的油垢中，在洗衣机强烈的机械搅拌所形成水涡的影响下，织物上的油垢被洗下，并变成悬浮体被洗涤除去，如图 4-7 所示。

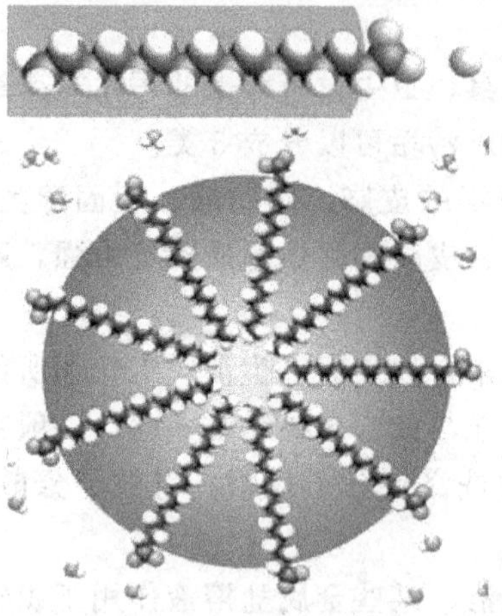
图 4-7　去污原理示意图

表面活性剂的种类很多，从分子结构特性来分，可以分为四类：

（1）阴离子表面活性剂。其特点是亲水基带负电荷，如 $C_{12}H_{35}OSO_3^- Na^+$。这类表面活性剂中最重要的是直链烷基苯磺酸盐，如十二烷基苯磺酸钠。脂肪醇醚、脂肪醇硫酸盐、α-烯烃磺酸盐、烷烃磺酸盐等都属于这类表面活性剂。

（2）阳离子表面活性剂。其特点是亲水基带正电荷，如 $(C_{18}H_{37})_2N^+(CH_3)_2Cl^-$。这类表面活性剂主要是季铵盐。

（3）非离子表面活性剂。在分子中没有带电荷的基团，其水溶性来自于分子中所具有的聚氧乙烯醚基和端点羟基，如 $C_{12}H_{25}(OC_2H_4)_7OH$。含有 12 个碳原子以上的高碳脂肪醇及壬基酚与环氧乙烷的缩合物是最重要的非离子表面活性剂。

（4）两性表面活性剂。在分子中同时具有可溶解于水的正电荷和负电荷基团，如 $C_{12}H_{25}N^+(CH_3)_2CH_2COO^-$。分子的两性结构使它具有一些特殊的功能，可与上述任何一类表面活性剂相配伍。

2）助洗剂

水溶液中的 Ca^{2+}、Mg^{2+} 等有破坏胶体的倾向而影响污垢的洗脱，解决的办法是在洗涤剂中加入一些能配位这些离子的化学品，这些化学品就称为助洗剂，如 EDTA、三聚磷酸钠等。除了对多价阳离子起隔离作用外，三聚磷酸钠可以阻止污垢再黏附在衣物表面上，它除了有螯合和电荷分配作用外，还有一定的杀菌作用。硅酸钠可以提高喷雾干燥后洗涤剂颗粒的机械强度，使组分稳定，改善溶解的速度，同时还可阻碍磺酸盐或硫酸盐型表面活性剂对洗衣机机械部件的腐蚀，因此，它常作为助洗剂。三聚磷酸钠是水体富营养化的元凶。显然，为了保护环境，开发、生产、使用无磷洗衣粉是十分迫切的任务。

3）漂白剂

漂白剂可以除掉用一般方法不能洗涤除去的污垢。含氯漂白剂（如次氯酸钠）虽然有较强的漂白作用，但因为它有氯气味，储存时容易分解，还破坏织物和染料，故一般使用不含氯的硼酸钠或过硼酸钠、过碳酸钠等作为漂白剂。

4）荧光增白剂

它是一种无色的染料，吸收日光中的紫外光线后，能发射出波长 415～466nm 的紫蓝色荧光，正好与衣服纤维上反射出来的黄色光互补，相加而成白色，从而达到增白效果，故荧光增白剂是一种光学增白剂。常用的荧光增白剂有二苯乙烯型荧光增白剂(Ar—CH ═CH—Ar)、双苯乙烯型荧光增白剂(Ar—CH═CH—Ar—CH═CH—Ar)、香豆素型荧光增白剂、唑型荧光增白剂及萘二甲酰亚胺荧光增白剂等。

4. 洗发香波

对洗发香波的要求是，洗掉头发表面的油污、灰尘、细菌；易于漂洗，使头发有光泽；泡沫量适宜，对头发有营养；去头屑，止头痒，香味合适；不损害头发、头皮和眼睛；外观颜色适当，各部分性状均匀，保质期长。

洗发香波的主要成分是阴离子表面活性剂和非离子表面活性剂类物质，如十二烷基硫酸胺，起清洁、发泡、乳化、润湿作用。有些表面活性剂本身有香味，有些洗发剂则需另加入香味剂；洗发香波的 pH 在 4～6 为好，用 pH 大于 10 的碱性液洗头发，会使头发失去光泽，洗发香波中用山梨酸钾或柠檬酸等物质为酸度调节剂；营养物质，如维生素 B、维生素 E 等，抑制头皮细胞代谢异常，不产生头皮屑；在洗发香波中添加有杀菌、抗霉、抗氧化、抑制头皮油脂分泌、使头皮恢复正常代谢的物质；为阻止头发中的痕量重金属的活动，在配方中加入乙二胺四乙酸钠，作用是与金属离子结合成螯合物；加入硫酸钠为吸湿剂，以保住洗发剂的水分；加入 NaCl 可调节洗发剂黏性；加入抗真菌剂和防腐剂使保质期延长，如苯甲酸钠、对羟基苯甲酸甲酯等。此外，还要加入柔软剂、遮光剂、分散剂、泡沫稳定剂和颜料等。

4.5.3　口腔日用品

1. 牙膏

牙膏是人们最常用的清洁牙齿的卫生品，用好的牙膏刷牙不仅可以使牙齿表面洁白、光亮，保护牙龈，防止龋蛀，而且有减少口臭的作用。对于牙膏的要求为，除去牙齿表面污物、杀菌、增白、防蛀、防止牙垢沉积、对牙齿有营养、能抑制或治疗牙病；味道可口(香甜)、泡沫丰富、无毒；软硬适度、各部分均匀一致。牙膏主要由摩擦剂、表面活性剂、胶黏剂、保湿剂、香精、甜味剂、染料及其他特殊加入物等物质组成。

(1) 牙膏中的活性成分：氟化钠，它具有阻止龋齿的作用。

(2) 防牙垢作用的物质：焦磷酸四钾(钠)、某种聚合物和氟化钠。牙垢又称牙石，主要成分是 $Ca_3(PO_4)_2 \cdot 2H_2O$。临床表明，焦磷酸盐、聚合物和氟化物的结合是牙垢的有效抑制剂。牙垢的化学组成和牙齿的组成相似，因此用化学方法不可能把它溶解。

(3) 杀菌剂。口腔里有细菌存在，应用杀菌剂杀灭口腔里的细菌，以达到防治牙科疾病的目的。如果每天刷两次牙，99%的细菌就会被杀死，但抑制菌斑生成的作用则仅能维持 6 个小时。菌斑的生成是一个持续不断的过程，饮食甚至接吻均会招致重新感染的机会。

(4) 其他成分。牙膏中还要加入甜味剂，如山梨醇和糖精；发泡剂，如十二烷基硫酸钠、月桂硫酸钠、月桂酰甲胺乙酸钠及月桂醇磺乙酸钠等，它能穿透和松动牙齿表面的沉淀；摩擦剂，如含水硅石($SiO_2 \cdot nH_2O$)、碳酸钙、碳酸镁、磷酸三钙、磷酸氢钙和氢氧化铝等，清洁和抛光牙齿表面；增白剂，TiO_2；保湿剂，如甘油(丙三醇)、山梨醇和丙二醇等；润湿剂和溶剂，吸收和保留空气中的水分，使牙膏柔软。牙膏香精常以水果香型、留兰香型为主，也有薄荷、茴香及豆蔻等香型。

为了防治牙病，增进口腔卫生，以达到健康的目的，常将某些药物或药物浸取物的有效成分加入牙膏中，我国现在就生产多种中草药牙膏，如草珊瑚、两面针、厚朴、田七、三七等都已经在牙膏中使用。

2. 牙粉

牙粉的作用与牙膏相同，其组成成分除液体部分外，其他与牙膏基本相同。牙粉的摩擦剂占的比例较大，清洁牙齿的作用比较突出，制造也比较简单，成本低廉。其缺点是使用不方便，香气容易消失。

3. 含漱水

含漱水主要作用是清洁口腔，去除口臭，并使口内留有清新舒适的感觉。一般含漱水的主要组成是水和乙醇，不含固体摩擦剂，此外还有香精、甘油、杀菌剂、发泡剂、脱臭剂、收敛剂和乳化剂等。

4.5.4　日用化学品中的不安全因素

1. 皮肤受损

皮肤受损一方面是皮肤受到外力的破坏，如穿耳孔、割双眼皮、隆鼻等人为破损，这种对人躯体的人为塑造手段违背了生理学自我保护的意旨；另一方面就是化妆品使用不当造成皮肤过敏、皮肤病等。

在皮肤上涂太多的化妆品也可使皮肤受损。擦脸粉中钛白粉含量太高时，可使皮肤不适应，易得湿疹痤疮，糜烂出水，严重者成为永久性花斑。

由于人种不同，皮肤质地不同，因此适应的化妆品也不同，在选用、使用化妆品时要注意皮肤、毛发的适应性，尽可能不使器官受损，尽量多用天然原料的配制品等。

2. 皮肤过敏、皮肤病

皮肤过敏是化妆品中的某些成分对皮肤细胞产生刺激，使皮肤细胞产生抗体，从而导致过敏。近年来因使用化妆品引起的皮肤病病例增多，化妆品皮炎占皮肤病患者的30%。

导致化妆品皮肤病的原因首先是不合格产品引起的。例如，有害金属元素超标，含有过量的铅、汞等有害金属的化妆品用后会出现色素沉着，引起各种色斑。其次是由于化妆品自身的因素造成的。化妆品所造成的皮肤损害主要是迟发型变态反应。化妆品配合原料中的香精与防腐剂是引起变应性接触性皮炎的最常见成分，香精中的纯茉莉花油、羟基香草素、夷兰油、红色219、黄色204等，防腐剂中的尼泊金类等，化妆品中铅、汞、砷等重金属含量超标，都可引起皮肤的瘙痒等不适。

化妆品所用颜料也是过敏性物质，皮肤对朱红、大红、黄色等都有不同程度的过敏，所以胭脂、颊红、唇膏中色料可不同程度的引起皮肤过敏反应，出现疹子、皮肤瘙痒等症状。

化妆品过期或污染，使化妆品分解、腐败、变质等，都会引起皮肤细菌炎症。

3. 染发剂、卷发剂和喷发胶对健康的影响

染发剂、卷发剂和喷发胶都对人体健康有一定的危害。

染发剂的主要成分通常是苯胺染料。使用染发剂过敏，如使头部皮肤红肿、起水泡，若不慎水泡发生感染，便会导致化脓性皮炎。卷发剂中常含有硫丙三醇酯类化学物质，可以使皮肤发炎，如不慎溅入眼中，还会使眼睛灼伤；溅入耳内会使耳鼓膜穿孔，丧失听力。

喷发胶是由合成树脂溶于乙醇或其他溶剂中制成的。将喷发胶装在喷射罐中以喷雾方式向头上喷洒时，不可避免地会由呼吸道吸入一些喷发胶的微粒。这些合成树脂微粒停留在呼吸道和肺部，机体本身不能经过正常代谢过程将其排出体外，它们在体内蓄积到一定量时，就会损害身体健康。

4. 化妆品对眼睛的伤害

眼睛对异物十分敏感。许多化妆品一旦进入眼睛会不同程度地引起眼睛损伤，轻者造成红肿、畏光、流泪、疼痛、异物感等，重者可造成失明。不论是油彩、霜脂、染料类化妆品，还是药品类(如治疗雀斑、汗斑、疣、痣及痤疮等)的化妆品都会损伤眼睛的结膜、角膜，甚至危害晶体，严重时导致角膜和晶体混浊，使视力下降或失明。

目前市场上的洗发剂名目繁多，所有的洗发剂几乎都含烷基亚硫酸盐。它可使头上附着的油脂污垢易溶于水，但对人的眼睛有严重的危害作用。近年来由洗发剂引起的角膜混浊、结膜充血等眼科疾病逐年上升。经研究证明，洗发剂中含烷基亚硫酸盐的成分越高，对眼睛损害的程度越大，使用洗发剂时要避免流入眼睑造成伤害。

由于洗发剂中的烷基亚硫酸盐的含量与使用者眼睛的疾患成正比，因此美国已规定，出售的洗发剂中烷基亚硫酸盐的含量不得超过 5%。

习　题

1. 人体中化学元素功能与结构有何关系？
2. 试从化学原理上阐述元素的缺乏与过量哪个对人体影响更大？
3. 简述几种主要微量元素对人体的重要作用。
4. 人体缺碘有何症状？为什么建议食用碘盐？
5. 简述几种主要维生素对人体的重要作用。
6. 简述几种主要营养素的重要生理功能。
7. 营养的健康理念有哪些？
8. 你认为饮食与疾病有关系吗？举例说明。

9. 健康的排毒饮食有哪些？应该采用哪些措施防止“病从口入”？

10. 病毒的肆虐与人类的哪些行为因素有关？

11. 吸烟和酗酒有哪些危害？

12. 简要说明“药物”、“毒品”、“兴奋剂”三者的关系。

13. 毒品的种类有哪些？有何危害？年轻人应如何对待毒品？

14. 表面活性剂在日用化学品中有什么重要作用？通过查阅资料了解表面活性剂在其他领域的应用。

15. 脂溶性维生素有__________，水溶性维生素有__________。维生素的摄取主要通过__________。

16. 国际奥林匹克委员会所规定的运动员禁用服用的六类药物分别是__________，__________，__________，__________，__________，__________。

17. 如何理解化学与健康的关系？

18. 选择你感兴趣的化学问题，通过查阅资料写一篇化学与健康的小论文。

第 5 章 生命中的化学

5.1 生命的物质基础

生物体是由各种化学物质构成的，生命过程实质上就是一系列在生物的细胞内外发生的由生物整体调控的动态化学变化过程。因此，化学在研究生命现象及其运动规律中起着极其重要的作用。

我们生存的地球是一个生机勃勃、形形色色的生物世界，到处都有生命的踪迹。目前已知地球上共有 100 多万种动物，30 多万种植物和 10 多万种微生物。尽管它们之间形态千差万别，但构成这些生物的化学元素基本相同，均由碳、氢、氧、氮、硫、磷以及含量很少的其他元素组成，这些元素与非生命物质并无不同。由这些元素化合组成了生命必不可少的水及多种有机化合物。有机物主要是糖、脂、蛋白质和核酸等生物大分子物质，此外，还有可溶性糖、维生素、激素、有机酸等小分子化合物。上述四种生物大分子由一些基本的生物分子(如单糖、脂肪酸、多元醇、氨基酸、核苷酸等构件分子)按特定方式缩合而成，再由生物大分子组成超分子复合物，进而装配成各种亚细胞结构和细胞。这些生物大分子不但是细胞的结构成分，而且具有广泛的生理功能。

5.1.1 生物的物质组成

凡在细胞中能够结合成有机化合物的元素，其含量都非常丰富，这些元素包括碳、氧、氢、氮、磷、硫，约占细胞总质量的 98%。钠、钾、氯等元素含量虽也较丰富，但在生物体内通常不是以化合物形式存在，而是以离子形式存在。另外还有一些元素在体内含量很少，称为微量元素。微量元素通常和蛋白质相结合，它们在体内的分布和含量均有较大的差别，发挥着各不相同的生理功能，但对生命也很重要，而且是必需的。例如，血红蛋白中的铁元素在血红蛋白中所占的比例少于 1/300，然而这并不表明铁不重要，已知铁原子的功能与氧的结合有关。另外，还有许多微量元素的具体功能目前还不清楚，我们仅仅知道如果这些元素缺乏，生物体就会发生疾病，甚至死亡。

生物体是由多种物质按严格的规律组成的。几乎所有动植物和微生物的细胞中，都含有水及蛋白质、糖类、脂肪和核酸四大类有机化合物。例如，人体的物质组成约含水 55%～67%，蛋白质 15%～18%，脂类 10%～15%，无机盐 3%～4%及糖类 1%～2%，此外还有核酸及多种具有生物活性的小分子化合物，如维生素、激素等。大肠杆菌细胞组成见表 5-1。人们通常将分子较大而结构复杂的蛋白质、核酸、脂类、糖类等称为生物分子。生物大分子主要指蛋白质与核酸，一切有生命的物体均含有这两类生物大分子，因此它们是生命的标志。蛋白质是生命的物质基础，具有多种重要的生理功能；核酸是遗传的物质基础，决定着遗传信息的传递；酶是具有生物催化活性的蛋白质，催化体内各种物质代谢的进行。

表 5-1 大肠杆菌细胞内物质及其组成结构单位

物质	质量分数/%	作用	构成组分
水	70	溶剂、介质	
大分子			
蛋白质	15	酶、结构、抗体等	20 种氨基酸
核酸	7	传递信息	4 种碱基、糖、磷酸
多糖	3	储存能量、结构	10～20 种糖
小分子			
脂肪	2	储存能量、结构	甘油、脂肪酸
代谢中间产物	1～2	参与反应	种类繁多
无机离子	1	多种生理功能	灰分
辅助因子	<1	参与反应	维生素等

在所有活细胞的物质组成中，碳、氢、氧、氮等元素的含量很丰富。但大部分氢元素和氧元素以结合成水的形式存在，水是所有活细胞的主要成分，其余部分则结合在有机分子中。为了表达生物体中有机分子的主要元素比例，一般用分子式 $CH_xO_yN_z$ 表达。例如，酵母的典型分子式为 $CH_{1.82}O_{0.19}N_{0.46}$，细菌为 $CH_{1.66}O_{0.27}N_{0.20}$。

根据构成生物的化学元素和生物大分子的生物化学成分的共性来概括生命，不同生物之间有很大的同一性。生命体的形态、大小和结构可以千差万别，但其构成的基本物质是相同的，即都是由脱氧核糖核酸(DNA)、核糖核酸(RNA)和蛋白质等大分子为基本骨架。组成生物的物质成分并没有超出自然界存在的元素之外。这些元素构成了生物特有的基础生物分子，包括 4 种核苷酸、20 种氨基酸，以及糖类、脂肪等。这些成分是生物构建和一切生命活动赖以进行的基础，不仅它们的基本化学结构在种属差异很大的生物中非常相似，而且这些分子相互作用的基本化学过程也非常相似。

植物细胞中蛋白质和脂类的含量比动物细胞少，糖类含量较多。在鲜嫩的蔬菜中，脂类占干重的 2%～5%，蛋白质占 10%～30%。肌肉中含有 20%左右的脂类与 50%～70%的蛋白质。糖类在一般植物中占干重的 50%～60%，而典型的动物组织中仅含 2%～10%。细胞中核酸的量也不同，酵母细胞中含 0.1%，肌肉和细菌的细胞中含 0.5%～1%，在胸腺细胞中高达 15%～40%。

5.1.2 有机化合物的分类

生物体的组成大部分为有机化合物，如蛋白质、糖类和脂肪都是有机化合物。为了解它们的基本结构和性质，有必要对有机化合物的基本性质作简单介绍。

1. 按碳干分类

传统的分类方法是根据碳干的不同把它们分成三大类：

1) 开链化合物

在开链化合物分子中，碳原子互相结合形成链状，而不形成环状。例如

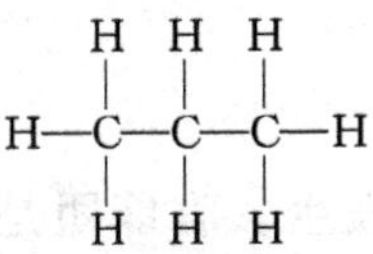

丙烷

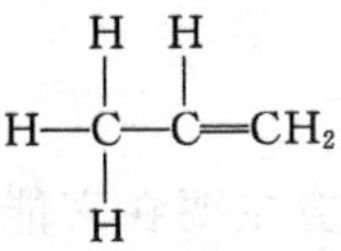

丙烯

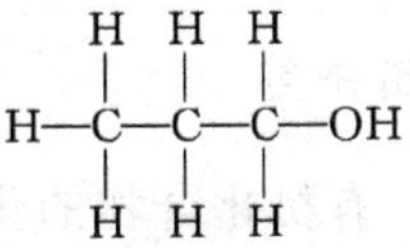

丙醇

由于开链化合物最初是从油脂中发现的，因此把开链化合物称为脂肪族化合物。

2）碳环化合物

碳环化合物是含有由碳原子组成的碳环。它们又可分为两类：

（1）脂环化合物。这类化合物中含有由碳原子组成的碳环，它们的化学性质与开链化合物相似。

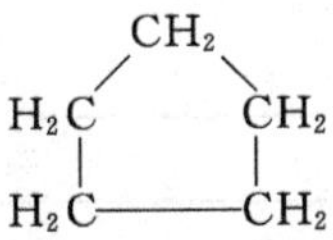

环戊烷

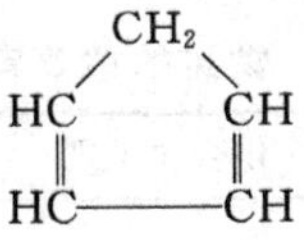

环戊二烯

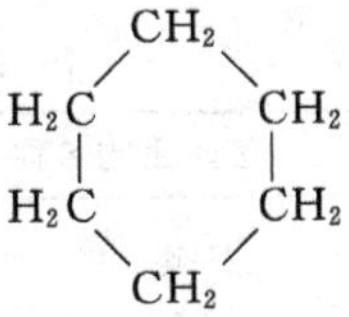

环己烷

（2）芳香族化合物。芳香族化合物的结构特征是大多含有由六个碳原子组成的苯环，它们的化学性质和脂环化合物有所不同。例如

C_6H_6
苯

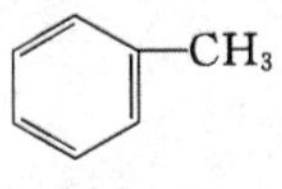

$C_6H_5—CH_3$
甲苯

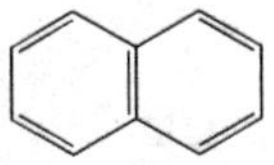

$C_{10}H_8$
萘

由于这类化合物最初是从具有芳香味的有机物和香树脂中发现的，所以把它们称为芳香族化合物。

3）杂环化合物

杂环化合物也是环状化合物，因这种环是由碳原子和其他元素的原子(如氧、硫、氮等)共同组成的，故称为杂环，含有杂环的有机化合物称为杂环化合物。例如

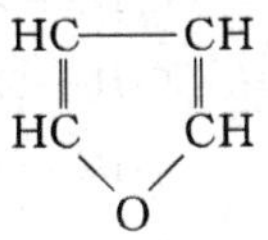

呋喃

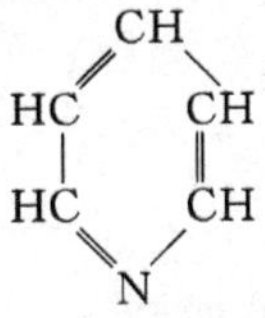

吡啶

以上的分类方法只是从有机化合物的母体(或碳干)结构的形式(链状和环状)来分类，并不反映其性质特征，实际上也不能反映其结构的本质。

由于脂环化合物的性质与开链化合物的性质相似，所以二者也可归为一类，统称为脂肪族化合物。

碳氢化合物称为烃，从性质上又可以分为饱和烃、不饱和烃和芳香烃三大类。其中，饱和烃包括烷烃和环烷烃；不饱和烃包括烯烃和炔烃；芳香烃可划分为苯系芳烃和非苯系芳烃。而其他有机化合物都可视为这三大类烃的衍生物。

2. 按官能团分类

实验证明，有机化合物的化学反应主要在官能团处发生。官能团是指有机化合物分子中易发生化学反应的一些原子或原子团，它常可以决定化合物的主要性质，如氯乙烷分子中的氯原子、乙醇分子中的羟基(—OH)，有机化学中将其称为官能团。一般来说，含相同官能团的有机化合物能发生相似的化学反应，把它们看作一类化合物。例如，含羟基的分子可归为醇类或酚类。但要注意碳干的结构也会影响官能团的性质。常见的重要官能团见表 5-2。一般情况下先按碳干分类，再按官能团分类。

表 5-2　常见的重要官能团

官能团的式子	官能团的名称	化合物类别	实例	
>CH═C<	双键	烯烃	$H_2C{=}CH_2$	乙烯
—C≡C—	叁键	炔烃	$HC{\equiv}CH$	乙炔
—X	卤素	卤代烃	C_6H_5Cl	氯苯
—OH	羟基	醇和酚	CH_3CH_2OH	乙醇
			C_6H_5OH	苯酚
C—O—C	醚键	醚	C_2H_5—O—C_2H_5	乙醚
—C(═O)—	羰基	醛和酮	CH_3—C(═O)—H	乙醛
			CH_3—CO—CH_3	丙酮
—COOH	羧基	羧酸	CH_3—COOH	乙酸
$—NO_2$	硝基	硝基化合物	$C_6H_5—NO_2$	硝基苯
$—NH_2$	氨基	胺	$C_6H_5—NH_2$	苯胺
—N═N—	偶氮基	偶氮化合物	C_6H_5—N═N—C_6H_5	偶氮苯
	重氮基	重氮化合物	C_6H_5—N═N—Cl	氮化重氮苯
—SH	巯基	硫醇和硫酚	C_2H_5—SH	乙硫醇
			C_6H_5—SH	苯硫酚
$—SO_3H$	磺酸基	磺酸	$C_6H_5SO_3H$	苯磺酸

5.1.3　糖类

1. 概论

1）糖类的定义

糖类是指多羟基的醛、酮、醇和它们的氧化还原衍生物，以及由糖苷键连接此类化合物而成的多聚体。

糖类是生物体含量较多的一类有机物质，几乎所有动物、植物、微生物体内都含有糖。它们以糖或与蛋白质、脂类结合成复合糖存在。糖类以植物含量最多，约占其干重的 80%。动物细胞内、血液里也有葡萄糖或由葡萄糖等组成的多糖(如肝糖原、肌糖原)存在，人和动物的器官组织中含糖量不超过体内干重的 2%。微生物体内含糖量占菌体干重的 10%～30%。

2) 糖的结构和分类

很早以前，人们在研究中发现，葡萄糖、果糖、淀粉和纤维素等糖都是由碳、氢、氧三种元素组成，且其中氢原子数和氧原子数之比为 2∶1，这类化合物可用通式 $C_n(H_2O)_m$ 表示，因此以前把这类化合物称为碳水化合物。但现在我们知道也有一些例外。

糖类化合物可分为三大类：

(1) 单糖。单糖是多羟基醛或多羟基酮，它们不能水解为更小的分子。例如，葡萄糖、果糖、核糖和木糖等均属单糖。

(2) 寡糖。寡糖是由 2～6 个单糖分子脱水缩合而成的，它能水解生成单糖。按照水解后生成单糖的数目，寡糖又可分为二糖、三糖等。其中以二糖最为重要，如蔗糖、麦芽糖、乳糖等。

(3) 多糖。多糖是由许多个单糖分子脱水生成的高分子化合物，如淀粉、糖原、纤维素、半纤维素等。

从分子结构上看，单糖的分子中都有多个羟基，还有 1 个醛基或酮基，属于多羟基醛或多羟基酮。另外，相对分子质量更大、结构更复杂的糖类化合物，如蔗糖、淀粉和纤维素等，它们都能水解，水解后的产物也是果糖、葡萄糖等单糖。因而，单糖是组成寡糖和多糖的基本单位。淀粉、糖原是重要的生物能源，纤维素是植物结构糖。

3) 糖类的生理功能

生物体内单糖、寡糖和多糖可以互相转化。由单糖可以合成寡糖和多糖，而由寡糖、多糖又可分解成单糖。单糖的进一步分解可变成各种各样的中间产物，由这些中间产物可分别转变成脂肪、蛋白质、核酸的原料。在单糖的分解氧化过程中，伴随着能量的大量释放，能量释放推动着 ATP 的合成。而 ATP 是生物体内的一种能量通货，可在生物合成、物质运输、肌肉收缩、运动、生物发光等各种生命活动中使用。同时，在单糖的分解代谢过程中，还产生另一种具有还原能力的还原剂，即 NADPH，这种具有高势能电子转移能力的物质在生物合成中作为电子和 H 的供体。

食物中的糖类只有部分单糖能直接给人体提供热能。寡糖和多糖要经过一系列的消化过程最终转变为单糖后，才能供热或合成以糖原形式储存在肝和肌肉中，待剧烈运动或饥饿时备用。

糖类还是神经和细胞的主要成分。人体没有不含糖的神经和细胞核。

2. 单糖

1) 单糖的分类

按单糖分子中所含官能团的不同，可分为两大类，即醛糖和酮糖。按照单糖分子中碳原子的数目，又可分为丙糖、丁糖、戊糖(或五碳糖)、己糖(或六碳糖)和庚糖等。常见的单糖有葡萄糖、果糖、核糖和脱氧核糖。

通常这两种分类方法要结合在一起使用。例如，含 5 个碳原子的醛糖称为戊醛糖，含 6 个碳原子的酮糖称为已酮糖等。自然界中存在最多的是戊糖和已糖，庚糖在自然界中存在很少。常见单糖的链式结构如图 5-1 所示。

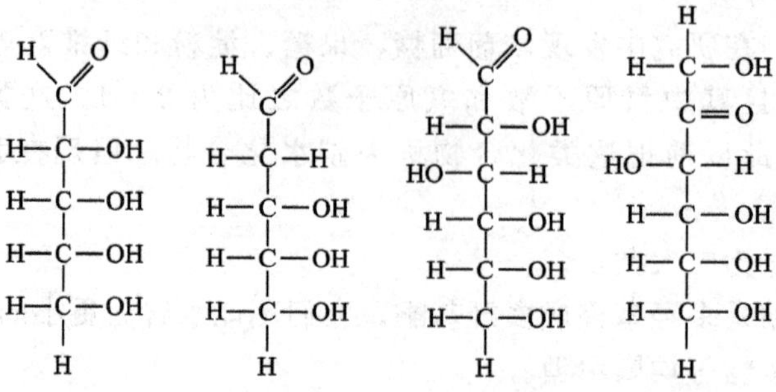

图 5-1　单糖的链式结构

单糖可以有链式结构和环状结构形式存在。无论在晶体状态下还是在水溶液中，绝大部分单糖为环状结构形式，如图 5-2 所示，C═O 中的氧原子进入环中，而且隐藏大部分醛或酮的性质。例如，葡萄糖在氧含量相当高的大气中，并不会像脂肪醛那样氧化成为相应的酸。注意：为简化书写，结构式一般可省略其中的 H 元素和交点的 C 元素。

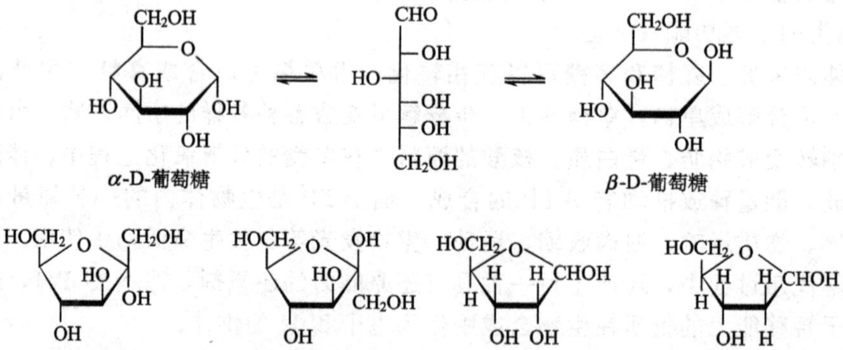

图 5-2　单糖的环状结构

2）单糖的物理性质

单糖是无色的晶体，有吸湿性，易溶于水，可溶于乙醇，但难溶于乙醚、丙酮、苯等有机溶剂。单糖除甘油酮之外都有旋光性，具有环状结构的单糖都有变旋现象。

3. 二糖

二糖又称双糖，广泛存在于自然界中。它由 2 个单糖单元构成，其中的单糖可以相同，也可以不同。常见的二糖有蔗糖、麦芽糖和乳糖。

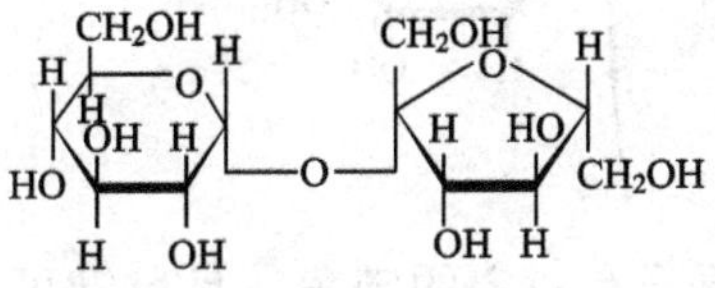

蔗糖

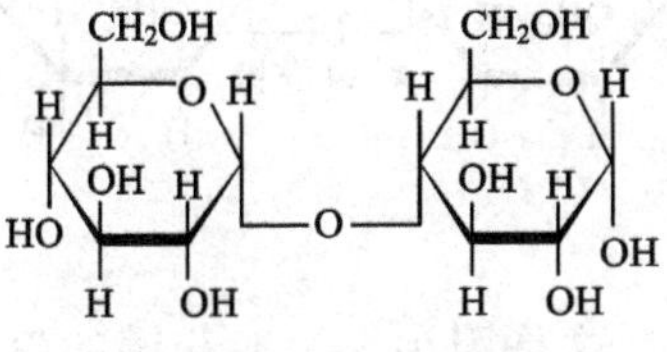

麦芽糖(α-异构体)

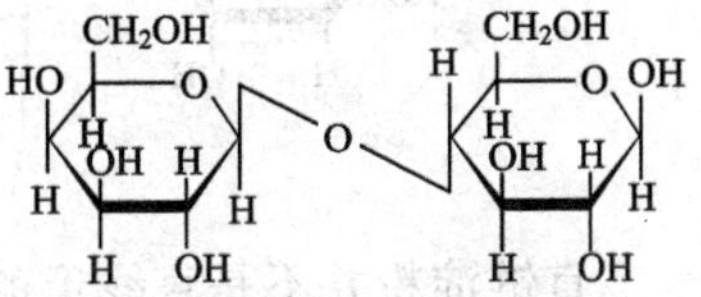

乳糖(β-异构体)

二糖可以形成晶体，可溶于水，有甜味。二糖可被酸或酶水解，水解产物是单糖。

单糖和二糖都有甜味，甜度大小不一，它们的相对甜度(以蔗糖为 100)见表 5-3。

表 5-3　糖的相对甜度

名称	蔗糖	葡萄糖	果糖	半乳糖	木糖	麦芽糖	乳糖	转化糖
甜度	100	74.3	173.3	32.1	40	32.5	16	127.4

4. 多糖

多糖是由许多相同或不相同的单糖分子脱水以苷键结合而成的。它是一类复杂的天然高分子化合物。按其水解情况可将多糖分为两大类：水解产物是一种单糖者称为均多糖，如淀粉和纤维素；水解产物多于一种单糖者称为杂多糖，如果胶质和黏多糖。按其分子结构不同，又可以把多糖分为直链和支链两类(个别也有环状的)。一个多糖分子可以由几百、几千甚至几万个单糖分子结合而成，因此，同一种多糖的相对分子质量也不是均一的。

多糖虽是由单糖构成，但许多单糖连成多糖后，数量的变化引起质的飞跃，使多糖的性质和单糖、二糖有很大差别。多糖一般为非晶形固体，多数不溶于水，有的能在水中形成胶体溶液。多糖没有甜味，不显示还原性。

多糖在自然界中的分布甚广，按其生物功能大致可分为两类。一类是作为储藏物质，如植物中的淀粉，动物中的糖原；另一类是作为构成生物的结构物质，如纤维素、半纤维素和果胶质等。

1）淀粉

淀粉是植物的储藏物质，在植物的种子中含量最多，某些植物的块根与块茎的主要成分也是淀粉。例如，稻米中含淀粉 62%～82%，小麦含 57%～75%，马铃薯含 12%～14%，玉米含 65%～72%。淀粉是人类获取酒类的主要源泉。

(1) 分子结构。淀粉是由许多 α-D-葡萄糖通过苷键结合而成的多糖，它们可用通式$(C_6H_{10}O_5)_x$ 表示。淀粉粒一般由两种成分组成：一种是直链淀粉，约占淀粉的 20%；另一种是支链淀粉，约占淀粉的 80%。这两种淀粉的结构和理化性质都有差别。

直链淀粉通常是由数百个 α-D-葡萄糖通过 α-1,4-苷键连接而成。

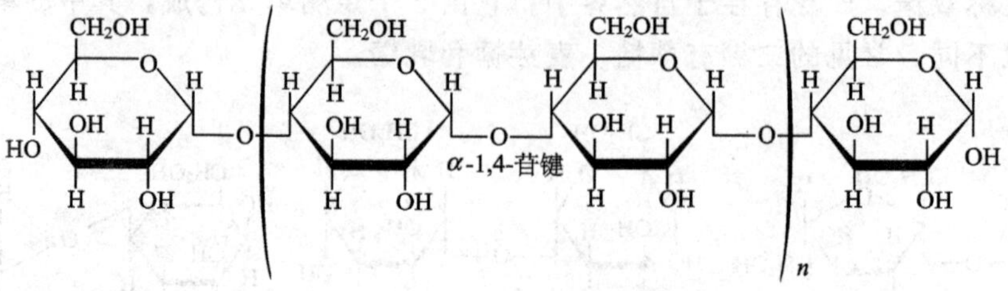

直链淀粉并不是直线形的，这是因为 α-1,4-苷键的氧原子有一定的键角，且单键可以自由旋转，分子内的羟基间可以形成氢键，所以直链淀粉具有规则的螺旋状空间排列。每一圈螺旋有 6 个 α-D-葡萄糖。

支链淀粉比直链淀粉的分子大得多，它通常是由数千至数万个 α-D-葡萄糖结合而成的枝状化合物(图 5-3)。在支链淀粉的分子中，α-D-葡萄糖除通过 α-1,4-苷键连接之外，还存在着支链，直链和支链间通过 α-1,6-苷键连接，每个支链含有20～25 个葡萄糖单位，它们之间也是以 α-1,4-苷键连接的。

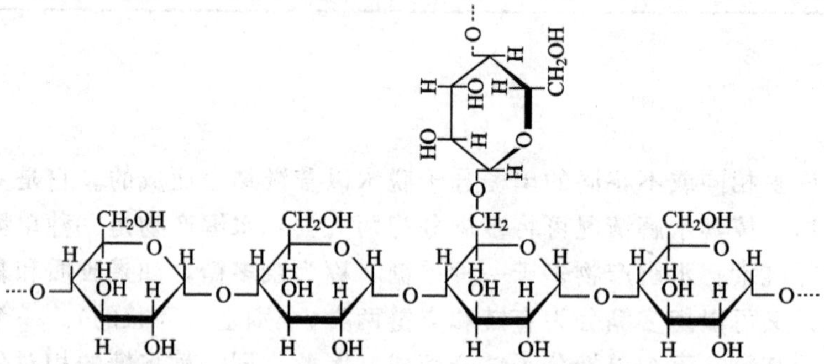

(2) 理化性质。淀粉是白色无定形粉末，不同来源的淀粉其形状大小均不相同。直链淀粉和支链淀粉由于相对分子质量和结构不同，所以性质也有差异。直链淀粉能在热水里溶解，遇碘显深蓝色，可全部被淀粉酶水解成麦芽糖。支链淀粉不溶于水，在热水中吸水糊化，生成极黏稠的糊状物，遇碘显紫红色，在淀粉酶的作用下只有 62%左右水解成麦芽糖。两种淀粉在不同来源的淀粉中的含量不同。表 5-4 列出了几种粮食中直链淀粉和支链淀粉的含量。

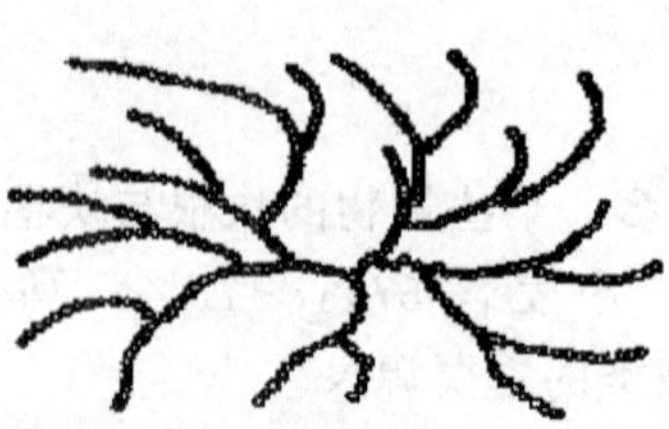

图 5-3　支链淀粉结构示意图

表 5-4　几种粮食中的淀粉组成

粮食名称	直链淀粉%	支链淀粉%
小麦	24	76
玉米	23	77
稻米	17	83
糯玉米	0	100
糯米	0	100

虽然淀粉是由葡萄糖分子结合而成的，但葡萄糖分子相互间是通过苷键连接的，只有在淀粉分子末端的葡萄糖单位上还保留游离的半缩醛羟基，这种游离的半缩醛羟基所占的比例极小，因此淀粉不显示还原性，同理，其他多糖也不显示还原性。

淀粉可以在酸的作用下水解，也可以在酶的作用下水解。淀粉的水解是大分子逐步裂解成小分子的过程，这个过程的中间产物总称为糊精。在水解过程中糊精分子逐渐变小，根据它们与碘显示不同的颜色分为蓝糊精、红糊精和无色糊精。无色糊精继续水解则生成麦芽糖，最后生成葡萄糖。

2）糖原

糖原是无色粉末，易溶于水，遇碘显紫红色。糖原主要存在于动物肝脏和肌肉中，肝脏中糖原含量达 10%～20%，肌肉中含量约 4%。其功能与植物淀粉相似，是葡萄糖的储存形式。当血液中葡萄糖含量低于正常水平时，糖原即可分解为葡萄糖，供给机体能量。

糖原的结构与支链淀粉相似，但分支更密，支链淀粉中每隔 20～25 个葡萄糖残基就出现一个 α-1,6-苷键，而糖原只相隔 8～10 个葡萄糖残基就出现一个 α-1,6-苷键。因此糖原分子结构更紧密。

3）纤维素

纤维素是构成植物细胞壁的重要成分，在植物体内起着支柱的作用。它是自然界分布最广的多糖，以棉花含纤维素最多，麻、木材、稻草、麦秆以及其他植物的茎秆都含有大量的纤维素。几种植物中纤维素的含量见表 5-5。

表 5-5　几种植物中纤维素的含量

名称	棉花	亚麻	木材	稻草、麦秆
纤维素/%	88～96	65～70	40～50	40～50

纤维素是由 1000～10 000 个 β-D-葡萄糖通过 β-1,4-苷键连接成的一条没有分支的长链。组成纤维素的葡萄糖分子数目随纤维素的来源不同而有所不同。纤维素的分子结构如下：

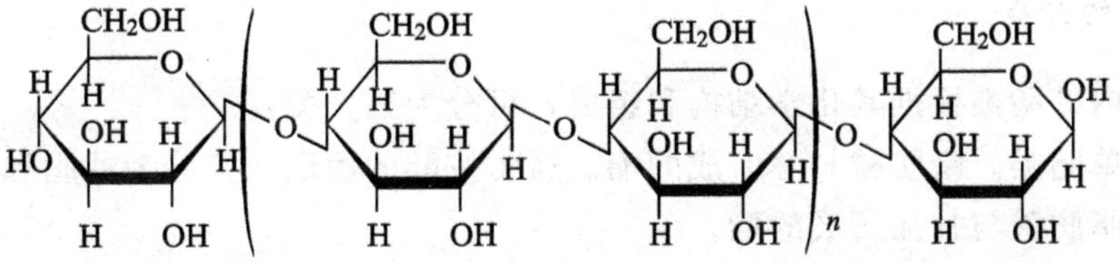

与直链淀粉不同，纤维素分子不是盘绕成螺旋状，而是略带弯曲的线状分子。这些线状分子上有为数众多的羟基，使纤维素分子之间能形成很多氢键，彼此相连成牢固的纤维素胶束，每一根胶束约由 60 个纤维素分子组成。胶束再定向排列形成网状结构，这样就使纤维素具有好的机械强度和化学稳定性，如图 5-4 所示。

纤维素是白色纤维状固体，不溶于水。纤维素遇水后，水分子进入纤维素胶束的分

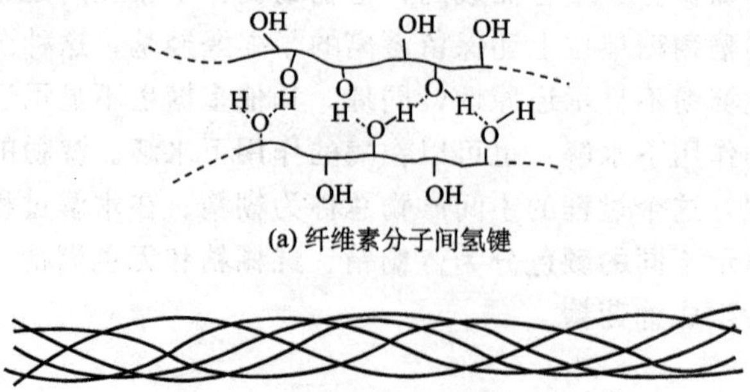

(a) 纤维素分子间氢键

(b) 纤维素胶束

图 5-4　纤维素结构示意图

子之间，由于氢键的作用，仅能吸水膨胀而不分散。

纤维素能溶于氢氧化铜的氨溶液、氯化锌的盐酸溶液、氢氧化钠及二硫化碳中，形成黏稠的溶胶。利用这种溶解性，可以制造人造棉和人造丝等。

纤维素也可以水解，但比淀粉困难得多。纤维素水解经过一系列的中间产物最后生成葡萄糖。人不能消化纤维素，但食草动物由于在其消化道里含特殊微生物，这些微生物能分泌纤维素酶，使纤维素水解生成葡萄糖，供给食草动物营养。糖化饲料的制造原理也是根据某些微生物能产生纤维素酶，将纤维素水解为低聚纤维素、纤维二糖和葡萄糖等作为动物的饲料。堆肥腐熟过程中，纤维素的水解也是在土壤中某些微生物分泌的纤维素酶的催化作用下进行的。

5.1.4　脂类

脂类是油脂和类脂的总称。它们有一个共同的物理性质：不溶于水，但能溶于非极性有机溶剂(如氯仿、乙醚、丙酮、苯等)。油脂是甘油与高级脂肪酸生成的酯，包括脂肪和油。类脂是指结构或理化性质类似于油脂的物质，主要有磷脂、糖脂、蜡、甾醇等。

1. 脂类的分类

生物体内的脂类根据其化学结构和组成，可分为三大类：

(1) 简单脂类。脂肪酸与醇所成的酯。通常按醇的性质，又分为油脂和蜡。

油脂：脂肪酸与甘油所成的酯。

蜡：脂肪酸与长链一元醇所成的酯。

(2) 复合脂类。复合脂类的分子中除了脂肪酸与醇以外还有其他化合物，重要的复合脂类包括磷脂类和糖脂类。

磷脂类：含有脂肪酸、醇、磷酸及一元醇所成的酯。

糖脂类：含有糖(半乳糖、葡萄糖)、脂肪酸、甘油或鞘氨醇。

(3) 异戊二烯系脂类。不含脂肪酸组分，包括萜类和甾醇类。

2. 脂类的功能

脂类是一些有重要生理功能的化合物。磷脂和糖脂是生物膜的重要组分，生物膜的许多特性和功能(如柔软性、对极性分子的不可透性、高电阻性)都与脂类有关。

各种脂类不但化学结构有差异，而且具有不同的生物功能。例如，脂肪酸是生物体的重要代谢燃料和储存能量的主要形式，在机体表面的脂类有防止机械损伤和防止热量散发的作用。磷脂、糖脂、固醇等是构成生物膜的重要物质。有些脂类是动植物的激素、维生素和色素。作为细胞表面的组分，脂类与细胞识别的特异性、组织免疫性等有密切关系。有些脂类如萜、类固醇是具有维生素、激素等生物功能的脂溶性生物分子。

脂类在生物体中还常以共价键或通过弱键与其他生物分子结合形成各种复合分子。例如，糖脂含有糖类和脂类基团，脂蛋白则是由脂类与蛋白质组成的一类重要的生物大分子物质。

3. 油脂

油脂是油和脂肪的总称，习惯上把常温下呈液态的称为油，呈固态或半固态的称为脂肪。油脂的结构为三酰甘油酯或称甘油三酯。它们是一分子甘油和三分子脂肪酸结合而成的酯，其结构通式为

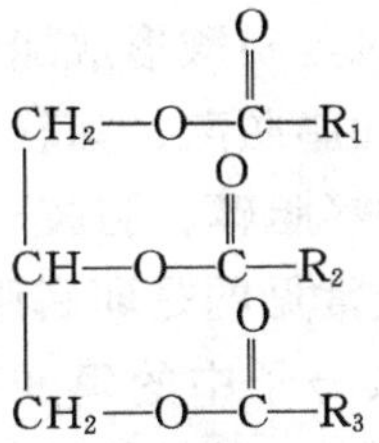

式中，R_1、R_2 及 R_3 是脂肪酸的烃链，若相同则称为单纯甘油酯；若不同则称为混合甘油酯。

在天然脂肪酸的碳链中，大多数含 16 或 18 个 C 原子。脂肪酸又分为饱和及不饱和两种，饱和脂肪酸的碳链完全为 H 所饱和，如软脂酸、硬脂酸、花生酸等。不饱和脂肪酸的碳链则含有不饱和的双键，如油酸含一个双键、亚油酸含两个双键、亚麻酸含三个双键、花生四烯酸含四个双键等。不饱和脂肪酸比饱和脂肪酸更为重要。

人体正常生长所不可缺少而体内不能合成、必须从食物中获得的脂肪酸称为必需脂肪酸，如亚油酸、花生四烯酸等不饱和脂肪酸。

植物油含不饱和脂肪酸比动物油多。在普通室温下，较多的脂类呈液态，含不饱和脂肪酸较少的通常为固态或半固态。

脂肪在正常成年人体内约占体重的 15%。它的主要功能与糖类一样，是为人体提供能量，因为脂肪中所含的碳、氢元素比糖类和蛋白质多，代谢中需要的氧也就更多，放出的热能比糖类、蛋白质多。但人体所需要的能量主要应由糖类提供，30%～40%来自脂肪是正常的，否则易引起疾病。

脂肪的另一重要功能是构成细胞膜、脑髓、神经组织。脂肪中的磷脂和胆固醇是细

胞的必要成分，尤其是脑细胞和神经细胞中含量最多。脂肪还起着调节体温、保护内脏、湿润皮肤的作用。油脂也是维生素 A、D、E、K 等许多生物活性物质的良好溶剂。

4. 磷脂

磷脂是一类含磷的脂类化合物，广泛存在于动植物组织中，如动物的肝、脑脊髓、神经组织和植物的种子中。蛋黄、植物种子及胚芽、大豆中都含有丰富的磷脂。

磷脂分为甘油磷脂和鞘磷脂(又称神经磷脂)。

1) 甘油磷脂

甘油磷脂又称磷酸甘油酯，主要是指磷脂酸的衍生物。磷脂酸是由一分子甘油和两分子脂肪酸、一分子磷酸组成。磷脂酸的结构式如下：

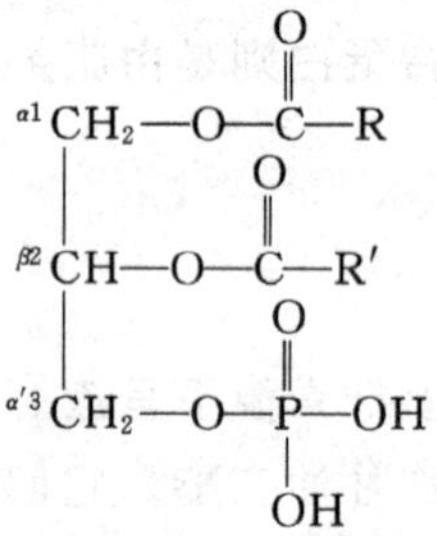

磷脂酸分子中，C1 位上的氧通常是与饱和脂肪酰基形成酯键，C2 位上的氧是与不饱和脂肪酰基形成酯键，C3 位上的氧与磷酸形成酯键。

甘油磷脂分子中，C1 位常是饱和脂肪酸，如软脂酸、硬脂酸；C2 位是不饱和脂肪酸，如油酸；C3 位磷酸基可与含氮碱(胆碱、胆胺)或其他化合物（如肌醇、丝氨酸等）结合，得到各种甘油磷酸酯，其中最常见的是卵磷脂和脑磷脂。

(1) 卵磷脂。卵磷脂是由磷脂酸分子中的磷酸基与胆碱通过酯键结合而成的化合物，又称磷脂酰胆碱(胆碱磷酸甘油酯)，其结构式如下：

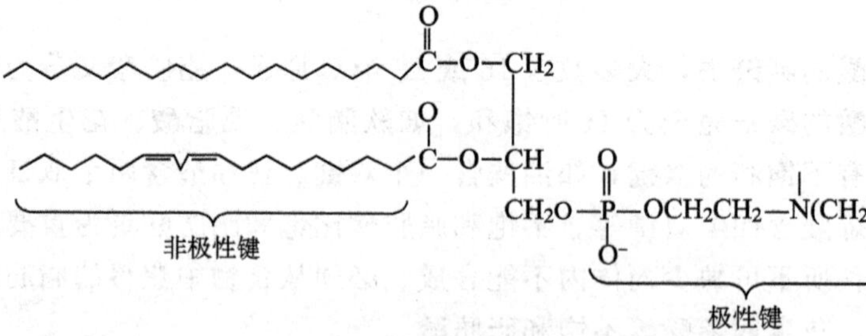

卵磷脂是白色蜡状固体，不溶于水和丙酮，易溶于乙醚、乙醇、氯仿。因分子中有磷酸根及胆碱基，故与酸、碱均可成盐。卵磷脂吸水性很强，在空气中放置易变为黄色或棕色，这是因为卵磷脂中的不饱和脂肪酸在空气中被氧化，形成黄色或棕色过氧化物。

自然界的卵磷脂是几种磷脂酰胆碱的混合物，组分中常见的脂肪酸有软脂酸、硬脂酸、油酸、亚油酸、亚麻酸及花生四烯酸等。

磷脂酰胆碱受特殊酶(如眼镜蛇毒汁的酶及气性坏疽菌中的卵磷脂酶)作用，水解失去分子中的不饱和脂肪酸，形成溶血卵磷脂，其有强烈的溶血作用。

磷脂酰胆碱分子中有极性的亲水基和非极性的疏水基。因此，它是一种良好的乳化剂，能使体内的油脂、胆固醇等乳化，从而有助于脂肪的消化和吸收，可预防脂肪肝的发生。

(2) 脑磷脂。脑磷脂又称磷脂酰乙醇胺或乙醇胺磷酸甘油酯。其组成和性质与卵磷脂非常相似，两者的差别是结合的碱基不同，与脑磷脂结合的碱基为胆胺。脑磷脂的结构如下：

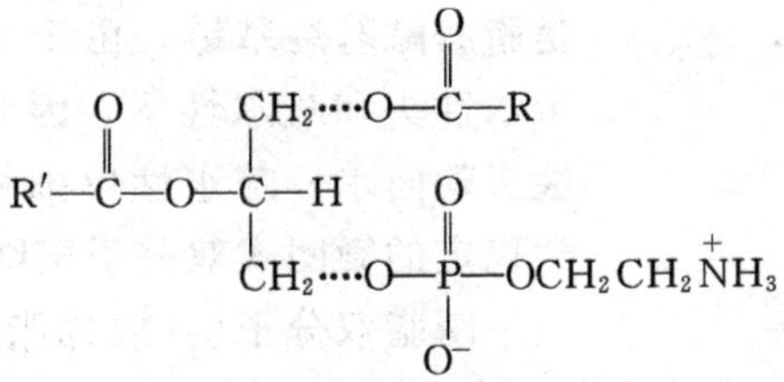

脑磷脂与卵磷脂并存于机体的各种组织及器官中。它的结构和理化性质均与卵磷脂相似，在空气中放置逐渐变成棕黄色。脑磷脂能溶于乙醚，不溶于丙酮和冷乙醇。脑磷脂水解后生成的脂肪酸通常有软脂酸、硬脂酸、油酸及少量花生四烯酸等。血小板内能促使血液凝固的凝血激素就是由脑磷脂和蛋白质组成的，因此脑磷脂与血液凝固有关。磷脂酸的羟基与丝氨酸的氨基通过酰胺键形成的化合物称为磷脂酰丝氨酸，又称丝氨酸磷脂。磷酸上的羟基与肌醇形成磷脂酰肌醇，又称肌醇磷脂。

2) 鞘磷脂

鞘磷脂分子中不含甘油，而是一个长链的不饱和氨基醇(鞘氨醇)，其结构式如下：

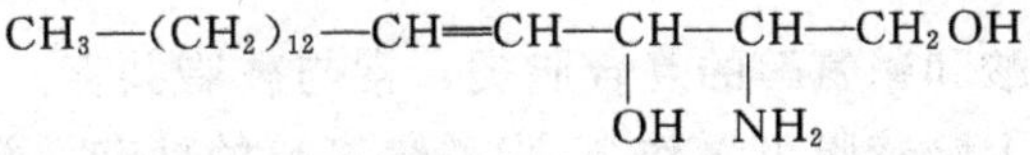

鞘磷脂又称神经鞘磷脂，是鞘脂类的典型代表。它是由一分子鞘氨醇和高级脂肪酸、磷酸、胆碱各一分子组成，分子中有一个酰胺键和两个磷酸酯键。鞘脂类的结构如下：

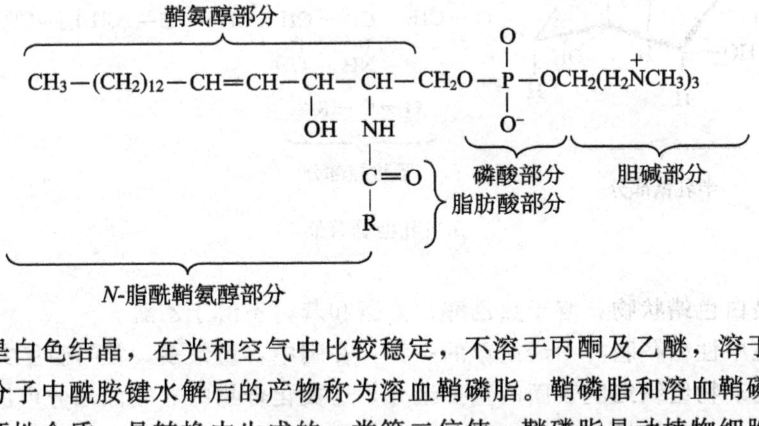

鞘磷脂是白色结晶，在光和空气中比较稳定，不溶于丙酮及乙醚，溶于热乙醇。

鞘磷脂分子中酰胺键水解后的产物称为溶血鞘磷脂。鞘磷脂和溶血鞘磷脂是细胞调控的一类内源性介质，是转换中生成的一类第二信使。鞘磷脂是动植物细胞膜的主要成分，尤其在脑和神经组织中含量最丰富。它是构成髓鞘的成分，其包裹在神经纤维的外面，如同包在电线周围的绝缘材料一样，当传递神经冲动时鞘磷脂起到绝缘作用，对神经的兴奋性和传导性起着重要的作用。

磷脂存在于一切细胞的细胞膜中，是生物体的基本结构要素，磷脂的特殊功能奇妙地依赖于它们的物理性质和磷脂的结构特征。磷脂分子中都有一个共同特点：一个亲水性头和两个疏水性尾。亲水性头是指高度极性的磷酸根负离子和铵离子；疏水性尾是指甘油磷脂中两条长的非极性脂肪酰苯烃基链，在鞘磷脂分子中，一条是鞘氨醇部分的长碳链，另一条是脂肪酰基烃基链。由于在同一分子中同时存在着亲水性头和疏水性尾，因此磷脂在水溶液中，亲水性头朝向水，疏水性尾则相互紧密相聚，形成热力学稳定的微团式双分子层结构，如图 5-5 所示。

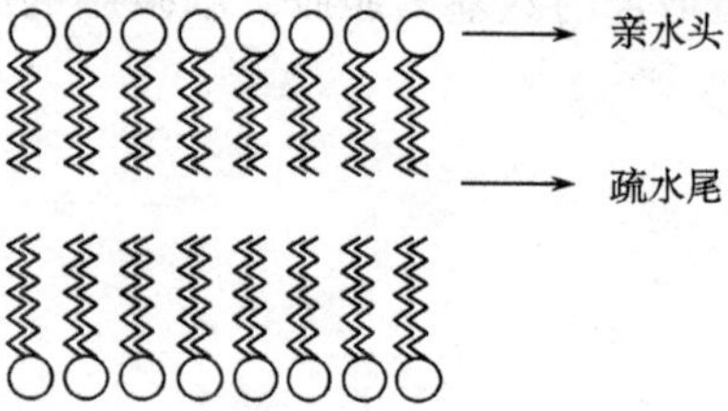

图 5-5　磷脂双分子层

磷脂双分子层(或称脂双层)是生物膜最基本的结构，其中固醇类分子安插在磷脂分子中间，与磷脂的烃基链相互作用，对脂质双层的流动性影响极大。脂双层中的脂类分子在一定温度范围内可以既有晶态规律的排列，又有液态可移动状态(液晶态)。当其温度低于相变温度时即由液态变为晶态，温度高于相变温度时则变成液态。许多正常生理活动都必须在液晶态下才能顺利进行。所有的膜都由不同成分的脂双层和相连的蛋白质组成，一些蛋白质松散地连接在脂双层的亲水面，而另一些蛋白质则深埋入脂双层的非极性基质中，或穿过脂双层。不同的蛋白质和不同的磷脂所构成的细胞膜对各类物质的渗透性不同，能选择性地让某些物质透过。

5. 糖脂

糖脂是含糖、脂肪酸和鞘氨醇的复合脂类，常与磷脂共存。糖脂在脑中含量最多，所以又称脑苷脂。结构上脑苷脂可看作 *N*-脂酰鞘氨醇的糖苷，常见的糖有半乳糖、葡萄糖等。存在于脑和神经组织中的 *β*-半乳糖脑苷脂结构如下：

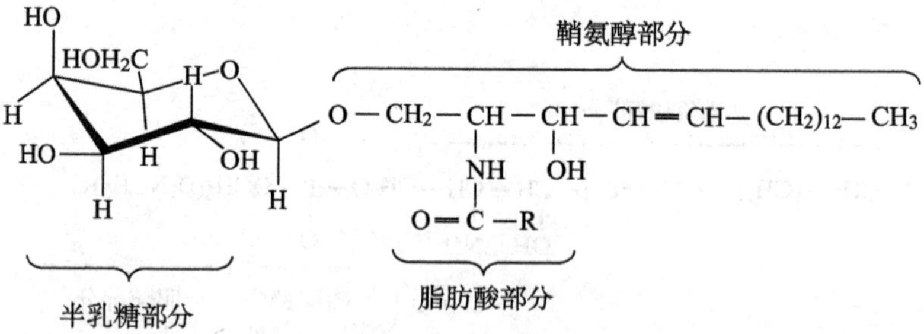

β-半乳糖脑苷脂

脑苷脂是白色蜡状物，溶于热乙醇、丙酮和苯，不溶于乙醚。

脑苷脂是中性糖鞘脂类中最简单的一种，在脑中含量最多，常与磷脂共同存在。

脑苷脂是动物组织细胞表面的重要组分，这类化合物的非极性部分可深入细胞膜的脂双层结构内部，而极性部分露出膜表面。红细胞表面的脑苷脂使血液具有血型专一性，现在已经有人用 *α*-半乳糖苷酶处理 B 型血使其转变为 O 型血，并获得成功。

5.1.5 蛋白质

蛋白质是生物体内一类极为重要的高分子有机物。蛋白质在人体各组织中含量为17%～20%，约占人体干重的 45%。蛋白质主要由氨基酸组成，随氨基酸组成、排列顺序不同而种类繁多，估计人体中有 10 万种以上蛋白质。生物体的生长、发育、繁殖、遗传等一切生命活动都离不开蛋白质，它是各种生命现象的主要物质基础。

1. 蛋白质的元素组成

组成蛋白质的主要元素有碳(50%～55%)、氢(6%～8%)、氧(19%～24%)、氮(13%～19%)。大部分蛋白质还含硫(0～4%)，有些蛋白质还含有微量的磷、铁、锌、铜、铂、碘等元素。各种蛋白质的含氮量颇为相近，平均含量为 16%。

2. 蛋白质的分子组成

蛋白质是由许多氨基酸缩合而成的大分子。组成蛋白质分子的基本氨基酸有 20 种，其中有 8 种氨基酸人体不能自己合成，必须从食物中摄取，称为必需氨基酸(表 5-6)。

表 5-6 20 种氨基酸的名称

中文名称	英文名称	英文代号		中文代号	人体需求
甘氨酸	glycine	Gly	G	甘	
丙氨酸	alanine	Ala	A	丙	
缬氨酸	valine	Val	V	缬	必需
亮氨酸	leucine	Leu	L	亮	必需
异亮氨酸	isoleucine	Ile	I	异亮	必需
苯丙氨酸	phenylalanine	Phe	F	苯	必需
酪氨酸	tyrosine	Tyr	Y	酪	
色氨酸	tryptophan	Try/Trp	W	色	必需
丝氨酸	serine	Ser	S	丝	
苏氨酸	threonine	Thr	T	苏	必需
半胱氨酸	cysteine	Cys	C	半胱	
蛋氨酸/甲硫氨酸	methionine	Met	M	蛋	必需
天冬氨酸	aspartic acid	Asp	D	天	
天冬酰胺	asparagines	Asn	N	天—NH_2	
谷氨酸	glutamic acid	Glu	E	谷	
谷氨酰胺	glutamine	Gln	Q	谷—NH_2	
精氨酸	arginine	Arg	R	谷	
赖氨酸	lysine	Lys	K	精	必需
组氨酸	histidine	His	H	赖	
脯氨酸	proline	Pro	P	丝	

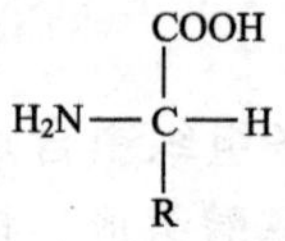

图 5-6　氨基酸通式

氨基酸是一种含有氨基的羧酸，氨基酸通式见图 5-6。通式中 R 为氨基的侧链基团。不同的 R 构成各种氨基酸。

氨基酸是两性化合物，即在它的一个碳原子上具有碱性的氨基（$—NH_2$）和酸性的羧基（—COOH）。根据环境酸碱度，氨基酸可以起酸（阴离子）或碱（阳离子）的作用（图 5-7）。因此，氨基酸是调节体液酸碱平衡的缓冲剂，在维持正常代谢中起重要作用。

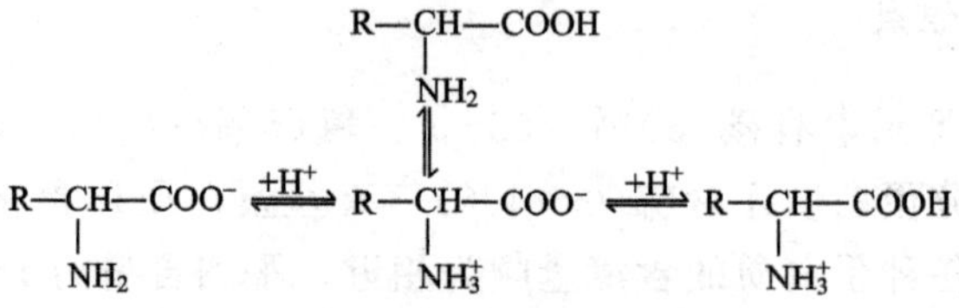

图 5-7　氨基酸是两性化合物

20 种氨基酸既是蛋白质的基本组成单位，又是某些激素、维生素、生物碱、卟啉、色素和其他生物分子的前体。

3. 蛋白质的分子结构

一个氨基酸的氨基和另一个氨基酸的羧基通过失去一分子水相连而形成的化学键称为肽键（—CO—NH—）（图 5-8）。以肽键的形式连成的氨基酸多聚物长链称为肽链。

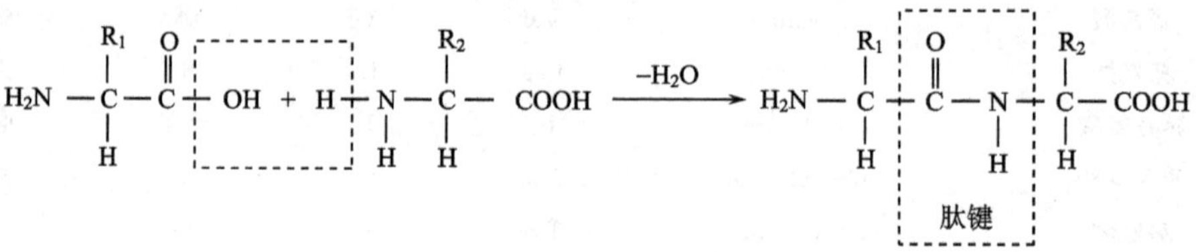

图 5-8　肽键的形成

蛋白质的结构分为一级结构、二级结构、三级结构和四级结构。其中后三种结构被称为空间结构。

一级结构是指组成肽链的氨基酸种类和排列顺序。肽键是其主要的化学键，有些还含有二硫键。这些共价键因键能大而稳定性较强。不同的蛋白质有不同的氨基酸顺序，即有不同的一级结构。胰岛素分子的一级结构如图 5-9 所示。

蛋白质的空间结构较为繁杂，而维持蛋白质空间结构的化学键主要是一些次级键。它们是由蛋白质分子的主链和侧链的极性、非极性和离子基团等相互作用而形成的。一般来说，次级键的键能较小，因而稳定性较差。但由于次级键的数量众多，因此在维持蛋白质分子的空间构象中起着重要作用。主要的次级键有氢键、疏水键、离子键、二硫键以及范德华引力。

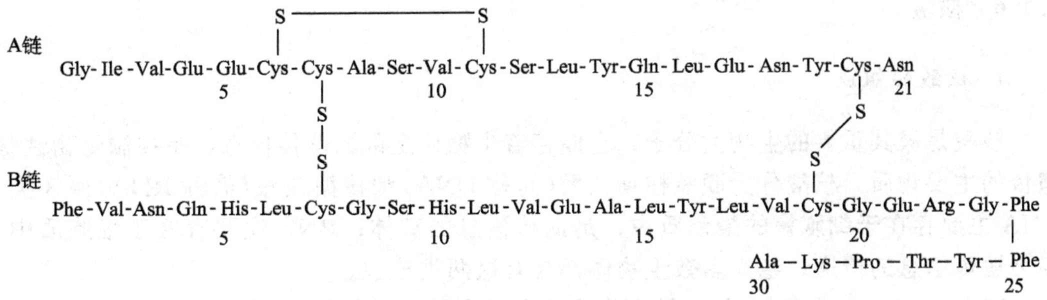

图 5-9　胰岛素分子的一级结构示意图

4. 蛋白质的功能

几乎所有生命活动中蛋白质都起着关键性作用。

(1) 酶的催化作用。酶的主要成分是蛋白质。生物体内发生的化学反应几乎都是由酶催化的。缺乏某种酶常会引起疾病，甚至死亡。

(2) 运输和储藏。许多小分子化合物和离子是由特异蛋白质运输的。例如，血液中的氧是由血红蛋白运输的，而在肌肉中则由肌红蛋白运输氧；在血浆中铁由传递蛋白携带运输，在肝中则以铁蛋白的方式储存。

(3) 机械移动。肌肉细胞中的肌球蛋白和肌动蛋白的相对滑动引起肌肉的收缩。

(4) 支撑作用。骨髓、皮肤、肌腱等都含有胶原蛋白和弹性蛋白，具有支撑作用。

(5) 免疫保护。抗体对动物体有免疫保护作用。

(6) 产生和传递神经冲动。神经细胞能对特异的刺激产生特异的反应，因为它有特异的受体蛋白。

(7) 调控作用。生物的生长、分化以及各种生理活动都是在机体的精细控制下进行的，在这些调控中蛋白质起着重要作用。例如，基因的表达由蛋白质调控，激素对人体的生理活动的调控功能是众所周知的，而生长激素、性激素等都是蛋白质。

5. 蛋白质的变性

天然蛋白质因受物理或化学的因素影响，其分子内部原有的高度规律性结构发生变化，致使蛋白质的理化性质和生物学性质都有所改变，但并不导致蛋白质一级结构的破坏，这种现象称为变性作用，变性后的蛋白质称为变性蛋白质。

能使蛋白质变性的因素很多，化学因素如强酸、强碱、尿素、胍、去污剂、重金属盐、氯乙酸、磷钨酸、苦味酸、浓乙醇等化学物质，物理因素有加热(70～100℃)、剧烈振荡或搅拌、紫外线、X 射线、超声波等。不同蛋白质对各种因素的敏感程度不同。

变性蛋白质的主要标志是生物功能的丧失。例如，酶失去催化能力、血红蛋白失去运输氧的功能、胰岛素失去调节血糖的生理功能等。

5.1.6 核酸

1. 核酸的组成

核酸是极其重要的生物大分子，它储存着生物体全部的遗传信息，是控制生物性状遗传的主要物质。核酸分为脱氧核糖核酸(简称 DNA)和核糖核酸(简称 RNA)两大类。DNA 主要存在于细胞核的染色质中，是遗传信息的载体；RNA 主要存在于细胞质中，参与遗传信息的传递。绝大多数生物体都含有这两类核酸。

DNA 与 RNA 之所以能起到遗传物质的作用，这与它们的各自结构和功能直接相关。

DNA 和 RNA 具备作为遗传物质所必需的四个条件：

(1) 在细胞生长和繁殖的过程中能够精确地自我复制。

(2) 能够指导蛋白质合成从而控制生物的性状和新陈代谢。

(3) 具有储存巨大数量遗传信息的潜在能力。

(4) 结构比较稳定，但在特殊情况下又能发生突变，且突变以后还能继续复制，并能遗传给后代。

组成核酸分子的主要元素有 C、H、O、N、P 等，其中 P 含量为 9%～10%。

核酸的相对分子质量虽大，但其基本组成单位并不复杂。核酸的基本组成单位是核苷酸(也称单核苷酸)，犹如蛋白质的基本组成单位是氨基酸。核酸是由数十个到数十万个核苷酸连接而成的高分子化合物，所以也称为多核苷酸。

现代生物学研究表明：生物体遗传信息的传递是通过多种核酸和蛋白质的生物合成来实现的。这些生物合成都必须在严格控制的条件下进行。无论是核酸还是蛋白质的生物合成都由各自的模板来指导。这个过程包含许多生物化学反应。以蛋白质合成机制而言，牵涉近 200 种不同大分子的合成和降解反应，它们相互促进、相互制约。

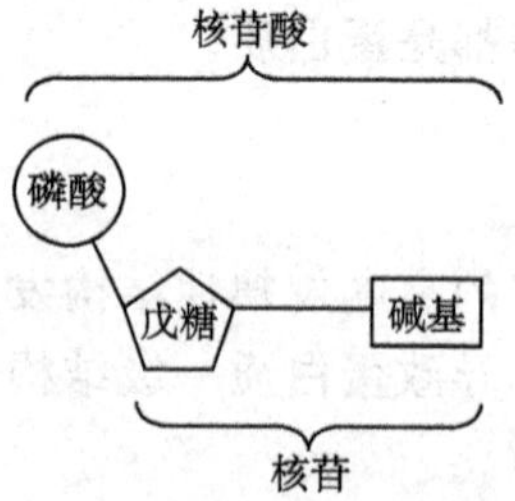

图 5-10 核苷和核苷酸组成成分

核酸的构件分子是核苷酸，而核苷酸又由碱基、戊糖和磷酸三种成分连接而成，如图 5-10 所示。

1) 碱基

核酸分子中的碱基为嘌呤和嘧啶的衍生物。核酸分子中的嘌呤主要是腺嘌呤(A)和鸟嘌呤(G)两种。核酸中的嘧啶主要是胞嘧啶(C)、尿嘧啶(U)和胸腺嘧啶(T)三种。两类分子中均含有胞嘧啶(C)；而胸腺嘧啶(T)只存在于 DNA 分子中，尿嘧啶(U)只存在于 RNA 分子中。两类核酸所含的嘌呤类和嘧啶类化合物的结构式及数字标号如下：

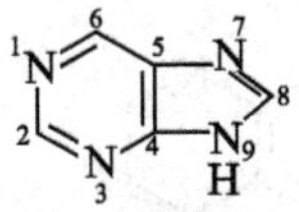
嘌呤

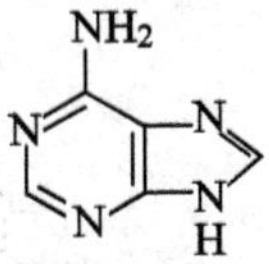
腺嘌呤(A)

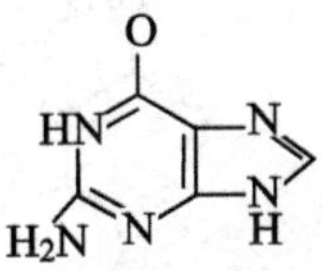
鸟嘌呤(G)

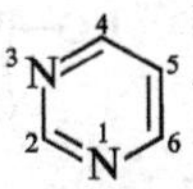
嘧啶

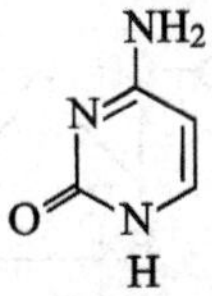
胞嘧啶(C)

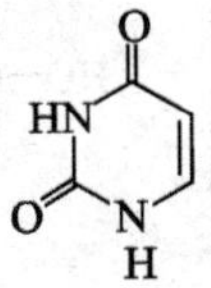
尿嘧啶(U)

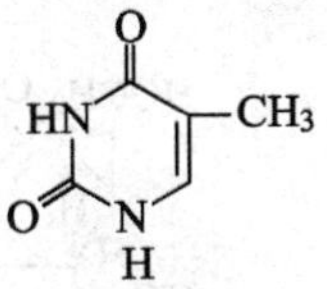
胸腺嘧啶(T)

核酸分子中除常见的 A、G、C、U 和 T 等碱基外，某些 RNA 分子，特别是tRNA还含有微量的其他碱基，称为“稀有碱基”或“微量碱基”。

2）戊糖

核糖中的戊糖有两类，即 D-核糖和 D-2-脱氧核糖。D-核糖存在于 RNA 中，D-2-脱氧核糖存在于 DNA 中。两类戊糖的结构式如下：

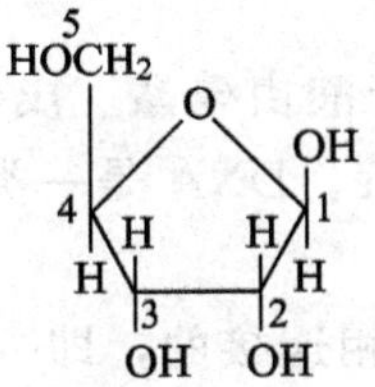
核糖 (R)

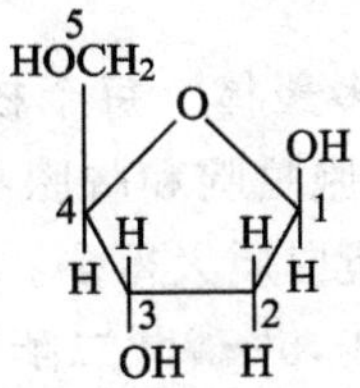
2-脱氧核糖 (dR)

3）核苷

碱基和戊糖缩合后的生成物称为核苷。下面是部分核苷的结构式：

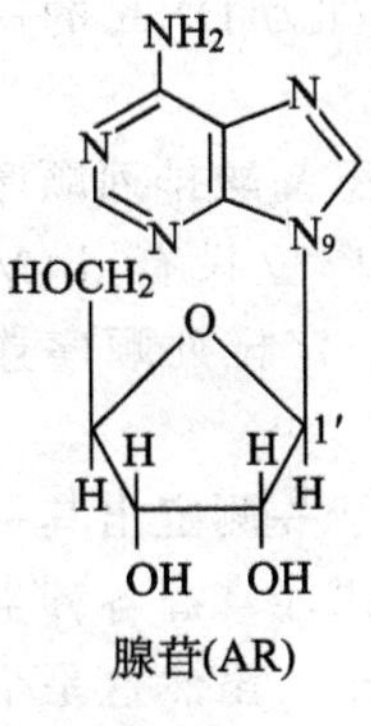
腺苷(AR)

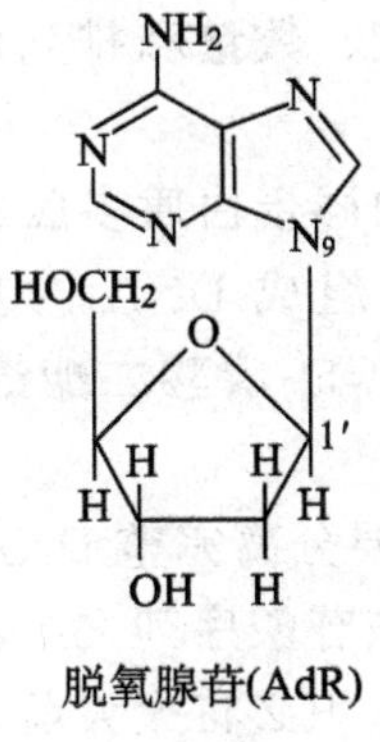
脱氧腺苷(AdR)

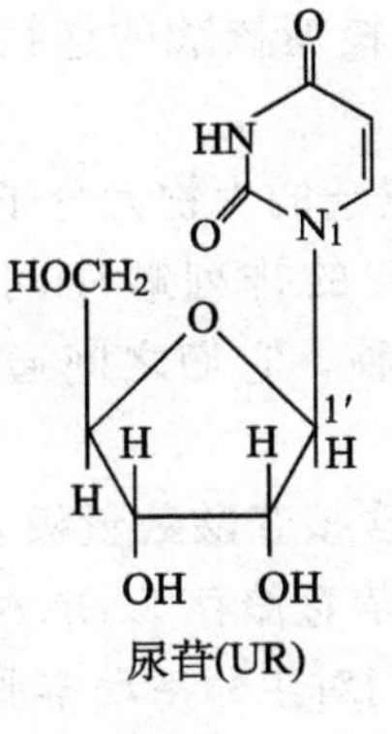
尿苷(UR)

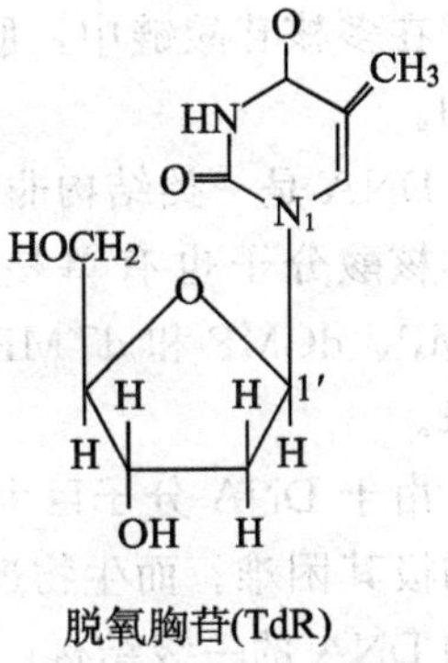
脱氧胸苷(TdR)

4）核苷酸

核苷分子中戊糖的羟基与一分子磷酸以磷酯键相连，形成的化合物为核苷酸。部分核苷酸的结构式如下：

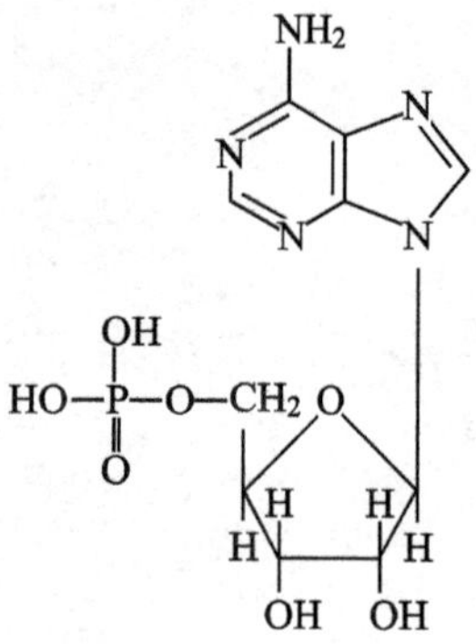

5′-腺苷酸(AMP)

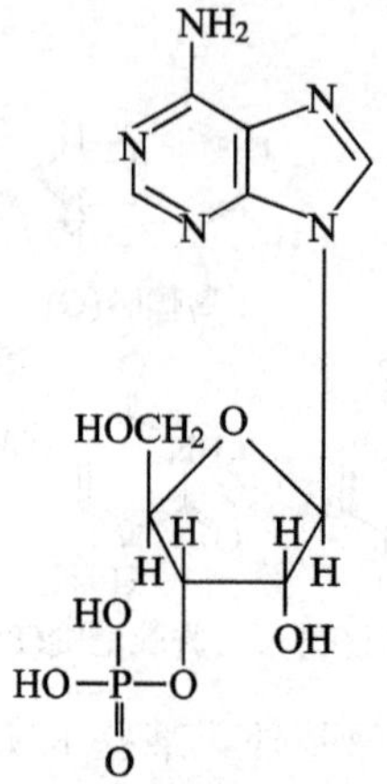

3′-腺苷酸

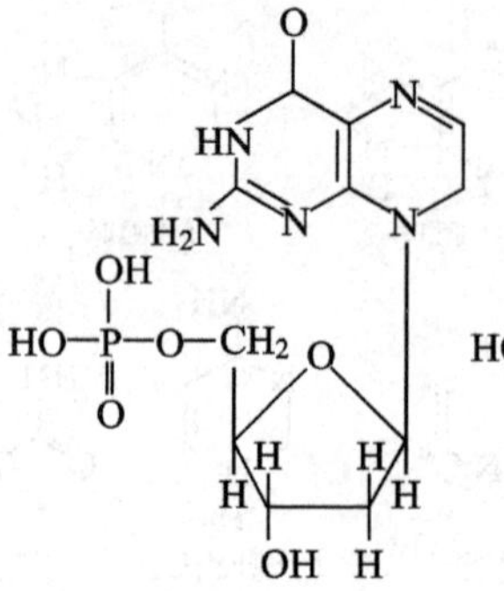

5′-脱氧鸟苷酸(dGMP)

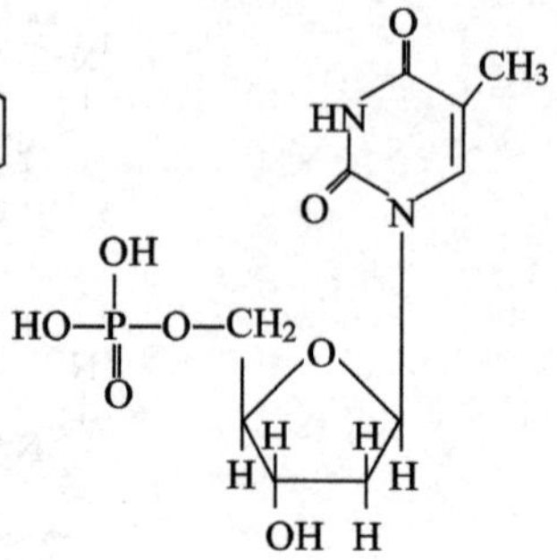

5′-脱氧胸苷酸(dTM)

核苷酸不仅是核酸的基本单位，而且是构成其他生物分子的前体，也是构成 ATP、辅酶等的成分。这些生物分子还是构成细胞内环境的重要组分。

2. DNA 的分子结构

DNA 分子是核苷酸的多聚体。每个核苷酸由磷酸、戊糖和碱基组成。构成 DNA 的碱基是腺嘌呤、鸟嘌呤、胞嘧啶和胸腺嘧啶。DNA 是一类生物大分子，其结构较为复杂。DNA 的分子一般比蛋白质大得多。

DNA 是单核苷酸通过 3′,5′-磷酸二酯键相连接的，即一个单核苷酸戊糖的 5 位碳原子(C-5′)上连接的磷酸以配位键与另一核苷酸中戊糖的 3 位碳原子(C-3′)相连。后者分子中 C-5′上的磷酸二酯键又可与另一个核苷酸分子的 C-3′相连。如此通过 3′,5′-磷酸二酯键反复相连即成为多核苷酸链。其结构如图 5-11 所示。

1） DNA 的一级结构

在多核苷酸链中，脱氧核糖核酸的连接方式、数量和排列顺序称为 DNA 的一级结构。

DNA 是一类结构非常复杂的生物大分子。如同蛋白质多肽链中氨基酸排列顺序一样，核酸分子也有单核苷酸的排列顺序问题。组成 DNA 的基本单位只有 dAMP、dGMP、dCMP 和 dTMP 四种，它们之间通过 3′,5′-磷酸二酯键按一定排列顺序连接起来。

由于 DNA 分子巨大、含核苷酸数量极多，要分离完整 DNA 分子并测定出其一级结构极其困难。而生物遗传信息储存于 DNA 的核苷酸序列之中，如果能掌握各种生物体的 DNA 的一级结构，人们对生命活动本质的认识必将大大前进一步。虽然这是个十分困难的问题，但近年来由于基因工程技术和分子生物学其他技术的发展和应用，目前已分离出数万个基因(DNA 片段)的分子克隆，并完成它们的一级结构测定。

2） DNA 的空间结构

DNA 分子结构可用双螺旋模型表示。DNA 双螺旋模型如图 5-12 所示，其具有如下特点：

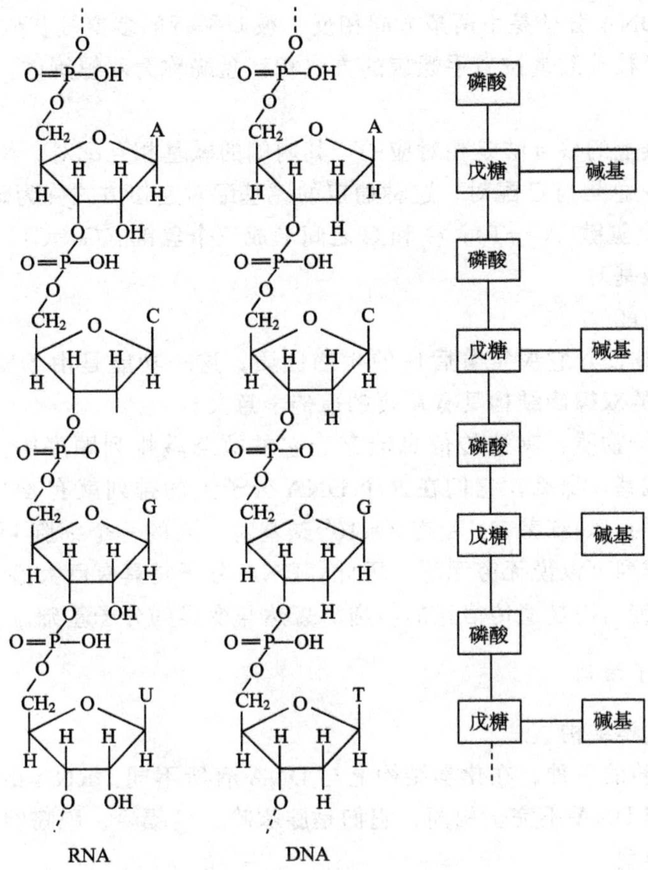

图 5-11　多核苷酸链结构示意图

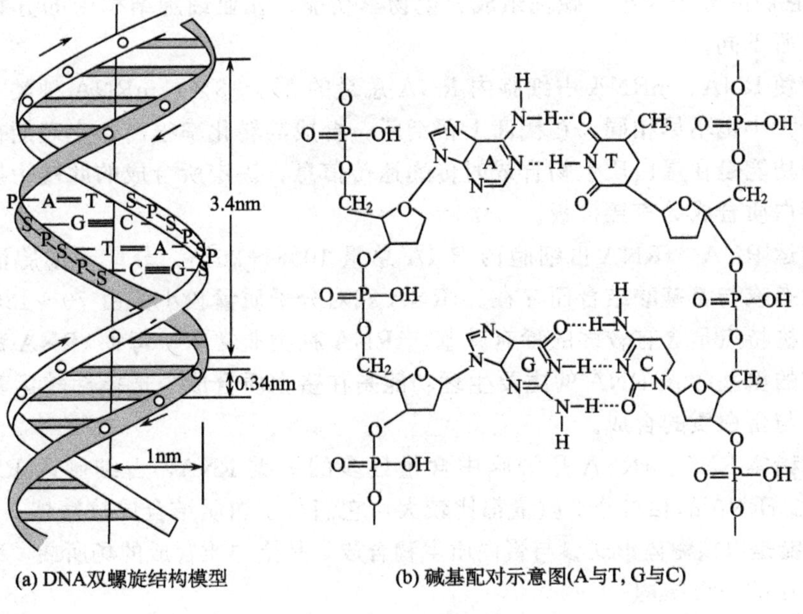

(a) DNA双螺旋结构模型　　(b) 碱基配对示意图(A与T, G与C)

图 5-12　DNA 双螺旋结构

(1) 每一个DNA分子是由两条方向相反、彼此平行的多聚核苷酸链组成。

(2) 两条多聚核苷酸链按右手螺旋的方式相互盘绕称为双螺旋体，脱氧核糖及磷酸排列在其外侧。

(3) 两条长链上的核苷酸是相对应的，其内侧的碱基相互配对，用氢键连起来；而且A总是与T、G总是与C配对，这种稳定的碱基配对连接方式称为碱基互补原则。A和T之间形成两个氢键(A═T)，G和C之间形成三个氢键（G≡C)，用氢键连在一起的互补碱基称为碱基对。

3) DNA的功能

DNA是遗传物质，它决定着后代的生物性质。这一功能是由DNA的结构所决定的。因此，DNA的双螺旋结构具有重要的遗传学意义。

DNA作为遗传物质，其遗传信息储存于它的核苷酸排列顺序中。假设一个DNA分子具有100对碱基，那么，它们在这个DNA分子上的排列就有4^{100}即1.6×10^{60}种。DNA分子是巨大的，如细菌DNA有3×10^{6}碱基对，人的一个细胞DNA有3×10^{9}碱基对，核苷酸的排列可以说无穷无尽。因此，DNA分子是具有巨大潜力的遗传信息库。DNA分子的双螺旋结构是遗传信息的传递、表达与变异的分子基础。

3. RNA的分子结构

1) RNA的化学结构

RNA作为核酸的一种，在化学结构上与DNA有所不同。RNA的核苷酸也由三部分组成。其碱基与DNA不完全相同，它们是腺嘌呤、鸟嘌呤、胞嘧啶和尿嘧啶。

2) RNA的类型

RNA可分为三类，即信使RNA(mRNA)、转运RNA(tRNA)和核糖体RNA(rRNA)。它们的分子大小、碱基组成、生物学功能、在亚细胞结构中的分布及存在的形式等都有所不同。

(1) 信使RNA。mRNA占细胞内RNA总量的2%～3%。mRNA种类非常多，相对分子质量大小也不尽相同，在代谢上很活跃，合成与转化率很高，半衰期很短。它们的主要生理功能是在蛋白质生物合成时传递遗传信息，决定所合成的肽链中氨基酸排列顺序，是蛋白质合成的直接模板。

(2) 转运RNA。tRNA占细胞内RNA总量10%～25%，分散于细胞液中，它们或以游离状态或与氨基酸结合而存在。tRNA相对分子质量较小，由70～120个核苷酸组成。其结构特点是含有较多的稀有碱基。tRNA种类非常多，每种tRNA都可以携带与其相对应的氨基酸。tRNA的主要生理功能是在蛋白质合成中选择性转运氨基酸到核糖体上，参与蛋白质的合成。

(3) 核糖体RNA。rRNA是细胞中含量最多的一类RNA，占细胞内RNA总量的75%～80%。rRNA的相对分子质量都比较大，它们与蛋白质结合成核糖体。rRNA的主要生物学功能是以核糖体形式参与蛋白质生物合成，是蛋白质合成的场所或“装配机”。

3) RNA的一级结构

RNA中的主要碱基有腺嘌呤、鸟嘌呤、胞嘧啶和尿嘧啶四种，但有些RNA(特别是 tRNA)还含有多种稀有碱基。无论何种来源的 RNA，其分子中四种碱基的物质的量都不相等，所以 RNA 的碱基组成不及 DNA 分子中碱基组成那样有规律。组成 RNA 的基本单位主要是 AMP、GMP、CMP 和 UMP，这些核苷酸按一定方式、数量和排列顺序互相连接成多核苷酸链，此即 RNA 的一级结构。RNA 中相邻的两个核苷酸借 3′，5′-磷酸二酯键相互连接，其中核苷酸总数由数十个至数千个不等。

近年来许多种 tRNA 的一级结构已研究清楚，已有 100 多个不同来源的 tRNA 的一级结构被精确地测定。它们大多数由 70～120 个核苷酸组成。现在对大分子 RNA 一级结构的研究也取得了相当进展。

tRNA 的二级结构研究得也较清楚。各种 tRNA 的一级结构互不相同，但它们的二级结构都呈三叶草型。由于分子内有较多的双螺旋区，故 tRNA 三叶草型结构很稳定，如图 5-13 所示的酵母丙氨酸三叶草型结构。

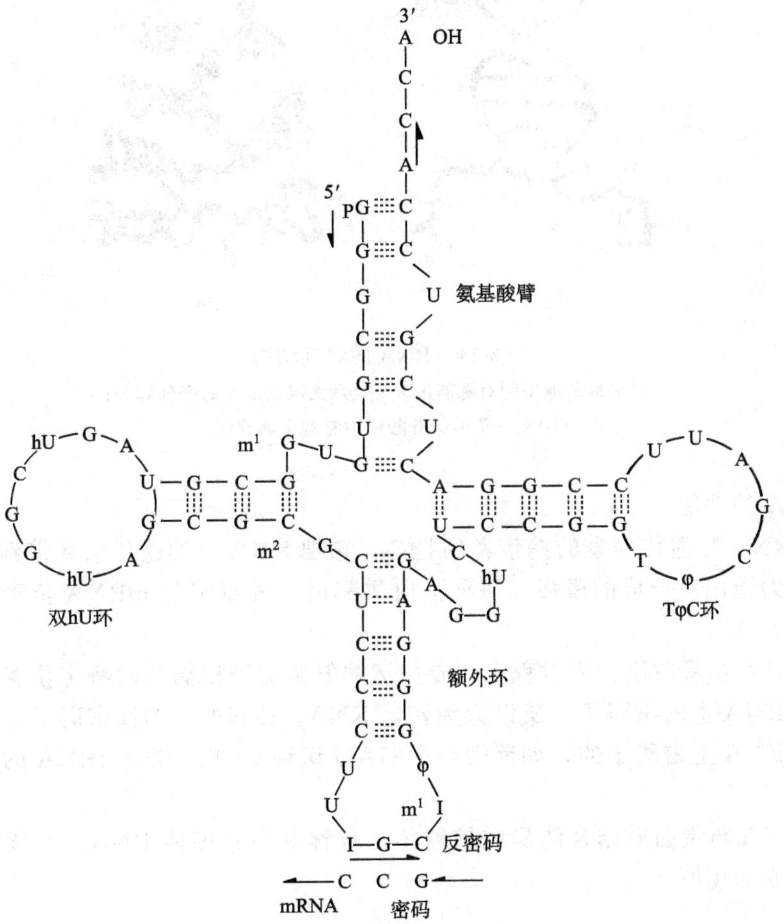

图 5-13　酵母丙氨酸 tRNA 的核苷酸序列

4) RNA 的空间结构

RNA 的螺旋结构如图 5-14 所示，其具有 4 个特点：

(1) RNA 是单链分子，通常较短，链中的各个区段可以彼此相接触，接触的区段靠氢键形成碱基对，使这些区段相互缠绕，在该处形成局部螺旋区。

(2) RNA 螺旋区的两条链段也是沿相反方向平行，具有 A 对 U、G 对 C、U 对 A、C 对 G 配对，但碱基既不彼此平行，也不垂直于螺旋的轴。

(3) 分子中最小的螺旋含 4～6 对核苷酸，但大部分螺旋的平均大小接近完整的螺圈。

(4) RNA 分子的非螺旋区呈不规则单链形式存在，连接各螺旋区，或自由弯曲成“环”，被挤出螺旋之外，称为突环。

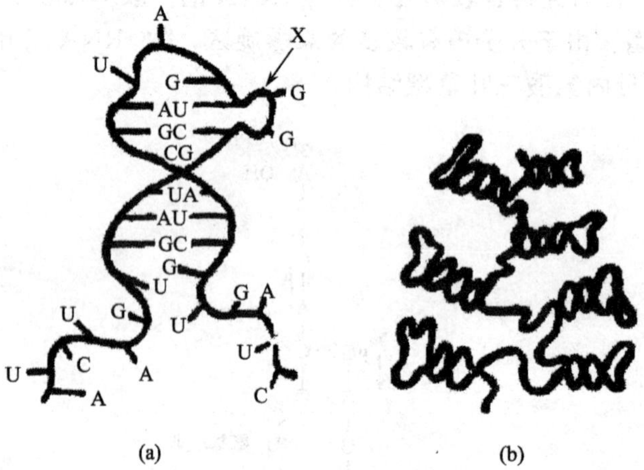

图 5-14 RNA 的螺旋结构

(a)有局部的碱基配对螺旋区，X 表示无碱基配对的突环部分；

(b)在一条多核苷酸链中有若干螺旋区

5) RNA 的功能

(1) mRNA 是遗传信息的携带者(副本)，它把 DNA 上的遗传信息带到细胞质的核糖体上，作为蛋白质合成的模板，每种蛋白质都由一种特定的 mRNA 负责编码，因此称其为信使 RNA。

(2) tRNA 在蛋白质合成过程中，专门运输氨基酸到核糖体的特定位置上，由反密码子识别 mRNA 上的密码子，所以称为转运 RNA。tRNA 上的反密码子是按照碱基配对来识别 mRNA 上密码子的，如反密码子 GAU 识别 CUA。关于 tRNA 的分子结构可参见图 5-15。

(3) rRNA 与蛋白质结合能形成核糖体，故称其为核糖体 RNA。而核糖体是细胞里蛋白质合成的场所。

4. 核酸的理化性质

DNA 为白色纤维状固体，RNA 为白色粉末，它们都微溶于水，其钠盐在水中的溶解度较大，不溶于一般有机溶剂。常用乙醇从溶液中沉淀核酸，当乙醇浓度达 50%时，DNA 就沉淀出来；当乙醇浓度达 75%时，RNA 也沉淀出来。

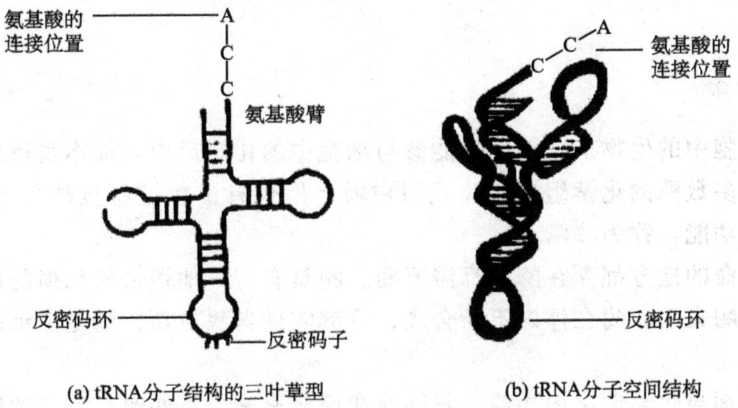

图 5-15 tRNA 分子结构模式图

图中横线表示氢键连接

DNA 的相对分子质量在 10^6 以上，RNA 的分子比 DNA 分子小得多。大多数 DNA 为线形分子，其长度可以达到几厘米而分子的直径只有 2nm。因此 DNA 溶液的黏度极高。RNA 溶液的黏度要小得多。

核酸和核苷酸既有磷酸基，又有碱性基团，所以都是两性电解质，因磷酸的酸性强，通常表现为酸性。

核酸可被酸、碱或酶水解成为各种组分，其水解程度因水解条件而异。RNA 能在室温条件下被稀碱水解成核苷酸而 DNA 对碱较稳定，常利用此性质测定 RNA 的碱基组成或除去溶液中的 RNA 杂质。

5. 核酸的变性、复性及杂交

核酸的变性是指核酸的双螺旋结构解开，氢键断裂，并不涉及核苷酸间共价键的断裂。引起核酸变性的因素很多，由于温度升高而引起的变性称为热变性；由于酸碱度的改变而引起的变性称为酸碱变性；乙醇、丙醇等有机溶剂可以改变核酸溶液中介质的介电常数，可以引起核酸变性；尿素、酰胺等试剂也可引起核酸变性。

变性 DNA 在适当的条件下，又可使两条彼此分开的链重新缔合成双螺旋结构，这一过程称为复性。在变性 DNA 的复性过程中，会发生不同变性 DNA 片段之间的杂交。DNA-DNA 和 DNA-RNA 的同源序列之间均可进行杂交。

5.2 生物体内的化学反应

生物体是一个复杂的化学反应系统，进行着各种各样的化学反应。其中合成反应和分解反应是常见的反应。几乎所有发生在活细胞中的化学反应都是在酶催化下完成的。

5.2.1 酶

1. 酶的概念

酶是活细胞中的生物催化剂，它能参与细胞中的化学反应，而本身反应前后并不发生变化。绝大多数酶的化学组成主要是蛋白质。但也有少数核糖核酸分子(RNA)表现出生物催化的功能，称为核酶。

凡是有生命的地方都存在酶，都需要酶。酶具有与其他蛋白质相似的属性。物理或化学因素可使酶失活；酶在体内不断合成、分解实现自我更新；酶是活细胞特定基因的表达产物。

生物催化剂与化学催化剂相似，只能改变反应速率，不能改变反应的性质、反应的方向和反应的平衡点。二者的主要差异在于酶催化作用的专一性和高效性。酶的催化机理主要是降低反应的活化能，从而提高反应速率。

与酶作用的反应物称为底物。酶催化机理为，酶(E)先与底物(S)结合生成酶-底物配合物中间体([ES])，这个酶-底物配合物中间体再转化成酶(E)和反应产物(P)，或可重新裂解成(E)和(S)。酶催化的反应可表示为

$$S+E \rightleftharpoons [ES] \longrightarrow E+P$$

2. 酶催化作用的特点

一般的化学反应常需要加热、加催化剂，有的还需要加压，反应复杂并伴有副产物生成。而同类型反应在体内进行时，则反应条件温和，都是在常温、近中性的环境，酶作催化剂，按一定途径和规律进行。尽管体内、外反应条件差别很大，但它们都遵循化学基本原理和规律，选择最佳途径进行反应。

酶的催化作用有下面三个特点。

(1) 高度的专一性。一种酶只能催化一种化合物或一类化合物的特定的反应，底物与酶的结合犹如钥匙与锁的关系。例如，酶对底物这种严格的选择作用，使水解淀粉的酶不能水解纤维素，造成人体的消化器官不能消化纤维素。

(2) 高度的催化效率。酶与一般催化剂相比效率会提高 $10^6 \sim 10^{12}$ 倍。例如，20℃时尿素分解为氨气和二氧化碳(或碳酸)的反应，使用脲酶催化比用普通酸催化效率高100 万倍。

(3) 高度的环境条件要求。酶对温度、pH 等环境条件非常敏感，每一种酶都有其最佳的工作条件，偏离这些条件将会大大降低酶的催化效率，甚至造成酶的失活。

许多酶含有一定的化学基团(辅酶)，它可以同酶的蛋白(酶蛋白)分离。在分离开后，不论是辅酶还是酶蛋白都不具有催化活性。

3. 酶催化反应

酶催化的反应很多。根据酶的催化作用，酶主要分为 5 大类：①催化氧化还原反应的氧化还原酶；②催化化学基团从一种物质转移到另一种物质上的转移酶；③催化水解

反应的水解酶；④催化旋光异构体和几何异构体异构化反应和外消旋反应的异构酶；⑤催化化学基因缩合反应而生成新物质的合成酶。

在细胞的生物化学中，往往一种酶催化反应的产物可作为第二个反应中的酶反应物，而第二个反应的产物可用作第三个反应的酶反应物。酶之间的这种相互关系一直延续到十几个或更多个。酶反应以一定顺序进行，从而产生代谢途径。代谢途径给我们指出一系列的酶是怎样能在一个功能单元中共同起作用的。细胞中存在着上千个这样的单个酶反应，每个反应是多种不同代谢序列中的一个序列中的一步，这些代谢序列是特定细胞的特征。

5.2.2　生物合成反应

生物合成反应很多，也相当复杂。下面仅对光合作用和生物固氮反应作简单介绍。

1. 光合作用

光合作用是典型的光合成反应实例，是地球上规模最大的生产有机物的过程，也是规模最大的储存太阳能、产生氧气的过程。光合作用的总反应过程可以用如下反应简式表示：

$$6CO_2 + 12H_2O \longrightarrow C_6H_{12}O_6 + 6O_2 + 6H_2O$$

反应物 CO_2 和 H_2O 不能直接吸收太阳能，但叶绿素却能直接吸收太阳能，起着感光剂的作用，并将能量传递给反应物，合成单糖。光合作用是一个光氧化还原反应，在反应中 CO_2 被还原，H_2O 被氧化分解生成 O_2。光合作用的机理十分复杂，它至少包含几十个步骤，大体上可分为原初反应、同化力形成和碳同化三大阶段。其产物是糖，糖再转变成其他有机物质。

植物光合作用的光能转化率为 34%，是目前所知利用光能效率最高的一种光化学反应。光合作用对人类生存、对地球生态环境至关重要，是光化学研究的重要领域。

2. 生物固氮反应

氮是构成蛋白质、核酸、维生素、生物碱、生长激素、叶绿素、血红素等的元素。微生物在固氮酶的作用下，把分子态氮转化为氨的过程，称为生物固氮作用。氨再在生物体内进一步合成各种含氮化合物。

自然界中分子态氮含量最多，约占空气的 79%，但不能被植物直接吸收利用。通过固氮微生物的作用，就能使分子态氮成为植物可以利用的状态。这是自然土壤中氮素的根本来源，也是耕作土壤中氮素补充的重要途径。

能固氮的微生物(包括细菌、放线菌、蓝细菌)已近 50 属，能固氮的豆科植物 700 属，非豆科植物 13 属。固氮微生物能在常温常压下固定大气中的氮，这是因为它们的细胞中存在一种特殊的生物催化剂——固氮酶。固氮酶怕氧和不耐低温，它只有在严格无氧的条件下，才能催化固氮。在固氮酶的催化下，N_2 还原为 NH_3：

$$N_2 + 6e^- + 6H^+ + n\mathrm{ATP} \xrightarrow{\text{固氮酶，}Mg^{2+}} 2NH_3 + n\mathrm{ADP} + n\mathrm{Pi}$$

不同固氮微生物的固氮酶结构组成基本相似，均由两种蛋白组分组成：一是钼铁蛋白；一是铁蛋白。

5.2.3 人体能源物质的代谢

能量供应是人体生命活动的基础。无论是心跳、呼吸、体温的维持、神经兴奋、腺体分泌还是吸收、排泄和合成代谢等生理过程都需要能量，这些能量主要来自三大营养物质(糖类、脂肪和蛋白质)在体内的氧化分解。人体能不断将摄入的营养物分解成代谢产物，放出能量而用于生命活动，所以三大营养物质可称为人体的能源物质或燃料。脂类中的磷脂、糖脂和胆固醇、胆固醇酯在体内主要功能是组成细胞结构的成分，或转变成一些重要的活性化合物，一般不作为能源物质。

饮食中的主要成分是糖类，其中绝大部分是可被消化吸收的淀粉，还有少量蔗糖和乳品中的乳糖以及很少的戊糖。糖是最主要的原始能源，人体能量的70%由糖供应。糖在体内转变成糖原而储存，或主要以葡萄糖的形式被各组织利用。

脂肪的水解产物——脂肪酸是人体内主要的直接燃料，人体内质量最大的组织(骨骼肌和肝脏)以及耗能较多的组织(心肌和肾皮质)都是直接氧化脂肪酸为主。饮食中吸收的糖类有很大部分在体内转变成脂肪而储存在脂肪组织(脂库)中，然后水解成脂肪酸和甘油，再被氧化利用。一部分脂肪酸可在肝脏中转变为酮体，运输至肝外组织作为直接燃料，所以酮体可看作脂肪酸供能的一种形式。脂肪中的甘油只能在少数组织中被氧化利用。

蛋白质水解产物是氨基酸，氨基酸在体内的主要用途是合成蛋白质(包括酶)、激素、核酸和血红素等重要含氮化合物，而不是重要的能源。但摄食蛋白质后，血中氨基酸浓度上升，可有部分氨基酸在肝脏等组织中迅速分解。饥饿时，肌肉等组织蛋白质分解生成的氨基酸也可分解供能。人体能量的10%～15%由氨基酸供应，而且其中相当一部分是转变成葡萄糖后再被组织利用。

此外，果类食物中的有机酸(如苹果酸、柠檬酸)和酒类中的乙醇也可成为能源而被人体利用，但这些能源摄入量少，不是主要能源。

从食物消化吸收后摄入体内的营养物质，并不全部氧化分解，其中一部分以糖原或脂肪等形式储存起来，所以糖原和脂肪可以看作体内能源物质储存的形式。表5-7列举了体重65kg的正常男子体内能源的储存情况。

表 5-7 体重 65kg 的正常男子体内能源的储存情况

储存能源种类	体内总量/g	体内可利用量/g	体内可利用量/kcal	每日消耗量/g	理论耗竭时间/天
糖原(以肌、肝糖原为主)	500	150	600	>150	<1
蛋白质(以骨骼肌为主)	11000	2400	9600	60	约80
脂肪(以脂肪库为主)	9000	6500	58500	150	约40

注：1kcal=4.184×10^3J。

糖原在细胞内处于水环境中，每克糖原可结合 3～4g 水，它不可能完全充满细胞。体内糖原的总量不超过 0.5kg，以骨骼肌中的储存量最多，体重 70kg 的人体内糖原约为 400g；肝糖原其次，约为 75g；其余可储存于心肌和脂肪细胞等组织中。体内储存的糖原不可能全部被利用，因糖原分子一般只会缩小而很少完全分解，其分子的核心部分为重新合成糖原所必需，一般不被利用。

脂肪在脂肪细胞中处于水环境以外，其含量可以很高，如大网膜和皮下脂肪库中的脂肪可达总量的 90%左右，加上脂肪供能的热量较多，故脂肪是体内能量储存的主要形式。例如，肥胖者体内的脂肪可达数十千克。储存脂(甘油三酯)大部分来自食物脂肪和体内的葡萄糖，每克食物中的淀粉可在体内转变成 0.35g 脂肪，但在糖转变成脂肪的过程中，约损失能量 7%。极少量的储存脂也可来源于食物中的蛋白质，每克蛋白质在体内可转变成 0.29g 脂肪，其间也要损失一部分能量。和糖原一样，即使在长期饥饿的情况下，体内的储存脂也不可能全部耗竭。

糖、脂肪和蛋白质的分子组成不同，它们在体内氧化产生的能量也不相同，三大营养物的热量值如下：

糖 5.8kJ · g^{-1}　　脂肪 38.9kJ · g^{-1}　　蛋白质 5.8kJ · g^{-1}

人体能量的消耗包括人体活动做功以及维持体温所需的能量，其消耗率与人体活动的强度有关。一般轻体力劳动者每天所消耗的能量为 125～209kJ · kg^{-1}；而重体力劳动者的能量消耗可达 334kJ · kg^{-1}以上。在清晨空腹而安静卧床的情况下，人体的能量消耗最少，也比较恒定，此种特定条件下能量消耗率称为基础代谢率。不同性别、年龄和体表面积的人，其基础代谢率也不同。正常成年人的基础代谢率每 24h 为5800～7500kJ。

5.2.4　食物的消化

人体在生命活动过程中，不断从外界摄取营养物质，以供新陈代谢的需要。营养物质主要来自食物，其中的水、矿物质和维生素等小分子物质可以直接被吸收利用，而蛋白质、脂类和多糖等结构复杂的大分子有机物质不能直接被人体吸收和利用，需先在消化道内经过分解(酶水解)，使其成为结构简单的小分子物质，才能透过肠壁细胞进入血液和淋巴循环而被利用。

食物在消化道内进行分解的过程称为消化，食物经消化后透过消化道壁进入血液和淋巴液的过程称为吸收。消化与吸收是两个紧密联系的过程，不能被吸收的食物残渣排出体外。

1. 糖的消化

食物中的糖主要是淀粉及少量的麦芽糖、蔗糖、乳糖和动物糖原，它们都要经过消化道消化转变成单糖才能被机体吸收利用。

口腔唾液中含有的 α-淀粉酶是内切酶，可随机水解淀粉分子内的 α-1,4-糖苷键，将淀粉水解成糊精、麦芽糖和葡萄糖。但食物在口腔内停留的时间很短，食糜进入胃后，由于胃液中无消化淀粉的酶，且胃酸又逐渐渗入食糜，使唾液淀粉酶失去活性，所以糖类的消化不在胃内进行。

糖类的消化主要在小肠内进行。食糜进入小肠后，其中的淀粉在胰α-淀粉酶的催化下，被水解为麦芽糖、麦芽三糖(约占 65%)以及含分支的异麦芽糖和 4～9 个葡萄糖残基所构成的α-临界糊精(约占 35%)。二糖及寡糖的进一步消化主要在肠黏膜细胞内进行。麦芽糖和麦芽三糖在麦芽糖酶、α-葡萄糖苷酶的催化下被水解为葡萄糖，α-临界糊精和异麦芽糖在α-临界糊精酶、异麦芽糖酶的催化下被水解为葡萄糖(图 5-16)。

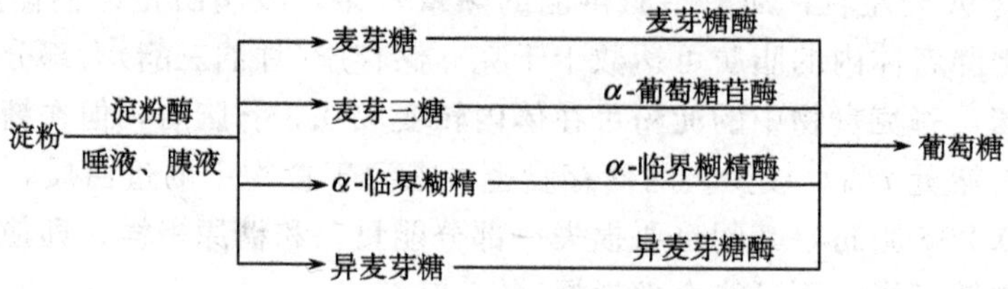

图 5-16　淀粉的消化作用

食物中含有大量的纤维素，因人体内无β-糖苷酶，所以不能将纤维素消化利用。纤维素能刺激胃肠蠕动，可促进排便，所以纤维素也是维持人体健康所必需的。

多糖被消化成单糖后才能被人体吸收，吸收部位主要在小肠上段。若以葡萄糖吸收率为 100 计，单糖的吸收顺序为 D-半乳糖(110)＞D-葡萄糖(100)＞D-果糖(43)＞D-甘露糖(19)＞L-木酮糖(15)＞L-阿拉伯糖(6)。

糖在体内代谢概况如图 5-17 所示。人是间歇进食(一日三餐)，而能量的消耗却是持续的。因此，摄入的糖转变成糖原和脂肪等物质暂时储存起来，这对人体持续供能有重要意义。

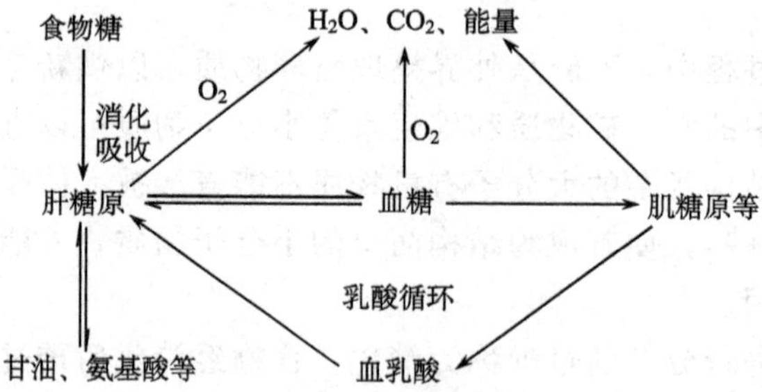

图 5-17　糖在体内代谢概况

2. 脂类的消化

膳食中的脂类主要有脂肪、少量的磷脂和胆固醇等，这些脂类的消化场所在小肠上段。口腔因无脂肪酶而不能消化脂肪。成人胃内虽含有脂肪酶，但因其含量较少，加之胃液酸性较强，故脂肪在胃内基本不消化。婴幼儿胃酸较少，其吸乳动作及乳脂刺激舌腺分泌舌脂肪酶，因此脂肪可被部分消化。小肠上段有胰液和胆汁流入，胆汁中含有胆汁酸盐，它是较强的乳化剂，能使疏水的甘油三酯和胆固醇乳化成脂肪小滴。脂肪颗粒变小，使其表面积增大，增加了与酶分子和水分子的接触面，有利于脂类的消化。

胰腺受脂肪刺激后，分泌胰脂酶和辅脂酶。辅脂酶能促进脂肪微粒与胰脂酶的结合，又可防止过量的胆汁酸对胰脂酶活性的抑制，有利于胰脂酶发挥作用。胰脂酶能特异性地水解甘油三酯中第 1、3 位酯键，水解产物 70%为甘油一酯和脂肪酸，20%被完全水解成甘油和脂肪酸。未被消化的少量脂肪则随粪便排出体外。

胰腺还分泌磷脂酶 A2 原，受胰蛋白酶激活形成磷脂酶 A2，在胆汁酸盐和 Ca^{2+} 存在下催化磷脂酰胆碱水解为溶血性磷脂酰胆碱和脂肪酸。溶血性磷脂酰胆碱也是一种有效的表面活性剂，有助于食物脂类的乳化。胰腺也分泌胆固醇酯酶，催化胆固醇酯水解，生成胆固醇和脂肪酸。

脂类消化的产物有甘油一酯、甘油二酯、甘油、脂肪酸、胆固醇以及溶血性磷脂等，除甘油外，这些消化产物均可与胆汁酸盐形成混合微团。这种微团体积小，极性大，易扩散，可穿过肠黏膜上皮细胞表面的水层障碍，使其中脂类消化产物易被肠黏膜细胞吸收。脂类消化产物主要在十二指肠下段及空肠上段吸收。吸收后的中、短链脂肪酸(含 12 碳原子以下)及甘油经门静脉入肝，长链脂肪酸、甘油一酯和甘油二酯在肠黏膜细胞内质网重新合成甘油三酯，溶血性磷脂转为磷脂，胆固醇也酯化为胆固醇酯，再合成的脂类与载脂蛋白形成乳糜微粒经淋巴系统入血循环(图 5-18)。

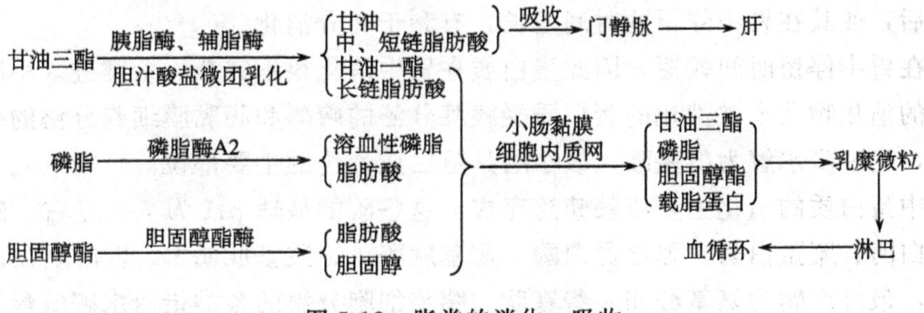

图 5-18　脂类的消化、吸收

3. 蛋白质的消化

食物蛋白质的消化、吸收是人体氨基酸的主要来源。未经消化的蛋白质不易被吸收。同时，消化过程还可消除食物蛋白质的特异性和抗原性。某些抗原、毒素蛋白有时可少量通过黏膜细胞进入体内，产生过敏、毒性反应。一般来说，食物蛋白质水解为氨基酸及小肽后才能被机体吸收、利用。

蛋白质的消化依赖于胃和肠道中的蛋白水解酶，其作用是使肽键断裂。蛋白水解酶可分为 3 类：①内肽酶，其作用是水解肽链内部的肽键，包括胃蛋白酶、胰蛋白酶、胰凝乳蛋白酶；②外肽酶，只水解肽链两端氨基酸残基所形成的肽键，包括羧基肽酶 A、羧基肽酶 B、氨基肽酶，其中羧基肽酶只水解肽链的羧基末端肽键，每次水解一个氨基酸残基，对羧基末端氨基酸有一定专一性，氨基肽酶则水解肽链的氨基末端肽键；③二肽酶，其作用是水解二肽生成氨基酸。各种蛋白水解酶的作用情况如图 5-19 所示。

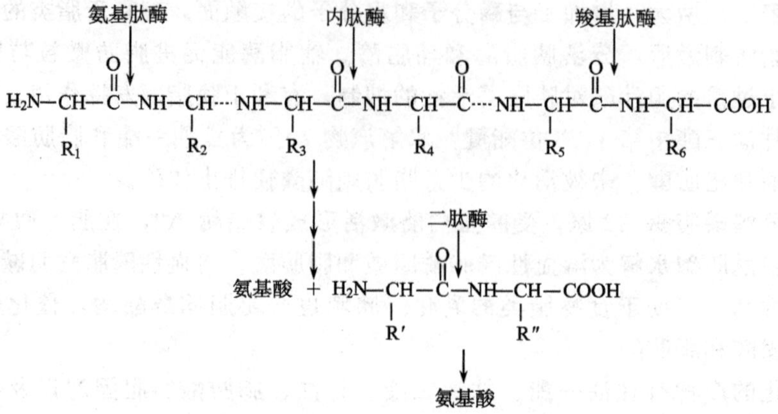

图 5-19　蛋白质酶水解示意图

唾液中不含蛋白质的水解酶类，所以食物蛋白质是自胃中开始消化的。胃蛋白酶由胃黏膜主细胞合成，并以无活性的胃蛋白酶原形式分泌出来，经胃酸激活而发挥作用。

胃蛋白酶的最适 pH 为 1.5～2.5。蛋白质经胃蛋白酶作用后，主要分解成多肽及少量氨基酸。胃蛋白酶对乳汁中的酪蛋白有凝乳作用，这对哺乳期婴幼儿很重要，因为乳成凝块后，使其在胃中停留的时间延长，有利于充分消化。

食物在胃中停留时间较短，因此蛋白质在胃中消化很不完全。食糜进入小肠后，食物蛋白质的消化物及未被消化的蛋白质受胰腺分泌的胰酶和肠黏膜细胞分泌的蛋白酶的共同作用，进一步水解为氨基酸，故小肠是蛋白质消化的主要部位。

小肠中蛋白质的消化主要依赖胰酶完成，这些酶的最适 pH 为 7.0 左右。胰酶主要包括胰蛋白酶、糜蛋白酶、弹性蛋白酶、羧基肽酶 A、羧基肽酶 B。蛋白质在以上胰酶的作用下，最终产物为氨基酸和一些寡肽。胰腺细胞分泌的各类蛋白水解酶最初均以无活性的酶原形式存在，进入十二指肠被激活后才发挥作用。

食物蛋白质经胃液和胰液中各种蛋白酶作用后，所得产物仅有小部分为氨基酸，大部分为寡肽。肠黏膜细胞刷状缘和细胞液中存在氨基肽酶和二肽酶。氨基肽酶存在于刷状缘细胞膜上，作用于寡肽的氨基末端肽键，使其逐个水解出氨基酸，生成二肽。二肽酶存在于肠黏膜细胞的细胞液中，可水解二肽，最终生成氨基酸。小肠黏膜细胞有很强的摄取氨基酸的能力。

5.2.5　糖分解反应

糖分解形成很多中间产物，而这些中间产物分别可作为其他物质生物合成的原料。其他物质也可在体内转化为糖或糖代谢的中间产物形式进入相同的分解过程。因此，糖的分解代谢极为重要。

葡萄糖在生物体内无需氧的参与而分解为丙酮酸的过程称为糖酵解过程。糖酵解过程是普遍存在于生物界的一种代谢过程，对好氧生物和厌氧生物都相当重要。糖酵解过程以葡萄糖为底物，经过一系列生化反应，转变为丙酮酸，同时将其释放的能量合成 ATP。该过程能量代谢不多，但过程迅速。丙酮酸的进一步代谢则在各类生物中有所不同，基本上可分为三类。

1）产生乙醇

在某些厌氧微生物中，由丙酮酸生成乙醇需经两个酶催化过程，首先是由丙酮酸经脱羧酶催化生成乙醛，然后乙醛在乙醇脱氢酶催化下还原成为乙醇。总反应为

$$葡萄糖+2Pi+2ADP+2H^+ \longrightarrow 2\ 乙醇+2ATP+2H_2O$$

2）产生乳酸

葡萄糖转化成乳酸的过程称为乳酸发酵。在某些厌氧微生物中发生此类发酵，有时在动物的肌肉组织中也有这些反应发生。动物在剧烈运动时，当肌肉内氧气供应不充足时，就有部分的丙酮酸转变成乳酸。总反应为

$$葡萄糖+2Pi+2ADP \longrightarrow 2\ 乳酸+2ATP+2H_2O$$

3）产生二氧化碳

有氧呼吸中，丙酮酸从细胞质被运进线粒体内首先转化为乙酰辅酶 A，然后进入三羧酸循环(简称 TCA 环)，被彻底氧化成 CO_2 并释放能量，如图 5-20 所示。

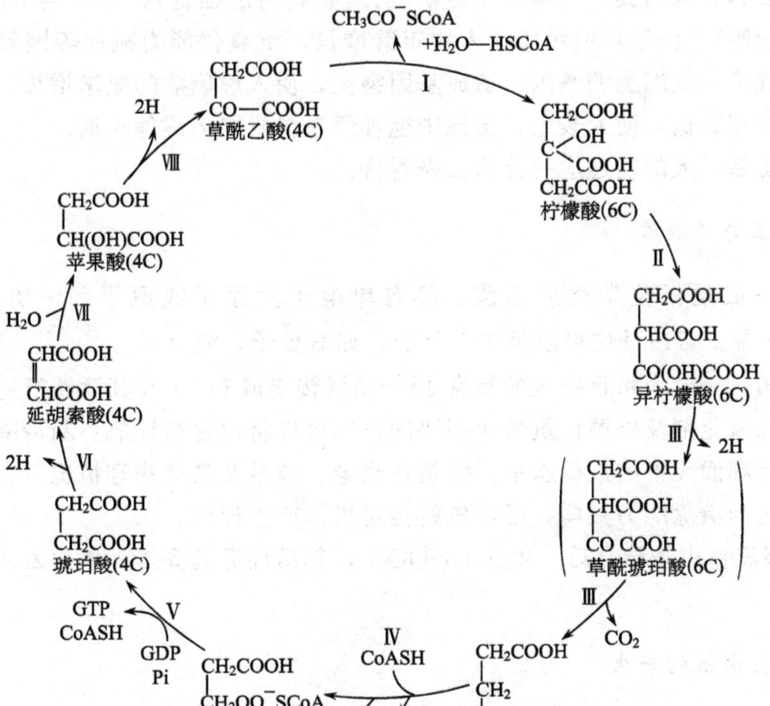

图 5-20　三羧酸循环示意图

其总反应式如下：

$$CH_3OCCOOH + 2H_2O + ADP + Pi + 4NAD^+ + FAD \longrightarrow 3CO_2 + ATP + 4NADH + 4H^+ + FADH_2$$

在三羧酸循环生成的产物中，1 分子 NADH 可偶联 3 分子 ATP 生成；1 分子 $FADH_2$ 可偶联 2 分子 ATP 生成。因而 1 分子丙酮酸三羧酸循环和氧化磷酸化放出的能量共可合成 15 分子 ATP。

三羧酸循环是糖、脂肪和蛋白质三大营养物质在氧充足条件下，彻底氧化分解生成 CO_2 和 H_2O，并释放能量 ATP 的共同有氧代谢途径。各种营养物质分解途径虽然各不相同，但均可分解后进入三羧酸循环。

5.2.6 自由基

生物体内进行的化学反应常伴随自由基的生成和消除。正常情况下，自由基的生成和消除处于动态平衡，自由基对维持正常生理功能和防御功能等起着重要作用。但是在病理情况下，自由基通过扰乱生物分子(DNA、蛋白质、脂类、糖等)的结构和功能，损害人的健康。

人体的细胞分为两类：一类不断更新(从皮肤到内脏细胞)，另一类不能更新(如神经细胞、脑细胞)。由于环境污染、人的年龄增长、抗氧化能力减弱等因素的影响，自由基可以干扰第一类细胞的基因，造成基因突变，使人患癌症的概率增加。自由基还可以使第二类细胞衰退，使人衰老，出现中枢神经系统机能障碍等疾病。

因此自由基对人的功过应一分为二来看待。

1. 自由基与活性氧

自由基一般是指化学性质活泼、具有单电子的原子或原子团，如 H·、HO、O_2^-·、RO·等。自由基也可以是中性分子，如氧分子、氮分子。

实验证明，一个人每日摄入的氧有 1%～3%转变成 O_2^-·及其活性衍生物。正常情况下，体内抗氧化剂及外源性抗氧化剂协同作用可以将过量活性氧不断清除，并保持其含量对人体有利而无害的最低水平。但是在衰老、应激及某些病理情况下，活性氧产生过多或抗氧化剂清除能力减弱，活性氧就会对机体产生损伤。

NO 与超氧自由基结合后，生成 ONOO·，其活性远远高于一氧化氮或超氧化物自由基。

2. 体内自由基的产生

体内通过酶促反应和非酶促反应两种方式产生自由基。

酶促反应的酶有醛氧化酶、黄嘌呤氧化酶、线粒体呼吸链有关的某些酶、前列腺素合成酶等。

能产生自由基的非酶促反应有水的辐射分解，氧合血红蛋白氧化分解，过渡金属离子或其衍生物与 H_2O_2 反应，光敏反应，药物反应、生理或病理反应等。

3. 自由基在体内引发的一些反应

自由基在体内引发的反应仍按照自由基反应机理进行。

1）脂类过氧化反应

脂类过氧化反应是指脂类分子中不饱和脂肪酸在酶催化下，发生的一系列自由基反应。不饱和脂肪酸分子中，由于双键的影响，α-碳原子上的氢很容易发生自由基链式反应，特别是 HO· 存在下，能很快引发脂类的过氧化反应。

2）褐色素的形成

脂类过氧化反应的降解产物丙二醛与蛋白质分子中游离氨基或磷脂、核酸分子中的氨基通过缩合反应生成席夫(Schiff)碱。分子中游离的氨基越多，进行缩合交联的概率越大，随着交联程度增加，产物的溶解度降低，会使蛋白质变性，酶失活。这些遭到破坏的细胞成分被溶菌酶吞噬后，不能被水解酶水解，积累增多，从而形成褐色素，这就是老年色斑的成因。

3）自由基与氨基酸的反应

水溶液环境中，大多数自由基通过 HO· 和 H· 与氨基酸反应，使不溶于水的蛋白质增多。这进一步说明在衰老过程中自由基对机体的损害。

4）自由基与核酸的反应

DNA 受短波射线照射后，其分子的各部位都可能产生自由基。在近中性环境中，HO· 加到核酸碱基的双键上。生成的自由基还可进一步参与许多自由基反应使碱基遭到破坏，造成基因突变。

5）光辐射引起的反应

由紫外线辐射产生的水合电子在近中性的水溶液(体液)中能与氨基酸、嘧啶等反应，生成各种不同的自由基，破坏蛋白质、核酸的结构和功能。这就是大剂量电离辐射或紫外线照射引起机体损害的原因。

4. 生物体内防御自由基损害的物质

为防御自由基对机体的损害，并维持机体正常生理功能，体内存在两类重要化学物质。一类是抗氧化剂，另一类是抗氧化酶。

抗氧化剂包括辅酶 Q(又称泛醌)、维生素 E、维生素 C、谷胱甘肽等。

氧化酶类包括超氧化物歧化酶(SOD)、过氧化氢酶、谷胱甘肽过氧化物酶等。

5.3 生命过程

生命是物质的，物质是运动的。生命是一种高级形式的物质运动，是一个开放系统和耗散结构。生命物质可以不断地自我更新，不断地自我组织和非线性发展。生命体是物质、能量和信息三者不断变化、协调的统一体。

生命有着不同于非生命的种种特征，包括遗传和变异、新陈代谢、细胞分化、器官形成、个体发育、群体兴衰等。而这些生命现象并非杂乱无章的，而是受 DNA 控制的，如图 5-21 所示。

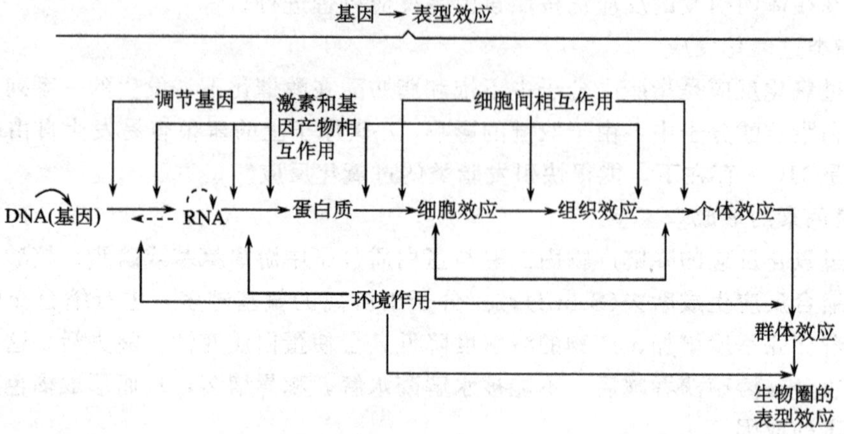

图 5-21　DNA 是生命活动中心示意图

DNA 包含着决定生命后代性状的遗传信息。同时，DNA 上遗传信息向后代传递的过程中也不能百分之百地准确无误，这就导致后代与亲代、后代与后代不完全一样。总之，遗传和变异现象归根结底是由 DNA 决定的(也有一些生物的遗传信息是由 RNA 决定)。亲代与子代之间，在形态、结构和生理功能上常常相似，这就是遗传现象。亲代与子代之间，子代的个体之间，总是或多或少地存在着差异，这就是变异现象。

新陈代谢活动是一系列复杂的生化反应过程，每一个生化反应都离不开酶的催化，而酶的高效、特异性是由 DNA 决定的，DNA 操控着每一种酶的合成。

有性生殖过程中，受精卵的形成实际上是来自雌雄双方遗传信息的结合。而受精卵经过一系列复杂而有序的变化，形成与亲代相似的个体，再经幼年、成年直至衰老死亡过程(个体发育)，实际上就是 DNA 所含的遗传信息在一定条件下的表达。细胞的发育、分化直至组织、器官的形成都是在细胞核、细胞质、环境条件等体内、外因素的共同作用下实现的。其中，细胞核内 DNA 所包含的遗传信息是发育的内在根据，细胞质的生理状况和各种环境因素是发育的必要条件。

群体是指可以相互交配并繁殖后代的一个自然群。在这个自然群中，所有基因的总和称为基因库。群体中每个个体的基因都是基因库中的一个成分。群体内基因频率及其变化决定着群体的兴衰，同时自然环境与群体的相互作用，实质上是自然环境与基因库间的相互作用，二者的相互作用决定了生态系统的兴衰。

高等动物(包括人类)的学习、思维与记忆的物质基础跟 DNA、RNA 及一些蛋白质有关。

总之，DNA 是一切生命活动的中心。其结构和功能决定了它是一个命令中心，指挥着生命体有条不紊地进行活动。

生物最为重要的遗传和变异是由 DNA、RNA 和蛋白质的结构和功能决定的，其中最为核心的问题是遗传信息的传递。而遗传信息的传递过程被总结为中心法则(图 5-22)。

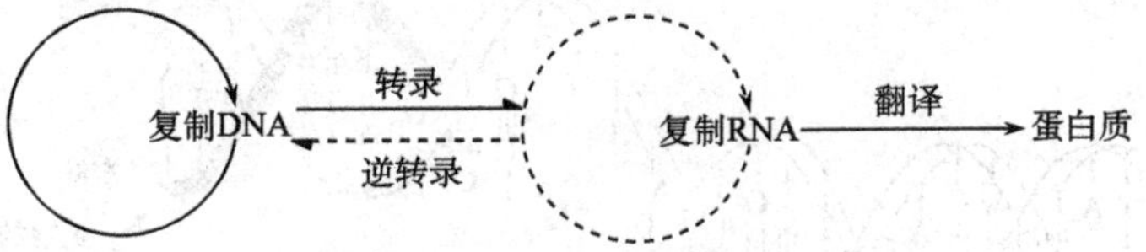

图 5-22　遗传信息传递过程图

从图 5-22 中可以看出，遗传信息由 DNA 传给 RNA 最后传给蛋白质。应该注意的是遗传信息可以由 RNA 逆转录传给 DNA，但遗传信息不能由蛋白质向 DNA、RNA 方向传递。这正好说明核酸(DNA 和 RNA)是遗传物质，蛋白质是遗传性状的表达者(图 5-23)。

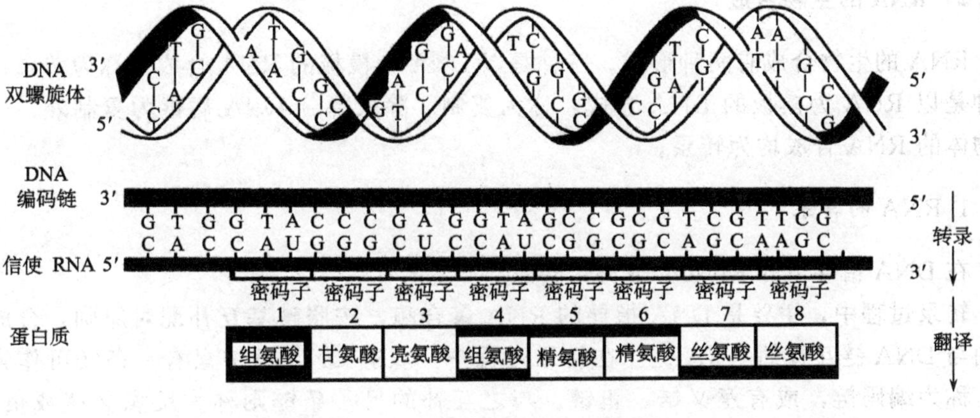

图 5-23　遗传信息解读过程图

5.3.1　DNA 的复制

DNA 的复制是指以亲代 DNA 分子为模板合成子代 DNA 的过程。能够自我复制是遗传物质的重要特征之一。染色体能够复制，基因能够复制，归根到底是 DNA 能够复制。

DNA 的复制发生在细胞有丝分裂或减数分裂的第一次分裂前的间隙。这时，一个 DNA 分子双链之间的氢键断裂，两条链彼此分开，各自吸收细胞内的核苷酸。按照碱基配对原则合成一条新链，然后新、旧链联系起来，各自形成一个完整的 DNA 分子。复制完毕时，原来的一个 DNA 分子即成为两个 DNA 分子，因为新合成的每个 DNA 分子都含有一条原来的链和一条新链，所以这种复制方式称为半保留复制。科学研究表明，复制过程中，DNA 的两条母链并不是完全解开以后才合成新子链，而是在 DNA 聚合酶的作用下，边解开边合成(图 5-24)，并且这种复制需要 RNA 作引物。待 DNA 复制合成后，由核酸酶切掉引物，经 DNA 聚合酶的修补和连接酶的“焊接”把它们连接成完整的 DNA 链。

复制出的子代 DNA 分子，通过细胞有丝分裂分配到子细胞中。

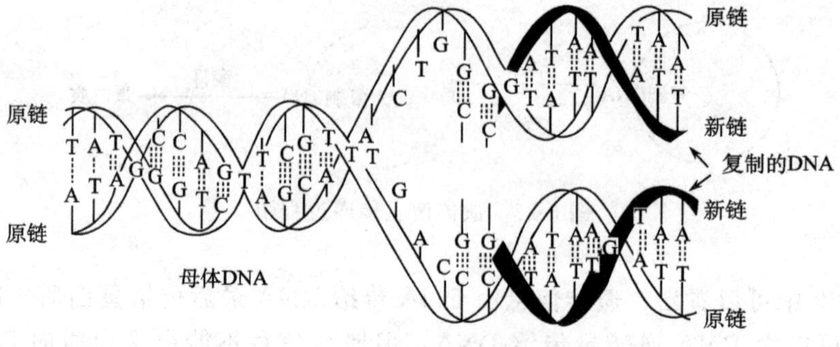

图 5-24　DNA 双螺旋的复制

5.3.2　RNA 的生物合成

RNA 的生物合成有两种形式。一种是以 DNA 为模板的 RNA 合成，称为转录；另一种是以 RNA 为模板的 RNA 合成，称为复制。除大部分 RNA 病毒为复制外，一般生物体的 RNA 合成均为转录。

1. RNA 的转录

在 DNA 指导下的 RNA 合成称为转录。

转录过程中，主要是 DNA 指导的 RNA 聚合酶，按照碱基互补配对原则，合成一系列与 DNA 链互补的 RNA 链。在转录过程中，双链 DNA 链中只有一条链可作为模板，称为编码链，或有意义链、正链。与之互补的另一条链则称为反意义链或负链。DNA 模板链出现胸腺嘧啶(T)时，新合成的 RNA 链上以腺嘌呤(A)配对；而当 DNA 链上出现腺嘌呤(A)时，RNA 链以尿嘧啶(U)配对。通常用正链 DNA 的碱基序列表示基因的一级结构。在生物的染色体上包含着许许多多的基因，有些基因的转录模板在双链 DNA 的这条链上，而有些基因又在另一条链上。基因之间还存在着完全不被转录的非信息区，在有些生物中这一部分非信息区所占比例远远超过被转录的部分。由于转录仅以 DNA 一条链的某一区段为模板进行，因此称为不对称转录。

转录过程可以分为起始、延长和终止 3 个步骤。

原核细胞的 mRNA 一经产生就具有模板的活性，但绝大多数真核细胞的原初转录产物必须经过转录后加工，才能成为各种有功能的、成熟的 RNA 分子。

2. RNA 的复制

在某些生物中，核糖核酸还可以是遗传信息的基本携带者，并能通过复制而合成出与自身相同的分子。例如，大多数植物病毒以及许多动物病毒和噬菌体就是以 RNA 为遗传物质的，称为 RNA 病毒。被这些病毒感染的寄主细胞中含有特殊的 RNA 指导的 RNA 聚合酶，能在病毒 RNA 指导下合成新的 RNA，称为 RNA 复制。

RNA 复制酶具有很高的模板专一性，只识别病毒自身的 RNA，对寄主细胞或其他病毒的 RNA 均无反应。

5.3.3　DNA 控制下的蛋白质的合成

DNA 是遗传物质，其基本功能包括两个方面：一方面，通过复制在生物的传宗接代中传递遗传信息；另一方面，在后代的个体发育中，能使遗传信息得以表达，从而使后代表现出与亲代相似的性状。

蛋白质是组成生物体的重要成分，生物体的性状主要是通过蛋白质来体现的，而 DNA 控制蛋白质的合成以实现其对性状的控制。

一定结构的 DNA 可以控制合成相应结构的蛋白质。但是，遗传信息不能由 DNA 直接传递给蛋白质，这是因为 DNA 主要存在于细胞核里，而蛋白质的合成是在细胞质里进行的。那么，DNA 所携带的遗传信息怎样从细胞核传递到细胞质中呢？这就需要通过另一种核酸——RNA。

1. DNA 控制蛋白质合成的过程

合成的过程包括“转录”和“翻译”两个重要步骤。

1）转录

转录在细胞核内进行。它是指以 DNA 的一条链为模板，按照碱基互补配对原则，合成 RNA 的过程。由于 RNA 没有碱基 T，而有碱基 U，因此在合成 RNA 时，就以 U 代替 T 与 A 配对。转录的方法可以表示为图 5-25。

DNA ···—A—T—G—C—···
　　　　⋮　⋮　⋮　⋮
RNA ···—U—A—C—G—···

图 5-25　蛋白质的转录

遗传信息的转录过程在 RNA 聚合酶的催化作用下进行。当 RNA 聚合酶与 DNA 分子的某一启动部位相结合时，DNA 的这一特定片段的双螺旋解开，以其中的一条链为模板，按碱基互补配对原则，使细胞里已制成的四种核苷酸(分别含有 A、G、C、U)聚合成与该片段相对应的 mRNA 分子。这样，DNA 中的遗传信息“转录”到 mRNA 上(图 5-26)。与合成 DNA 时一样，双螺旋重新解开，在 DNA 的一条链上合成，以核糖核苷酸为构成单位的链条。合成时需要一种专一性的酶，即 RNA 聚合酶。RNA 与 DNA 分开后，两条 DNA 链重新组成双螺旋。

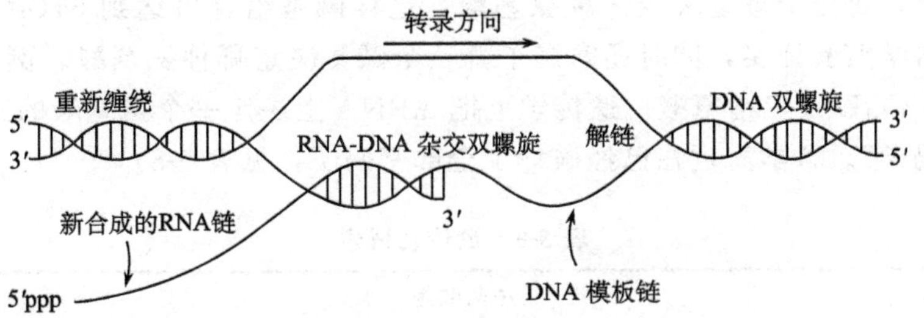

图 5-26　RNA 在 DNA 模板上的合成

2）翻译

翻译是由 mRNA 将遗传信息翻译为蛋白质的过程。mRNA 形成以后，它从细胞核进入细胞质中，与核糖体结合。核糖体是细胞内将氨基酸合成为蛋白质的场所。

那么，氨基酸是怎样被送到核糖体中 mRNA 上的呢？这需要有运载工具，这种工具称为转运 RNA(tRNA)。每种 tRNA 的一端都有三个碱基，它们能与 mRNA 的碱基相配对；tRNA 的另一端是携带氨基酸的部位，一种 tRNA 只能转运一种特定的氨基酸。当 tRNA 运载着氨基酸进入核糖体以后，就以 mRNA 为模板，根据碱基互补配对原则，把运载的氨基酸安放在相应的位置上。接着，tRNA 离开核糖体再转运相应的氨基酸。结果是以mRNA为模板，把氨基酸一个个地连接起来，合成为具有一定氨基酸顺序的蛋白质(图 5-27)。

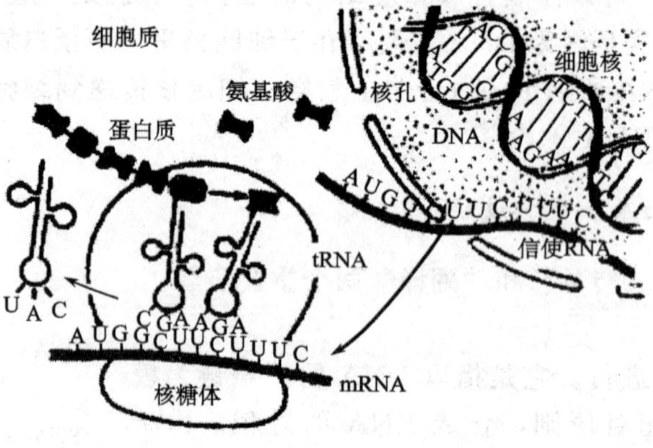

图 5-27　蛋白质的合成示意图

2. 遗传密码

DNA 决定 RNA 的性质是遵循着碱基互补配对原则，那么 RNA 是如何决定蛋白质的性质呢？蛋白质是由比较普遍存在的 20 种氨基酸按照一定的顺序连接起来的。不同的蛋白质，组成它的氨基酸各有特定的排列顺序。而 RNA 只有 4 种核苷酸，这就发生了 4 种核苷酸如何决定 20 种氨基酸的问题。若一个碱基决定一种氨基酸，那么 4 个碱基只能决定 4 种氨基酸。若两个碱基决定一种氨基酸，也只能有 16($4^2=16$)种组合。因此有人推测，每三个碱基决定一种氨基酸，这样碱基组合可达到 64($4^3=64$)种。这一推测已被科学实验证实，同时还掌握了哪三个碱基决定哪种氨基酸。例如，UUU 决定苯丙氨酸，CGU 决定精氨酸。遗传学上把 mRNA 上决定一个氨基酸的三个相邻的碱基称为“密码子”。科学家现在已经破译了全部密码子，见表 5-8。

表 5-8　遗传密码表

第一碱基	中间碱基				第三碱基
(5′末端)	U	C	A	G	(3′末端)
U	苯丙氨酸	丝氨酸	酪氨酸	半胱氨酸	U
	苯丙氨酸	丝氨酸	酪氨酸	半胱氨酸	C
	亮氨酸	丝氨酸	终止信号	终止信号	A
	亮氨酸	丝氨酸	终止信号	色氨酸	G

续表

第一碱基 (5′末端)	中间碱基 U	C	A	G	第三碱基 (3′末端)
C	亮氨酸	脯氨酸	组氨酸	精氨酸	U
	亮氨酸	脯氨酸	组氨酸	精氨酸	C
	亮氨酸	脯氨酸	谷酰胺	精氨酸	A
	亮氨酸	脯氨酸	谷酰胺	精氨酸	G
A	异亮氨酸	苏氨酸	天冬酰胺	丝氨酸	U
	异亮氨酸	苏氨酸	天冬酰胺	丝氨酸	C
	异亮氨酸	苏氨酸	赖氨酸	精氨酸	A
	蛋氨酸/启动信号	苏氨酸	赖氨酸	精氨酸	G
G	缬氨酸	丙氨酸	天冬氨酸	甘氨酸	U
	缬氨酸	丙氨酸	天冬氨酸	甘氨酸	C
	缬氨酸	丙氨酸	谷氨酸	甘氨酸	A
	缬氨酸	丙氨酸	谷氨酸	甘氨酸	G

5.3.4 基因

1. 概述

现代遗传学家认为，基因(gene)是染色体上 DNA 双螺旋链上具有遗传效应的特定核苷酸序列的总称，是生物性状遗传的基本功能单位。生物体的一切生命活动，从出生、成长到出现疾病、衰老，直至死亡都与基因有关。基因调控着细胞的各种功能：生长、分化、老化、死亡。

基因位于染色体上，并在染色体上呈线性排列。研究结果表明，每一条染色体含有一个 DNA 分子，每个 DNA 分子含有很多个基因，一个基因是 DNA 分子的一部分，一个基因决定一种多肽的分子结构。理论上，每一核苷酸对的改变就可导致一个突变的产生，每两核苷酸对间都可发生交换。这样看来，一个基因有多少核苷酸对，就有多少突变子，就有多少重组子，突变子就等于重组子。但是一个基因要有正常的生理机能，它的几个正常组成部分一定要位于相继邻接的位置上，也就是核苷酸要排成一定的次序才能决定一种蛋白质的分子结构。若使几个正常组成部分处于两个染色体上，理论上就是核苷酸的种类和排列发生改变，这样就失去了正常的生理机能。所以基因不仅是一个遗传物质在上、下代之间传递的基本单位，也是一个功能上的独立单位。

2. 基因学说

在孟德尔以豌豆为实验对象发现的基因分离规律和基因的自由组合规律的基础上，摩尔根的果蝇杂交实验研究成果创造性地发展了孟德尔定律，科学地论证了遗传的染色体学说，创立了基因学说。基因学说是现代遗传学的主要理论基础，它阐明了遗传和变异的染色体机理。包括：①遗传性状由位于染色体特定位置的基因控制，基因按直线排列在染色体上，组成连锁群；②基因在世代中传递遵循三大遗传基本规律：位于同源染色体上的等位基因的传递遵循分离规律，位于非同源染色体的非等位基因的传递遵循自由组合规律，位于同源染色体的非等位基因的传递遵循连锁和互换规律；③在配子成熟过程的减数分裂中的染色体行为是三大遗传基本规律的细胞学基础，即分离规律的实质是同源染色体的分离，自由组合规律的实质是非同源染色体的自由组合，连锁和互换规律的实质是同源染色体的联合及其片段的交换。

3. 基因在遗传学工程中的意义

对基因概念的认识过程，实际上就是遗传学的发展过程。随着对基因概念认识的深入和遗传三大规律的发现，遗传工程的研究进入一个崭新的领域。植物组织培养、单细胞培养和细胞融合等在生产领域中正在改变传统的育种方法；超排卵和胚胎移植已在家畜的良种繁育中取得巨大的经济效益。为了综合利用自然界中各种生物对人类有益的性状，人为地创造出新的生物品种，最大限度地满足人类生活和卫生保健事业的需要，可以通过基因工程的研究和应用实现。通过分子杂交、酶促合成、化学合成和生物筛选等方法将目的基因(对人类有益性状的基因)分离出来；再选择适当的运载体，如某种病毒或细菌质粒，用有关的酶类对目的基因 DNA 和运载体 DNA 进行切割加工，使二者都产生出能互补的线性单链可黏性末端，在 DNA 分子复性的条件下，将目的基因插入运载体 DNA 分子中；因为运载体 DNA 分子能进入受体细胞，通过转化或转导，能使受体细胞获得人类所期望的目的基因。通过目的基因的表达，产生出人类需要的生物制品。

4. DNA 重组与基因工程

DNA 重组技术是一种新的生物技术。基因工程的涵义比 DNA 重组技术要大得多，包括 DNA 重组之外的核酸技术等。

基因工程是指把一种生物的基因通过 DNA 重组技术转移到另一种生物(受体)的细胞中并在那里复制与表达。人们习惯上所讲的遗传工程从狭义上讲就是基因工程。基因工程的实现过程可以分为以下五个步骤。

(1) 外源基因的切取。基因的化学本质是 DNA 分子中能编码蛋白质肽链的片段，用限制性核酸内切酶把一个或几个感兴趣的基因从一种生物细胞的核酸分子上切下来，再经分离便得到目标基因——外源基因(或外源 DNA 分子)。

(2) 重组 DNA 的制取。选择合适的基因运载体，它经内切酶处理后，与外源基因结合，形成重组 DNA。

(3) 基因的转化。重组 DNA 分子进入新的生物细胞(受体细胞)，这一过程也称感染。基因工程目前广泛采用的一种受体是细菌，这是因为细菌具有操作方便、培养容易、繁殖迅速等优点。

(4) 基因的整合。外源基因被整合到受体 DNA 上，并不断进行复制(克隆)、繁殖。受体细胞分裂后产生的新细胞仍然含有外源基因，这样的体系称为无性生殖系。

(5) 基因的表达。外源基因在受体细胞内得到表达，合成出目标分子。

基因工程是一种按照人们的设计来改造生物的新技术，具有广阔的应用前景。首先，人们可以利用基因工程生产所需的某种化学物质，降低成本，增加产量。例如，有人利用大肠杆菌生产出可生物降解的高分子，以此解决传统塑料所带来的白色污染；有人利用蚕生产出干扰素，这种干扰素是一种蛋白质，能抑制癌细胞的增殖。其次，利用基因工程可以治疗疾病，特别是遗传病。遗传病的根源是遗传基因存在缺陷，基因工程可以更换非正常基因，从而达到治疗疾病的目的。人类已知的遗传病超过 3000 种，因此这一应用前景广阔。再次，利用基因工程可以改造生物。例如，人们已经研制出抗烟草花叶病毒的烟草植株；人们也正在努力把豆科植物的根的固氮能力通过基因工程技术引入其他农作物，以解决农作物对氮肥的需要。甚至有人在努力把动物的基因引入植物中，如通过把极地附近区域鱼的抗冻基因引入植物中，以提高植物的抗冻能力。

需要指出的是，基因工程是一把双刃剑，它在造福人类的同时，也会带来许多新的问题。人们对生物链中一种生物的改造可能会波及其他生物，从而可能制造出具有超级生命力的杂草、细菌或病毒，抑或危及各类动植物的正常生长。目前市场上各种转基因食品(称为 GM 食品，即通过基因工程技术生产的食品)的出现，已引起人们的极大关注，许多科学家呼吁要对食用 GM 食品可能出现的问题作深入持久的研究。

5. 人类基因组研究计划

20 世纪人类科学的最大成就集中在物理学和微电子学领域，21 世纪的科学革命将发生在生物学领域。宣告这一必然性的就是人类基因组研究计划(HGP)。

今天我们如果在高倍显微镜下观察细胞，会看到在细胞分裂时有一对对像小棒似的东西，那就是“染色体”。染色体位于细胞核里。每个人的染色体有 23 对，共 46 条，一半来自父亲，一半来自母亲。实际上，一个染色体就是由一个 DNA 分子组成的。基因是 DNA 的一段，它可能很长，也可能很短。科学家们推测，人体细胞中有 6 万～10 万个基因，组成这些基因的台阶(核苷酸的数量)有 30 亿个。人类基因组研究计划所要做的就是掌握这 6 万～10 万个基因在 30 亿个核苷酸中的具体排列。

这是一个空前艰巨的计划。因为人类细胞的 DNA 是世界上最复杂的 DNA。仅仅是小小的线虫，它的 DNA 中就含有 2800 万碱基对，工作量大得惊人；而人类细胞的 DNA 的数量达到 30 亿。这样的工作是任何一个实验室都难以承担的，它应该成为国家级的项目，并且使它成为国际性的项目。1990 年，经过 5 年的辩论，美国国会终于批准这一计划，当时他们的规划是用 15 年的时间，投资 30 亿美元，了解人类 30 亿个核苷酸的全部序列。

人类基因组研究计划现已被世界各国接受。英国、法国、德国和日本先后加入人类基因组研究计划，各自承担一定份额的基因排序任务。中国科学院遗传与发育生物学研究所于 1999 年 7 月向国际人类基因组(HGSI)注册，并申请承担 1%的测序工作。1999 年 9 月，在伦敦召开的第 5 次国际人类基因组战略会议正式确认中国的参与，以及所承担的工作量和工作区域。美、英、日、德、法等人类基因组计划参与国认为，中国的参与使这项计划更具有全人类的代表性。因为人类基因组研究计划的进展非常快，原计划2005年完成，由于技术的进步，完成日期提前到2003年。在国际互联网上每周都在报告工作的进展。2000年12月1日，英、美、日等国科学家组成的研究小组宣布，他们已经完成人体第22对染色体基因序列的测定，确定出该对染色体上所有蛋白质编码基因所含的约3400万个碱基对位置(人类在基因组测序工作中的最新进展被《科学》杂志评为2000年世界十大科学成果)，这是第一对完整的人体染色体的遗传密码被破译。

这一计划的意义可以与征服宇宙的计划媲美，我们也应以征服宇宙的气魄来进行这一计划。有人把这项计划比作“曼哈顿原子弹计划”和“阿波罗登月计划”，但是人类基因组研究计划的意义更加深远。它不仅是各国科学家联合进行，而且它的成果也不属于任何一个国家或仅仅几个参与国，全部人类基因组研究计划的数据成果都会在互联网上向全世界公布，供全人类共享。这张人类基因组全序列图会带给我们什么？它可能会带来的变化，用“翻天覆地”来形容，一点儿也不为过。

5.4 化学仿生学

5.4.1 化学仿生学的基本概念

化学仿生学是一门介于化学与生物学之间的边缘科学，是用化学方法在分子水平上模拟生物体功能的一门科学。其研究内容主要为模拟生物体内的化学反应过程，模拟生物体内的物质输送过程，以及模拟生物体内的能量转换等过程。

生物体内的成千上万种化学反应都是在酶催化下进行的。酶催化反应的特点是在常温常压下，反应在一个很复杂的混合体系中专一地、高效地、有条不紊地进行。其高效性就是指酶强大的催化能力。例如，同样是催化过氧化氢分解为水和氧气，过氧化氢酶的催化效率比一般无机催化剂高一千万倍。化学仿生学的任务之一就是仿照天然酶合成出人工酶。通过从生物体内分离出某种酶，研究清楚其化学结构和催化剂的催化机理，在此基础上设法人工合成这种酶或其类似物，用以实现相应的酶催化反应而制得相应的产品。已取得成果的例子有：人工制得合成氨基酸的酶，也制得了消化蛋白质的常见酶等。在这方面，对固氮酶的研究是一项非常重要的工作。固氮酶是豆科植物根部产生的一种酶，它在常温常压下就可以使空气中的氮气与某种或某些含氢物质发生反应变成氨提供给植物作氮肥。因此，模拟固氮酶研究如获得成功，将是化学仿生学上的一个十分重大的成果。

生物在物质输送、浓缩、分离方面能力也是惊人的，像海带能从海水中富集碘，海带中碘的浓度比海水中高千倍以上；大肠杆菌体内、外钾离子浓度差达3000倍等，这些都是生物通过细胞膜来进行调节控制的。所以人们设想，如能模拟生物膜的这种输送和分离功能，合成一种高效和选择性强的分离膜，将会使物质的分离、提纯达到实效、快速、专一的效果。这对于人类开发利用海洋资源、微量元素的提取、特殊的化学反应以及污染控制等方面都会产生质的飞跃。

迄今为止，人们在开发新能源、提高能源转化率等方面已取得不少成就，但和生物界相比则又显得十分渺小。一般的电灯有90%以上的电能因转变为热能而被浪费，即便是节能灯也要浪费65%以上的电能。而生物体内进行的光能、电能、化学能等各种能量间的转换，其效率之高已为人所知。例如，萤火虫通过自身荧光素和荧光酶的作用，发光率竟达100%。生物体利用食物氧化所释放能量的效率为70%～90%，而我们利用燃烧煤或石油能量的效率通常只有20%～40%。在能源日趋短缺的今天，模仿生物高效利用能量的技能已成为节能研究的重要课题，同时对开发新能源也有极其重大的指导意义。

5.4.2　酶的人工合成与仿生

1. 仿酶模型的人工设计原理

有机化学与生命科学相结合的一个主要目标是将酶模型化，并借助现代测试手段和方法研究酶模型化学反应的促进作用与选择性，从而实现酶的人工合成。其基本方法是找出酶分子结构中对催化反应起主导作用的结构因素，然后人工加以设计和合成含该结构的有机分子，以实现人工仿酶催化的反应。因此，仿酶(或称拟酶)模型是人工设计合成的具有酶催化作用的有机合成分子，它具有如下特征：

(1) 具有能和底物选择性结合的疏水空穴，因为空穴对底物的非共价疏水结合是酶具有特异性催化性能的关键。

(2) 具有以特定方式与空穴相连的催化基团，它们是产生催化的重要结构因素之一。

(3) 酶模型的外部应是亲水的，即具有良好的水溶性。

(4) 应具有刚性骨架，以满足其与底物之间有相互匹配的空间和立体要求。

人工仿酶模型的优点在于可以精心设计适合的电子和空间因素，并摒弃了生物酶庞大的蛋白质骨架，简化了催化剂的结构。但是，要离开酶的蛋白质骨架建造简化的仿酶模型还面临许多难题：①活性中心的结构及酶-底物复合物的结构；②酶的专一性及其同底物结合的方式与机理；③活性中心区域(酶的疏水空穴)的基团配置和空间构型；④反应的动力学与热力学要求等。目前仅有少数酶催化反应的机理已研究清楚，对大多数酶的结构仍缺乏了解，仿酶化学或仿生有机合成尚处于发展阶段，但其意义深远。因为这些人工仿酶模型排除了酶作为蛋白质所固有的敏感和易变性的缺点，同时又具有酶的催化功能，这一突破性进展最终将缩小模型与酶之间的差距，为仿生合成开辟新的途径。

通常仿酶模型的合成及研究可以达到以下目的：①应能提供酶催化机理的人工模拟；②应能从结构与机理两个方面解释酶催化反应。

理想的人工仿酶模型应具有下述特点：①人工仿酶模型应为底物或辅酶提供可进行非共价键结合的疏水空穴，因为疏水结合常是酶催化的适应性和特异性的关键；②人工仿酶模型的活性中心应具备形成共价键或氢键结合的结构条件和可能性；③具有以特定方式连接的催化基团，这些活性基团与底物的官能团或基团应能有效地发生反应；④人工仿酶模型应具有适当刚性和柔韧性，以保持其和底物之间有相互匹配的部位；⑤人工仿酶模型应具有良好的水溶性。

总之，人工仿酶模型应具有对底物高度的选择性和识别能力。在设计人工仿酶模型时应突出酶结构中的关键因素，掌握生物酶的氨基酸残基与酶催化功能的关系，再结合底物结构和所催化反应的特点进行模型设计。

2. 化学仿生模拟生物固氮

大气中含有约四千万亿吨氮气，而地球上动植物的细胞不能直接吸收它来转化成蛋白质、核酸等生命基础物质，只有自然界的固氮微生物才能在常温常压下高效率地固氮成氨。它们每年为地球上所有的生物提供生命所必需的固定氮约两亿吨。尝试用化学方法模拟微生物固氮的某些原理，研制出温和条件下能使用的固氮催化剂，这就是化学仿生模拟生物固氮所要研究的科学问题。

根据对微生物固氮菌的研究发现，实现固氮反应要具备四个基本条件：①有供氢体系(丙酮酸代谢)；②有还原剂提供电子和电子传递体(如铁氧还蛋白等)；③有 ATP 提供能量；④有固氮酶。

温和条件下，化学仿生模拟生物固氮主要包括三个过程：

(1) 配位过程——用过渡金属配合物配位 N_2 以削弱 N_2 分子中的三重键。

(2) 还原过程——用还原剂向被配位的 N_2 分子提供电子，以拆开 N_2 中的化学键。

(3) 加 H^+ 过程——用 H^+ 和带负电的 N 结合以生成 NH_3。

以水溶液中的固氮研究为例：

这种研究认为固氮酶催化 N_2 或其他底物分子(如乙炔 C_2H_2、N_2O 等)的还原反应在水溶液中进行。固氮酶的活性中心含有 Mo、Fe 原子及半胱氨酸。有代表性的研究工作是 Schrauner 用 $Na_2[Mo_2O_4(Cys)_2]$ 双核配合物作催化剂［图 5-28(a)］，加入人工合成的 $[Fe_4S_4(SR)_4^{2-}]$［图 5-28(b)］；以 $NaBH_4$ 或 $Na_2S_2O_4$ 作还原剂，还原 N_2 分子。在常温常压下通过模拟实验发现，单核的 Mo-Cys 表现了固氮催化功能，$[Fe_4S_4(SR)_4^{2-}]$ 表现了 Fe_4S_4 原子簇的电子传递功能，其催化还原产物的分配与固氮酶上的反应相似，且 ATP 对酶活性有促进作用。

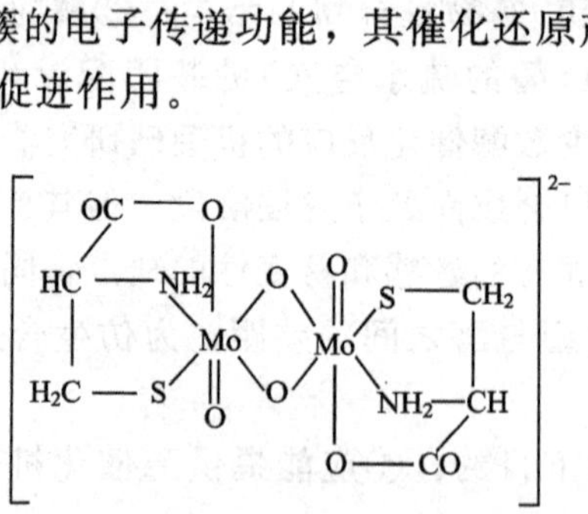

(a) Mo(Cys)₂双核配合物

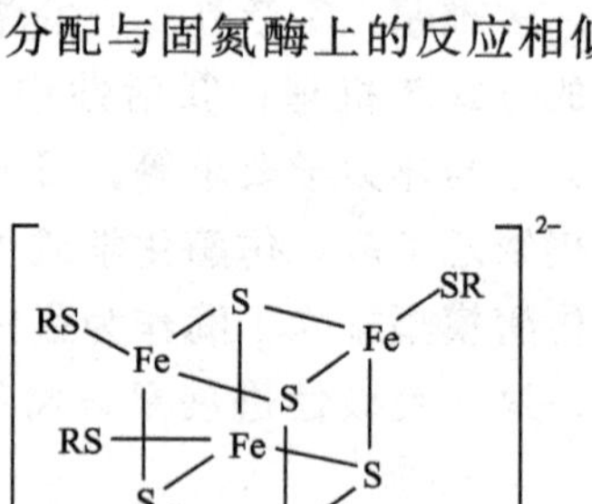

(b) 铁硫原子簇

图 5-28　Schrauner 模型

Schrauner 对此提出的固氮作用机理表示如图 5-29 所示。还原剂 $S_2O_4^{2-}$ 将电子传递给与 Mg · ATP 相结合的氧化态(Ox)铁蛋白分子，使其转变成还原态(Red)。由还原态铁蛋白分子将电子传递给氧化态钼铁蛋白分子，并使其变成还原态，还原态钼铁蛋白分

子催化 N_2 的还原反应，还原后的 N(带负电)与溶液中 H^+ 结合生成 NH_3。

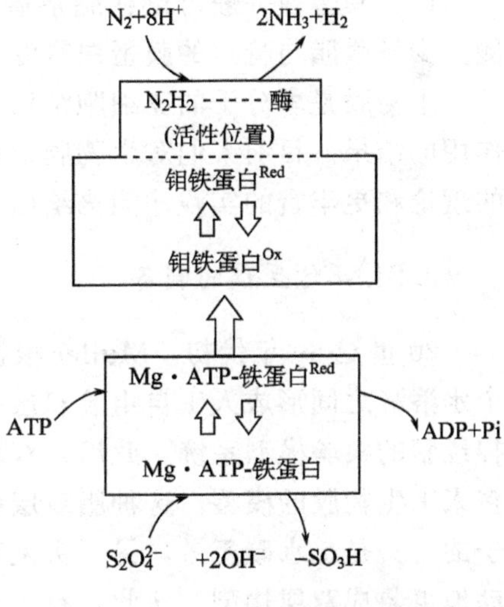

图 5-29　Schrauner 固氮作用机理

5.4.3　生物仿生膜的合成

1. 生物膜的结构和作用

生物膜在生命过程中起着十分重要的作用，生物体系中的许多过程发生在生物膜上。人和动物的代谢作用以及各种生理现象处处都有电流和电势的变化产生，生物电的起因可归结为细胞膜内、外两侧的电势差；生物体系中有关能量的传递以及其他一些过程多与生物膜上的电子转移和氧化、还原过程有关。

对生物膜结构的研究已有近百年历史。1899 年，Overton 发现非极性分子比极性分子容易通过细胞膜，首先提出细胞膜的脂类性质。1925 年，Gorter 和 Grende 发现，从红细胞膜提取的脂单层排布面积是红细胞表面积的 2 倍，指出类脂双分子层是生物膜的基本结构。1935 年，Danielli 提出蛋白质与膜相关的概念。此后研究者提出了多种生物膜模型，包括蛋白晶态膜模型、镶嵌晶态膜模型等，其共同点是把生物膜看做一种静态结构。20 世纪 60 年代以来，使用电子显微镜和各种波谱技术研究生物膜以及 Frye 的细胞融合实验，证明生物膜具有流动性。1972 年，Singer 和 Nicholson 提出生物膜结构的流动镶嵌模型，如图 5-30 所示。这是目前被大多数人接受的模型。

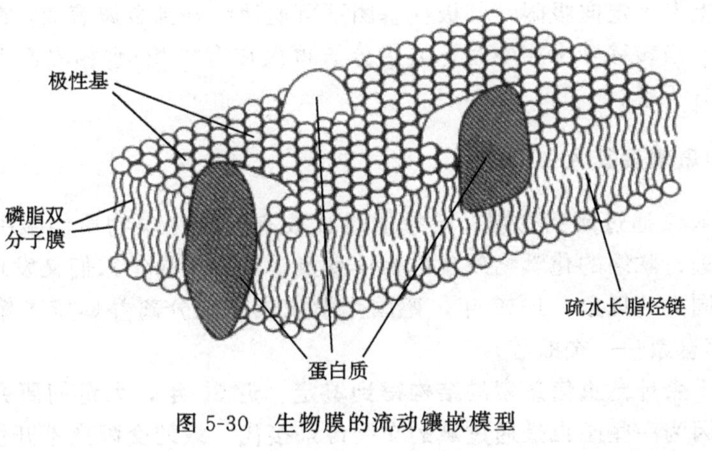

图 5-30　生物膜的流动镶嵌模型

流动镶嵌模型的要点：

(1) 膜磷脂和糖脂一般排列成双分子层构成膜的基质。双分子层的膜脂分子可以自由横向运动，从而使双分子层具有流动性、柔韧性、高电阻、离子与高极性分子通透性。脂双层既是固有蛋白的溶剂又是物质通透的屏障。

(2) 膜蛋白一般可以在脂双层中自由侧向扩散，但通常不能从膜一侧翻转到另一侧。少量膜脂与特定的膜蛋白有专一的相互作用。

生物膜是多分子的亚细胞结构，它的一系列重要性质是脂质分子与蛋白质分子相互作用的结果。目前人们对生物膜结构的认识只是一个简单化的基本轮廓，还需要更成熟的理论和更丰富的实践才能描绘出完整的生物膜结构。

2. BLM 仿生膜的制备

20 世纪 60 年代初，Muller 根据公认的类脂双层是生物膜的基本结构，成功地在两个水溶液之间形成人工自组装双层类脂膜(bilayer lipid membrane，BLM)，并把它作为神经膜的实验模型系统。此后，双层类脂膜及以后发展起来的球形脂质体广泛地作为许多人工生物膜的模型。这种脂双层结构的形成是由类脂分子的两亲性质决定的。类脂分子的一头是疏水碳氢链，另一头是亲水的极性基团，在水相中，这种分子结构使它们自动地组装成双层构型。从此，有关膜的离子运送、光电转换、电子传递及其在传感器的应用等方面的研究迅速开展起来。

生命体系中的细胞膜把细胞内界和外界两个水相分开，所以这种平板 BLM 与生命体系中的细胞膜最为相近，因此，对平板 BLM 的有关研究一直经久不衰。尽管对以平板 BLM 为生物膜的模型开展了许多研究，取得了一些很有意义的结果，但在两个分隔的水相之间所形成的双层脂膜极不稳定，这是 BLM 的最大弱点。为了提高它的稳定性，人们进行了许多新的尝试，创造了固体支撑的自组装双层类脂膜(S-BLM)及支撑的混合双层膜(HBM)。

1989 年，Tien 等发现可在金属(包括 Pt、Ag 等)的新生表面上自组装形成 BLM，而且其稳定性得到很大改善。类脂分子与新劈开的金属表面接触，具有两亲基团的类脂分子将在剖面上发生定向吸附，其极性基团不可逆地结合到金属表面，疏水的非极性基团指向有机相；当转移到水相中时，类脂分子再次在有机相/水相界面上取向，自组装形成双层类脂分子膜。

5.4.4 昆虫信息素及其人工合成

1690 年，Ray 通过研究发现，雌蛾通过释放有气味化学物质能吸引大批雄蛾。这种在动物之间进行联络的化学物质现称为信息素。之后，科学家们又发现蚂蚁、蝴蝶通过信息素引导同类的现象。1959 年，德国化学家成功地分离并鉴定了第一种昆虫信息素(家蚕的性信息素——蚕蛾醇)。

迄今已有千余种昆虫信息素的结构得到鉴定。近 30 年，大量的研究集中在蛾的性信息素方面，因为一些昆虫是通过蛾的交配传宗接代，蛾的交配离不开性信息素。如果人类能够掌握各种昆虫的性信息素并能合成，那么，防治害虫将变得轻而易举。

1. 昆虫信息素的种类及其结构

信息素的相对分子质量大多在 300 以下。低等动物的信息素按用途可分为如下三类：

1）征募信息素

在发现食物时，低等动物要召集同类聚集采集，就会释放出征募信息素。例如，蜜蜂的征募信息素是牛儿醇，又称柠檬醛 A，是最简单的信息素，其分子结构为

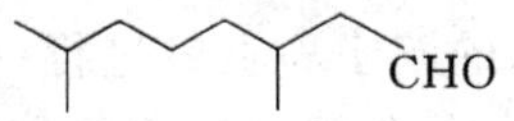

有趣的是，将从玫瑰花中分离出的牛儿醇放入空气中，同样能吸引大量的蜜蜂。

2）报警信息素

当受到伤害或发现外敌入侵时，昆虫会释放出信息素通知同类进攻或避让。例如，蚜虫的报警信息素是(*E*)-*β*-法尼烯，其分子结构为

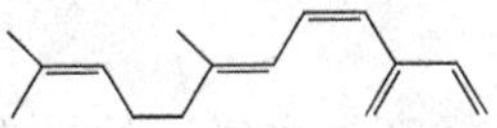

蚜虫常栖息于植物叶背面，普通农药对其难以产生威胁。在田间施用蚜虫报警信息素后，能使蚜虫停止取食，骚动不安，并离开植物叶背面。

3）性信息素

昆虫在交配之前，通常要利用性信息素进行交流。一般由雌虫释放，雄虫接收到这种信息会立刻找到雌虫并与之交配，这种信息素对它们繁衍后代至关重要。昆虫的性信息素并不使用许多的官能团，常见的有醛基、酯基、羟基和双键，目前有的昆虫性信息素已能人工合成。例如，棉铃虫性信息素主要是顺-11-十六碳烯酸和顺-9-十六碳烯酸的混合物。

2. 昆虫信息素的特性

昆虫的每个感受器能感受一个分子，因此，10^{-18} g 化学物质足以引起生物反应。一只雌性蚕蛾一次释放的蚕蛾醇，足以吸引 100 万只以上的雄蛾。

昆虫信息素的特性如下：

(1) 非常高的物种专一性。自然界能抵抗动物杂交，是因为每一物种都有自己的化学信号。有的由雌性动物释放，有的则相反。性信息素通常是几种化合物的混合物，同一属中，不同的物种尽管化合物的成分相同，但只要比例不同，它们也能加以辨认。

(2) 活性的有效距离大。一般性信息素的活性有效距离为 50～100m。活性化学物质通过扩散或风在空气中传播。

(3) 性信息素是低等动物繁衍的主要手段。分散的雄性或雌性动物只有通过信息素才能相互聚集、交配。没有信息素，繁衍将受到影响。

3. 合成信息素的杀虫原理及方法

杀虫用的合成信息素有 3 类：征募信息素、报警信息素和性信息素，其中最常用的是性信息素。根据信息素的特点，用信息素治虫的方法有如下两种：

1）合成信息素和农药联合灭虫法

这一技术是设计一种装有微量信息素的陷阱诱捕害虫，再根据陷阱中害虫的种类、数量和性别特征，确定何时、何地喷洒农药，以及需要喷洒农药的剂量。一般情况下，

一个陷阱中只要用 2mg 合成信息素就能检测 75 亩农田，有效期一个月。然后利用性信息素大批诱捕雄虫或雌虫到陷阱中，再用其他化学方法集中杀灭。据报道，在北京郊区圆白菜田用水盆诱捕器进行试验，最多时一昼夜每盆可诱杀蛾达 2000 多只。

又如，距日本南部约 720km 的波宁岛上曾进行一次试验，用雌性性信息素与一种毒物结合杀灭飞蝇，将许多小片纤维板浸透这两种化学物质，然后由空中散布到整个岛群上引诱和杀死雄性的飞蝇。这一“扑灭雄性”计划实施一年之后，99％以上的飞蝇被消灭。这类方法已压倒杀虫剂的老调宣传而显示出其优越性。且这种方法所用的有机磷毒物只局限存在于纤维板块上，这种纤维板块不可能被其他野生动物吞食，况且它的残留物会很快消逝，因此不会对土壤和水造成潜在的污染。

2）合成信息素干扰灭虫法

在害虫交配期间，用合成信息素充入大气，使昆虫的性信息素受到干扰，打乱雄虫(或雌虫)的习惯，使其相互找不到配偶，从而交配失败，导致害虫数量较大幅度减少，达到治虫的目的。

习　题

1. 简述化学与生命科学间的关系。
2. 自然界的生物体主要由哪几类化学物质组成？
3. 试述糖的分类及其在人体内的代谢过程。
4. 蛋白质的组成及生物功能。
5. 什么是自由基？它会在人体引发哪些反应？
6. 简述脂的分类。举例说明磷脂的生物学功能。
7. 组成核酸分子的基本结构单位是什么？
8. 为什么说 DNA 是生命活动的中心？
9. DNA 双螺旋结构有哪些基本要点？这些特点能解释哪些基本的生命现象？
10. DNA 和 RNA 在结构上、功能上有什么区别？
11. 简述遗传信息的传递过程。
12. 什么是遗传密码？
13. 简述孟德尔的基因学说。
14. 什么是基因工程？什么是国际人类基因组研究计划及其意义？
15. 什么是仿生化学？举例说明仿酶模型及特点。
16. 化学仿生模拟生物固氮有什么重要意义？
17. 什么是昆虫信息素？人工合成昆虫信息素在农业生产中有什么实际意义？
18. 什么是基因和基因工程？基因工程包含的内容是什么？
19. DNA 由哪几种碱基组成？试写出它们的结构式。
20. 什么是 DNA 的二级结构？在 DNA 二级结构中四种碱基配对有何规律？
21. DNA 如何进行复制？
22. 蛋白质是怎样合成的？

第 6 章　材料中的化学

6.1 概　　述

材料是人类赖以生存和发展的物质基础，而化学是材料发展的源泉。经过数百年的努力，化学家开发出许多存在于自然界的天然化合物和合成了大量自然界中不存在的化合物，两者的总和已约几千万种，2003 年已达到 4500 万种。这几千万种天然和合成化合物成了当今五彩缤纷物质世界的物质基础。

材料可按不同方法分类。若按用途分类，可将材料分为结构材料和功能材料两大类。结构材料主要是利用材料的力学和理化性质，广泛应用于机械制造、工程建设、交通运输和能源等各个工业部门。功能材料则利用材料的热、光、电、磁等性能，用于电子、激光、通信、能源和生物工程等许多高新技术领域。功能材料的最新发展是智能材料，它具有环境判断功能、自我修复功能和时间轴功能，人们称智能材料是 21 世纪的材料。若按材料的成分和化学特征分类，可分为无机材料和有机高分子材料两大类。为得到各种性能和满足某种需要及用途，人们则设计和制造新的材料。新材料研制归纳为五个方面：金属材料，非金属材料，高分子材料，复合材料，生物医学材料。

随着人类进步，对新材料的要求越来越高，不仅在功能上提出更高的要求，而且必须考虑能源、环境、安全等与可持续发展有关的问题。一种新材料一旦形成商品，会被社会广泛使用，随之会产生社会问题，必须全面研究。因此，在新材料设计和研制中要考虑如下要求：结构与功能相结合；智能型，即敏感和驱动双重性；无(少)污染，包括材料本身的无毒、环保、安全等；可再生性，要求材料能再生循环使用；节约能源；寿命长。

6.2 金 属 材 料

6.2.1　金属材料概述

按传统的分类，金属材料分为黑色金属材料和有色金属材料两大类，金属材料技术分为黑色冶金、有色冶金以及相关的加工成型技术。

黑色冶金技术是铁、锰、铬及其合金，以及它们和碳、硅、硫、磷混合冶炼的技术，主要指钢铁生产技术。钢铁是制造机器最基本的结构材料，工具、模具和夹具大多数是用钢铁材料制成的，因而钢铁是工业化的主要支柱。发达国家之所以取得空前的经济成就，与钢铁工业技术现代化是分不开的。日本是这方面成功的范例，20 世纪 50～60 年代引进了欧洲国家的六项氧气转炉炼钢新技术，加以综合创造，形成了更先进的成套钢铁技术，兴建了世界上最大的钢铁企业，80 年代就成为世界上产钢最多的国家，年产量超过亿吨。日本注重冶金设备的大型化，组成以钢铁生产为中心的联合企业，将焦化—炼铁—炼钢—轧钢与辅助、维修联合起来，大大节约能源，减少耗费。特别是生产过程采用计算机程序控制的连续化作业，缩短了冶炼时间，也提高了产品质量。值得一提的是，当氧化顶吹转炉炼钢技术还处于萌芽时，我国冶金学家叶诸沛(1902—1971)在1955年就提出了利用高炉采用高压炉顶、高风温及喷吹技术来强化冶炼过程的著名观点，并在试验生产中了取得了成功，使产量提高一倍，这一重要成果曾在国内外引起强烈反响。

有色金属有80余种，常用的有铝、铜、铁、镁、钴、钨、锡、铅、锌、银、铂、金等。其中铝的利用最为广泛，铝在地壳中的含量比铁多一倍。在铝中加入少量铜、镁，即可炼成坚韧的铝合金，其强度高，质量轻，用途广，导电性能良好，表面氧化铝层保护膜还可抗腐蚀。铝已成为第二位广泛应用的金属，1950年世界总产量为1×10^4 t，1980年已达1.34×10^7 t。

按材料的性能和用途，又可以把金属材料分为金属结构材料和金属功能材料。金属结构材料包括：轻质合金、铝合金和钛合金等。金属功能材料包括：导电材料、储氢材料、超微粒子合金、形状记忆合金、超导材料等。

6.2.2　金属元素通论

在已发现的118种元素中有96种是金属元素，约占元素总数的4/5。自然界中存在最多的金属有铝、铁、钠、钾、钙、镁等。对于主族金属元素，大部分都在中学介绍过，这里主要介绍过渡金属元素。

过渡元素包括d区和ds区全部副族元素，为了方便讨论，通常将它们分为三个系列，其中每一个过渡系均包括10种元素。

第一过渡系：从钪($_{21}$Sc)到锌($_{30}$Zn)；

第二过渡系：从钇($_{39}$Y)到镉($_{48}$Cd)；

第三过渡系：从镧($_{57}$La)到汞($_{80}$Hg)(不包括镧系元素)。

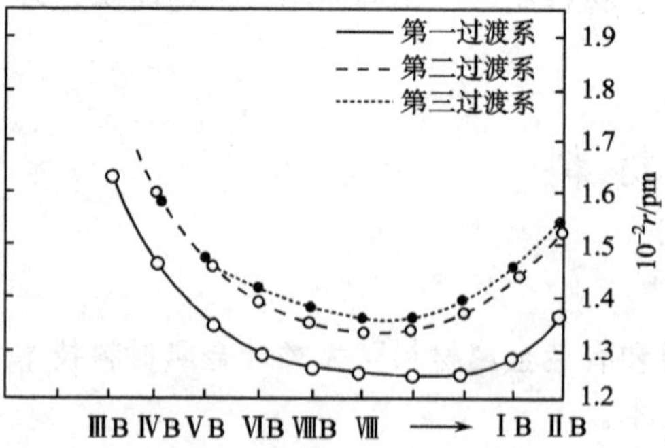

图6-1　过渡元素原子半径

过渡元素原子外层只有一两个电子(钯除外，为$5s^0$)，因此全是金属。电子层结构特征为$(n-1)d^{1\sim10}$，$ns^{1\sim2}$。

1) 单质的物理性质

与同周期左边的主族金属元素比较，过渡元素的原子半径一般较小，如图6-1所示。

同一过渡系，从左向右原子半径逐渐减小，直到ⅠB族前后，出现回升(表6-1)。

过渡元素单质晶体大多数是紧密堆积方式，配位数(12)高，晶格空隙率小，它们的ns电子和部分$(n-1)$d电子也能参与成键，因此金属键较强甚至很强，反映在物理性质方面，表现出单质密度较大、熔点较高和硬度较大等特点。这些特性突出地表现在ⅥB、

表 6-1　过渡元素外层电子层结构和一些性质

第一过渡系	Sc($3d^1 4s^2$)	Ti($3d^2 4s^2$)	V($3d^3 4s^2$)	Cr($3d^5 4s^1$)	Mn($3d^5 4s^2$)	Fe($3d^6 4s^2$)	Co($3d^7 4s^2$)	Ni($3d^8 4s^2$)	Cu($3d^{10} 4s^1$)	Zn($3d^{10} 4s^1$)
原子半径①，$10^{-10} r/m$	1.61	1.45	1.31	1.25	1.37	1.24	1.25	1.25	1.28	1.33
离子(M^{2+})半径，$10^{-10} r/m$		0.94	0.88	0.89	0.80	0.74	0.72	0.69	0.72	0.74
第一电离能 $E/(kJ \cdot mol^{-1})$	631	658	650	653	717	759	758	737	745	906
化合价②	3	2, 3, 4	2, 3, 4, 5	3, 4, 5, 6	2, 3, 4, 6, 7	2, 3, (6)	2, 3, 4	2, (3)	1, 2, (3)	2
第二过渡系	Y($4d^1 5s^2$)	Zr($4d^2 5s^2$)	Nb($4d^4 5s^1$)	Mo($4d^5 5s^1$)	Tc($4d^6 5s^1$)	Ru($4d^7 5s^1$)	Rh($4d^8 5s^1$)	Pd($4d^{10} 5s^0$)	Ag($4d^{10} 5s^1$)	Cd($4d^{10} 5s^2$)
原子半径①，$10^{-10} r/m$	1.78	1.59	1.43	1.36	1.35	1.33	1.35	1.38	1.45	1.49
第一电离能 $E/(kJ \cdot mol^{-1})$	616	660	664	685	702	711	720	805	731	868
化合价②	3	2, 3, 4	2, 3, 4, 5	2, 3, 4, 5, 6	4, 5, 6, 7	3, 4, (5), 6, (7), 8	1, 2, 3, 4, (6)	(1), 2, 3, 4	1, 2, (3)	2
第三过渡系	La($5d^1 6s^2$)	Hf($5d^2 6s^2$)	Ta($5d^3 6s^2$)	W($5d^4 6s^2$)	Re($5d^5 6s^2$)	Os($5d^6 6s^2$)	Ir($5d^7 6s^2$)	Pt($5d^9 6s^1$)	Au($5d^{10} 6s^1$)	Hg($5d^{10} 6s^2$)
原子半径①，$10^{-10} r/m$	1.877	1.56	1.43	1.37	1.37	1.34	1.39	1.39	1.44	1.50
第一电离能 $E/(kJ \cdot mol^{-1})$	538	675	761	770	760	839	878	868	890	1007
化合价②	3	2, 3, 4	2, 3, 4, 5	2, 3, 4, 5, 6	2, 3, 4, 5, 6, 7	(1), 2, 3, 4, (5), 6, 7, 8	(2), 3, 4, 5, 6	2, 4, 5, 6	1, 3	1, 2

① 配位数为 12；

② 有括号的为不稳定价态。

ⅦB 和Ⅷ族金属身上(表 6-2)。金属的导电性(用导电率表示)和受热膨胀的性质(用热膨胀系数表示)相差很大。导电率高的金属几乎都集中在ⅠB 族，银的导电率是所有金属中最高的，其次是铜，工业上以铜的导电率为 100%作为标准来衡量导体的导电性。除银、铜、金外，其他过渡金属的导电性都较差。热膨胀系数大的金属多出现在ⅡB 族，其中汞最大。金属延展性的差别也很大，如钨的延展性很好，而锰质硬且脆。有些过渡金属有磁性，如铁、钴和镍具有铁磁性，其他具有未成对电子的金属则表现出顺磁性。

表 6-2　过渡元素单质的主要物理性质

第一过渡系	Sc	Ti	V	Cr	Mn	Fe	Co	Ni	Cu	Zn
颜色	银白	银灰	浅灰	银灰	灰红	银白	银白	银白	紫红	青白
密度 $\rho/(\mathrm{g \cdot cm^{-3}})$	3.0	4.51	6.1	7.20	7.30	7.86	8.9	8.90	8.92	7.14
硬度		4		9	6	4.5	5.5	4	3	2.5
熔点 $T_{\mathrm{i}}/\mathrm{K}$	1814	1933	2163	2131	1517	1808	1768	1728	1358	692.5
沸点 $T_{\mathrm{b}}/\mathrm{K}$	3003	3533	3673	2913	2393	3273	3873	3112	2855	1180
第二过渡系	Y	Zr	Nb	Mo	Tc	Ru	Rh	Pd	Ag	Cd
颜色	暗灰	浅灰	钢灰	银白		灰	灰白	银白	银白	银白
密度 $\rho/(\mathrm{g \cdot cm^{-3}})$	4.48	6.52	8.57	10.2	11.5	12.5	12.4	12.0	10.5	8.64
硬度		4.5		6		6.5		5	2.5	2
熔点 $T_{\mathrm{i}}/\mathrm{K}$	1795	2128	2741	2890	2473	2583	2239	1825	1233	593.9
沸点 $T_{\mathrm{b}}/\mathrm{K}$	3203	4648	5400	5073	4973	3973	3973	3143	2450	1040
第三过渡系	La	Hf	Ta	W	Re	Os	Ir	Pt	Au	Hg
颜色	银	灰	灰黑	灰黑	银白	灰蓝	灰	银白	黄	银白
密度 $\rho/(\mathrm{g \cdot cm^{-3}})$	6.17	13.3	16.6	19.4	21.0	22.0	22.7	21.5	19.3	13.6
硬度			7	7		7	6.5	4.5	2.5	
熔点 $T_{\mathrm{i}}/\mathrm{K}$	1194	2500	3269	3683	3454	3318	2713	2047	1336	234.1
沸点 $T_{\mathrm{b}}/\mathrm{K}$	3743	5473	5698	5273	6158	4373	4773	4073	2980	3839

2) 单质的化学性质

过渡元素最外层电子数几乎保持不变(1～2 个)，在同一个过渡系中每增一种元素，电子进入次外层，有效核电荷数的递增较之主族要少得多，只有 0.15，所以从左到右原子半径的缩小和金属性的减弱都较缓慢，使得同一过渡系元素性质有明显的相似性，这种相似性甚至超过了同族性质的相似性。在同一分族中，除钪分族外，从上到下金属的活泼性略有减弱，第三过渡系元素由于受镧系收缩的影响，原子半径和第二过渡系相应的元素很接近(图 6-1)，因此性质十分相似，如ⅣB 族的锆和铪化学性质就极为相似，很难用化学方法将它们分离开来。ⅤB 族的铌和钽、ⅥB 族的钼和钨以及第Ⅷ族铂系元素也有类似的情况。

(1) 元素的化合价。过渡元素除钪分族只有+3 的价态外，普遍具有多种价态，从表 6-1 可以看到，它们都能形成+2 价。同时和主族元素一样，各分族最高价态和元素所在族数相同，只有Ⅷ族例外，Ⅷ族中迄今只发现 Os、Ir 有＋8 价态。同一过渡系元素价态变化较有规律，最高价态从左到右逐渐升高，经过ⅦB 和Ⅷ族再逐渐降低。第一过渡系元素一般容易出现低价态，它的高价态多数不太稳定。第二、三过渡系则趋于形成高价态，如第一过渡系最高价态 V^{5+}、Cr^{3+}、Mn^{7+}、Fe^{6+}、Co^{3+}、Ni^{3+} 等均显示较强的氧化性。而第二、三过渡系同类型价态则较稳定，如 CrO_3 具有强氧化性而 MoO_3 和 WO_3 不显氧化性。它们相应的含氧酸盐在酸性介质中氧化性的强弱也有类似的规律，Cr_2O_3 在酸性介质中是较强的氧化剂，而 MnO_4^{2-}、WO_4^{2-} 的氧化性则较弱，同分族从上到下低价态的稳定性逐渐减小而高价态的稳定性逐渐增大。例如，ⅥB 族的铬容易形成 Cr_2O_3，钼和钨则生成 MoO_3 和 WO_3。

(2) 单质的化学性质。过渡元素单质的化学性质可以通过它们和酸、碱、空气和水的反应了解到一般的规律。

第一过渡系元素比较活泼，它们中除钒和铜外，都可以从非氧化性稀酸中置换出 H_2，自身形成低价态。钒和铜不溶于盐酸和稀硫酸，能被硝酸氧化。

第二、三过渡系金属活泼性较差，不能从稀酸中置换出 H_2(Cd 例外)，但多数能和硝酸反应。有些金属如锆、铪、钨等与硝酸也不反应，ⅤB 族铌、钽以及铂系元素中的钌、铑、锇、铱等甚至不能溶解于王水。铌、钽等耐高温金属遇到 HNO_3 与 HF 的混合酸，由于生成相应的含氟配离子而溶解。铂系元素中钯能溶于热硫酸和硝酸，铂只能溶于王水。许多能溶于硝酸中的金属也能溶于浓硫酸，金属和浓硫酸的反应类似于硝酸，没有氢气放出，通常浓硫酸将金属氧化成硫酸盐，自身则被还原成 SO_2 析出。浓硫酸与不活泼金属反应常需加热才能顺利进行，铬、铁等在浓硫酸中钝化。钛在浓硝酸中由于钝化而不溶(表 6-3)。

表 6-3　过渡元素单质和酸的反应

第一过渡系	Sc	Ti	V	Cr	Mn	Fe	Co	Ni	Cu	Zn
溶剂	热 H_2O	热 HCl	稀 HCl	稀 HCl	稀 HCl	稀 HCl	稀 HCl	稀 HCl	稀 HNO_3	稀 HCl
产物	$Sc(OH)_3$	Ti^{3+}	VO_2^+	Cr^{3+}	Mn^{2+}	Fe^{2+}	Co^{2+}	Ni^{2+}	Cu^{2+}	Zn^{2+}
$E^\ominus(M^{2+}/M)/V$	−2.08①	−1.75	−1.18	−0.91	−1.029	−0.447	−0.28	−0.26	+0.342	−0.762
第二过渡系	Y	Zr	Nb②	Mo	Tc	Ru②	Rh②	Pd	Ag	Cd
溶剂	热 H_2O	王水	HNO_3＋HF	浓 HNO_3	浓 HNO_3	强碱熔融＋(O)	强碱熔融＋(O)	浓 HNO_3	稀 HNO_3	稀 HCl
产物	$Y(OH)_3$	ZrO_2	$[NbF_6]^-$	MnO_4^{2-}	TcO_4^-	RuO_4^{2-}	Rh_2O_3	Pd^{2+}	Ag	Cd^{2+}
第三过渡系	La	Hf	Ta②	W	Re	Os②	Ir②	Pt	Au	Hg
溶剂	冷 H_2O	王水	HNO_3＋HF	HNO_3＋HF	浓 HNO_3	强碱熔融＋(O)	强碱熔融＋(O)	王水	王水	HNO_3
产物	La^{3+}	HfO_2	$[TaF_6]^-$	$[WOF_5]^-$	ReO_4^-	OsO_4	IrO_2	$[PtCl_6]^{2-}$	$[AuCl_4]^-$	Hg^{2+}

①不溶于水，为 $E^\ominus(Sc^{3+}/Sc)$；

②不溶于水。

ⅢB族钪、钇、镧的性质十分活泼，而且从上到下活泼性依次增强，它们不但能从稀酸中置换出 H_2，还能与水反应放出 H_2。

过渡元素单质在碱性介质中的 $E^{\ominus}(M^{n+}/M)$多数为负值，然而它们中除锌外几乎都不能和碱反应，这是由于它们与碱反应生成 H_2 的同时析出难溶性的氢氧化物，反应终止。锌在碱性介质中的 $E^{\ominus}\{Zn(OH)_2/Zn\}$ 为 $-1.245V$，小于 $E^{\ominus}(H_2O/H_2)(-0.827V)$，$Zn(OH)_2$又显两性，所以锌能溶于强碱溶液中：

$$Zn + 2OH^- + 2H_2O \longrightarrow [Zn(OH)_2]^{2-} + H_2$$

钌、铑、锇、铱等惰性金属在强氧化气氛中可以被熔融的强碱浸蚀，生成相应的氧化物 OsO_4、IrO_2，或含氧酸根如 RuO_4^{2-}。

过渡金属除钪分族外均不能从水中置换 H_2。钪分族能和热水反应，生成 H_2 和易溶的 $M(OH)_3$，氢氧化物的碱性依 Sc、Y、La 的顺序增加，$La(OH)_3$ 为强碱。

常温下，过渡金属除ⅢB族外和氧的反应均不明显，因为金属表面生成氧化物保护膜使氧化不能继续进行。钪分族在空气中迅速氧化，生成的氧化物质地疏松，没有保护作用。钛、铬、镍、铜等形成致密而连续的薄膜起到了保护膜的作用。一般而言，如果氧化膜的体积远大于氧化时所消耗金属的体积，或者氧化膜的热膨胀系数和金属单质的热膨胀系数相差较大，或者氧化膜质地脆而易裂、松而透气，或者氧化膜热稳定性较差、受热分解转化等，均不能起到保护膜的作用。例如，钼的氧化物 MoO_2 在温度超过793K 时开始挥发；钨的氧化物 WO_3 质脆易裂；铁的氧化物(铁皮或铁锈)组成随温度而变化，结构疏松易脱落，它们都不能起保护膜的作用。

高温下过渡金属能和氧剧烈反应生成相应的氧化物。

(3) 过渡元素离子及化合物的颜色。过渡元素的水合离子或化合物一般有颜色，这和它们的中心离子 d 能级上未成对的单电子有密切关系。一般地，中心离子有未成对 d 电子，则其水合离子大多具有特征的颜色，如 Ti^{3+}($3d^1$，紫色)、V^{3+}($3d^2$，绿色)、Zr^{2+}($4d^2$，黑色)等。没有未成对 d 电子的水合离子多为无色，如 Sc^{3+}($3d^0$)、Cu^+($3d^{10}$)、Ag^+($4d^{10}$)等。

未成对 d 电子不如成对的稳定，容易吸收可见光区光波的能量，由基态跃迁为激发态，从而显示特征的颜色。如果 d 电子都已自旋成对，则它们的基态和激发态之间能量差较大，不容易受可见光区的能量所激发，因此大多不显色。值得注意的是，有一些化合物的颜色和它们有关离子的颜色不完全相同，如 Ag^+ 为无色，而 AgCl 为白色、AgBr为淡黄色、AgI 为黄色、Ag_2S 为黑色。第一过渡系元素水合离子的颜色见表 6-4。

表 6-4 第一过渡系元素水合离子的颜色

未成对的 d 电子数	Sc	Ti	V	Cr	Mn	Fe	Co	Ni	Cu	Zn
0	Sc^{3+} 无色	Ti^{4+} 无色							(Cu^+)① 无色	Zn^{2+} 无色
1		Ti^{3+} 紫色							Cu^{2+} 天蓝	

续表

未成对的 d 电子数	Sc	Ti	V	Cr	Mn	Fe	Co	Ni	Cu	Zn
2			V^{3+} 绿色					Ni^{2+} 绿色		
3			(V^{2+}) 紫色	Cr^{3+} 蓝紫色			Co^{2+} 粉红	(Ni^{3+}) 粉红		
4				(Cr^{2+}) 蓝色	(Mn^{3+}) 红色	Fe^{2+} 浅绿	(Co^{3+}) 绿色			
5					Mn^{2+} 浅红色	Fe^{3+} 浅紫				

①括号内的离子不太稳定。

(4) 过渡元素形成配合物的倾向。过渡元素容易形成配合物，它们的原子或正离子 $(n-1)$d 能级上大多数未填满电子，因此有空的 $(n-1)$d、ns 以及 np 价电子轨道，这些电子轨道可以接受外来的孤对电子形成配位键，加上它们的原子半径或离子半径较小而有效核电荷较大，因而对配体有较强的吸引力，结构特点使得它们具有很强的形成配合物的倾向。常见配合物有氟配合物如 $[FeF_6]^{3-}$、$[NbF_6]^-$，氰配合物如 $[Fe(CN)_6]^{3-}$、$[Ni(CN)_4]^{2-}$、$[Ag(CN)_2]^-$ 等。在配合物中它们以正离子形式构成配离子的形成体。此外，多数过渡元素还能形成一些特殊的配合物，如以 CO 分子为配体的羰基配合物，以烯烃 C_2H_4 分子为配体的烯烃配合物等。例如，ⅤB～ⅦB 和Ⅷ族元素中大部分金属均可在一定条件下和 CO 生成羰基配合物(简称羰合物)：

$$Ni(粉末) + 4CO \xlongequal{} \underset{四羰合镍}{Ni(CO)_4(g)}$$

同一分族元素能生成组成相同的羰合物，如ⅥB 族的羰合物可用 $[M(CO)_6]$ 表示，式中 M 代表 Cr、Mo、W。羰合物的热稳定性差，受热分解放出 CO 的同时得到纯金属，利用这个反应可以制取高纯度的金属。

在羰合物中金属的价态为零，有的甚至为负值。羰合物很容易被活泼金属还原，例如：

$$2K + [Mn_2(CO)_{10}] \xlongequal{} 2K^+ + 2[Mn(CO)_5]^-$$

在 $[Mn(CO)_5]^-$ 中，锰为 -1 价。

近年来羰合物在有机合成和制取纯金属方面获得较广泛的应用。某些羰合物的结构和性质见表 6-5。

表 6-5　某些羰合物的结构和性质

族	ⅤB	ⅥB	ⅦB	Ⅷ		
分子式	$[V(CO)_6]$	$[Cr(CO)_6]$	$[Mn_2(CO)_{10}]$	$[Fe(CO)_5]$	$[Co_2(CO)_8]$	$[Ni(CO)_4]$
颜色、状态	黑色晶体	无色晶体	金黄色晶体	黄色液体	橙色晶体	无色液体
熔点 T_f/K			427	253	324	248
沸点 T_b/K				376		316

续表

族	VB	ⅥB	ⅦB		Ⅷ	
分解温度 T/K	343	453～473		413	333	473
磁矩 μ/(A·m^2)	$\neq 0$	0	0	0	0	0
形成体的杂化态	d^2sp^3	d^2sp^3	d^2sp^3	dsp^3	dsp^3	sp^3

6.2.3　金属腐蚀与防腐

当金属和周围的介质接触时，由于化学作用或电化学作用而引起的破坏称为金属的腐蚀。

世界上每年因腐蚀而废弃的金属制品的量相当于金属年产量的1/4～1/3。腐蚀的危害不仅在于金属本身受损失，更重要的是金属结构遭到破坏。金属制品的价值比起金属本身要大得多，例如，在制造汽车、飞机及精密仪器时，制造费用远远超过金属的价格。此外，由于设备受腐蚀而引起的停工减产，产品质量下降，大量有用物质(如地下管道输送的油、水、气等)的渗漏以及爆炸等造成的损失也是非常惊人的。这些充分说明解决金属腐蚀问题在国民经济中的重大意义。

1. 化学腐蚀

金属与介质直接发生化学作用而引起的腐蚀称为化学腐蚀。例如，汽轮机叶片、内燃机气门、喷气发动机、火箭以及原子能工业设备在高温下同干燥气体作用而发生的高温氧化或气体腐蚀，就属于化学腐蚀。又如，金属(如Al)在某些液体(如CCl_4、$CHCl_3$、乙醇等非水溶剂)中的腐蚀，也属于化学腐蚀。

温度对化学腐蚀的影响很大。钢铁在常温和干燥空气中不易腐蚀，但在高温下易被氧化生成一种氧化皮(由FeO、Fe_2O_3和Fe_3O_4组成)，同时发生脱碳现象。钢铁中的渗碳体Fe_3C和气体介质作用而脱碳：

$$2Fe_3C(s) + O_2(g) \longrightarrow 6Fe(s) + 2CO(g)$$

$$Fe_3C(s) + CO_2(g) \longrightarrow 3Fe(s) + 2CO(g)$$

$$Fe_3C(S) + 2H_2O(g) \longrightarrow 3Fe(s) + CO_2(g) + 2H_2(g)$$

脱碳使表面膜的完整性受到破坏，使钢铁的表面硬度和疲劳极限降低。

在高温高压下(如在合成氨的设备中)，氢和含氢的气体能和碳钢发生强烈的作用，称为氢蚀。氢沿着晶粒边缘扩散到金属的内部，并发生如下反应：

$$Fe_3C(s) + 2H_2(g) \longrightarrow 3Fe(s) + CH_4(g)$$

生成的CH_4气体会引起晶粒边缘破裂，同时Fe_3C转变成Fe时，体积缩小0.7%，因此氢蚀使金属的强度大大地降低。

2. 电化学腐蚀

电化学腐蚀与化学腐蚀不同之点在于前者形成了原电池(或微电池)反应。

在研究金属的电化学腐蚀时，把发生氧化的部分称为阳极(相当于原电池的负极)，发生还原的部分称为阴极(相当于原电池的正极)。

当钢铁暴露于潮湿的空气中时，因表面吸附作用，钢铁表面覆盖一层极薄的水膜，它能溶解 SO_2 和 CO_2 等气体(来自空气中)，发生如下反应：

$$SO_2 + H_2O = H_2SO_3 = H^+ + HSO_3^- = 2H^+ + SO_3^{2-}$$

$$CO_2 + H_2O = H_2CO_3 = H^+ + HCO_3^- = 2H^+ + CO_3^{2-}$$

从而增大了溶液中的离子浓度，而钢铁中含有石墨、渗碳体等杂质，其电极电势代数值较大，即比铁不易失去电子。这样，铁和杂质就像放在含有 H^+、HSO_3^-、HCO_3^-、SO_3^{2-}、CO_3^{2-} 的溶液中，形成了原电池：铁为阳极(负极)，杂质为阴极(正极)(图 6-2)。发生的电极反应如下：

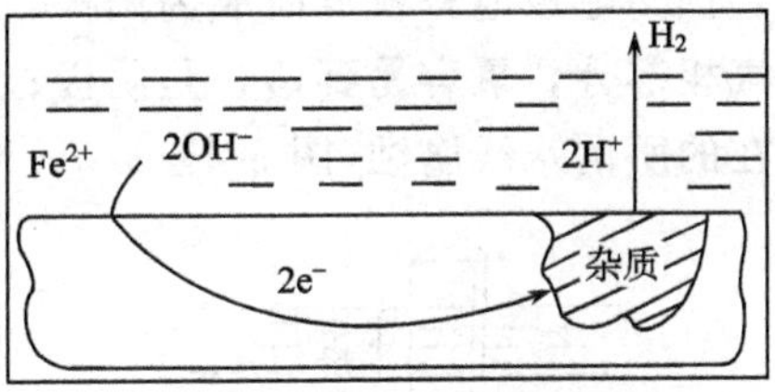

图 6-2　铁腐蚀示意图

阳极(铁)　　$Fe \longrightarrow Fe^{2+} + 2e^-$

$$Fe^{2+} + 2OH^- = Fe(OH)_2$$

阴极(杂质)　　$2H^+ + 2e^- = H_2\uparrow$

总反应方程式　　$Fe + 2H_2O = Fe(OH)_2 + H_2\uparrow$

生成的 $Fe(OH)_2$ 继续被空气中的 O_2 氧化成棕色而疏松的 $Fe_2O_3 \cdot xH_2O$，这就是铁锈的主要成分。

$$2Fe(OH)_2 + 1/2O_2 + (x-2)H_2O \longrightarrow Fe_2O_3 \cdot xH_2O$$

由于此腐蚀过程中有氢气放出，故称析氢腐蚀。

钢铁处于中性或弱酸性介质中，且氧气供应充分的情况下，铁也会被腐蚀，同上述析氢腐蚀不同，这时是阴极上 O_2 得到电子。

阳极　　$2Fe \longrightarrow 2Fe^{2+} + 4e^-$

阴极　　$O_2 + 2H_2O + 4e^- \longrightarrow 4OH^-$

总反应方程式　　$2Fe + O_2 + 2H_2O \longrightarrow 2Fe(OH)_2$

然后，$Fe(OH)_2$ 进一步被氧化成 $Fe_2O_3 \cdot xH_2O$。因这类腐蚀过程中要消耗氧，故称为吸氧腐蚀。

在金属腐蚀中最有实际意义的是氧浓差腐蚀，或称为充气不均匀腐蚀。它是由金属与含氧量不同的溶液相接触而引起的。当金属浸于有氧的溶液中时，会形成氧电极，并发生如下的电极反应：

$$O_2 + 2H_2O + 4e^- = 4OH^-$$

氧电极的电势与氧的分压有关，根据能斯特公式，在 298.15K 时有

$$E(O_2/OH^-) = E^\ominus(O_2/OH^-) + \frac{0.0592V}{4}\lg\frac{[p(O_2)/p^\ominus]}{[c(OH^-)/c^\ominus]^4}$$

由于 $p(O_2) = k_c c(O_2)$(k_c 为亨利常数)，因此当温度一定时，O_2 的分压 $p(O_2)$ 与 O_2 的物质的量浓度 $c(O_2)$ 成正比。当 O_2 的浓度增大时，$p(O_2)$ 也相应地增大，氧的电极

电势代数值也增大。显然，若将同一种金属置于含氧量不同的同一溶液中时，在溶液中氧浓度较小的地方，金属的电极电势较低，成为阳极，这里的金属就遭受腐蚀；而氧浓度较大的地方，金属的电极电势较高而成为阴极，就不会受到腐蚀。例如，置于静止的水中的铁桩(图 6-3)，我们常常发现其埋在砂中的部分发生腐蚀，而在水的上部部位(接近水面)不易腐蚀。这是因为接近水面的那部分铁桩其周围的水含氧浓度高(氧容易从空气中溶解进来)，铁的电极电势较高而成为阴极；埋在砂土中的部位，氧不容易到达，铁的电极电势较低而成为阳极，所以发生腐蚀。金属设备接触气液交界的液面，靠近气相部分，氧容易到达，是阴极；紧靠液面下的部位就是阳极，这就是工程上最普遍存在的所谓水线腐蚀(图 6-4)。

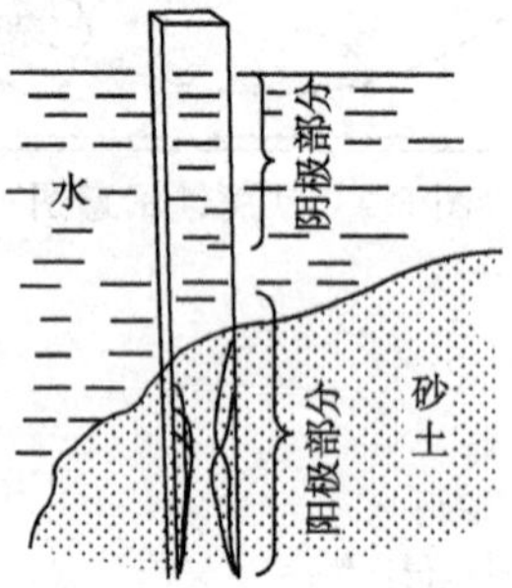

图 6-3　铁桩上因充气不均匀形成腐蚀电池

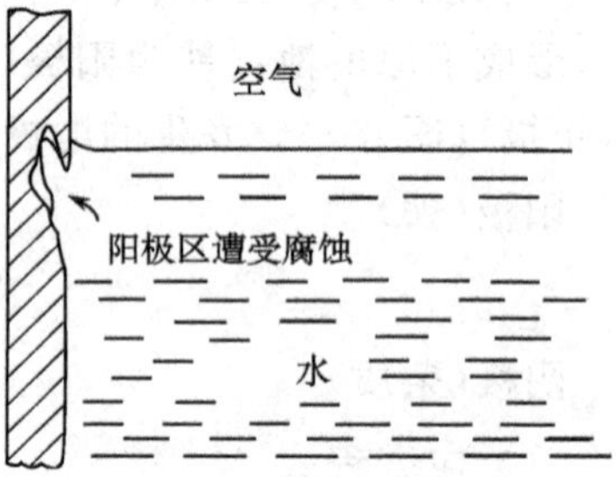

图 6-4　水线腐蚀示意图

另外，如果金属处于受应力的状态之下，不论应力是外加的或是加工过程中产生的，都将造成金属表面的不均匀性，形成腐蚀电池。受应力部位是能量较高的活泼部位，易于发生阳极腐蚀，阳极溶解后阳极区面积缩小，促使应力更加集中，如此恶性循环，最终导致突发性的破裂，称为应力腐蚀破裂。这种腐蚀破裂往往事前没有预兆而突然爆发，可能造成严重危害。

3. *金属腐蚀的防护*

防止金属腐蚀的方法很多，这里通过一些例子加以说明。

1）选择合适的耐蚀金属或合金

根据不同的用途选加金属材料组成合金，对金属进行改性，防止金属的腐蚀。例如，在钢中加入 Cr、Al 和 Si 等合金元素可增加其抗氧化性，加入 Cr、Ti、V、W 等合金元素可防止氢蚀。又如，含 Cr18%、Ni8%的不锈钢在大气、水和硝酸中是完全耐蚀的；铜及铜合金、蒙乃尔合金(Ni70%，Cu30%)、铅等，在稀盐酸、稀硫酸中相当耐蚀；而对于高硅铸铁，除氢氟酸外不大受其他酸的浸蚀。

2）阴极保护法

阴极保护法有两类：牺牲阳极保护法和外加电流法。

(1) 牺牲阳极保护法是将较活泼的金属或其合金连接在被保护的金属上，形成原电池(图 6-5)。这时较活泼的金属作为腐蚀电池的阳极而被腐蚀，被保护的金属得到电子作为阴极而得到保护。常用的牺牲阳极材料有镁、铝、锌及其合金。

(2) 外加电流保护法是将被保护的金属与另一附加电极(不溶性辅助阳极)作为电解池的两个极(图 6-6)，被保护金属为阴极，在直流电的作用下阴极受到保护。外加电流保护法所用的不溶性辅助阳极材料有废钢、石墨、高硅铸铁、磁性氧化铁等。这些阳极材料除废钢外，都具有难溶特性，可供长期使用。

阴极保护法的应用范围很广，可概括为两个方面：一是水中金属结构的保护；二是地下金属结构的保护。

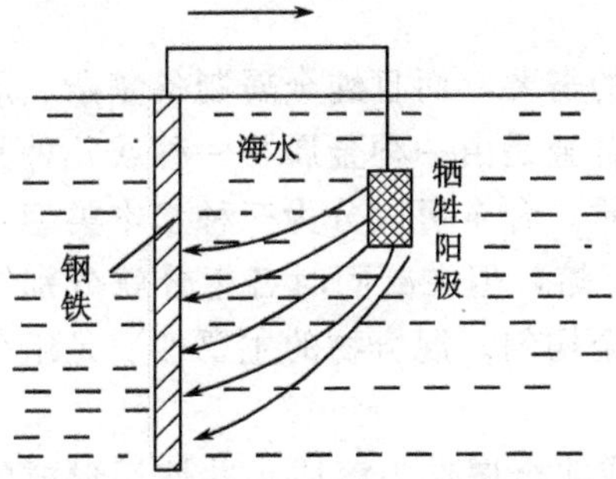

图 6-5　牺牲阳极保护法示意图

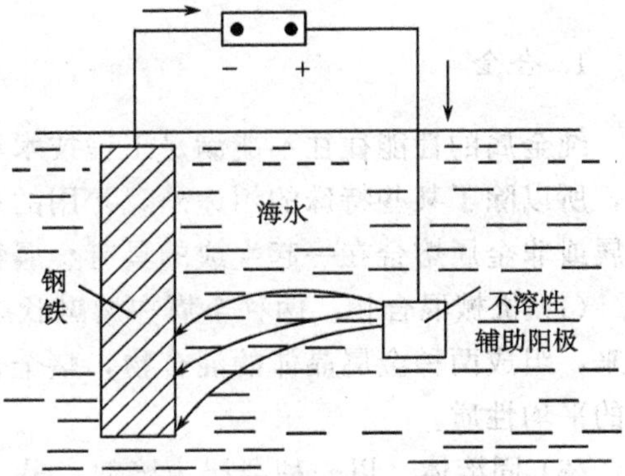

图 6-6　外加电流保护法示意图

3) 缓蚀剂法

通过在腐蚀性介质中加入少量能减小腐蚀速率的物质来防止金属腐蚀的方法称为缓蚀剂法。所加的物质称为缓蚀剂。

缓蚀剂之所以具有缓蚀作用，主要因为如下三个原因：

(1) 能使阳极表面氧化而形成钝化膜，因而减小了金属的腐蚀速率。例如，铬酸盐、重铬酸盐、硝酸钠和亚硝酸钠等氧化剂就属于这种情形。在水中加入 0.2%～0.5% $K_2Cr_2O_7$ 可保护钢铁免受腐蚀。

(2) 能与阳极溶解出来的金属离子或阴极附近的某离子形成难溶性化合物，并覆盖于阳极或阴极的表面，从而减小金属的腐蚀速率。属于前者的有 $NaOH$、Na_2CO_3、Na_2SiO_3、Na_3PO_4、C_6H_5COONa 等物质。在溶液中，它们的负离子或酸根阴离子能同阳极溶解下来的离子形成难溶性化合物，并沉积于阳极表面，从而把金属与腐蚀介质隔离，起到缓蚀作用。属于后者的如多磷酸钠，它能与硬水中的 Ca^{2+} 形成带正电荷的胶粒$(Na_2CaP_6O_{18})_x^{x+}$，胶粒向金属阴极迁移，生成保护膜，从而减缓金属的腐蚀速率。

(3) 在酸性介质中，有机缓蚀剂被吸附在金属表面上，阻碍了 H^+ 的放电，因而减慢了腐蚀速率。例如，胺类能和 H^+ 作用生成正离子：

$$R_3N + H^+ \longrightarrow [R_3NH]^+$$

这种正离子被带负电荷的金属表面吸附后，H^+ 放电困难，从而减缓腐蚀速率。

有机缓蚀剂在工业上被广泛用于酸洗钢板、酸洗锅炉，以及开采油、气田时进行地下岩层的酸化处理等。常用的有机缓蚀剂有“若丁”、乌洛托品[六次甲基四胺$(CH_2)_6N_4$]等。例如，在酸洗钢板时，在酸溶液中加入 0.4%的“若丁”缓蚀剂，就能大大改善其效果和工作条件。

目前，还广泛地采用气相缓蚀剂。这种挥发性缓蚀剂给机器产品的包装技术带来重大革新。过去，凡是对于加工过的零件，为了防止大气腐蚀，都要经过油封，使用时又要把表面油层除去。但采用气相缓蚀剂后，就可省去这些程序。这给武器及精密仪器的储藏和运输都带来巨大的便利。

6.2.4 重要金属结构材料

1. 合金

纯金属的性能往往不能满足工程技术等多方面的需要，而且纯金属制备复杂、成本高，所以除了某些特殊的用途外，常用的是合金。合金是由一种金属与一种或几种其他金属或非金属熔合在一起生成的具有金属特征的物质。合金可以分为三种基本类型：

(1) 机械混合物。两种金属在熔融状态时完全互熔，但在凝固时各组分就分别结晶出来，组成两种金属晶体的混合物，整个合金不完全均匀。混合物的主要性质是组分金属的平均性质。

(2) 固溶体。以一种金属为溶剂，另一种金属或非金属作为溶质，共熔后形成的固态溶液称为固溶体。固溶体保持着溶剂金属的晶体类型，而溶质原子则以不同方式分布在溶剂金属的晶格中，根据溶质原子在溶剂晶格中的位置不同，又可分成取代固溶体和间充固溶体两种。图 6-7 表示出纯金属和固溶体的晶格中原子分布的比较。

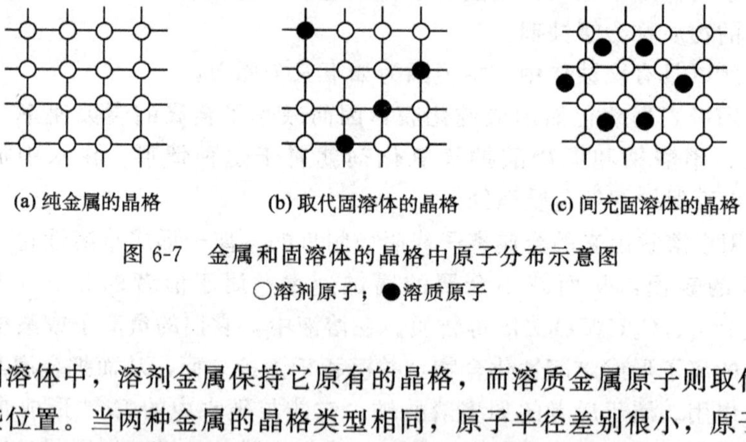

(a) 纯金属的晶格　(b) 取代固溶体的晶格　(c) 间充固溶体的晶格

图 6-7　金属和固溶体的晶格中原子分布示意图

○溶剂原子；●溶质原子

在取代固溶体中，溶剂金属保持它原有的晶格，而溶质金属原子则取代了晶格内溶剂原子的某些位置。当两种金属的晶格类型相同，原子半径差别很小，原子的价电子层结构和电负性相近时，易形成取代固溶体。例如，铜和银，铜和锌，铁和钴等合金属于这种类型。在间充固溶体中，溶剂金属的晶格也保持不变，溶质原子分布在溶剂晶格的间隙中。只有原子半径较小的元素才有可能形成间充固溶体。最常见的是 B、C、N、H 等，溶入过渡元素中时，往往会形成这类合金。

(3) 金属化合物。各组分金属之间可以相互形成化合物的合金称为金属化合物，又称为金属互化物。金属化合物的成分可以用化学式表示，但其组成可以在一定范围内变动。同时，一般来说组成与化合价关系不大，但其价电子总数和原子总数之比等于(或接近)常数。以铜和锌的合金为例，当锌在铜内原子分数达到 32%～87%时，可形成三种金属化合物：β-黄铜（CuZn）、γ-黄铜（Cu_5Zn_8）和 ε-黄铜（$CuZn_3$），其中原子总数/价电子总数分别为 CuZn 14/21、Cu_5Zn_8 13/21、$CuZn_3$ 12/21。其他典型的金属化合物还有 AgZn、Cu_3Al、$AgCd_3$ 和 $FeZn_7$ 等。形成化合物的合金，其内部晶体结构与原来金属不同，往往比纯金属的熔点和硬度高，但塑性较低。

2. 铝及铝合金

铝是一种银白色有光泽的金属，密度 2.7g·cm^{-3}，熔点 660℃。它具有良好的延展性、导热和导电性，能代替铜用于制造电线、高压电缆、发电机等电器设备。铝虽然是活泼金属，但在空气中其表面很快会覆盖一层致密的氧化膜，使铝不能进一步同氧和水作用，因而有很高的稳定性，这使铝成为一种有用的金属构件。

铝的电极电势为－1.706V，是很好的还原剂，因此水溶液中许多金属离子及氢离子可以被铝置换出来。但铝不与浓硝酸反应，因为具有强氧化性的浓硝酸使铝产生一层氧化膜，阻止了两者之间的进一步反应。铝除在水溶液中是很好的还原剂外，还是其他许多反应的优良还原剂。在铝热反应中，铝从其他金属氧化物中夺取氧的同时，释放出大量热，该热量足以熔化反应产物。例如，铝和氧化铁反应产生的温度高达 3000℃，可熔化大块的铁和钢。

$$2Al(s) + Fe_2O_3(s) \xlongequal{\quad} Al_2O_3(s) + 2Fe(l)$$

铝在自然界中以氧化物形式存在，最重要的铝矿是水合氧化铝 $Al_2O_3 \cdot 2H_2O$，称为铝矾土。自然界中以结晶状态存在的 Al_2O_3 称为刚玉，其硬度仅次于金刚石。当含有微量杂质时，刚玉可呈现不同颜色，如含氧化铬呈红色(红宝石)，含铁、钛的氧化物呈蓝色(蓝宝石)。

纯铝的机械性能差，硬度低，主要用于电气工业中。在铝中加入少量其他合金元素，可以大大提高其机械性能。铝合金密度小、强度高，是重要的轻型结构材料，广泛应用于航空、机械及造船等工业。

铝合金中常用的合金元素有硅、铜、镁、锌、锰及稀土元素，也有用钛、铁、铬的。这些合金元素在固态铝中的溶解度一般是有限的，故铝合金的结构除固溶体外，还可能形成金属化合物和机械混合物。

铝合金按其加工方式可分为两大类，即变形铝合金和铸造铝合金。变形铝合金的塑性较高，适于压力加工；铸造铝合金的塑性低，不适于压力加工，但铸造性能较好。

经热处理能提高强度的变形铝合金称为热处理强化变形铝合金，又称为硬铝合金。它是最重要、使用最广泛的铝合金，其中的合金元素主要是铜、镁和锰。含 Cu 2.2%～3.0%、Mg 0.2%～0.5%、Mn 0.5%为低强度硬铝；含 Cu 3.4%～4.8%、Mg 0.4%～0.8%、Mn 0.4%～0.8%为中强度硬铝；含 Cu 3.8%～4.9%、Mg 1.2%～1.8%、Mn 0.3%～0.9%为高强度硬铝。在硬铝合金中增加铜和镁的含量可提高合金的强度，但铜含量的增加会降低合金抗腐蚀性。加入少量锰能提高合金的耐热性，还可降低合金在焊接时形成裂纹的倾向。硬铝制品的强度和钢接近，而质量仅为钢的 1/4 左右，但耐腐蚀性较差。

若用热处理不能提高强度，但可用压力加工的方法能提高强度的变形铝合金，称为热处理不强化变形铝合金，又称为防锈铝合金。这类合金的特点是塑性高，抗腐蚀性和焊接性良好，特别是能耐海水腐蚀，可用于造船工业。防锈铝合金的主要合金元素是镁和锰，一般含 Mg 2%～6%、Mn 0.45%～0.8%。

铸造铝合金的机械性能不如变形铝合金，但它有良好的铸造性能，可制成形状复杂的零件，不需庞大的加工设备，具有节约金属、降低成本的优点。铸造铝合金化学成分的主要区别是含有一定量的硅，硅的加入可改善合金的流动性。

3. 铜及铜合金

自然界中铜以单质(极少)和化合物形式存在，最主要的铜矿是黄铜矿($CuFeS_2$)、辉铜矿(CuS_2)、赤铜矿(Cu_2O)及孔雀石[$Cu(OH)_2 \cdot CuCO_3$]等。铜在地壳中的总含量较少，不超过 0.01%，但分布较广。

铜的密度为 $8.92g \cdot cm^{-3}$，熔点 1083℃，有较高韧性、延展性，可轧成薄膜或拉成细丝。铜的导电性仅次于银，居第二位。铜大量用于制造电机、电线和电信设备等。

铜合金是以铜为主体，添加适量其他合金元素而制成的。铜合金具有良好的高温及低温加工性，良好的导电性、导热性和耐腐蚀性，应用十分广泛。铜及其合金的应用范围仅次于钢铁，在有色金属中其产量和耗用量仅次于铝，居第二位。

铜合金主要分为黄铜、青铜和白铜三类。

黄铜是由铜和锌组成的合金，用于制造精密仪器、钟表零件、炮弹弹壳等。黄铜中锌的含量一般为 10%～40%，铜的含量为 60%～90%。锌的含量在 30%左右时，延伸率最大；锌的含量在 40%左右时，抗拉强度最大。黄铜在空气中的耐腐蚀性相当好，但在海水中不耐腐蚀，这是因为铜和锌的标准电极电势相差很大，在海水中锌成为腐蚀电极的阳极而溶解，使黄铜表面留下较多的铜，这种现象称为脱锌。为了改善黄铜的机械性能和化学性质，还可添加其他合金元素，形成特殊的黄铜。例如，加入 0.5%～4%的铅，可以改善黄铜的切削性能，提高耐磨性；加入 0.7%～1.5%的锡，可提高黄铜的抗张强度，并对脱锌现象有抑制作用，提高黄铜对海水的耐腐蚀性。

青铜最早是指铜锡合金，其成分为 Cu 80%～90%，Sn 3%～14%，Zn 5%。近几十年来由于多种合金元素被采用，许多新型铜合金中往往既不含锡，也不含锌，而是以铝、铅、硅、锰等主要合金元素所组成，但目前仍习惯地称为青铜，即铝青铜、铅青铜、硅青铜、锰青铜等。青铜的硬度大，耐磨、耐腐蚀，铸造性能良好，主要用于制造金属铸件、高压轴承和海船螺旋桨等。

白铜是以镍为主要合金元素的铜合金，其特点是电阻大，而且电阻随温度变化小，具有良好的耐热性和耐蚀性，常用于制造电热丝和热电偶。

此外，含 1.7%～2.3%铍的铜合金机械性能良好，有耐疲劳性和耐腐蚀性，强度和合金钢相近，比其他铜合金高。更为突出的是，这类合金导电性极好，和纯铜接近，可用作电极材料使用。

4. 稀土金属

ⅢB 族的钪、钇和镧系共 17 种元素通称为稀土元素。根据原子结构、物理和化学性质及在矿石中存在的相似程度，通常将稀土元素分为两组：铈组和钇组。铈组属轻稀土，包括镧、铈、镨、钕、钷、钐和铕。钇组属重稀土，包括钆、铽、镝、钬、铒、铥、镱、镥、钪和钇。其中钷是人造放射性元素，在地壳中几乎不存在，钪的量也极少。稀土元素的化学性质十分相似，在自然界中它们常共生在一起，很难分离。在工业上一般应用的不是个别的稀土元素，而是包含多种稀土元素的混合金属，称为混合稀土。

稀土元素都是典型的金属，其金属光泽介于铁和银之间。纯稀土金属的导电性好，随着金属纯度的降低，导电性降低，而成为不良导体，在超低温(−268.78℃)下具有超导性。稀土金属及其化合物在一般温度下具有强顺磁性性质，具有很高的磁化率。钐、钆、镝具有铁磁性。

稀土金属的化学活性很强，能与许多元素发生作用，生成稳定的氧化物、卤化物和硫化物等。在较低温度下也能和氢、碳、氮、磷及其他许多元素作用。除钐、钇、钆外，其余的稀土金属可溶于任何浓度的硫酸、盐酸和浓硝酸中。稀土金属对碱稳定。

稀土金属广泛用于冶金工业，在冶炼过程中用作还原剂、脱氧剂、脱硫剂等。稀土元素和钢中的氧反应极快，在炼钢温度下很快达到平衡，例如：

$$2La + 3[O] \xlongequal{} La_2O_3(s)$$

只要钢中含百万分之二的镧，就可以使钢中含氧量降低到百万分之一，因此脱氧效率很高。

氢气在稀土元素中的溶解度比在铁中的溶解度大。例如，800°C 时氢在铈中的溶解度为在铁中的 5700 倍，所以可用稀土元素吸收钢水中的氢。对于不含稀土元素的钢水，在温度下降时，因氢气在铁中的溶解度减小，氢气析出而影响钢的机械性能，这种现象称为氢脆。但氢气在稀土元素中的溶解度随温度下降而增加，若钢中含有一定量的稀土元素，就可避免氢脆现象。在普通碳素钢中加入少量混合稀土元素，能增加钢的硬度、抗拉强度、延伸性和冲击韧性；在轴承钢中加入稀土元素，可提高韧性和耐磨性；在不锈钢中加入镧铈合金，可改善钢的锻造加工性和韧性。

在有色金属及其合金的冶炼中，也广泛使用稀土金属。稀土金属用于以镁、铝、钛、镍、钒、铌和铬为基料的合金中，能有效地起合金化、脱气、净化作用，并用作金属热反应的强还原剂。稀土金属对有色金属合金有良好的影响，能改善合金的变形性、物理和机械性能。在有色金属中加入适量的稀土金属，能够得到质量轻且强度高的合金。

在石油和化学工业中广泛应用稀土金属作多种催化剂，如石油裂化催化剂、合成橡胶催化剂、内燃机废气净化催化剂、合成氨催化剂等。

玻璃和陶瓷工业是最早应用稀土金属的领域之一，主要用于抛光、脱色、着色及制造特种光学玻璃。目前该领域中稀土金属的应用范围正在逐渐扩大，稀土金属的用量也在稳步上升。

电子工业、无线电工业及电光源技术领域是稀土金属应用技术发展最快的部门之一。由于稀土元素含有未充满的 4f 电子，一些稀土原子(或离子)在可见光区有类线性的吸收光谱、发射光谱及复杂的谱线，因而可用于制备发光材料、电光源材料和激光材料等。彩色电视机显像管的红色荧粉采用钇(铕)的硫氧化物代替过去的硫化物红色荧光粉，获得了均匀、鲜艳的彩色电视图像。稀土卤化物是制备新型电光源的重要材料，如镝铁灯、钠钪灯等。它们具有体积小，轻而且亮度高的特点。钕和钇等稀土化合物则是固体激光器的重要工作物质。利用稀土金属的磁性，可以和过渡金属的合金用作磁性材料，如钐钴合金作为一类优良的磁性材料，已用于雷达上的行波管、微波器件和一些精密仪器中。

世界各国的稀土金属工业都在不断地发展。我国是稀土金属资源丰富的国家，近年来稀土金属的应用也有了新的进展。随着科学技术的发展，稀土金属工业必将取得更新的成果。

5. 硬质合金

ⅣB、ⅤB、ⅥB 族金属的碳化物、氮化物、硼化物等，由于硬度和熔点特别高，统称为硬质合金。下面以碳化物为重点来说明硬质合金的结构、特征和应用。

ⅣB、ⅤB、ⅥB 族金属与碳形成的金属型碳化物中，由于碳原子半径小，能填充于金属晶格的空隙中并保留金属原有的晶格形式，形成间充固溶体。在适当条件下，这类固溶体还能继续溶解它的组成元素，直至达到饱和。因此，它们的组成可以在一定范围内变动(如碳化钛的组成就在 $TiC_{0.5}$～TiC 之间变动)，化学式不符合化合价规则。当溶解的碳含量超过某个极限(如碳化钛中 Ti∶C=1∶1)时，晶格形式将发生变化，原金属晶格转变成另一种形式的金属晶格，这时的间充固溶体称为间充化合物。

一般地，间充原子与金属原子的半径比值在 0.59 以下，才容易形成稳定的间充固溶体。碳原子半径为 77pm，所以碳化物中金属原子半径应大于 130pm。Ti、Zr、Hf、V、Nb、Ta、Mo、W 等原子半径大于 130pm，它们形成的碳化物较稳定。Cr、Mn、Fe、Co、Ni 等原子半径小于 130pm，它们形成的固溶体在不同程度上向离子键过渡，稳定性不如前一类型的强。同一过渡系中由ⅣB 族开始，从左到右碳化物的稳定性依次减弱，如 Ti、V 的碳化物稳定，Cr、Mn、Fe 的稳定性次之，Co、Ni 的碳化物不太稳定，而 Cu 则不能形成碳化物。

金属型碳化物，尤其是ⅣB、ⅤB、ⅥB 族金属碳化物的熔点都在 3273K 以上，其中碳化铪、碳化钽的熔点分别为 4160K 和 4150K，是当前所知道的物质中熔点最高的。大多数碳化物的硬度很大，它们的显微硬度(显微硬度是硬度表示方法之一，多用于硬质合金和硬质化合物，显微硬度 $1800kg \cdot mm^{-2}$ 相当于莫氏金刚石硬度 9)大于 $1800kg \cdot mm^{-2}$。许多碳化物高温下不易分解，抗氧化能力比其组分金属强。碳化钛在所有碳化物中热稳定性最好，是一种非常重要的金属型碳化物。然而在氧化气氛中，所有碳化物高温下都容易被氧化，可以说这是碳化物的一大弱点。

除碳原子外，氮原子、硼原子也能进入金属晶格的空隙中，形成间充固溶体。它们与间充型碳化物的性质相似，能导电、导热，熔点高、硬度大，同时脆性大。

常用的硬质合金分为两大类：一类是钨钴硬质合金(WC 94%、Co 6%)，其中钴起黏结剂的作用，钴含量越多，韧性越大，能抗冲击，但硬度和耐热性降低；另一类是钨钴钛硬质合金(WC 78%、TiC 14%、Co 8%)，加入钛能提高合金的硬度，在 1000～

1100℃时还能保持其硬度。硬质合金刀具的切削速度比高速钢刀具高出 4～7 倍，因此硬质合金是制造高速切削工具和钻头等的优良材料。

近年来一种新型工具材料——钢结硬质合金得到了发展。它是以 TiC、WC 等碳化物为硬质材料，用高速钢或工具钢代替钴作黏结剂而制成的。它兼有硬质合金和钢的性质，既有一般合金钢的可加工、热处理、焊接性能，又有硬质合金的高硬度、高耐磨性等优点，是具有发展前途的新型工具材料。

6. 金属陶瓷

随着火箭、人造卫星及原子能等尖端技术的发展，对耐高温材料提出了新的要求，要求既能在高温时有很高的硬度、强度，经得起激烈的机械震动和温度变化，又要有耐氧化腐蚀、高绝缘等性能。高熔点金属或陶瓷都很难同时满足这些要求。金属具有良好的机械性能和韧性，但高温化学稳定性较差，易于氧化。陶瓷的特点是耐高温、化学稳定性好，但最大的缺点是脆性，抗机械冲击和热冲击能力低。金属陶瓷是由耐高温金属如 Cr、Mo、W、Ti 等和高温陶瓷如 Al_2O_3、ZrO_2、TiC 等经过烧结而形成的一种新型高温材料，它兼有金属和陶瓷的优点，密度小，硬度大，耐磨，导热性好，不会由于骤冷骤热而脆裂，是具有综合性能的现代高温材料。金属陶瓷用于高速切削刀具、冲压冷拉模具、加热元件、轴承、耐蚀制件，以及无线电技术、火箭技术、原子能工业等。

6.3　无机非金属材料

6.3.1　概述

一般材料依其化学特征划分为无机材料与有机材料两大类。无机材料中除金属以外统称为无机非金属材料。传统上的无机非金属材料主要有陶瓷、玻璃、水泥和耐火材料四种，化学组成均为硅酸盐类，因此无机非金属材料又称硅酸盐材料；又因其中陶瓷材料历史最悠久，应用甚为广泛，故国际上常称为陶瓷材料。自 20 世纪 40 年代以来，随着新技术的发展，除上述传统材料以外，陆续涌现出一系列应用于高性能领域的先进无机非金属材料(以下简称无机新材料)，包括结构陶瓷、复合材料、功能陶瓷、半导体、新型玻璃、非晶态材料和人工晶体。在晶体结构上，无机非金属材料的结合力主要为离子键、共价键或离子-共价混合键。这些化学键的特点，如高的键能和键强、大的极性，赋予这一大类材料以高熔点、高强度、耐磨损、高硬度、耐腐蚀和抗氧化的基本属性，以及高的导电性、导热性和透光性，良好的铁电性、铁磁性和压电性，举世瞩目的高温超导性也是新近在这类材料上发现的。在化学组成上，随着无机新材料的发展，无机非金属材料已不局限于硅酸盐，还包括其他含氧酸盐、氧化物、氮化物、碳与碳化物、硼化物、氟化物、硫系化合物、硅、锗、ⅢB～ⅤB 族及ⅡA～ⅣA 族化合物等。另外，无机非金属材料的形态和形状也趋于多样化，复合材料、薄膜、纤维、单晶和非晶材料占有越来越重要的地位。为了取得优良的材料性能，无机非金属材料在制备上普遍要求高纯度、高细度的原料，并在化学组成、添加物的数量和分布、晶体结构和材料微观结构上能精确加以控制。

6.3.2 新型陶瓷材料

陶瓷既是重要的结构材料，又是重要的功能材料。传统陶瓷主要采用天然的岩石、矿物、黏土等材料作原料。新型陶瓷则是采用人工合成的高纯度无机化合物为原料，在严格控制的条件下，经成型、烧结和其他处理而制成具有微细结晶组织的无机材料。新型陶瓷具有一系列优越的物理、化学和生物性能，其应用范围是传统陶瓷远远不能相比的，这类陶瓷又称为特种陶瓷或精密陶瓷。

陶瓷材料是人类最早利用自然界所提供的原料制造而成的材料，有着悠久的历史。陶瓷的发展经历了三次飞跃(图 6-8)。其中，从传统陶瓷到先进陶瓷，是陶瓷发展史上的第二次重大飞跃，这一过程始于 20 世纪 40～50 年代，目前仍在不断发展。先进陶瓷的出现与现代工业和高技术密切相关，它在许多方面突破了传统陶瓷的概念和范畴。例如，传统陶瓷多采用天然矿物原料，或者经过处理的天然原料，而先进陶瓷多采用合成材料，制备工艺比较稳定；传统陶瓷对材料显微结构的要求并不十分严格，而先进陶瓷必须在粉体的制备、成型、烧结方面采取许多特殊的措施，有时甚至需要采用当代先进技术所能达到的极限工艺条件进行制备，并且对材料的显微结构的控制非常严格；传统陶瓷主要应用于制造日用器皿、卫生洁具等生活用品，而先进陶瓷主要用于工业技术，特别是高新技术方面，满足对材料所提出的各种苛刻要求。因此，无论从材料本身的性能，或是材料所采用的制备技术来看，先进陶瓷已成为陶瓷科学和材料科学以及工程技术方面非常活跃、极富挑战性的前沿研究领域。如今，陶瓷材料在发展进程中又开始了第三次飞跃：从先进陶瓷发展到纳米陶瓷。科学家们还需在纳米粉体的制备、成型、烧结等许多方面进行艰苦的工作，可望在 21 世纪初取得重大突破，有可能解决陶瓷的致命弱点——脆性问题。

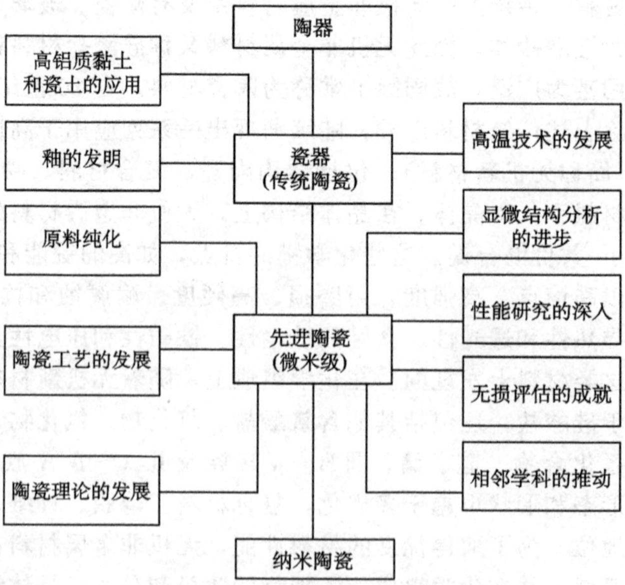

图 6-8 陶瓷发展的三次飞越

新型陶瓷按化学成分主要分为两类：一类是纯氧化物系陶瓷，如 Al_2O_3、ZrO_2、CaO、BeO、ThO_2 等；另一类是非氧化物系陶瓷，如碳化物、硼化物、氮化物和硅化物等。按照其性能与特征又可分为高温陶瓷、超硬质陶瓷、高韧陶瓷、半导体陶瓷、电解质陶瓷、磁性陶瓷、导电性陶瓷等。随着成分、结构和工艺的不断改进，新型陶瓷层不出穷，按其应用不同又可将它们分为工程结构陶瓷和功能陶瓷两类。

在工程结构上使用的陶瓷称为工程结构陶瓷，它主要在高温下使用，也称高温结构陶瓷。这类陶瓷具有在高温下强度高、硬度大、抗氧化、耐腐蚀、耐磨损、耐烧蚀等优点，是空间技术、军事技术、原子能工业及化工设备等领域中的重要材料。工程结构陶瓷有许多种类，但目前世界上研究最多，认为最有发展前途的是氮化硅、碳化硅和增韧氧化物三类。例如，用精密陶瓷氮化硅代替金属制造发动机的耐热部件，能大幅度提高工件耐热温度，从而提高热效率，降低燃料消耗，节约能源，减少发动机的体积和质量，而且代替了如镍、铬、钴等重要金属材料，所以被人们认为是对发动机的一场革命。氮化硅、碳化硅等新型陶瓷还可用来制造发动机的叶片、切削刀具、机械密封件、轴承、火箭喷嘴、炉子管道等，具有非常广泛的用途。

利用陶瓷在声、光、电、磁、热等物理性能方面所具有的特殊功能而制造的陶瓷材料称为功能陶瓷。功能陶瓷种类繁多，用途各异。例如，根据陶瓷电学性质的差异可制成导电陶瓷、半导体陶瓷、介电陶瓷、绝缘陶瓷等电子材料，用于制作电容器、电阻器、电子工业中的高温高频器件、变压器等电子零件。由 β-Al_2O_3 作固体电解质构成的钠硫电池是一种高能蓄电池，其电导率高，强度高，化学稳定性好，且结构简单，比能量高，可用于大型储能系统，是一种很有希望的新能源。利用陶瓷的光学性能可制造固体激光材料、光导纤维、光储存材料及各种陶瓷传感器。此外，陶瓷还可用作压电材料、磁性材料、基底材料等。总之，新型陶瓷材料几乎遍及现代科技的每一个领域，应用前景十分广阔。

6.3.3　耐磨耐高温材料

碳化硅(SiC)、氮化硼(BN)及ⅣB～ⅦB族元素和Ⅷ族元素与碳、氮、硼等形成的化合物具有硬度大、熔点高的特性，是重要的耐磨耐高温材料。

1）碳化硅

碳化硅的晶体结构和金刚石相近，属于原子晶体，它的熔点高(2827℃)，硬度近似于金刚石，故又称金刚砂。将石英和过量焦炭的混合物在电炉中煅烧可制得碳化硅。

$$SiO_2 + 3C = SiC + 2CO$$

纯碳化硅是无色、耐热、稳定性好的高硬度化合物，工业碳化硅因含杂质而呈绿色或黑色。碳化硅的化学性质很稳定，即使在高温下也不受氯、氧或硫的侵蚀，不与强酸作用。但碳化硅在空气中能被熔融的强碱和碳酸钠分解：

$$SiC + 4KOH + 2O_2 = K_2SiO_3 + K_2CO_3 + 2H_2O$$

$$SiC + 2Na_2CO_3 = Na_2SiO_3 + Na_2O + 2CO + C$$

工业上碳化硅常用作磨料和制造砂轮或磨石的摩擦表面。常用的碳化硅磨料有两种不同的晶体：一种是绿碳化硅，含 SiC 97%以上，主要用于磨硬质合金工具；另一种是黑碳化硅，有金属光泽，含 SiC 95%以上，强度比绿碳化硅大，但硬度较低，主要用于磨铸铁和非金属材料。

2）氮化硼

氮化硼(BN)是白色难溶、耐高温的物质，将 B_2O_3 与 NH_4Cl 共熔，或将单质硼在 NH_3 中燃烧均可制得氮化硼。氮化硼与单质碳电子数和原子数都相等，因此具有类似的晶体结构，一种是石墨型，另一种是金刚石型。

通常制得的氮化硼是石墨型，俗称白色石墨，它非常稳定而不活泼，但在红热时能被水蒸气分解。

$$BN + 3H_2O \longrightarrow NH_3 + H_3BO_3$$

BN 也可被 F_2 和 HF 分解：

$$2BN + 3F_2 \longrightarrow 2BF_3 + N_2$$
$$BN + 4HF \longrightarrow NH_4BF_4$$

与石墨转变为金刚石的原理类似，石墨型氮化硼在高温(1800℃)、高压(800MPa)下可转变为金刚石型氮化硼。这种氮化硼中 B—N 键长(156pm)与金刚石中 C—C 键长(154pm)相似，密度也和金刚石相近，它的硬度和金刚石不相上下，而耐热性比金刚石好，是新型耐高温的超硬材料，用于制作钻头、磨具和切割工具。

6.3.4 纳米材料

随着现代科学技术的发展，纳米材料及技术正不断地渗透到各个科学领域，社会对纳米材料的需求越来越大，特别是其制备方法日益走向成熟和完善，使纳米技术在现代科学中占有越来越重要的地位。

1. 纳米材料的发展

通常把粒径为 0.1～100nm 的粉末和材料称为纳米材料，其制造技术称为纳米技术(nanotechnology)。把颗粒尺寸为 10^{-9}～10^{-6}m 的固体颗粒材料通称为超细粉体，其中颗粒粒径大于 100nm 的称为微米、亚微米材料。

由于材料尺寸的微细化，材料的许多物理、化学性能产生了特殊变化，人们将这些性能应用在化工、轻工、冶金、电子、高技术陶瓷、复合材料、核技术、生物医学以及国防尖端技术等领域，大大地推进了这些领域的发展。可以说，纳米材料正在渗入整个工业部门和高技术领域。纳米技术被誉为现代高技术的原点。

从尺寸上考虑，纳米超细微粒系属于微观粒子与宏观物体交界的过渡区域，称为准零维系统，其特性既非十分微观又非十分宏观，涉及生命的起源、宇宙的萌芽等一系列重大的基础研究课题。人类对自然界的认识始于宏观物体，又溯源于原子、分子等微观粒子，而对二者之间的超细微粒长期以来都缺乏深入细致的研究。

对纳米粉末及材料的广泛研究始于 20 世纪 80 年代。H. Gleiter 首先研究制得 6nm 的铁粒子纳米材料，并以 X 射线衍射、穆斯堡尔谱和磁学测量研究了这种材料的微结构，证明这是一类具有奇异结构的微粒。1986 年，Gleiter 等首次综合报道了纳米材料的结构和性能，指出这种材料确实具有一种新型的固态结构，其性质与晶态或玻璃态的同种材料的性质不大相同。特别是近几年来，由于指向微型、多功能方向的电子器材迅猛发展，超细微粒技术具有极其重要的战略意义，已成为日、美、英、德等发达国家激烈竞争的当代前沿技术之一。

2. 纳米材料的基本特性

超细微粒的特性大致上分为表面效应和体效应。

(1) 表面效应：指超细微粒的表面原子数与总原子数之比随粒径的变小而急剧增大。表面原子的晶体场环境和结合能与内部原子不同，具有很大的化学活性，晶体场的微粒化伴有这种活性表面原子的增多，其表面能大大增加，这主要是由于表面原子的周围缺少相邻的原子，有许多悬空键，具有不饱和性质，易与其他原子相结合而稳定下来。

(2) 体效应：指超细微粒所包含的原子数减少而使能带中能级间隔加大。体效应大致分为两类。其一是量子效应，Kubo 曾对金属超细微粒的量子尺寸进行了理论处理。结果表明：随着颗粒中所含的原子数减少，费米能级附近的原子能级将由准连续态分裂为分立能级，能级的平均间距 δ 与颗粒的自由电子总数 N 成反比，$\delta=\frac{4E_p}{3N}$，其中 E_p 为费米能。当能级间距大于热能、磁能、静电能、光子能量以及超导态的凝聚能时，就会产生异于宏观物体的新效应。其二是小尺寸效应，随着颗粒尺寸的减小，与体积成比例的能量如磁各向异性能等也相应降低，当体积能与热能相当小时，会产生强磁状态向超顺磁状态的转变。

3. 纳米超细粉末的制备

超微细粉的制法有很多种，一般分为物理方法和化学法，按反应体系的状态可分为三种。

1) 固相法

(1) 根据固相化学原理，把固溶体或固体混合物中的可溶性成分用液体浸出后，残留的不溶成分为疏松的骨架甚至松散的粉末。日本的腾田恭等即用此法制备出 60nm 化学计量的 $BaTiO_3$，具体方法如下：按下式取物质的量比为 1∶1 的 $BaCO_3$ 和 TiO_2

$$BaCO_3 + TiO_2 \xlongequal{\triangle} BaTiO_3 + CO_2$$

其煅烧产物为正钛酸钡 $BaTiO_4$，再经 850℃、N_2-CO_2 混合气流处理，生成钛酸钡和碳酸钡固体混合物。

$$BaTiO_4 + CO_2 \longrightarrow BaTiO_3 + BaCO_3$$

用乙酸溶液浸取其中的 $BaCO_3$ 即得纳米 $BaTiO_4$。

(2) 热分解法。某些金属盐类加热分解后，可得到组成均一的复合金属氧化物超细粉末，这种热分解产物通常用于湿法合成中间产物的转化。例如，$ZrOCl_2 \cdot 8H_2O$ 或 $Zr(OH)_4$加热到 350～1200℃分解而得 ZrO_2，通过控制温度、时间来控制 ZrO_2 的晶形、粒度。

(3) 机械合金法。机械合金法制备纳米超细粉末是近年来发展较快的方法。1988年，Shingu 首先报道了用机械合金法制备晶粒小于 10nm 的 Al-Fe 合金。该方法主要是利用高能球磨方法，适当控制球磨条件以制备纳米级晶粒的纯元素、合金或复合材料。这种纳米晶粒的合金呈现出极高强度，用这种方法还可制备纳米陶瓷与金属基的复合体，所制得的纳米-微米级复合材料或纳米-纳米级复合材料的强度大大提高。机械合金法具有工艺简单、制粉率高，并能制备出常规方法难以获得的高熔点金属或合金纳米材料等优点。

2）液相法

由溶液制备超细粉末的方法较为成熟并被广泛采用，其特点是成核容易控制，添加微量组分十分均匀，可制得高纯复合氧化物，对于敏感材料具有重要意义。

(1) 沉淀法：又分为直接沉淀法、共沉淀法、络合沉淀法等，都是利用生成沉淀的液相反应来制取。例如，直接沉淀法制取超细微粒 $BaTiO_3$，是将 $Ba(OC_3H_7)_2$ 和 $Ti(OC_5H_{11})_4$ 溶于异丙醇中，加水分解即得；共沉淀法制取 $BaTiO_3$，是向 $BaCl_2$ 和 $TiCl_4$ 的混合水溶液中滴入草酸溶液，得到 $BaTiO(C_2O_4)_2 \cdot 4H_2O$ 沉淀，然后将沉淀物加热分解成 ZrO_2 和 $BaTiO_4$。

制备 ZrO_2 超细微粒是将 $ZrOCl_2$ 水溶液与尿素水溶液按一定比例混合，加热使尿素分解生成 $NH_3 \cdot H_2O$。

$$(NH_2)_2CO + 3H_2O \xlongequal{\quad} 2NH_3 \cdot H_2O + CO_2$$

此时混合液 pH 逐渐升高，促使 $ZrOCl_2$ 水解，形成 $Zr(OH)_4$，再经过煅烧转化成 ZrO_2。

$$ZrOCl_2 + H_2O + 2NH_3 \cdot H_2O \xlongequal{\quad} Zr(OH)_4 + 2NH_4Cl$$

$$Zr(OH)_4 \xlongequal{\triangle} ZrO_2 + 2H_2O$$

由于尿素分解放出 $NH_3 \cdot H_2O$ 是在整个混合液中均匀而缓慢地进行，因此 $Zr(OH)_4$ 也是在整个溶液中均匀地生成，不像直接加氨水那样在局部地区析出 $Zr(OH)_4$ 沉淀，生成较大的晶粒。

络合沉淀法举例：如向 Pb(Ⅱ)-DETA 络合物溶液中通入 H_2S 气体，可制得 10nm 左右的 PbS 超细微粒。将 H_2 通入含 Pt 或 Rh 等贵金属盐的络合溶液中，可制得 3～5nm 的金属粉末。

(2) 水解法。水解法是近年来发展的新方法，其最大特点是从物质的溶液中直接分离制造需要的高纯度超细粉末。水解物质可以是金属卤化物，也可以是金属醇盐，如用醇盐水解法制取高分散性、高纯度 ZrO_2 微粉的工艺流程。

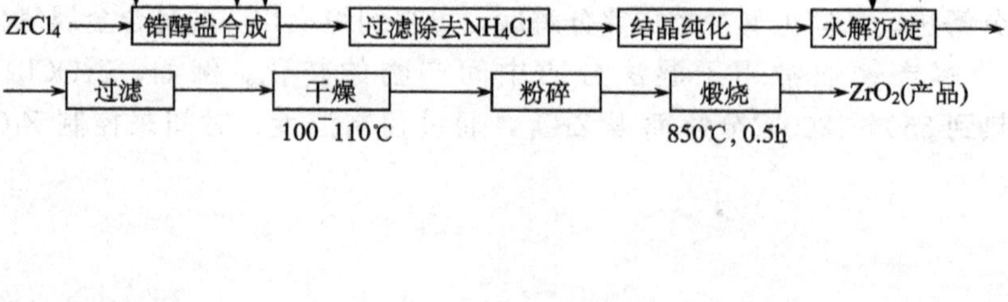

不管是沉淀法还是水解法，其应用因存在以下几个问题而受到限制：① 生成的沉淀呈凝胶状，很难进行水洗和过滤；② 沉淀剂(NaOH、KOH)作为杂质混入粉料中；③ 如采用可以水解并可消除的 $NH_3 \cdot H_2O$、$(NH_4)_2CO_3$ 作沉淀剂，Cu^{2+} 、Ni^{2+} 会形成可溶性络离子；④沉淀过程中各成分可能分离；⑤在水洗时一部分沉淀物再溶解。

为解决这些问题，现已研究开发了不用沉淀剂的溶剂蒸发法，其原理是把金属盐混合溶液转化为很小的液滴使盐迅速析出，达到颗粒细化、成分均匀析出的目的。可采取的措施：① 使水分迅速蒸发；② 冷却使水快速结冰；③ 改换溶剂等。在几秒钟内可连续直接地制造微粉。可使用的装置有加压式雾化器、火焰喷雾器、超声波雾化器、振动筛孔型喷雾器等。

3）气相法

气相法分两种。一种是物理气相沉积(PVD)法，利用真空蒸发、激光、电弧高频感应、电子束照射等方法使原料气化或形成等离子体，然后在介质中骤冷使之凝结。PVD 法的特点是纯度高、结晶组织好、粒度可控，但技术设备要求高。另一种是化学气相沉积(CVD)法，利用气体原料在气相中进行化学反应形成基本粒子。CVD 法的特点是纯度高、工艺过程可控，但粒子的粒径较大，且颗粒易团聚和烧结。

6.4　有机高分子材料

6.4.1　高分子概述

高分子有无机高分子和有机高分子两类，但为了叙述方便，将本节所述的有机高分子简称为高分子。

人们的衣食住行都离不开高分子，甚至人们自身的肌体也是由大量高分子组成的。人们穿的衣服是由棉麻、丝毛、尼龙、的确良等纤维构成；吃的食物，如米、面、豆、肉、蛋，都含有大量淀粉、蛋白质；建筑用的木料、屋内摆设的木质家具是由植物纤维构成的；有些灯具是塑料制品；轮胎、球鞋、雨衣等是橡胶制品……而所有这些都是高分子物质，足可见高分子物质在人们日常生活中的重要地位。

虽然高分子物质的应用如此广泛，但直到 20 世纪才能人工合成出高分子化合物。历史表明，新型材料的每一次出现都促进了人类文明的巨大飞跃。例如，从石器时代到青铜时代再到铁器时代，都是以新型材料的出现和使用为标志的。在科学技术突飞猛进的当代，人工合成纤维、合成橡胶和塑料等新型材料的问世，对人们的社会生产和日常生活产生了更加重大而深远的影响。

高分子是相对分子质量特别大的有机化合物的总称。从化学组成来看，这类物质的分子都是由成千上万的原子以共价键相互连接而成的。分子尺寸很大，其长度一般为 $10^2 \sim 10^4$nm，相对分子质量一般为 $10^4 \sim 10^6$。例如，聚苯乙烯的相对分子质量为1 万～3 万，聚氯乙烯的相对分子质量为 2 万～16 万，聚丙烯腈的相对分子质量为 6 万～50 万。

高分子化合物的相对分子质量很大，结构复杂多变，但其化学组成往往比较简单，一般是由相同的结构单元多次重复而成。例如，聚氯乙烯的结构式如下：

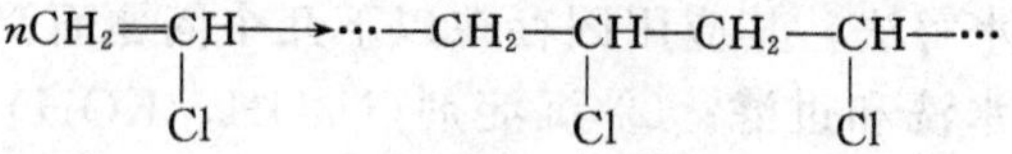

可写为

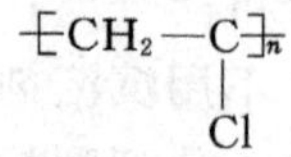

高分子化合物是由许多结构单元重复连接的，这种重复结构单元称为链节，重复的次数称为聚合度。一般聚合物的聚合度约几百到几千，相对分子质量由几万到几十万。通常把合成高分子化合物所用的低分子原料称为单体，而相应的高分子化合物则称为聚合物或高聚物。某些聚合物的分子式和相应单体见表 6-6。

表 6-6　某些聚合物的分子式和相应单体

聚合物	分子式	单体
聚乙烯	$\text{-[}CH_2—CH_2\text{]-}_n$	乙烯($CH_2═CH_2$)
聚丙烯	$\text{-[}CH_2—CH(CH_3)\text{]-}_n$	丙烯($CH_2═CH—CH_3$)
聚氯乙烯	$\text{-[}CH_2—CH(Cl)\text{]-}_n$	氯乙烯($CH_2═CH—Cl$)
聚乙酸乙烯酯	$\text{-[}CH_2—CH(OCOCH_3)\text{]-}_n$	乙酸乙烯酯($CH_2═CH—OCOCH_3$)
聚己内酰胺	$\text{-[}NH—(CH_2)_5CO\text{]-}_n$	己内酰胺 [$NH(CH_2)_5CO$]
聚己二酰己二胺	$\text{-[}NH—(CH_2)_6—NH—CO(CH_2)_4CO\text{]-}_n$	己二酸己二胺 [$HOOC(CH_2)_4COOH+H_2N(CH_2)_6NH_2$]
聚对苯二甲酸乙二酯	$\text{-[}OCH_2CH_2OOO—C_6H_4—CO\text{]-}_n$	对苯二甲酸乙二酯 [$HOCH_2CH_2OOC—C_6H_4—COOCH_2CH_2OH$]

聚合度和高分子的相对分子质量有如下关系：

$$M_r = nm$$

式中，M_r为高分子的相对分子质量；n 为聚合度；m 为链节的相对分子质量。例如，聚氯乙烯，$n=2500$，链节的相对分子质量 $M=62$，则聚氯乙烯高分子的相对分子质量为

$$M_r = nm = 2500 \times 62 = 155000$$

高分子化合物在形成过程中，由于反应条件不同，所形成的高分子化合物分子的相对分子质量并不是完全相同。由于高分子是链节的结构相同、聚合度不同的同系物的混合物，因此其相对分子质量是平均的相对分子质量。

高分子的长链是常见的大分子形状，是线型大分子结构。线型大分子在拉伸或低温下易呈直线形状，而在较高温度下或稀溶液中，则易呈蜷曲形状[图 6-9(a)，图6-9(b)]。这

种长链形状大分子的特点是可溶和可熔。它可以溶解在一定的溶剂中，而加热时又可以熔化。基于这一特点，线型分子易于加工，可以反复使用。属于这类结构的聚合物有合成纤维、工程塑料(如聚氯乙烯、聚苯乙烯)等。此外，还有一种较普遍的大分子形状称为体型(网型)大分子。它的结构特点是在长链大分子之间有若干支链发生交联，构成一种网似的形状。如果这种支链向空间伸展，便得到体型大分子结构。这种聚合物在任何状况下都不熔化，也不溶解。例如，硫化橡胶和玻璃纤维增强塑料的大分子结构就属于这种类型［图 6-9(d)］。在线型和体型结构之间，还存在一种支链型大分子结构。这种支链大分子好像一根“节上生枝”的树干[图 6-9(c)]，它的性质与线型结构基本相同。

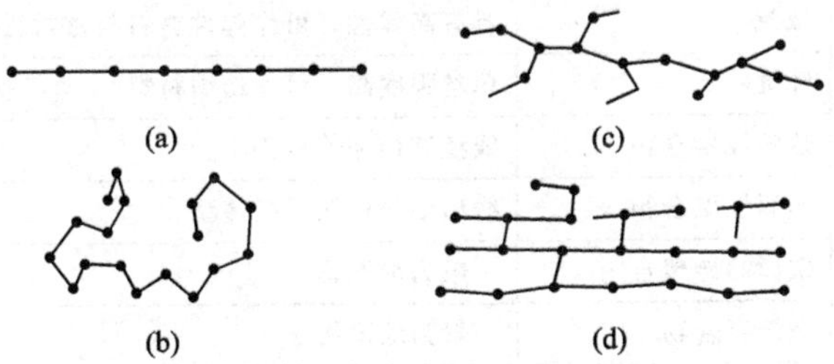

图 6-9　大分子的形状

1）高分子的基本特点

(1) 大分子的可分割性。高分子化合物的分子很大，当相对分子质量很大的分子被外力拉断或切开变成两个分子后，高分子化合物的性质一般没有明显的改变，这一特征称为可分割性。

(2) 具有弹性。弹性是指某物体形变的可恢复性。弹性是高分子化合物的重要特性之一。线型或支链型聚合物都有不同程度的弹性。支链型聚合物可作为理想的弹性材料使用。

(3) 具有可塑性。高分子化合物受热以后，先经过一个较长的软化过程，然后变为可流动的液体。高分子化合物是由很长的大分子链所构成，当链的某一部分受热，这一部分链的运动能量增加，但由于大分子链不易传热，因此，除了这一部分受热外，链的其他部分受热不多，则其他部分的运动能量就不大。只有经过一个较大的时间和温度间隔，分子链受热部分不断扩大，整个大分子链才会变软。这是高分子化合物具有可塑性的原因。这一特点对聚合物的加工成型十分重要，也是线型或支链型聚合物的特性。体型聚合物则无此特性，因而不易加工成型。

(4) 具有绝缘性。高分子化合物对电、热、声具有良好的绝缘性。从结构上看，因为高分子化合物大都是有机化合物，分子中的化学键都是共价键，不能电离，所以不能传递电子。又因为大分子链呈蜷曲状态，互相纠缠在一起，受热、声作用之后，分子不易振动起来，所以它对热、声也具有绝缘性。

2）聚合物的分类与命名

(1) 聚合物的分类。聚合物可以按照不同的原则，或从不同角度加以分类（表 6-7）。现仅介绍两种常用的分类方法。

表 6-7 聚合物常见的分类方法

分类的原则	类别	举例与特征
按聚合物的来源	天然聚合物	如天然橡胶、纤维素、蛋白质等
	人造聚合物	经人工改性的天然聚合物，如硝酸纤维、醋酸纤维(人造丝)
	合成聚合物	完全由低分子物质合成的，如聚氯乙烯、聚酰胺等
按生成聚合物的化学反应	加聚物	由加成聚合反应得到的，如聚烯烃
	缩聚物	由缩成聚合反应得到的，如酚醛树脂
按聚合物的性质	塑料	有固定形状，有热稳定性与机械强度，如工程塑料
	橡胶	具有高弹性，可作弹性材料与密封材料
	纤维	单丝强度高，可作纺织材料
按聚合物的热行为	热塑性聚合物	线型结构加热后仍不变
	热固性聚合物	线型结构加热后变体型
按聚合物分子的结构	碳(均)链聚合物	一般为加聚物
	杂链聚合物	一般为缩聚物
	元素有机聚合物	一般为缩聚物

(i) 按聚合物的热性质分类。这种分类方法是按照在热的作用下，聚合物能否由软化状态变为坚硬且永不熔化的状态进行分类，可把聚合物分为两类。

热塑性聚合物：也称受热可熔聚合物。在通常温度下，热塑性聚合物是一块硬的固体，加热就会变软，待其冷却还会变硬，再加热又会变软。此特性对加工成型很重要。它们是线型高分子，如聚烯烃。

热固性聚合物：受热不可熔的聚合物。在加热时，此类聚合物的化学结构发生了化学变化。加热时间越长，变化程度越深，最后变成一块很硬的固体，再加热只会焦化而不会变软，应用此特性可制造耐热结构材料。它们是体型高分子，如碱催化的酚醛树脂、不饱和聚酯等。

(ii) 按聚合物分子的结构分类。按聚合物分子主链中元素种类不同，可把聚合物分为三种类型。

碳链聚合物：大分子主链上只有碳一种元素，如聚乙烯、聚丙烯、聚丙烯腈等。

杂链聚合物：大分子主链上除含碳外，还含有氧、氮、硫、磷等元素，如聚酯、聚酰胺、聚醚等。

元素有机聚合物：大分子主链上含有铁、硅、铝、硼、锡等天然有机物中不常见的元素，如有机硅橡胶、有机硅树脂等。

(2) 聚合物的命名。人们曾对聚合物的命名方法提出不同方案，但都未统一。一般聚合物的命名考虑两个原则：一是通过聚合物的名称能够知道聚合物的组成；二是聚合物的名称能够反映聚合物与原料单体之间的关系。

(i) 习惯命名法：由名称反映产物的结构。

以单体名称为基础，前面冠以“聚”字而命名。例如：

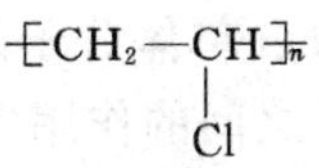

聚氯乙烯

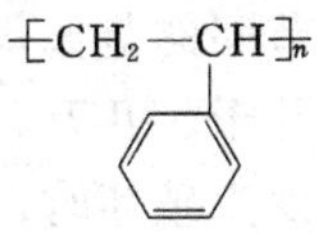

聚苯乙烯

取单体的简名后附"树脂"二字命名。例如：

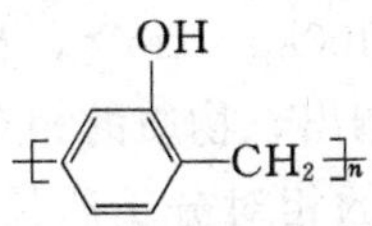

酚醛树脂(单体是苯酚和甲醛)

以聚合物的结构特征命名。例如，聚酯、聚酰胺等。

$$\left[\!\!-NH-(CH_2)_6-NH-CO(CH_2)_4CO-\!\!\right]_n$$

聚己二酰己二胺

(ii) 商业名称。商业名称因其简单而被经常使用，如涤纶(聚对苯二甲酸乙二醇酯)、锦纶(尼龙-6)、维尼纶(聚乙烯醇缩甲醛)、腈纶(聚丙烯腈)、氯纶(聚氯乙烯)、丙纶(聚丙烯)等。

许多合成橡胶是共聚物，往往从单体名称中各取一字，后附"橡胶"二字命名，如丁(二烯)苯(乙烯)橡胶、丁(二烯)(丙烯)腈橡胶、乙(烯)丙(烯)橡胶等。

对于共聚物，还可将两种单体的名称连起来，后面加上"共聚物"三字，如丙烯腈-丁二烯-苯乙烯共聚物(ABS 树脂)。为了简便起见，常将几种单体的英文名称开头的字母连起来组成共聚物的名称，如 ABS 树脂、AS 树脂等。

现将常见聚合物的通俗名称、商品名称及简写代号列在表 6-8 中。

表 6-8　一些聚合物的通俗名称、商品名称及简写代号

通俗名称	商品名称	简写代号
聚氯乙烯	氯纶	PVC
聚丙烯	丙纶	PP
聚丙烯腈	腈纶	PAN
聚己酰胺	锦纶-6	PA6
聚己二酰己二胺	锦纶-66	PA66
聚对苯二甲酸乙二酯	涤纶(的确良)	PET
聚苯乙烯	聚苯乙烯树脂	PS
聚甲基丙烯酸甲酯	有机玻璃	PMMA
聚丙烯腈-丁二烯-苯乙烯	ABS 树脂	ABS
聚苯乙烯-丁二烯-苯乙烯	SBS 树脂	SBS

3) 大分子链的结构与性能

(1) 大分子间的作用力。高分子材料是由大量大分子链集聚在一起组成的。当大分子链之间距离足够近(0.3～0.5nm)时，分子间产生范德华力，发生相互吸引。单体小分子之间的范德华力很小，其作用能只有几到几十 $kJ \cdot mol^{-1}$，为链内共价键力的 1/100 ～ 1/10。大分子链由大量链节组成。相邻两分子链间每对链节产生的范德华力等于单体分子间的范德华力，大量链节间的范德华力就是所含各单体分子间范德华力的简单加和。一般聚合物的聚合度高达几千、几万，所以大分子之间的作用力往往超过分子链内共价键力的数值。拉伸聚合物发生破坏时，可能的情况应是分子链发生断裂在先，而不是分子间滑动在先。可见，在聚合物中，分子间力有着特殊的重要性。一般来讲，聚合物相对分子质量越大，分子间力也越大，强度也越高。例如，相对分子质量超过百万的超高相对分子质量聚乙烯，其抗张强度可达 400kg · cm^{-2}，比相对分子质量为 50 万的聚乙烯高一倍，可用作高速运动的纺梭。也应指出，物质的相对分子质量增加，强度固然增大，但达到一定值后增加就不大了，而物质的相对分子质量增加得太高，熔点、黏度增加得太高，不利于加工(如纺丝)。因此，对物质的相对分子质量有最适合值的要求。

大分子间作用力影响聚合物的许多物理和化学性能，如强度、弹性、熔点、黏度、溶解性、化学反应活性等。例如，聚乙烯、聚异丁烯、聚异戊二烯等都是极性较小的碳氢化合物，分子间力小，它们的链又没有大的侧基，运动比较自由，因此显出橡胶弹性。又如，聚氯乙烯带有极性基团，分子间力较大，影响了链的运动，因而是硬性的、强度较大的塑料。再如，聚酰胺的分子链上有强的极性基团，形成强的分子间力和氢键，加上分子结构比较规整，易于结晶，因而使聚合物获得高的强度和力学性能，成为优良的纤维材料。

(2) 大分子链的柔顺性。高分子材料具有其他材料所没有的高弹性，如橡胶可拉伸十多倍又弹回。一些塑料有很好的韧性，不怕撞碰，也是由于有一定的弹性。这一性能主要是因为大分子长链结构和链上各键的自由旋转性。

(i) 大分子链的柔顺性。在有机化合物中，任何一种单键(共价键)都有一定的键角和键长，这种单键可以在保持键角、键长不变的情况下转动，称为内旋转。内旋转是指每一个单键可围绕它附近的单键按一定的角度进行转动，如图 6-10 所示。大分子链中含有很多单键，这些单键均可内旋转，从而使大分子链很容易蜷曲成各种形状，如图 6-11 所示。大分子的这种能力称为大分子链的柔顺性。这里所说的单键是指纯碳碳键，即指 C 不带有任何原子或基团，此时内旋转是完全自由的。实际上，碳碳键不是纯的，碳原子总是带有不同大小和极性的原子或基团，因而单键的内旋转就会有阻力，需要较大的外加能量才能较自由地内旋转。

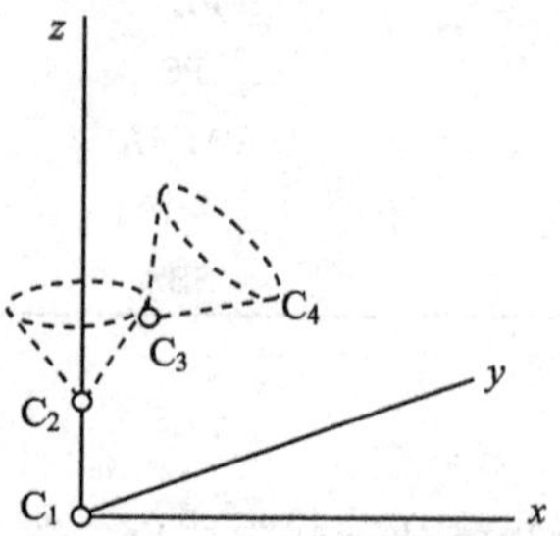

图 6-10　单键的内旋转示意图

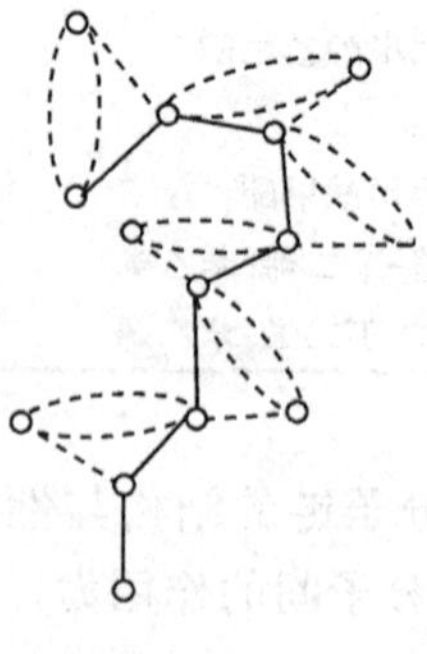

图 6-11　聚合物分子中各个链节转动(单键内旋转)示意图

在大分子链中，单键的内旋转除了受碳原子上取代基的影响外，还受大分子键邻近部分的牵扯与约束，故大分子中的内旋转具有更大的阻碍力。阻力小容易蜷曲的称为柔性链，阻力大不易蜷曲的称为刚性链。

大分子链的热运动必须通过一定长度的链段运动实现。链段是指具有独立运动能力的链的最小部分。链段一般包括十几到几十个链节。这样，大分子链又可以看作由若干能独立运动的链段所构成。链段的长短主要取决于大分子内旋转的难易，即柔顺性的优劣。柔顺性好者，链段短；柔顺性差者，链段长。大分子链的柔顺性也取决于大分子间的作用力、结晶度和化学结构等，分子间力越大、结晶度越高，则柔顺性越差。

(ii) 化学结构对分子链柔顺性的影响。

主链结构的影响：当主链全部由单键组成时，由于其中每个单键均可以内旋转，因此柔顺性较好，属于柔顺链。这类大分子键有 C—C、C—O、Si—O 等，其中以—Si—O—Si—O—链柔顺性最好，—C—O—C—O—键、—C—C—C—C—链次之。

当主链中含有孤立双键(两个相邻双键间至少被两个单键隔开)时，分子链的柔顺性比不含双键时更好，如聚异戊二烯橡胶等橡胶类的分子链：

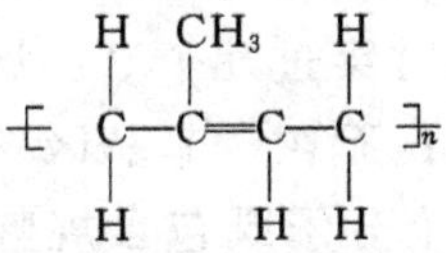

由于连接双键的两个碳原子上都减少了一个原子(或一个侧基)，因而邻近双键(本身不能旋转)的两个单键旋转时受到的阻力小，因此分子链柔顺性就好。

当主链中含有一定数量的芳杂环时，由于芳杂环不能内旋转，分子链的柔顺性就很差。例如

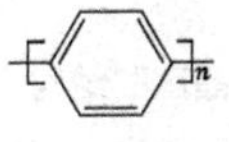

聚苯

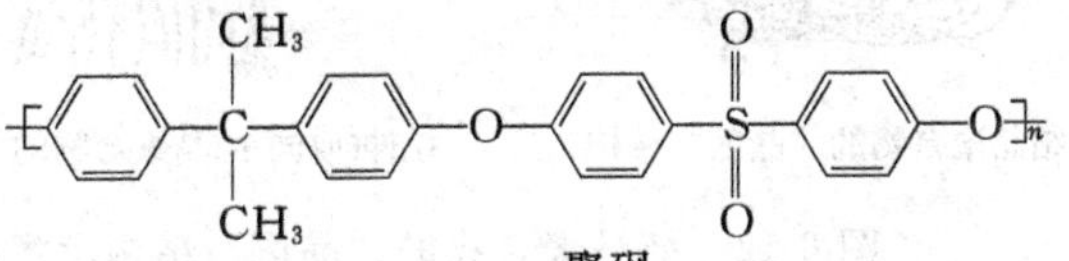

聚砜

但其强度和耐热性都较高。

含有共轭双键(两个双键被一个单键隔开)的大分子链，长链不能内旋转，所以呈现出极大的刚性，如聚苯乙炔：

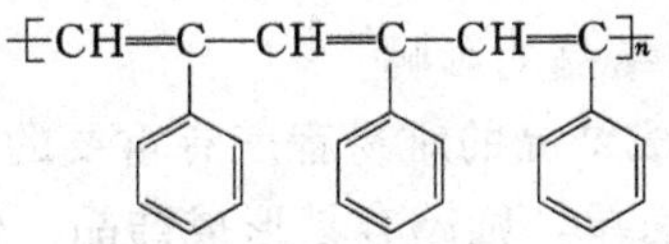

侧基性质的影响：当侧基具有极性时，分子链间作用力增大，内旋转受阻，柔顺性下降。例如，聚乙烯、聚氯乙烯、聚丙烯腈等随着侧基极性依次递增，它们的柔顺性则依次递减。侧基的体积也影响大分子链的柔顺性。当侧基过于庞大时，则单键内旋转受到阻碍。例如，聚苯乙烯具有较大苯基，内旋转困难，链的柔顺性就差，因而其性能硬而脆。侧基的对称性对分子柔顺性也有影响。例如，聚异丁烯的两个甲基在同一个碳原子上对称取代，其单键的内旋转反而容易，故柔顺性比聚丙烯好。

此外，温度对柔顺性也有影响。对同一大分子链而言，温度越高，分子中单键内旋转越容易，因而柔顺性越好。

6.4.2 聚合物的结构与性质

前面所讨论的是单个大分子的结构、形态，本节将讨论很多大分子链聚集在一起时会形成何种聚集态，其性质如何。

1. 聚合物的结构

固态聚合物可分为晶态和非晶态两类。前者是分子在三维空间有序地排列，有一定晶格，在较远距离内仍能维持远程有序结构；后者的分子排列在远距离范围内是不规则的，仅在近距离范围内稍有规则，即仅有近程有序。例如，聚乙烯、聚酰胺等属于结晶聚合物，而有机玻璃、聚苯乙烯则属于非晶体(无定形)聚合物。

1) 结晶聚合物的结构

根据“晶区”结构模型，认为在结晶聚合物中存在着若干所谓“晶区”，在两个“晶区”之间往往还存在“非晶区”。因为“晶区”和“非晶区”比整个大分子链要小得多，故每一个聚合物分子都可以同时穿过几个“晶区”和“非晶区”。在“晶区”里，大分子链的部分规则而紧密地排列；而在“非晶区”中，大分子链蜷曲和无序地排列(图 6-12)。因此，结晶聚合物中每个分子既包含规整排列部分(晶区)，又包含不规整排列部分(非晶区)。

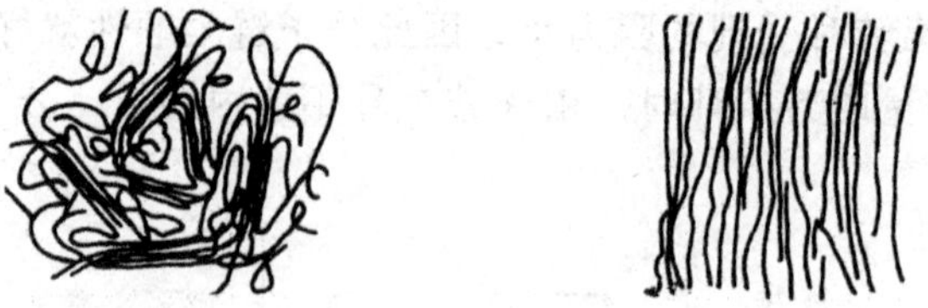

结晶聚合物的“晶区”结构　　　拉伸(取向)结晶聚合物的“晶区”结构

图 6-12　结晶聚合物的“晶区”结构示意图

聚合物中晶区部分所占的质量分数(或体积分数)称为结晶度。典型结晶聚合物的结晶度通常只有 50%～80%，所以实际上是部分结晶物。例如，低压聚乙烯的结晶度为 87%，高压聚乙烯略带支链，结晶度只有 65%。

2) 分子结构特性对聚合物结晶的影响

分子结构特性对聚合物形成结晶的难易程度有重要的影响，可归纳如下：

(1) 聚合物的化学结构越简单，则越容易形成结晶。例如，聚乙烯的化学结构最简单，因而它是一种典型的结晶聚合物。

(2) 聚合物分子主链上常有取代基(或原子)，若取代基的体积越小、对称性越高，则容易形成结晶。例如，聚四氟乙烯由于氟原子体积小，且其分布对称，故它是一种典型的结晶聚合物。又如，聚二氯乙烯，因其对称性高，故容易结晶。但是，聚乙烯、聚苯乙烯和聚甲基丙烯酸甲酯(有机玻璃)等，因取代基无对称性，体积又大，因而空间阻碍大，相邻分子很难靠近，不易生成结晶，只有采用特殊的聚合方法或在拉伸情况下，它们才可能结晶。在拉伸的情况下，聚合物的分子链容易沿拉伸方向伸展开来，使分子链间的距离缩短，因此提高了分子间的作用力和结晶能力。

(3) 分子间作用力越大，越有利于结晶的形成。这是由于分子间力大，分子链容易相互接近，规整排列的可能性大，有利于生成结晶。例如尼龙-6，尽管它的结构没有对称性，但因其分子间存在很多氢键，分子间力大大增加，因而它的结晶能力就很大，是一种典型的结晶聚合物。

3) 结晶对聚合物性能的影响

结晶造成分子的紧密集聚状态，增强了分子间的作用力，因此聚合物的熔点、密度、强度、刚性、硬度、耐热性、耐化学性等性能有所提高，而与链运动有关的性能(如高弹性、冲击强度等)则降低。

2. 聚合物的力学性质

随着温度的变化，聚合物可以呈现不同的力学状态。由于温度与聚合物形变的关系能比较全面地反映高分子运动状态，因此通过温度-形变曲线和各种特征温度的讨论，可以了解热性质与聚合物结构的关系。在线型(或轻度网型)非结晶聚合物中，由于链段热运动程度不同，可出现三种不同的力学状态：玻璃态、高弹态和黏流态。在一定外力作用下，不断升高温度，以形变对温度作图，可以得到温度-形变曲线(图 6-13)。

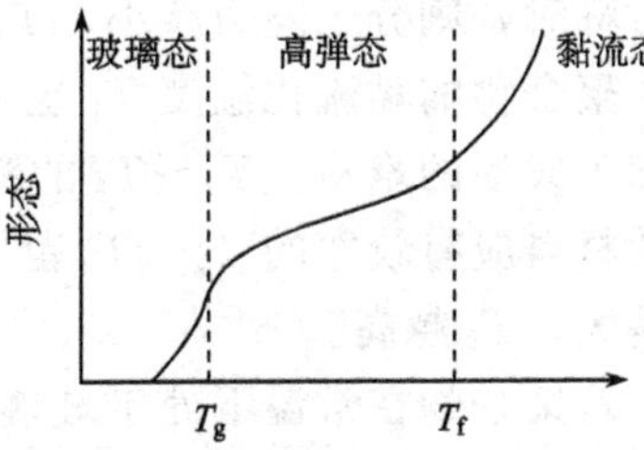

图 6-13　非晶态聚合物的温度-形变曲线

在玻璃态时，整个大分子链和链段都被冻结。聚合物受力时，仅能发生主链上键长和键角的微小改变，宏观上表现为形变量很小，形变与受力大小成正比，即服从胡克定律。当外力除去后，形变能立即恢复，这种形变称为普弹形变。

随着温度的升高，分子热运动能量增加，当温度升高到玻璃化温度以上时，虽然整个大分子链仍不能移动，但链段可随外力作用的方向而运动，由此产生很大的形变，外力解除后，形变能恢复原状，称这种受力后产生很大形变、外力解除后又可回复的形变为高弹形变，所处的状态称为高弹态。由玻璃态转变到高弹态的温度称为玻璃化温度，用 T_g 表示。温度再升高，则链段和整个大分子链都能发生相对滑动。与小分子液体类似，这种流动形变不可逆，外力除去后，流动形态不能回复，称这种形变为黏流形变，所处的状态称为黏流态。由高弹态转变到黏流态的温度称为黏流化温度，用 T_f 表示。

对于结晶聚合物，若其相对分子质量不太大，则加热到熔点 T_m(结晶熔化的温度)后就直接产生流动而进入黏流态；若物质的相对分子质量较大，则还需经过一个小的高弹性区，最后才进入黏流态。

塑料在室温下大都处于玻璃态，T_g 是其使用的上限温度；橡胶处于高弹态，T_g 是其使用的下限温度；大多数合成纤维是结晶聚合物，熔点 T_m 是其使用的上限温度。

聚合物的玻璃化温度 T_g 越高，它的使用温度也就越高。通常所说某聚合物的耐热性高，其玻璃化温度高是一个主要条件。玻璃化温度和聚合物的结构有关，当主链属于柔顺链时，T_g 较低。例如

聚乙烯　　$\text{-}[CH_2\text{—}CH_2]_n\text{-}$　　$T_g=75℃$

丁二烯橡胶　　$\text{-}[CH_2\text{—}CH\text{═}CH\text{—}CH_2]_n\text{-}$　　$T_g=90℃$

硅橡胶

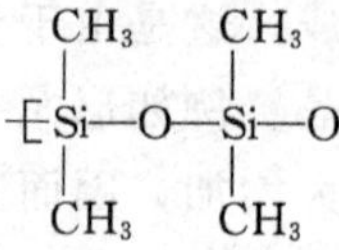

$T_g=123℃$

当主链属于刚性链时，T_g 较高。例如：

聚碳酸酯

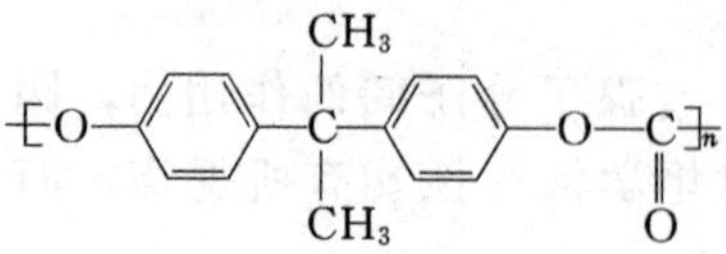

$T_g=140℃$

当侧基的极性增大时，分子间力增大，T_g 升高；当侧基的体积大或两侧基在结构上对称时，则分子间力减小，T_g 降低。

聚合物的黏流化温度 T_f 也是其大分子链开始滑动时的温度，T_f 的高低决定着聚合物加工成型的难易。T_g～T_f 的范围是弹性材料(如橡胶)的使用温度范围。一种理想的弹性材料应有较宽的 T_g～T_f 范围。T_f 主要和聚合物的相对分子质量有关，相对分子质量越大，T_f 越高。

若聚合物在常温下处于玻璃态，则可用它来作塑料；若在常温下处于高弹态，则可用它来作橡胶。T_g 与 T_f 差值越大，橡胶的耐寒、耐热性能越好。例如，聚氯乙烯 T_g 为 75℃，天然橡胶 T_g 为－73℃。

为了提高聚合物材料的耐热性，主要应提高聚合物的 T_g、T_m 或 T_f。为此，可采用下列措施：①增加聚合物分子间的作用力，如交联、形成氢键或引入强极性基团等；②增加大分子链的刚性，如在主链中引入环状结构、体积大的侧基或共轭双键；③提高聚合物的结晶度等。

3. 聚合物的化学反应

聚合物的化学反应可分为大分子的交联与裂解这两类反应。

1) 交联反应

大分子与大分子相连，使大分子从线型结构变为体型结构的过程，称为大分子的交联反应。通常不同对象的交联反应有不同的具体名称。例如，橡胶的交联反应称为硫化，树脂、黏结剂的交联反应称为固化或硬化等。

交联反应可分为官能团交联与辐射交联。官能团交联反应通过官能团之间的作用而进行。这里又分两种情形。一种是大分子同小分子之间的官能团反应。例如，环氧树脂大分子交联，可采用小分子物质如多元酸(酐)、多元胺为固化剂；热塑性酚醛树脂大分子的交联可用六次甲基四胺[$(CH_2)_6N_4$]为固化剂。另一种是大分子同大分子之间的官能团反应。为了改性某种聚合物，大分子之间的官能团反应，常采用含有可反应官能团的大分子物质作为改性剂(实际上也是交联剂)，同另一大分子中的官能团反应，使之交联，如用聚酰胺改性环氧树脂等。

辐射交联反应：不含有可反应官能团的大分子经过辐射(如 γ 射线)照射之后，其机械强度和耐热性能提高，化学稳定性也有明显改善。这是由于在辐射的作用下，大分子发生交联，物质的相对分子质量显著增加，由线型大分子变成体型大分子的缘故。

2）裂解反应

大分子链在各种化学因素（如氧、化学试剂等）和物理因素（如热、光和机械力等）作用下发生断裂，从而使物质的相对分子质量明显降低的过程称为裂解反应。裂解反应通常发生在大分子链的薄弱环节上，如杂链聚合物中的酯键、酰胺等，碳链聚合物的叔碳原子或季碳原子等。杂链聚合物容易进行化学裂解，而碳链聚合物容易进行物理裂解。裂解的产物是长度不等的比原来聚合度低的大分子链。最常见的裂解有氧化裂解、热裂解、机械裂解和光裂解。

4. 聚合物的老化与防老

聚合物在长期使用过程中，由于受到氧、热、紫外光、机械力、水蒸气、酸、碱及微生物等因素的作用逐渐失去弹性，出现裂纹，变硬、变脆或变软、发黏、变色等，从而使其物理机械性能越来越差的现象，称为聚合物的老化。例如，聚氯乙烯薄膜在日光照射下，1～2 年后将完全丧失柔顺性，变得硬而易碎。

聚合物的老化过程是一个复杂的化学变化过程。交联与裂解这两种主要反应在该过程中并存。若老化过程以交联为主，则聚合物将失去弹性，变硬、变脆，如发生龟裂现象等；若老化过程以裂解为主，则聚合物将失去刚性，变软、变黏等。不同的聚合物或同一种聚合物在不同条件下使用，老化常由其中的一种因素作用为主引起，其他次之。例如，对含不饱和键的橡胶来说，氧化作用是引起老化各因素中的主要因素；而对聚氯乙烯、聚乙烯等来说，日光中的紫外线作用则比较重要。

要提高某种高分子材料的使用价值，一是设法改进其性能；另一个是防止老化，延长其使用寿命。目前采用的防老化措施主要有三种：

(1) 改变聚合物的结构。例如，聚氯乙烯的热稳定性较差，为改善此性能，在聚氯乙烯的悬浮液中通入氯气并用紫外光照射，可制得热稳定性较高的氯化聚氯乙烯。

(2) 物理防老。根据需要可在聚合物的表面镀一层金属或涂一层耐老化涂料作为防护层，使聚合物与氧、光隔绝，以达到防老化的目的。

(3) 化学防老化。化学防老化的本质是抑制最初自由基的生成或抑制最初自由基引起的链式反应。通常是加入各种防老剂（又称为稳定剂），较重要的有以下几种：

紫外线吸收剂：它的作用是抑制由光能或部分热能作用而直接生成的自由基。例如，用作紫外线吸收剂的水杨酸酯与二苯甲酮类有机化合物能吸收紫外光的能量，使它很难断裂共价键，生成自由基。

抑制剂：此类物质生成的自由基比较稳定，它可以捕获能引起大分子裂解或交联的自由基，而自身变成活性较低的自由基，从而终止链式反应。这种防老剂用得较普遍。

常用的防老剂有烷基酚、芳香胺。例如

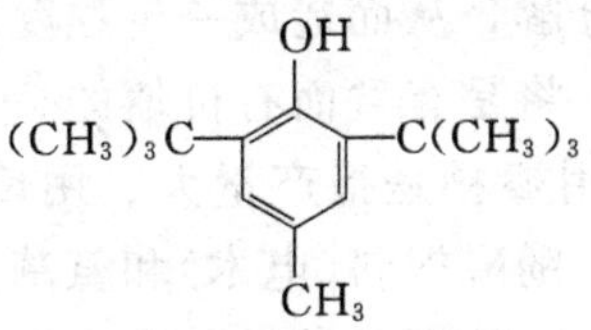

2,6- 二叔丁基 -4- 甲基苯酚

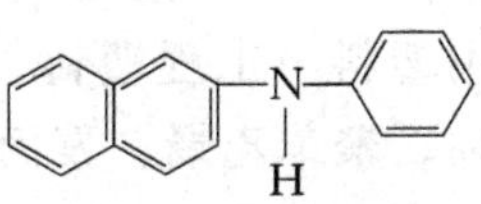

N- 苯基 -*β*- 萘胺

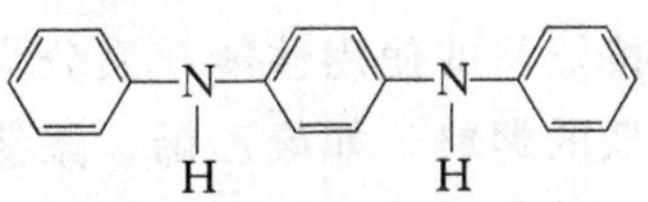

N,*N*′- 二苯基对苯二胺

高分子材料的老化与防老化是一个复杂的综合性问题，也是尚需继续解决的一个重要课题。

6.4.3 传统高分子材料

传统高分子材料根据机械性能和使用状态可分为塑料、橡胶、合成纤维、胶黏剂和涂料五类。各类聚合物之间并无严格的界限，同一聚合物采用不同的合成方法和成型工艺，既可制成塑料，也可制成纤维，如尼龙就是如此。这里仅简要介绍塑料、橡胶及合成纤维。

1. 塑料

从字面上理解，塑料指所有可以塑造的材料。但我们所说的塑料，单指人造塑料，也就是用人工方法合成的高分子材料。其实，正是因为有了这种物质，才有了塑料一词。

纤维素中的部分羟基被硝化后会得到焦木素。焦木素溶于乙醇和乙醚的混合物，再加入樟脑等，蒸发后得到一种物质，它受热后变软，冷却后变硬，这种物质称为“赛璐珞”。这是最初的塑料。

1953年，德国化学家齐格勒发现，用烷基铝和四氯化钛作催化剂，可以生成无支链的聚乙烯，且这一过程可以在室温和常压下进行。齐格勒的工作引起了纳塔的极大兴趣。纳塔在丙烯的聚合反应中用类似的催化剂，也取得极大的成功。他们发现，在这种催化剂(后来称为齐格勒-纳塔催化剂)的作用下，乙烯(或丙烯)能够按一定的方向聚合，而改变某些条件时，又可聚合成其他结构不同的物质。从前，聚合物链的形成是顺其自然的，化学家们无法左右最终产物的结构。现在，运用齐格勒-纳塔催化剂，完全可以按照需要者的要求设计大分子的结构。由于这项了不起的贡献，齐格勒和纳塔获得1963年的诺贝尔化学奖。

塑料的种类很多，除了酚醛树脂和聚乙烯外，还有聚氯乙烯、聚苯乙烯等。常见的有机玻璃也是塑料的一种。它的透明度比普通玻璃高，有韧性，不易破碎，枪弹打上去也只能穿一个洞。因此，它是制作飞机舷窗的绝好材料。

塑料有许多众所周知的特性。第一，相对于金属而言，它比较轻。塑料轻不是因为它是高分子化合物，而是因为它是有机化合物，即由碳、氢、氧、氮等较轻的元素组成。第二，塑料不会腐烂也不会生锈。腐烂是仅见于有机物的现象。腐烂需要水，而塑料根本不吸水；腐烂需要微生物的帮助，而现在还没有发现哪一种微生物是吃塑料的；同时，既然水不能浸润塑料，塑料上便不会有电流通过而发生反应；空气中的氧也很难与塑料发生反应。因此，塑料不会生锈。但是，这一性质也给人类带来一个严重的问题：塑料不易腐烂，大量的废弃塑料无法被自然界吸收、分解，从而造成一定程度的环境污染。可见，如果能造出在一定条件下易于腐烂的塑料，将是有益而有价值的。

按塑料的使用性能，又分为通用塑料与工程塑料。通用塑料是指产量大、用途广、价格低的塑料，如聚乙烯、聚氯乙烯、聚苯乙烯、聚丙烯、酚醛塑料(电木)和氨基塑料(电玉)六个品种。工程塑料是指强度大、具有某些金属特点、能在机械设备和工程结构中应用的塑料，如聚甲醛、尼龙、ABS、聚碳酸酯、聚砜、聚苯醚、环氧树脂等。

工程塑料一般强度、刚度、韧性较好，相对密度小(约为钢的 1/6，铝的 1/2，一般塑料的密度为 230～900kg · m^{-3})，耐腐蚀，具有绝缘、减小摩擦、耐磨和消声吸振等性能。

2. 橡胶

哥伦布在发现新大陆的航行中发现，南美洲土著人玩的一种球是用硬化的植物汁液做成的。哥伦布和后来的探险家们无不对这种有弹性的球惊讶不已，一些样品被视为珍品而带回欧洲。后来人们发现这种弹性球能够擦掉铅笔的痕迹，因此给它起了一个普通的名字“擦子”，这种物质就是橡胶。

天然橡胶分子的链节单体为异戊二烯。橡胶分子间的作用力很弱，其分子较易转动，也拥有充裕的运动空间，分子的排列呈现出一种不规则的随意的自然状态。在受到弯曲、拉长等外界影响时，分子被迫显出一定的规则性。当外界强制作用消除时，橡胶分子又回到原来的不规则状态。这就是橡胶有弹性的原因。但由于分子间作用力弱，分子可以自由转动，分子链间缺乏足够的联结力，橡胶分子之间容易发生相互滑动，弹性也就无法表现出来。这种滑动会因分子间相互缠绕而减弱。可是，分子间的缠绕不稳定，随着温度的升高或时间的推移缠绕会逐渐松开，因此有必要使分子链间建立较牢固的连接。这就是古德伊尔发明的硫化方法。硫化过程一般在 140～150℃下进行。简单地说，硫化的主要作用就是在分子链间形成交联，使分子链间作用力增强。

橡胶用作车轮的历史不过 100 余年，但人类对于橡胶的需要却日益增长。以前的车子都是木轮，或在外部加金属轮箍，但人们发现柔软的橡胶比木头和金属更加耐磨，且减震性好，使人们乘坐车时感到很舒适。1845 年，汤姆森发明了充气橡胶管并将其套在车子上，以此获得了专利。1890 年，轮胎用于自行车；1895 年，汽车也装上了轮胎。

德国人首先从异戊二烯中合成了橡胶，但这种合成方法有明显缺点：①异戊二烯本身需从天然橡胶中提取，自身很难合成；②由于聚合时没有规律，制成的橡胶用不了多久就会变黏。第一次世界大战时期的德国，在天然橡胶供应被切断后，曾制成一种称为甲基橡胶的合成橡胶，但质量低劣，战后便已被淘汰。第二次世界大战后，各种合成橡胶应运而生。例如，用钠作催化剂聚合丁二烯制得的丁钠橡胶、用丁二烯和苯乙烯聚合制得的丁苯橡胶、用氯丁二烯聚合制得的氯丁橡胶等。1955 年，利用齐格勒在聚合乙烯时使用的催化剂(齐格勒-纳塔催化剂)聚合异戊二烯，首次用人工方法合成了结构与天然橡胶基本一样的合成天然橡胶。不久，用乙烯、丙烯这两种最简单的单体制造的乙丙橡胶也获成功。此外，还出现各种具有特殊性能的橡胶。人工合成的橡胶在许多地方优于天然橡胶，人们仿照自然，从自然中发现规律，最后超越自然，这正是科学技术的发展规律。

3. 合成纤维

淀粉是人们熟悉的物质，它是一种高分子化合物。纤维素和淀粉的化学式相同，性质却大不相同。植物的枝干主要由纤维素组成，它们只能用来烧火，人无法将其消化吸收。这是什么原因呢？淀粉和纤维素的分子都由许多葡萄糖单元联结而成，但它们的联结方式不同。葡萄糖分子可以正着看(以 u 表示)，也可以倒着看(以 n 表示)，淀粉分子可以由葡萄糖分子按“…uuuuuu…”的图式缩合而成，而纤维素分子则按“…ununun…”的方式缩合而成。这种结构上的差异决定了两者性质上的巨大差异。人的消化液中含有能使淀粉的“uu”键分解的消化酶，因此能够从淀粉中获得葡萄糖；同样的酶对纤维素的“un”键却无能为力。实际上，没有一种高等生物能够消化纤维素，但有些微生物(如寄生在反刍动物和白蚁肠道中的微生物)却能做到这一点。这些不起眼的助手使牛能吃草而生存、白蚁能靠啃木头而活命。纤维素对人类来说虽不能吃，用途却很大。

纤维素既可以制成棉纱等纤维，也可以做成塑料状的东西，如三角板等。因此，某种物类能否被称为纤维，并不取决于它是由什么东西构成，只是取决于它的形态。一般地说，人们把细而长的东西称为纤维。一般人不可能用肉眼测出纤维的直径，像棉花、羊毛、麻这类天然纤维的长度约为其直径的 1 千倍到 3 千倍。只要直径难以用肉眼测量，而其长度约为直径 1 千倍以上的物质，就是我们所认为的纤维。实际上，对蚕丝和化学纤维而言，长度和直径的比值可能延绵到无穷大。

蚕丝的主要成分是蛋白质，蛋白质也是一种高分子化合物。1889 年，席尔顿用硝酸纤维素制得第一种人造丝。这种丝同蚕丝相比，虽然光泽相似，但不如蚕丝纤细、柔韧。人们不仅利用天然高分子制作对人们有用的新的高分子，而且一直试图运用无机材料合成高分子。1938 年，尼龙研制成功。尼龙的强度很高，直径 1mm 的细丝就可以吊起 100kg 的重物；尼龙耐污、耐腐蚀的性能也很好，因此尼龙一问世就受到全世界的瞩目。在我国尼龙也称锦纶，因为这是在锦州化工厂首次实现工业化生产的。至此，人类用煤、空气和水制造纤维高分子的愿望得以完满地实现。从那以后，各种新型纤维一个接一个地被创造出来。例如，烯类纤维中的维纶和维尼纶，还有永久防皱的涤纶制品等。

那么，合成纤维是如何制造的？以尼龙为例，我们可以看到，尼龙的学名是聚酰胺纤维，由己二酸和己胺缩合而成。两个或多个有机化合物分子释放出水、氨、氯化氢等简单分子而生成较大分子的反应，称为缩合聚合。由 n 个己二胺和 n 个己二酸失掉 $n-1$ 个水分子缩合成的聚酰胺纤维，称为尼龙-66，其中一个 6 表示己二胺分子的 6 个碳原子，另一个 6 表示己二酸的 6 个碳原子。

纤维为什么会有这样奇特的性质呢？这取决于它的内部结构。虽然目前对纤维内部结构的研究仍处于猜测阶段，但可以肯定的是，纤维是由高分子组成的，它的内部结构极其复杂。人们首先提出了缨状微束结构理论。这一理论认为，由于分子间的强大压力，纤维分子有规则的整齐排列的部分称为结晶部分(晶区)；分子链间其他弯曲运动较自由的部分称为非晶部分(非晶区)，这部分没有规则排列。从整体上看，晶区湮没于非晶区的海洋中。然而，1957 年人们发现聚乙烯分子可以有完全规则的排列，能够形成 100%的结晶。这一现象使缨状微束结构理论受到严重挑战。因此，人们又相继提出缨状原纤维结构理论和多相结构理论。仅依据缨状原纤维结构理论，我们已可以解释纤维的许多特性。制造纤维的一个重要条件是在制造过程中，高分子能够取向并形成结晶。如果不能结晶，就可能成为橡胶或普通塑料。在结晶部分中，分子间的相互作用力很大，使得晶块刚硬、难弯曲且强度高；非结晶部分则恰好相反。因此，纤维中结晶部分与非结晶部分的比例越高，纤维也就越硬，越难弯曲。合成纤维中尼龙的强度比天然纤维中棉纱的高，原因就在于其结晶度较高。

合成纤维的结晶度也极大地影响其共吸湿性。人们知道，羊毛的保暖性很好，其原因在于羊毛纤维卷曲而蓬松，能容纳大量空气。同时，羊毛纤维易吸水，它在吸附水分时能产生吸附热。因此，突然从室内走到寒冷的户外，羊毛纤维在吸附水分的同时放出热量，使人不觉寒冷。而腈纶纤维由于结晶度高，水分子不易进入结晶内部，因而吸湿性很差，但它的导热性也极差，从而使其有较好的保暖性。然而，合成纤维制品也有许多不尽如人意之处。例如，尼龙衣服穿在身上不能吸收皮肤蒸发出来的水分，会使人觉得很不舒服。可见，合成纤维的性能有待于进一步提高。

6.4.4　新型功能高分子材料

1. *功能高分子材料与功能高分子化学*

在合成高分子的主链或支链上连接带有显示某种功能的官能团，使高分子具有特殊的功能，从而满足光、电、磁、化学、生物、医学等方面的功能要求，这类高分子通称为功能高分子。功能高分子材料发展已有 20 多年，它可以制成各种质轻、柔顺的纤维或薄膜，在许多领域中得到成功的应用，它将成为合成高分子材料中很有发展前途的一个分支。与常规聚合物相比，功能高分子材料具有明显不同的物理化学性质，并且具有某些特殊功能(如电学、光学等方面的特殊功能)的聚合物大分子(主要指全人工和半人工合成的聚合物)都应归属于功能高分子材料范畴。而以这些材料为研究对象，研究它们的结构组成、物理化学性质、制备方法及应用的科学，称为功能高分子化学。功能高分子化学研究的主要目标和内容是建立起聚合物结构与功能之间的关系，并以此为理论，指导开发功能更强或具有全新功能的高分子材料。因此，功能高分子化学这门学科始终将聚合材料的特殊物理化学功能作为研究的中心任务，开发具有特殊功能的新型高分子功能材料也就成为研究的主要任务。

按照性质和功能划分，可以将功能高分子材料划分为六种类型：① 反应型高分子，包括高分子试剂和高分子催化剂；② 光敏型高分子，包括各种光稳定剂、光刻胶、感光材料和光致变色材料等；③ 电活性高分子材料，包括导电聚合物、能量转换型聚合物和其他电敏材料；④ 膜型高分子材料，包括各种分离膜、缓释膜和其他半透性膜材料；⑤ 吸附型高分子材料，包括高分子吸附性树脂、高分子絮凝剂和吸水性高分子吸附剂等；⑥ 其他未能包括在上述各类中的功能高分子材料。

如果按照实际用途划分，功能高分子材料可划分的类别将更多，如医药用高分子、分离用高分子、高分子化学反应试剂、离子交换树脂等。

功能高分子化学是高分子化学领域中发展最快、最具重要意义的新领域之一，功能高分子材料以其独特的电学、光学以及其他物理化学性质构成功能材料学科研究的主要组成部分。功能高分子材料的研究、开发与利用对现有材料进行更新换代和发展新型功能材料具有重要意义。

功能高分子化学的发展可以追溯到很久以前，如光敏高分子材料和离子交换树脂都有很长的发展历史，但是它作为一门独立学科，则是一门全新的科学。同时，功能高分子化学还是一门涉及范围广泛，与众多学科相关的新兴边缘学科，涉及内容包括有机化学、无机化学、光学、电学、结构化学、生物化学、电子学甚至医学等众多学科，是目前国内外异常活跃的一个研究领域。功能高分子化学能成为国内外材料学科的重要研究热点之一，最主要的原因在于它们具有独特的“功能”，可用于替代其他功能材料，并提高或改进其性能，使其成为具有全新性质的功能材料。功能高分子化学研究代表了高分子化学的发展方向，人们甚至期望功能高分子材料能像合成纤维带来纺织革命一样，能在其他生产和科学领域带来一场革命。事实上，功能高分子材料学科的发展已经证明它无愧于这一地位。例如，20 世纪末发展起来的光敏高分子化学，在光聚合、光交联、光降解、荧光以及光导机理的研究方面都取得重大突破，在过去 20 多年中飞快发展，并在工业上得到广泛应用。又如，光敏涂料、光致抗蚀剂、光稳定剂、可光降解材料、光刻胶、感光性树脂，以及光致发光和光致变色高分子材料都已工业化。反应型高分子的发展导致众多新型高分子试剂和高分子催化剂的面市，更重要的是由此发展而来的固相合成方法和固化酶技术开创了有机合成机械化、自动化、有机反应定向化的新时代。电活性高分子材料的发展导致了导电聚合物、聚合物电解质、聚合物电极的出现，众多化学敏感器和分子电子器件的发明得益于功能型聚合物电极技术。高分子分离膜材料与分离技术的发展依赖于功能高分子材料的制备和成型技术，从而开辟了气体分离、苦咸水脱盐、液体消毒等快速、简便、低耗的新型分离技术，也为电化学工业和医药工业提供了新型材料。

2. 有机功能材料性能与应用之间的对应关系

人们利用功能高分子的特殊性能，广泛应用于各个技术领域，以下列举部分性能与用途之间的对应关系。

有机固态光化学反应：光信息储存；

固态反应：化学传感器；

有机铁磁性：磁记录、磁光记录；

液晶现象：电子显示；

电光效应：电致发光显示器；

非线性光学效应：信频器、调制器、集成、光学及光计算机；

有机超导性：强磁体、计算机逻辑门、超导、电机及光计算机；

有机电导性：电子器件、塑料电池；

有机电导和半导体：光记录、激光打印机、复印机、太阳能电池；

压电现象：传感器；

压敏、热敏变色现象：信息影像记录。

6.5 新型复合材料

6.5.1 复合材料的发展历史

复合材料是由两种或两种以上的不同材料所制成，能克服或弥补单一材料性能不足或可赋予更好性能的材料。例如，金属材料不耐腐蚀，有机高分子材料不耐高温，无机非金属材料较脆等，总之单一材料往往具有一定的弱点。而复合材料集合了单一材料各自的优点。其实，复合材料古已有之，原始人就知道在黏土泥浆中掺和稻草制造黏土砖，漆器更是我国古代独创的复合材料。实质上，复合材料就是基体和增强剂的结合。最早的现代新型复合材料是 20 世纪 60 年代以来应航空、航天工业的需求，人们通过先进科技制造的比强度大于 4×10^6cm 和比模量大于 4×10^8cm 的多层结构复合材料。现已公认，新型复合材料的研制是当代科技发展的重大关键技术之一，它对重大科技项目的成功往往具有举足轻重的意义。例如，由玻璃纤维和热固性纤维复合制成的玻璃钢强度好，透光性好，又可瞬时耐高温，也不反射无线电波，故被用来制作雷达罩。又如，用碳纤维和高温陶瓷复合材料制成的燃气轮机叶片可超过金属叶片的高温极限，承受 1400℃高温，且质量轻，耐冲击，可使热机效率由目前的 25%～30% 提高到 50%。再如，玻璃纤维增强的水泥板强度超过钢筋水泥板，且质量极轻，只有钢筋水泥板的 1/38，同时耐久性和抗冲击性能都有增强，成为一种很受欢迎的先进建筑材料。还有一种由硅橡胶和金属组成的"狄纳康"复合材料，竟然具有类似人体的"感觉"功能，为人工智能的开发打开了一扇新的大门。

人类使用材料的历史经历了使用第一代天然材料(如石、木材)、第二代的加工材料(金属及陶瓷)、第三代合成材料(高分子材料)，目前已进入第四代，即应用复合材料的时代。这符合材料由天然到人工、从单一到复合的规律，因为要想合成一种新的单一材料使之满足各种要求的综合指标是非常困难的。即使能研制出某种满意的单一材料，从实验室到生产的周期也很长。把现有的高分子材料、无机非金属材料和金属材料通过复合工艺组成复合材料，它不仅要能保持其原组分的部分特性，而且还要具有原组分所不具有的性能。例如，可以通过选择设计使原组分的性能互相补充，以形成具有新的优异性能的材料。通过复合而使材料具有新的性能特点，即存在复合效应。图 6-14 表示 A、B 两种材料可能复合成的四种复合材料 C、G、H、T。两种材料各具优缺点，必须经过选择设计，使之出现图中 C 所体现的彼此优化的组合，得到所期望的复合材料。

材料科学由细分化走向综合化，三大材料相互交叉和渗透，新材料正向结构复合和功能多样化的方向迅速发展，它们之间的基本关系如图 6-15 所示。

复合材料这一概念的提出只有 50 年左右，但发展很快，而且在性能的改进和价格的降低方面效果明显。20 世纪 60 年代中后期，碳纤维和芳酰胺纤维等高性能增强剂和一些耐高温树脂基体的出现，使人们获得性能更高的复合材料。为与第一代通用复合材料(指玻璃纤维增强塑料)有所区别，这类复合材料被称为新型复合材料。新型复合材料是比原有通用复合材料有更高性能的复合材料，包括用各种高性能增强剂(晶须、纤维

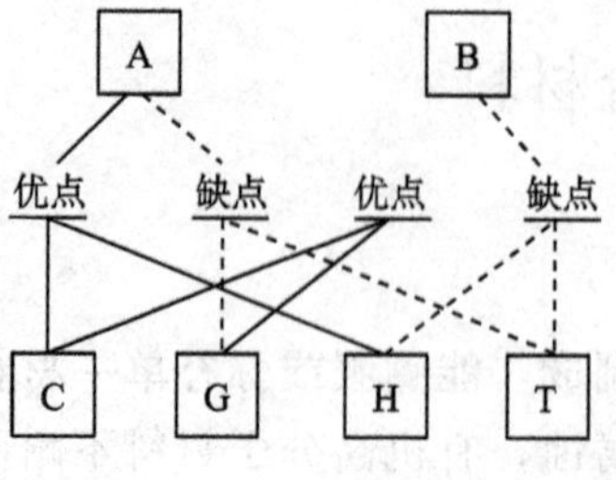

图 6-14　A、B 两种材料可能复合成的四种复合材料

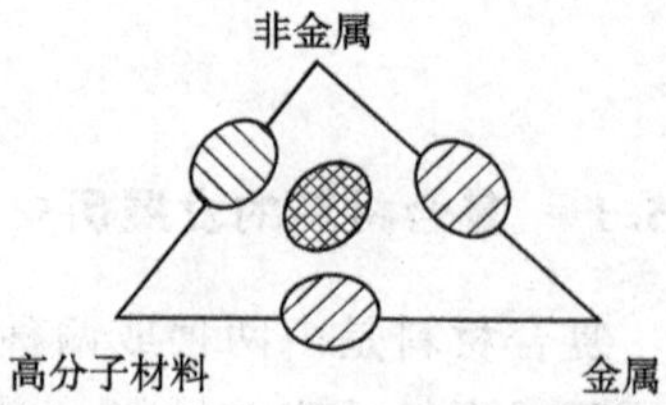

图 6-15　三大材料的交叉渗透

等）与耐温性好的热固性和热塑性树脂基体、金属基体、陶瓷基体等所构成的相应的高性能树脂基、金属基、陶瓷基、玻璃基、碳基复合材料，也包括使用其力学性能的结构复合材料和使用其他性能的功能复合材料。

6.5.2　新型复合材料的分类

根据上述涵义，新型复合材料分类如下：

结构复合材料包括树脂基复合材料、金属基复合材料、陶瓷基复合材料、玻璃基复合材料、碳基复合材料、梯度功能材料等。

功能复合材料包括复合压电材料、导电和超导材料、磁性材料、阻尼材料、摩擦材料、吸声材料、隐身吸波材料以及各种敏感换能材料等。某些功能材料还可能具有多种功能的综合效果，或者兼有结构和功能的双重效能，特别是各种新型的换能材料正需要通过功能复合的途径来提高它的性能，或者得到新的换能材料和综合换能材料。另外，功能复合材料又分为宏观复合材料（复合线度的量值为毫米复合）和精细复合材料（复合线度的量值为微米复合及纳米复合）。

6.5.3　新型复合材料在高技术中的作用

高技术对材料的选用非常严格和苛刻，新型复合材料的优越性能比一般材料更能适应各种高技术发展的需要。

开发空间是人类进步的重要标志之一，它所需要的各种结构材料，如运载火箭的壳体，航天飞机的支架、桁条、蒙皮，卫星的支架、天线，空间站的各种结构件，都要求用轻质、高强度和高刚度材料，以节约推动所需的燃料，先进复合材料能满足这些要求。特别是像导弹的头部放热材料、航天飞机的防热前缘和火箭发动机的喷管需要耐高温、抗烧融材料，更是非先进的新型复合材料莫属。其他如抗粒子流、隐身功能等方面，新型复合材料也是候选的优先对象。新型复合材料在航天技术的建立方面已经起到不可磨灭的贡献，而且在未来的发展中还将继续起关键作用。开发新能源和节能、储能等能源新技术是高技术的另一重要组成部分。能源技术同样也需要轻质高温、耐温耐腐蚀的材料，新型复合材料也是理想的选用对象，表 6-9 列出新型复合材料在能源技术中的应用范例。

表 6-9　新型复合材料在能源技术中的应用范例

功能	构件	功能复合材料
新能源		
太阳能发电	太阳能电池结构支架 热变换器的吸热层	碳纤维树脂基复合材料 吸热功能复合材料
风力发电	叶片及塔身	混杂碳纤维树脂基复合材料
核能源	核同位素分离离心机转子 核燃料包覆管	纤维树脂基复合材料 碳/碳复合材料
节能		
汽车	转动轴、轮箍活塞(局部嵌件)	碳纤维树脂基复合材料
燃气涡轮发动机	活塞连杆及销子 涡轮叶片	氧化铝纤维增强铝复合材料 陶瓷基复合材料和耐高温金属基复合材料
储能		
高效铅酸蓄电池	电极	碳纤维增强铅复合材料
高能锂电池和钠硫电池	固体电解质	离子导电功能复合材料

信息技术是现代发展最迅速的高技术。在信息技术中，信息的检测、传输、存储、处理和计算及执行等方面，新型复合材料也起到重要作用，见表 6-10。

表 6-10　功能复合材料在信息技术中的应用情况

功能	部件	功能复合材料
检测	各种不同的换能敏感元件	各种具有换能功能的复合材料
传输	光纤光缆的缆芯和管	碳纤维或芳纶增强树脂基复合材料
存储	磁记录和磁光记录磁片	磁性功能复合材料
处理和计算	大规模集成电路基片、计算机及终端用屏蔽罩、高频覆铜电路板、键盘触点	碳/铜复合材料、半导及导电复合材料、柔性导电复合材料
执行	打印机各种机械零件机械手与机器人	碳纤维、树脂复合材料碳纤维、树脂基或金属基复合材料

在高技术的生物工程方面，新型复合材料不仅在力学性能上能满足各种生物工程用材料的要求，同时还能满足耐腐蚀、抗生物破坏以及生物相容性的要求。此外，功能复合材料还可以制造用于生物工程的物质分离的各种膜材料。

6.6　信息材料

在信息技术发展中，新使用的材料包括半导体材料、介电材料、压电材料、铁电材料、磁性材料等，其中任何一种新材料的研制都能促进信息技术进步和信息产业的发展。例如，硅材料就是大规模集成电路的基石，而集成电路又是信息产业的基础。1991年，日本研制出能发出与发光二极管同样强烈的光的材料，它为电子和光并用信息处理的超高速计算机研制提供了条件。一种非晶态硅薄半导体研制成功，它有很好的光电转换效应，可制成廉价的太阳能电池，作为人造卫星和宇宙飞船的电源，也可作为偏远地区或孤岛上小功率用电设备的电源。

6.6.1 半导体材料

自动化技术的日新月异、电子计算机的更新换代、广播电视的普及与提高、通信事业的迅猛发展……都离不开半导体材料。

半导体是大家比较熟悉的一类材料，其电阻率介于典型的金属和典型的绝缘体之间，一般为 $10^{-2}\sim10^{7}\,\Omega\cdot cm$。

最常见的半导体材料是化学元素周期表中第Ⅳ主族的硅和锗，还有周期表中第Ⅲ主族和第Ⅴ主族元素形成的化合物半导体，如砷化镓等，以及Ⅵ主族元素化合物半导体，如硒化锌等。最早得到应用的元素半导体是硒晶体。1923 年，科学家用硒制造出第一只半导体整流器，可以把交流电转变为直流电。3 年以后出现氧化亚铜整流器。真正作为现代半导体材料起点的当数锗单晶。1947 年，科学家发明第一只锗晶体管。1950 年，科学家用提拉法制造出第一块高完整性的锗单晶。此后，各种半导体材料提纯技术、单晶生长技术、薄膜技术及器件制造技术如雨后春笋般地迅速发展起来。

科学技术的发展有时真是令人难以想象。有谁能想到，20 世纪 40 年代一台需要用一座二层楼房安放的电子计算机，现在只要用一个火柴盒即可装下。这经历了从电子管到晶体管到集成电路，再到超大规模集成电路的发展过程。

1958 年，科学家们宣布，世界上第一块集成电路诞生了！这就宣告集成电子学时代的到来。集成电路是在一块很小的半导体晶片上，采用特殊制造工艺，把许许多多晶体管、电阻、电容元件制作在上面，形成一个十分紧凑的复杂电路。10 年以后，科学家已可在米粒大小的硅片上集成 1000 多个晶体管，开始了大规模集成电路时代。又一个 10 年过去，科技工作者已能在一片米粒般大的硅片上集成 15.6 万个晶体管，这就是我们所说的超大规模集成电路。

制造超大规模集成电路时，对半导体单晶材料有相当高的要求。晶体中每一颗细小的即使在显微镜下也无法看到的杂质或灰尘及每一个微小的晶体缺陷，都是隐藏在器件中的一颗“定时炸弹”，往往会使整个集成块报废。所以，在制造半导体单晶、薄膜和器件时，除了要求超净的工作环境、精密的控制系统之外，对原料纯正程度还有极高的要求。例如，有的半导体器件要求材料的纯度高达 13 个“9”，即 99.99999999999%，也就是说材料中总的杂质含量必须控制在万亿分之一以下。要实现这一要求，必须依靠制备超高纯材料的专门高技术。所以说，现代半导体材料和器件的本身就属于高技术范畴，制造半导体材料与器件是一项精密细致的系统工程。在集成电路领域里，尽管从小、中、大规模到超大规模集成电路接连换代，但一直是硅器件独占鳌头。

新型半导体材料的研究和突破常导致新的技术革命和新兴产业的发展。以氮化镓为代表的第三代半导体材料是继第一代半导体材料(以硅基半导体为代表)和第二代半导体材料(以砷化镓和磷化铟为代表)之后，在近 10 年发展起来的新型宽带半导体材料。作为第一代半导体材料，硅基半导体材料及其集成电路的发展导致微型计算机的出现和整个计算机产业的飞跃，并广泛应用于信息处理、自动控制等领域，对人类社会的发展起到了极大的促进作用。硅基半导体材料虽然在微电子领域得到广泛应用，但硅材料本身间接能带结构的特点限制了其在光电子领域的应用。随着以光通信为基础的信息高速公路的崛起和社会信息化的发展，第二代半导体材料崭露头角，砷化镓和磷化铟半导体激光器成为光通信系统中的关键元器件。同时，砷化镓高速器件也开拓了移动通信的新产业。

6.6.2　光导纤维

现代科学创造的奇迹之一是使光像电流一样沿着导线传输。这种导线不是一般的金属导线，而是一种特殊的玻璃丝，人们称其为光导纤维，又称光学纤维，简称光纤。

1870 年，英国科学家丁铎尔做了一个有趣的实验：让一股水流从玻璃容器的侧壁细口自由流出，以一束细光束沿水平方向从开口处的正对面射入水中。丁铎尔发现，细光束不是穿出这股水流射向空气，而是顺从地沿着水流弯弯曲曲地传播。这是光的全反射造成的结果。

光导纤维正是根据这一原理制造的。它的基本原料是廉价的石英玻璃，科学家将它们拉成直径只有几微米到几十微米的丝，再包上一层折射率比它小的材料。只要入射角满足一定的条件，光束就可以在这样制成的光导纤维中弯弯曲曲地从一端传到另一端，而不会在中途漏射。科学家将光导纤维的这一特性首先用于光通信。一根光导纤维只能传送一个很小的光点，如果把数以万计的光导纤维整齐地排成一束，并使每根光导纤维在两端的位置上一一对应，就可做成光缆。用光缆代替电缆通信具有无比的优越性。例如，20 根光导纤维组成的像铅笔粗细的光缆，每天可通话 7.6 万人次；而 1800 根铜线组成的像碗口粗细的电缆，每天只能通话几千人次。光导纤维不仅质量轻、成本低、铺设方便，而且容量大、抗干扰、稳定可靠、保密性强。因此，光缆正在取代铜线电缆，广泛地应用于通信、电视、广播、交通、军事、医疗等许多领域，难怪人们称誉光导纤维为信息时代的神经。我国自行研制、生产、建设的京汉广(北京、武汉、广州)通信光缆，全长 3047km，已于 1993 年 10 月 15 日开通，标志着我国已进入全面应用光缆通信的时代。

通信用的光导纤维主要由两部分构成：一是纤芯，二是包覆纤芯的低折射率包层。光导纤维的纤芯主要由非晶态的石英玻璃组成，并掺杂锗、硼、磷等的氧化物以改变折射率；光导纤维的包层一般由高硅玻璃制成，其折射率低，并要求与纤芯的折射率相匹配，以减少光的散射。为保护光导纤维表面不受损伤，还要在它的外面包覆一层薄薄的塑料，一般为硅树脂或氨基甲酸乙酯。纤芯和包层相比，纤芯是光密介质，包层是光疏介质，光线射入纤芯，在纤芯和包层之间的界面上发生全反射，到达另一侧界面时，又发生全反射，如此下去，光就从光导纤维的一端传输到它的另一端。在医学中常用光导纤维作内窥镜，光导纤维在通信中用来传输图像和声音信号。常用的光导纤维有石英、氟化物等玻璃光纤，此外还有晶体光纤和塑料光纤等。光导纤维有两个重要特性：光损耗和色散。光损耗是指光在光导纤维中的衰减量，标志着光导纤维透光程度；色散是指光信号在光导纤维中传播时发生的畸变。光损耗的大小影响光纤传输距离的远近；色散的大小影响一根光导纤维中同时传输的光信息的容量。

光导纤维具有极高的带宽，一根直径不到 1.3cm 的由 32 根光纤组成的光缆能容许 50 万对用户同时通话，或者同时传送 5000 个频道的电视节目。另外，光导纤维还具有不受电磁干扰、保密性强、耐腐蚀、柔软易铺设、原料充足和成本低廉等优点。信息高速公路的主干线路便是能双向、快速传输多媒体信息的光缆。

除通信领域外，光导纤维还有许多其他应用。例如，“传能光纤”可以传递高功率的激光能量，广泛用于激光加工机、激光手术刀等；“传像光纤”的光纤束可用作传递图像，用于医学上的肠镜、胃镜检查以及公安和机场等的安全监控；“传感光纤”可用作敏感元器件，用这种光纤可制成温度传感器、压力传感器和电磁传感器等。

6.6.3　化学传感器

化学传感器是由化学敏感层和物理转换器结合而成，是能提供化学组成的直接信息的传感器件。对化学传感器的研究是近年来由化学、生物学、电学、光学、力学、声学、热学等学科，以及半导体技术、微电子技术、薄膜技术等技术互相渗透和结合而形成的一门新兴学科。

化学传感器分类如下：

化学传感
- 电化学传感器
  - 离子选择电极
  - 生物传感器
  - 气体传感器
- 光学传感器
- 质量传感器
- 热学传感器

化学传感器的发展可分为两个阶段。在 20 世纪 60 年代和 70 年代，化学传感器家族的主要成员是离子选择电极。从 20 世纪 60 年代中期氟离子电极的研制开始，一系列固膜电极和聚氯乙烯(PVC)膜电极相继出现，应用涉及化学、生物、医学、工业、农业、海洋、地质、气象、国防、公安、环境保护、宇航等各个领域，可谓盛行一时。从 20 世纪 80 年代中期开始，由于生物传感器和气体传感器的发展，离子选择电极在化学传感器中已不再占主要地位。

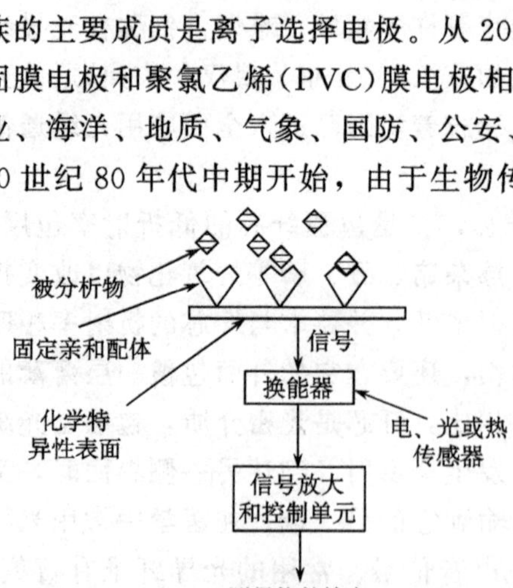

图 6-16　化学传感器的组成

从严格意义上说，化学传感器是一种能够连续和可逆地感受化学量的装置，即可以进行分子识别的装置，它还可被视作信息采集和处理链中的一个逻辑元件。传感器主要是由接收器、换能器和电子线路三部分组成，如图 6-16 所示。当待测物质经过具有分子识别功能的接收器时，传感器所感受的化学量由换能器将其转化为与分析物浓度有关的电信号或光信号输出，通过电子系统进行处理和显示。化学传感器的质量主要取决于接收器的选择性、换能器的灵敏度以及它们的响应时间、可逆性寿命和电子系统的可靠性。

制备化学传感器的材料一般有金属、玻璃、碳纤维以及在这些电极表面修饰的各种过渡元素和铁氰化物的薄膜，不同材料制成的化学传感器可以选择性地检测各种不同的物质。气体敏感传感器多采用半导体氧化物或贵金属，还有部分有机高分子。它可以是单一组分的氧化物，也可以是几种半导体氧化物的复合物，如 $Pd(H_2)$、$Pt(NH_3)$、$WO_3(H_2S)$、$Cd(NO_x)$、$Bi(CO)$、聚乙醇酯、聚氨酯(SO_2)等。

1）离子选择电极

离子选择电极的应用已遍及各行各业。例如，医院里用钾、钠、氯电极作为血液检验的工具，地震观测站用氟电极监测井水中氟含量变化作为地震先兆之一，气象站用银电极观察人工降雨效果，公安部门用氰电极检验氰中毒情况，酒厂用铅电极测定白酒中的铅，药厂可用药物电极检验一大批药物的含量，饮料厂用糖精电极检验饮料中的糖精等，这些都表明离子选择电极的应用潜力。离子选择电极仪器轻便，价格低廉。近年来，美国航天飞机中用于自动监测飞行员在失重状态下血尿成分变化的仪器中，钾、钠、钙、pH、氯、二氧化碳的测定都选用离子选择电极。正是利用了轻巧的离子选择电极仪器，可以减轻整套测量仪器的质量，这在太空飞行中是十分重要的。离子选择电极还能测定自由离子的浓度，甲亢、针刺麻醉的效果等都与血中自由钙离子(而不是总钙浓度)直接相关，离子选择电极是唯一能测定自由钙浓度的分析工具。目前离子选择电极为适应某些应用的要求，已走向微型化，电极尖端可小于 $1\mu m$。例如，用微型氯电极研究金属表面局部腐蚀的情况，用微型氟电极研究牙垢的组成，用微型钾电极测量青蛙心肌钾的动态分布等。

2）生物传感器

21 世纪是生命科学的世纪。分析化学的发展，在 20 世纪 40 年代到 50 年代主要受材料科学和原子能科学的推动；60 年代到 70 年代，主要受环境科学的推动；到 80 年代以后，则主要受生命科学推动；因此生物传感器的崛起，也是一种历史的必然。生物传感器的发展是近 20 年的事，其特点是敏感层对物质的识别是基于生物过程。生物传感器可分为两大类，即酶传感器和免疫传感器。

酶传感器是目前研究最多的生物传感器，其敏感膜中包含固定化的酶，当酶与被测定的无机或有机物质进行反应时，产物被传感器响应。例如，一种测量尿素的电极是在一个氨电极表面涂含尿酶的层，水溶液中尿素在尿酶催化下发生下列反应：

$$NH_2CONH_2 + H_2O \xlongequal{\quad} 2NH_3 + CO_2$$

产生的氨为氨电极所响应，从而可测量尿素的浓度。

根据酶的来源，酶传感器又分为酶电极、微生物电极和组织电极三种。目前已报道几百种这类电极，并已有十几种实现商品化，如血糖测定仪、生化需氧量测定仪等。但总的来看投入实际应用的酶传感器尚少，这是因为自然界获得鉴定的酶虽有 2500 多种，但它们都很不稳定，难于提纯和固定。因此一般酶传感器的寿命都很短，有的只有几十天，使之难于商品化。

解决这个问题的一个途径是人工合成“模拟酶”，这是目前的一个研究热点。天然酶是由几百个甚至几千个氨基酸组成的多官能团蛋白质大分子。模拟酶的研究就是用有机化学的方法合成一些结构比天然酶简单得多，但又与天然酶有相似功能的非蛋白质分子，其寿命也比天然酶长得多。

研究表明，对于生物的生命活力最重要的氧化还原酶是一些含铜、铁或锰等金属离子的"金属酶"。目前已合成一些与这类金属酶有类似功能的模拟酶。例如，超氧化物歧化酶可催化体液中超氧化物阴离子自由基的歧化反应，因而对预防衰老、防治肿瘤和炎症等有重要作用，已广泛用于保健食品和化妆品中。目前已合成一些有机化合物，其活性接近天然超氧化物歧化酶，并已制成生物传感器。

3）气体传感器

近年来，由于工业部门对各种易爆、易燃、有毒、有害气体监测的需要，气体传感器的发展很快，新材料、新工艺层出不穷。敏感材料包括固体电解质、液态电解质、无机和有机半导体以及其他材料，检测手段包括电势、电流和电导，并出现微处理机和敏感元件相结合的趋势，工作温度也包括常温、高温等。总之，这是一个很活跃的研究领域。

半导体气体传感器的材料多为 SnO_2 系半导体，在国内也有很多报道，如对 H_2、CO、乙醇、CH_4、C_4H_{10}、乙炔、H_2S 敏感的传感器。另外，用其他材料制成的气体传感器也有报道。例如，用镁掺杂的 $SrTiO_3$ 半导体制成的气体传感器可监测汽车废气中的氧，钯栅 MOS 型传感器可监测 H_2S。半导体气敏元件的主要缺点是选择性较差，常能响应多种气体。此外，国内已有的半导体气敏元件突出的问题是稳定性差，使用寿命一般只有几个月。据报道，用多元贵金属作敏感剂和稳定剂可有效提高元件的寿命。

固体电解质是又一类热门的气敏材料。用 ZrO_2 制成的氧电极性能优良，已用于很多工业部门。用 Ag-Al_2O_3 固体电解质研制成了全固态 SO_2 传感器。用固体电解质的极谱氧传感器可在生物活体组织内连续监测氧的浓度。用固体聚合物电解质为基础的电流法毛细管氧传感器，性能优良。有机凝胶电解质传感器已用于检测空气中硫化氢、磷化氢、光气等有害成分。

习　题

1. 为什么大多数过渡金属化合物是有颜色的？
2. 合金有哪些主要类型？它们的结构如何？
3. 对比取代固溶体和间充固溶体的结构。
4. 许多金属在空气中都会形成氧化膜，哪些金属的氧化膜具有保护作用使金属不继续被腐蚀，为什么？
5. 为什么钛被人们称为"空间金属"？钛及钛合金具有哪些重要性质？
6. 简述钒在钢铁工业中的应用。
7. 什么是稀土元素？它们的化学性质怎样？工业上为什么常用混合稀土？列举稀土金属的用途 2～3 种。
8. 解释下列名词。

   金属陶瓷　硬质合金　功能陶瓷　高熔点金属　超导电性　光导纤维

9. 为什么说化学是材料科学发展的源泉？

10. 新型无机材料与传统无机材料相比有什么特点？

11. 什么是纳米材料和纳米技术？纳米材料的基本特性是什么？

12. 液相法制备纳米粉末较其他方法有哪些优点？

13. 简述光导纤维的光导原理。

14. 什么是超导应用的“温度壁垒”和“磁电壁垒”？简述低温超导材料的应用。

15. 功能高分子材料与传统高分子材料相比有哪些特点？功能高分子有哪几种类型？各自应用在哪些领域？

16. 在功能高分子材料中，官能团主要通过哪几种方式起作用？

17. 线型或支链型的高分子具有何基本特点？

18. 从化学结构分析，影响分子链柔顺性的因素是哪些？

19. 排除下列两组高聚物刚性依次增大的顺序，并简要说明其理由。

a. 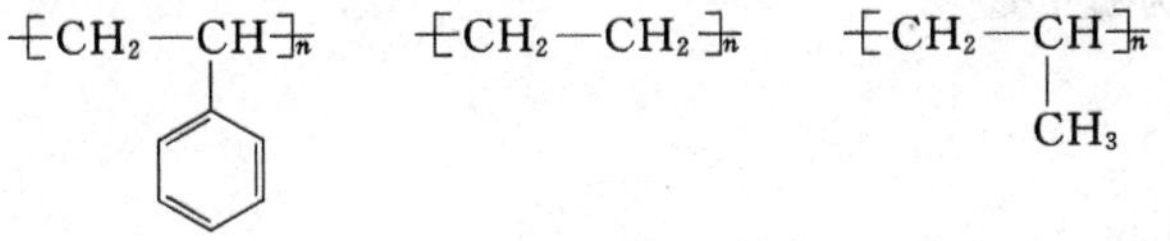

b. 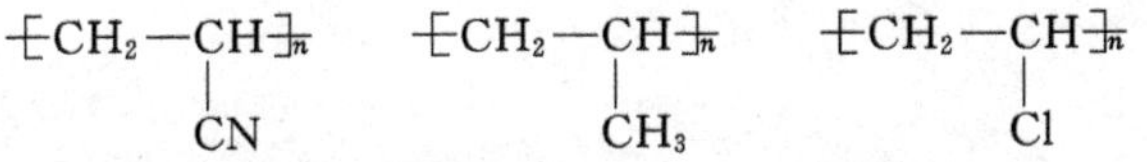

20. 写出下列物质电绝缘性的大小次序，并扼要说明其理由。

聚四氟乙烯　聚氯乙烯　酚醛树脂

21. 排出下列高聚物柔顺性的大小顺序，并简要说明其理由。

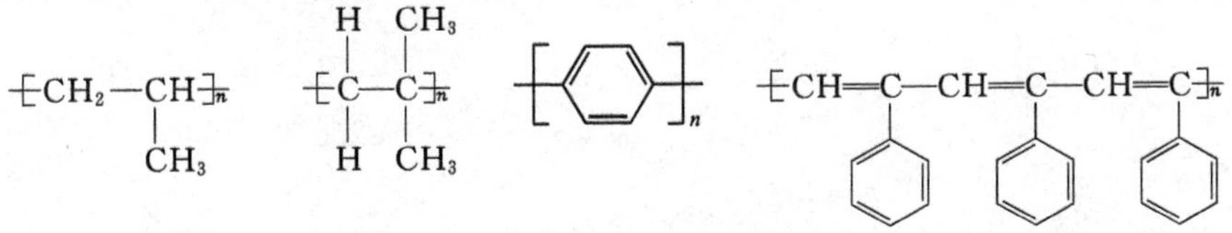

22. 从分子结构特性看，聚合物结晶的影响因素主要有哪些？结晶对聚合物的哪些性能有影响？

23. 排出下列高聚物结晶难易的顺序，并简要说明其理由。

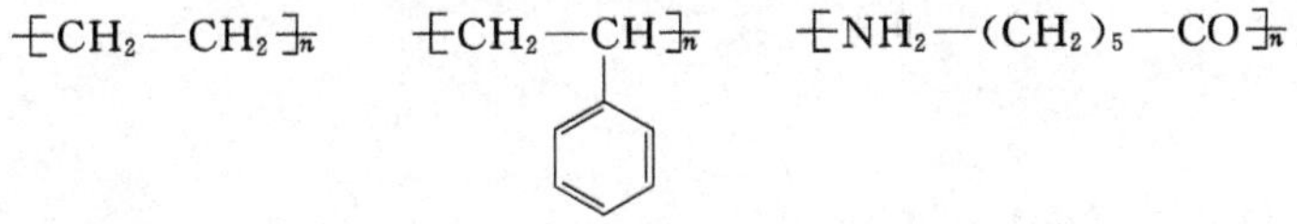

24. 聚合物的化学反应可分为几大类？防止其老化的主要措施有哪些？

25. 试从化学结构分析橡胶、合成纤维的化学结构各具有什么特性？

26. 为什么说复合材料比单一结构材料的性能更优越？

27. 排出下列高聚物的 T_g 大小次序，并扼要说明其理由。

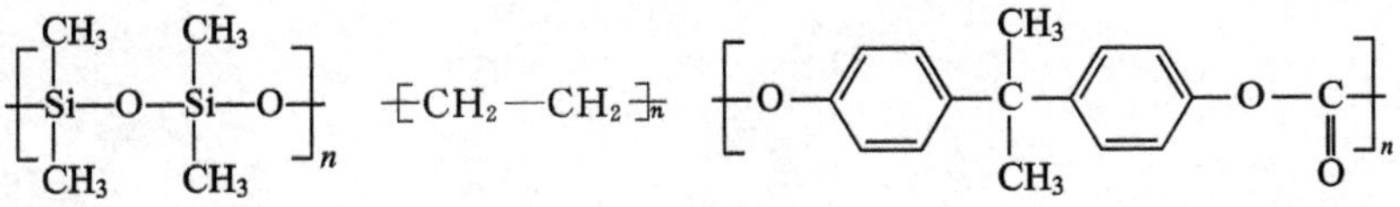

28. 写出下列高聚物的名称以及合成它们的单体。

(1) 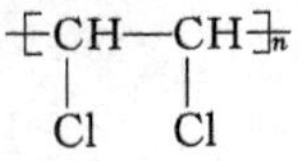

(2) $\text{+}CH_2—CH(COOC_{12}H_{25})\text{+}_n$

(3) $\text{+}CO—(CH_2)_3—NH\text{+}_n$

(4) $\text{+}CH_2—CH(CN)—CH_2CH═CHCH_2\text{+}_n$

(5) 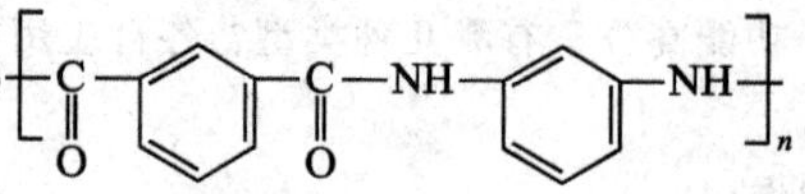

(6) 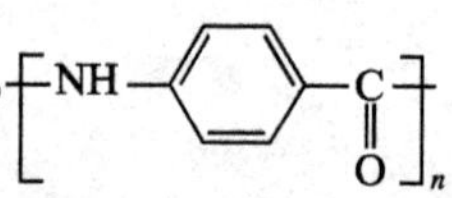

29. 什么是化学传感器？化学传感器分为哪几类？

第7章 化学实验

化学是一门以实验为基础的学科，化学实验是化学学习的重要环节。本章主要介绍化学实验的基本知识，并提供几个具有操作性、趣味性和参与性的实验。通过实验课程的学习，可以加深对化学理论知识的掌握和理解，锻炼动手、观察、查阅资料、记忆、想象和表达能力，培养基本的科学素养。

7.1 化学实验室的安全

7.1.1 化学实验室的安全规则

在进行化学实验时，经常使用水、电、煤气以及各种药品及仪器，实验前要充分考虑如何防止事故的发生及事故发生后所采取的安全措施。尤其是使用低沸点的易燃、易爆物质时，更需要严格遵守操作规程。表7-1列出一些常用易燃溶剂蒸气的爆炸极限，表7-2列出一些常用易燃气体的爆炸极限。

表7-1 常用易燃溶剂蒸气的爆炸极限

名称	沸点/℃	闪点(闪燃点)/℃	爆炸范围(体积分数)/%
甲醇	64.96	11	6.72～36.50
乙醇	78.5	12	3.28～18.95
乙醚	34.51	−45	1.85～36.5
丙酮	56.2	−17.5	2.55～12.80
苯	80.1	−11	1.41～7.10

表7-2 一些常用易燃气体的爆炸极限

名称	空气中的含量(体积分数)/%	名称	空气中的含量(体积分数)/%
氢气	4～74	甲烷	4.5～13.1
一氧化碳	12.5～74.2	乙炔	2.5～80
氨气	15～27		

如果不按照使用规则进行操作，可能会发生中毒、火灾、爆炸、触电或仪器设备损坏等事故。为了实现预期的教学目标，又避免国家财产的损失和人身健康的损害，进行化学实验时必须严格执行必要的安全规则：

(1) 易燃物品不可靠近火源。加热蒸发易挥发或易燃有机溶剂时，应在水浴或密封电热板上缓慢进行，严禁用火和电炉直接加热。烘箱不可用于蒸发，能产生腐蚀性气体或易燃的物质均不得放入烘箱。进行蒸发、灼烧等操作时，不得擅自离开实验室。

(2) 要鉴别气体气味时，必须用手轻轻将气流扇向鼻孔，吸入少量即可，切勿直接俯嗅所产生的气体。产生刺激性气体的实验，须在通风橱内进行。

(3) 配制药品或进行放热操作应在开口耐热容器中进行。普通玻璃瓶和容量仪器不可任意加热或进行温度变化较大的操作，以免过热破裂或计量不准确。密闭的玻璃仪器不可任意加热，以免爆裂伤人。

(4) 使用强腐蚀性试剂，如浓酸、浓碱，应谨慎操作，不要溅到衣服或皮肤上，取用这些试剂应尽可能戴橡皮手套和防护眼镜。用移液管吸取时，必须用橡皮球操作。稀释硫酸时，应将浓硫酸缓慢注入水中并充分搅拌，切勿将水注入酸中。

(5) 实验操作中不得将瓶口、试管口、坩埚口等对着人的脸部，以防气体、液体等冲出造成伤害。在环境温度高的情况下，开启装有易挥发试剂的瓶子时，最好先把试剂瓶在冷水中浸一段时间。

(6) 灼热的仪器不可直接与冷物接触，以免破裂，也不可与人体直接接触或放在实验台上，不得立即放入橱内收藏，最好放在石棉板、铁丝网或其他不易起火、灼焦的安全地方。

(7) 将玻璃管、温度计、漏斗等插入橡皮塞(或软木塞)时，应涂水或甘油等润滑剂，并用布垫好，以防玻璃管破碎刺伤。操作时应手持塞子的侧面，切勿将塞子握在手掌中。

(8) 盛放试剂的瓶子应有标签。倾倒溶液或液体试剂时，应用手掌持握试剂瓶有标签的部位，以保持标签完好。瓶中试剂一经倒出，严禁倒回。剧毒药品必须制定保管制度并严格执行。

(9) 凡电气器具不用时，应将电源切断或拔掉插头。如发现漏电情况应立即报告指导教师，进行检查。每个在实验室中进行操作的人员都应知道实验室内气、水、电总闸门的位置，以便必要时进行控制。

(10) 一切不溶物、浓酸和浓碱废液严禁倒入水槽，以防堵塞和腐蚀管道。有毒废弃物更应妥善处理，切勿随意丢弃或倒入水槽。

(11) 点燃煤气用具前，必须先关闭风量调节开关，然后点火、打开煤气，最后调节风量。停用时，应先关闭风量，最后关煤气，并检查是否完全熄灭，否则有发生回火、爆炸或火灾的危险。

(12) 实验室物料严禁入口，实验室内不得吸烟、饮食，离开实验室前应先洗手，若使用过毒物，还应漱口。

7.1.2 事故的处理和急救

若实验室发生事故，要保持冷静，不能惊慌失措，应立即报告老师并采取措施。

1. 实验室发生失火事故

首先应立即切断电源，关闭热源，迅速移去着火现场周围的易燃物。同时，根据不同的起火原因采取不同的灭火措施。油浴和有机溶剂着火时，绝对不能用水灭火，最好用大块石棉布将火盖熄灭，严禁用砂土救火，以免打破玻璃仪器，造成火势更大范围蔓延。实验人员衣服着火时，切勿惊慌乱跑，以免因空气流动而使火焰扩大和转移，应立即用麻包袋或大衣包裹扑熄，必要时可卧地打滚，或立即脱下着火的衣服，或打开附近的自来水开关用水冲淋熄灭。烧伤严重者应立即送医院。如果实验室着火面积大，应根据具体情况选择灭火器材。无论使用哪一种灭火器材，都应从火的四周向中心扑灭火焰。扑灭化学火灾注意的事项如下：

（1）与水发生作用的化学药品不能用水扑救，如金属钾、钠、镁、钛、铝粉、电石、过氧化钠等，对于这些物质的燃烧可用砂覆盖灭火。

（2）比水密度小的有机溶剂如苯、石油烃类、醇、醚、酮、酯等着火时，不可用水灭火，否则会扩大燃烧面积，酿成更大的火灾。火势不大时可用砂土或泡沫灭火器灭火。比水密度大且不溶于水的有机溶剂如二硫化碳着火时，可用水扑救，也可用泡沫灭火器、二氧化碳灭火器灭火。

（3）反应器内的燃烧：在敞口器皿中燃烧如油浴着火，可用石棉布盖住，以隔绝空气使火熄灭。

2. 实验室一般伤害的救护

1）玻璃割伤的急救

除去伤口处的碎片，用医用双氧水(H_2O_2)擦洗并用纱布包扎，也可用消毒棉花或纱布把伤口清理干净，在伤口四周涂上红汞水或碘酒(注意：红汞水和碘酒不可同时使用)。伤口消毒后用止血粉外敷，并加以包扎。

2）烫伤和烧伤的急救

轻度烫伤或烧伤可用药棉蘸 90%～95%的乙醇轻涂伤处，也可用冷水疗法止痛，或用 3%～5%的 $KMnO_4$ 溶液擦伤处至皮肤变为棕色，再涂凡士林或烫伤膏(直接涂烫伤药膏也可)。较重的烫伤或烧伤，不要弄破水泡，以防止感染，应用消毒纱布轻轻包好后立即送医院治疗。

3）化学灼伤的急救

发生化学灼伤时，必须先清除皮肤上的化学药品，用大量的水冲洗，再以适合于清除这种化学药品的特种溶剂、溶液或药剂仔细洗涤，然后送医院治疗。

眼睛受到化学药品的伤害时，应立即用大量流水冲洗，然后送医院治疗。化学药品灼伤的一些急救方法如表 7-3 所示。

表 7-3 化学药品灼伤的一些急救方法

灼伤物质	急救和治疗方法
碱类物质：KOH、NaOH、CaO、$CaCO_3$、K_2CO_3、氨水等	立即用大量水冲洗，然后用稀乙酸溶液(20g · L^{-1})冲洗
酸类：硫酸、浓盐酸、硝酸、磷酸等	用大量水冲洗，然后用碳酸氢钠饱和溶液清洗
溴	用 1 体积氨水(25%)＋1 体积松节油＋10 体积乙醇(95%)混合溶液处理
氢氟酸	先用大量冷水冲，然后用 50g · L^{-1} 的碳酸氢钠溶液洗，再用甘油铋氧化镁(2∶1)的悬浮剂涂抹，用纱布包扎
磷	先用 5%的硫酸铜溶液洗净伤处的磷屑，或用镊子除去磷屑，再用 1∶1000 高锰酸钾湿敷，外涂保护剂，用纱布包扎

7.2　化学实验基本操作

7.2.1　常用仪器的洗涤及干燥

1. 常用仪器的洗涤

化学实验中使用的玻璃仪器常粘附有污垢和杂质，它们既有可溶性物质，也有灰尘和其他不溶性物质以及油污等。为了得到正确的实验结果，实验所用的玻璃仪器必须是洁净的，所以必须对玻璃仪器进行清洁。

玻璃仪器的洗涤方法很多，应根据实验的要求、污物的性质、洁净的程度来选用。常用的洗涤方法如下：

（1）用水刷洗。用毛刷刷洗仪器（从外到里），每次刷洗用水量不必太多。该方法可洗去可溶性物质、部分不溶性物质和尘土等，但不能除去油污和有机物质。

（2）用去污粉、肥皂或洗涤剂洗。用蘸有肥皂或洗涤剂的毛刷擦拭，再用自来水冲洗干净。有时去污粉的微小颗粒会黏附在玻璃器皿壁上，不易被水冲走，此时可用 2% 盐酸摇洗后再用自来水清洗。该方法可除去油污等有机杂质。

（3）用铬酸洗液洗涤。铬酸洗液是用重铬酸钾的饱和溶液和浓硫酸配制而成，具有极强的氧化性和酸性，能彻底除去油污等物质。在使用时要注意不可溅在身上，以免灼伤皮肤和烧破衣服。用过的洗液仍倒回原来密封的瓶中。

（4）特殊污垢的洗涤方法。对于某些污物用通常的方法不能洗涤除去，则可通过化学反应将黏附在器壁上的物质转化为水溶性物质。例如，铁盐引起的黄色污物可通过加入稀盐酸或稀硝酸浸泡片刻除去；接触、盛放高锰酸钾后的容器可用草酸溶液清洗（粘在手上的高锰酸钾也可同样清洗）；粘在器壁上的二氧化锰用浓盐酸处理使之溶解；粘有碘时，可用碘化钾溶液浸泡片刻，或加入稀的氢氧化钠溶液温热，或用硫代硫酸钠溶液除去；银镜反应后黏附的银或铜，可加入稀硝酸，必要时可稍微加热，以促进溶解。表 7-4 列出了一些常见污染物的处理方法。

表 7-4　一些常见污染物的处理方法

污染物	处理方法
可溶于水的污物、灰尘等	自来水清洗
不溶于水的污物	肥皂、合成洗涤剂
氧化性污物（如 MnO_2、铁锈等）	浓盐酸、草酸洗液
油污、有机物	碱性洗液（Na_2CO_3、NaOH 等）、有机溶剂、铬酸洗液、碱性高锰酸钾洗涤液
残留的 Na_2SO_4、$NaHSO_4$ 固体	用沸水使其溶解后趁热倒掉
高锰酸钾污垢	酸性草酸溶液
黏附的硫磺	用煮沸的石灰水处理
磁研钵内的污迹	用少量食盐在研钵内研磨后倒掉，再用水洗

续表

污染物	处理方法
被有机物染色的比色皿	用体积比为 1∶2 的盐酸-乙醇液处理
银迹、铜迹	硝酸
碘迹	用 KI 溶液浸泡，用温热的稀 NaOH 或 $Na_2S_2O_3$ 溶液处理

2. 常用洗涤液的配制

(1) 铬酸洗涤液。取 100mL 工业浓硫酸置于烧杯内，小心加热，然后慢慢加入 5g 重铬酸钾粉末，搅拌，待全部溶解并缓慢冷却后，储存在具磨口玻璃塞的细口瓶内。

(2) 氢氧化钠高锰酸钾洗液。将 4g 高锰酸钾溶于水中，再加入 100mL 10%的氢氧化钠溶液，储存在具橡皮塞的细口瓶内。

(3) 硫酸亚铁的酸溶液。将少量的硫酸亚铁溶解在稀硫酸溶液中。

3. 常用玻璃仪器的干燥

玻璃仪器的干燥方法有以下几种：

(1) 倒置晾干。将洗净的仪器倒置在干净的仪器架上或在仪器柜内自然晾干。

(2) 热(或冷)风吹干。仪器如急需干燥，可用吹风机吹干。对一些不能受热的容量器皿可吹冷风干燥。如果吹风前用乙醇、乙酸、丙酮等易挥发的水溶性有机溶剂冲洗一下，则干得更快。

(3) 加热烘干。洗净的仪器可放在烘箱内烘干，烘干温度一般控制在 105℃左右。仪器放进烘箱前应尽量把水倒净。能加热的仪器如烧杯、试管也可直接用小火加热烘干。加热前，要把仪器外壁的水擦干。加热时，仪器要略向下倾斜。

7.2.2　实验室用水标准

实验室常用的水有蒸馏水、去离子水和电导水等。另外，可按实验室用水规格的国家标准(GB 6682—2008)(表 7-5)将实验室用水分为一级水、二级水和三级水。

表 7-5　实验室用水标准(GB 6682—2008)

指标名称	一级	二级	三级
pH 范围(25℃)	—	—	5.0～7.5
电导率(25℃)/($ms \cdot m^{-1}$)	≤0.01	≤0.10	≤0.50
可氧化物 [以 O 计]/($mg \cdot L^{-1}$)	—	≤0.08	≤0.40
吸光度(254nm，1cm 光程)	≤0.001	≤0.01	—
可溶性硅 (以 SiO_2 计) /($mg \cdot L^{-1}$)	≤0.01	≤0.02	—
蒸发残渣 (105℃±2℃) /($mg \cdot L^{-1}$)	—	≤1.0	≤2.0

注：1. 由于在一级水、二级水的纯度下，难于测定其真实的 pH，因此，对一级水、二级水的 pH 范围不做规定。

2. 由于在一级水的纯度下，难于测定可氧化物质和蒸发残渣，对其限量不做规定。可用其他条件和制备方法来保证一级水的质量。

实验室用水可用以下方法制备。

1. 蒸馏水

将自来水在蒸馏水装置中加热气化，再将蒸气冷却，即得到蒸馏水。蒸馏能除去水中的非挥发性杂质，得到的蒸馏水比较纯净，但不能完全除去水中溶解的气体杂质。此外，一般蒸馏装置所用材料是不锈钢、纯铝或玻璃，所以可能会带入金属离子。

2. 去离子水

去离子水指将自来水依次通过阳离子树脂交换柱、阴离子树脂交换柱、阴阳离子树脂混合交换柱后所得的水，其纯度比蒸馏水高。离子树脂交换柱除去离子的效果好，但不能除去非离子型杂质，常含有微量的有机物。

3. 电导水

在第一套蒸馏器(最好是石英制，其次是硬质玻璃)中装入蒸馏水，加入少量高锰酸钾除去水中的有机物，得重蒸馏水。再将重蒸馏水注入第二套蒸馏器中(最好是石英制)，加入少许硫酸钡和硫酸氢钾固体，进行蒸馏。弃去前馏分、后馏分各10mL，收取中间馏分，得电导水。电导水应收集保存在带有碱石灰吸收管的硬质玻璃瓶内，保存时间不能太长，一般在两周以内。

4. 三级水

采用蒸馏或离子交换制备三级水。

5. 二级水

将三级水再次蒸馏后制得二级水，可能含有微量的无机、有机或胶态杂质。

6. 一级水

将二级水经进一步处理后制得一级水。如果将二级水用石英蒸馏器再次蒸馏，基本上不含有溶解或胶态离子杂质及有机物。

7.2.3 化学试剂的分级及使用

1. 试剂的分级

根据化学试剂的纯度，按杂质含量多少，将化学试剂分为五级，见表7-6。

表7-6 化学试剂的等级

级别		一级品	二级品	三级品	四级品	五级品
我国化学试剂等级标志	中文标志	保证试剂	分析试剂	化学纯	化学用	生物试剂
		优级纯	分析纯	纯	实验试剂	

续表

级别		一级品	二级品	三级品	四级品	五级品
我国化学试剂等级标志	符号	G. R.	A. R.	C. P.	L. R.	B. R. C. R.
	标签颜色	绿	红	蓝	棕色等	黄色等
德、美、英等国通用等级		G. R.	A. R.	C. P.		
原苏联等级和符号		化学纯 XЦ	分析纯 ЦДА	纯 Ц		

此外，还有一些特殊的纯度标准，如光谱纯、荧光纯、半导体纯等。取用试剂时应按不同的实验要求选用不同规格的试剂。例如，一般实验用三级或四级试剂即可，分析化学实验则需要取用纯度较高的二级甚至是一级试剂。

试剂的危险性经常通过一些国际通用的标志来进行提示。图 7-1 是一些常见的危险性标志。

图 7-1 一些常见的危险性标志

2. 试剂的包装

固体试剂一般装在带塞的广口瓶中，液体试剂则盛在细口瓶(或滴瓶)中，见光易分解的试剂(如硝酸银)应装在棕色瓶中。每个试剂瓶都应贴上标签，以表明试剂的名称、浓度、纯度(实验室分装时，固体只标明试剂名称，液体还须注明浓度)。

3. 试剂的取用

固体粉末试剂可用洁净的牛角匙取用。要取一定量的固体时，可把固体放在纸上或表面皿上，用台秤称量。要准确称量时，就应用称量瓶在天平上进行称量。液体试剂常用量筒(容量有 5mL、10mL、50mL、500mL 等)量取，把量取的液体注入量筒中，视线与量筒内液体凹面的最低处保持水平，然后读出量筒上的刻度，即得液体的体积。

如需少量液体试剂则可用滴管取用，取用时应注意不要将滴管碰到接收容器壁或插入接收容器内。

为了达到准确的实验结果，取用试剂时应遵守以下规则，以保证试剂不受污染和不变质：

(1) 试剂不能与手接触。

(2) 要用洁净的药匙、量筒或滴管取用试剂，绝对不能用同一种工具连续取用多种试剂。取完一种试剂后，应将工具洗净(药匙要擦干)，方可取用另一种试剂。

(3) 取完试剂后要将瓶塞盖紧，不可放错瓶盖和滴管，绝不允许张冠李戴。用完试剂瓶后放回原处。

(4) 已取出的试剂不能再放回原试剂瓶内。

另外，取用试剂时应本着节约原则，尽可能少用，这样既便于操作和仔细观察现象，又能得到较好的实验结果。

7.2.4 试纸的分类及使用

1. 试纸的种类

(1) 石蕊试纸和酚酞试纸。石蕊试纸有红色和蓝色两种。石蕊试纸、酚酞试纸用来定性检验溶液的酸碱性。

(2) pH 试纸。pH 试纸包括广泛 pH 试纸和精密 pH 试纸两类，用于检验溶液的 pH。广泛 pH 试纸的变色范围是 pH=1～14，它只能粗略地估计溶液的 pH。精密 pH 试纸可以较精确地估计溶液的 pH，根据其变色范围可分为多种，如变色范围为 pH=3.8～5.4，pH=8.2～10 等。根据待测溶液的酸碱性，可选用某一变色范围的试纸。

(3) 淀粉-碘化钾试纸。用来定性检验氧化性气体，如 Cl_2、Br_2 等。

当氧化性气体遇到湿的试纸后，可将试纸上的 I^- 氧化成 I_2，I_2 立即与试纸上的淀粉作用，变成蓝色。

$$2I^- + Cl_2 = 2Cl^- + I_2$$

如果气体氧化性强而且浓度大，还可以进一步将 I_2 氧化成无色的 IO_3^-，使蓝色褪去。

$$I_2 + 5Cl_2 + 6H_2O = 2HIO_3 + 10HCl$$

可见，使用时淀粉-碘化钾试纸时必须仔细观察试纸颜色的变化，否则会得出错误的结论。

(4) 醋酸铅试纸。用来定性检验硫化氢气体。当含有 S^{2-} 的溶液被酸化时，逸出的硫化氢气体遇到试纸后，即与纸上的醋酸铅反应，生成黑色的硫化铅沉淀，使试纸成褐黑色，并有金属光泽。

$$Pb(Ac)_2 + H_2S = PbS\downarrow + 2HAc$$

当溶液中 S^{2-} 浓度较小时，则不易检验出。

2. 试纸的使用

(1) 石蕊试纸和酚酞试纸。用镊子取小块试纸放在表面皿边缘或滴板上，用玻璃棒将待测溶液搅拌均匀，然后用玻璃棒末端蘸少许溶液接触试纸，观察试纸颜色的变化，确定溶液的酸碱性。切勿将试纸浸入溶液中，以免弄脏溶液。

(2) pH 试纸。用法同石蕊试纸。待试纸变色后，与色阶板比较，确定 pH 或 pH 的范围。

(3) 淀粉-碘化钾试纸和醋酸铅试纸。将小块试纸用纯水润湿后放在试管口，注意不要使试纸直接接触溶液。

使用试纸时要注意节约，可把试纸剪成小块，用时不要多取。取用后，马上盖好瓶盖，以免试纸沾污。用后的试纸丢弃在垃圾桶内，不能丢在水槽内。

3. 试纸的制备

(1) 酚酞试纸(白色)。将 1g 酚酞溶解在 100mL 乙醇中，振摇后加入 100mL 纯水，将滤纸浸泡后放在无氨蒸气处晾干。

(2) 淀粉-碘化钾试纸(白色)。将 3g 淀粉和 25mL 水搅匀，倾入 225mL 沸水中，加入 1g 碘化钾和 1g 无水碳酸钠，再用水稀释至 50mL，将滤纸浸泡后取出，放在无氧化性气体处晾干。

(3) 乙酸铅试纸(白色)。将滤纸浸入质量分数为 3%的乙酸铅溶液中浸渍，然后放在无硫化氢气体处晾干。

7.2.5　加热与冷却

1. 加热

许多化学实验要在加热条件下进行，同时，物质的分离、纯化与干燥，熔点、沸点的测定等也涉及加热。由此可见，加热是化学实验中重要的基本操作。常用的加热手段有直接加热和间接加热两种。

1) 直接加热

(1) 直接加热液体。适用于在较高温度下不分解的溶液或纯液体。

少量的液体可装在试管中加热，用试管夹夹住试管的中上部(不能用手拿，以免烫伤)，试管口向上微微倾斜(图 7-2)，管口不能对着自己和其他人的脸部，以免溶液沸腾时溅到脸上。管内所装液体的量不能超过试管高度的 1/3。加热时，先加热液体的中上部，再慢慢往下移，然后不时地上下移动，使溶液受热均匀。不能集中加热某一部分，否则会引起爆沸。

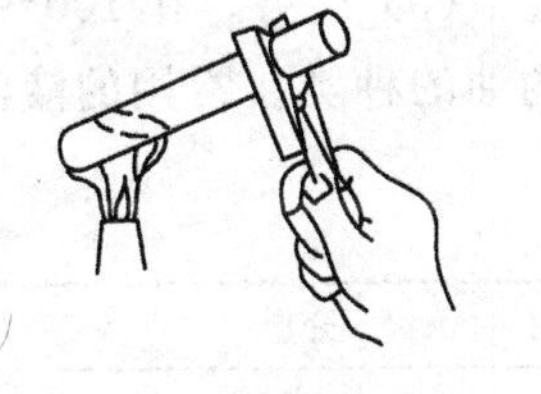

图 7-2　加热试管内液体

如需要加热的液体较多，则可放在烧杯或其他器皿中。将烧杯放在石棉网上，用煤气灯加热，待溶液沸腾后，把火焰调小，使溶液保持微沸，以免溅出。

如需把溶液浓缩，则可放入蒸发皿(放在泥三角上)内加热，待溶液沸腾后改用小火慢慢蒸发、浓缩。

(2) 直接加热固体。少量固体药品可装在试管中加热，加热方法与直接加热液体的方法稍有不同，此时试管口向下倾斜(图 7-3)，避免冷凝在管口的水珠倒流到试管的灼烧处而导致试管炸裂。

较多固体的加热，应在蒸发皿中进行。先用小火预热，再慢慢加大火焰，但火不能太大，以免溅出造成损失。加热时要充分搅拌，使固体受热均匀。

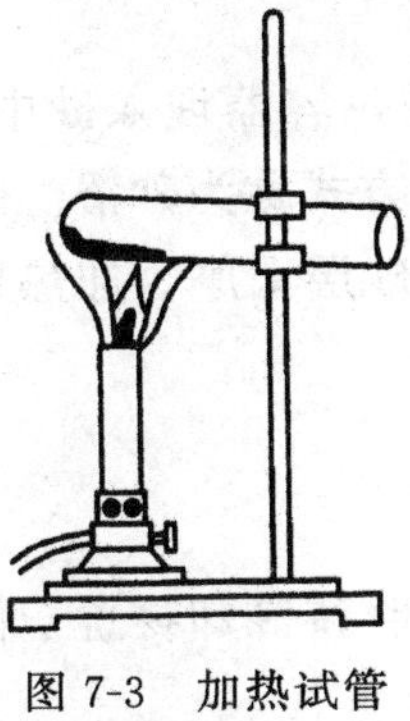

图 7-3　加热试管内的固体

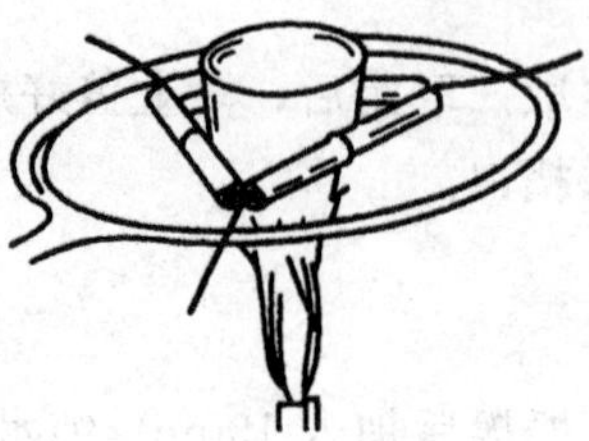

图 7-4　灼烧坩埚

需高温灼烧时，则把固体放在坩埚中，用煤气灯的氧化焰灼烧(图 7-4)。用小火预热后慢慢加大火焰，直至坩埚红热，维持一段时间后停止加热。稍冷，用预热过的坩埚钳将坩埚夹持到干燥器中冷却。

直接加热的缺点是难以做到均匀加热，对温度较难进行控制。同时，直接加热是用明火，安全性较差。因此，直接加热一般只适用于高沸点或不易燃液体的加热。低沸点(＜100℃)、易燃液体严禁直接加热。

2）间接加热

间接加热是指由热源加热传热介质，再由传热介质加热待加热物的加热方式。常用的传热介质有空气、水、高沸点液体、砂及金属等，分别称为空气浴、水浴、油浴、砂浴及金属浴。

(1) 空气浴。空气浴使用较为方便，但受热不均匀，而且不容易控制加热温度。沸点在 80℃以上的液体原则上可用空气浴加热。被酒精灯加热的石棉网可以作为最简单的空气浴，使用时应将被加热的容器离开石棉网 1cm 左右。

电热套加热是一种加热效果较好的空气浴加热，优点是无明火，与调压变压器联合使用时，可以通过调节电压来控制加热强度，可适用 50mL～5L 的各种规格的圆底烧瓶加热。电热套常用于回流加热，一般的电热套可加热至 400℃。

(2) 水浴。水浴是使用广泛的间接加热方式，特别是进行 100℃以下的加热。水浴加热的优点是加热均匀且温和，热惯性不大，易于对温度进行精确调节。

(3) 油浴。在 100～250℃加热时可用油浴。油浴所能达到的最高温度取决于所使用的油的种类。常用的液浴介质及其加热温度见表 7-7。

表 7-7　液浴介质及其加热温度

介质	加热温度/℃	介质	加热温度/℃
水	＜98	甘油	＜150
液体石蜡	＜200	乙二醇	＜180
油浴(58#～62#)气缸油	＜220	硅油	＜150

(4) 砂浴。将清洁、干燥的细砂平铺在砂浴锅或铁盘上，把待加热容器埋入砂中，再对砂浴锅或铁盘加热，待加热容器就通过砂被间接加热，这种加热方式称为砂浴。砂浴的加热温度可以达到 400℃。用砂浴加热时，应注意砂层的厚度。砂层太厚，加热速度较慢，时间较长；砂层太薄，则散热太快。

2. *冷却*

冷却是通过制冷剂造成低温环境(有时也采用常温自然冷却)，再将待冷却物置于低温环境中进行的。

水是常用的制冷剂，如可将连在反应装置中的烧瓶放在有排水管的大漏斗中以水流冷却。如需冷却到室温以下，可用冰-水浴(温度可达到 0～5℃)。如需冷却到 0℃以下，可用冰-盐浴(无机盐与碎冰混合)。冰盐制冷剂及其制冷温度见表 7-8。

表 7-8 冰盐制冷剂及其制冷温度

无机盐	100g 碎冰加入盐的量/g	混合物可达到最低温度/℃
$NaCl$	33	−21
$CaCl_2 \cdot 6H_2O$	100	−29
$CaCl_2 \cdot 6H_2O$	143	−55
NH_4Cl	25	−15

如需更低温度，可用干冰与有机溶剂混合作制冷剂。干冰与乙醇混合能冷到−72℃，干冰与氯仿混合可冷至−77℃。操作时将干冰加入盛于保温瓶(杜瓦瓶)的溶剂中(注意加入时会产生大量泡沫)，然后将待冷却物置于保温瓶中，上面盖以棉花或布团以防止蒸发太快，影响冷却效果。干冰使用前须在铁研钵(不可用瓷研钵)中粉碎，操作时应戴防护目镜及手套。由于有爆炸危险，保温瓶应缠以石棉绳或置于木箱中。

若要长时间低温储藏物质，可使用冰箱或冰柜。放入冰箱的容器必须密闭，以防水气侵入或有机物逸出腐蚀冰箱，容器上应贴标签。

7.2.6 液-固分离

常用的分离方法有三种：过滤法、离心分离和重结晶。

1. 过滤法

过滤是固液分离最常用的方法。过滤时，沉淀物留在过滤器上，而溶液通过过滤器进入接收器中，过滤出的溶液称为滤液。过滤方法有以下两种。

1) 常压过滤

常压过滤最为简便，也是最常用的固液分离方法，尤其沉淀为微细的结晶时，用此法过滤较好。

过滤前先将滤纸对折两次，然后展开成圆锥形(一边三层，另一边一层)，放入玻璃漏斗中(图 7-5)。改变滤纸折叠角度，使之与漏斗角度相适应。用手按着滤纸，用少量蒸馏水将滤纸湿润，轻压滤纸四周，赶去气泡，使其紧贴在漏斗上。

把带滤纸漏斗放在漏斗架上，下面放容器以收集溶液，调节漏斗架的位置，使漏斗尖端靠在容器内壁(图 7-5)，以免滤液溅失。

将要过滤的液体沿玻璃棒缓缓倾入漏斗中(滤液倾在滤纸层较厚的一面)，倾入量应使液面低于滤纸边缘 2～3mm，此时溶液透过滤纸流入收集器内，而沉淀留在滤纸上。

为加快过滤速度，可使待过滤的溶液静置一段时间，使沉淀尽量下沉，过滤时不要搅动沉淀物，先把沉淀上面的大部分清液过滤掉，再用玻璃棒搅起沉淀物连同溶液一起转移到滤纸上。附在烧杯壁上的沉淀可用少量蒸馏水或母液冲洗下来再转移至滤纸上。

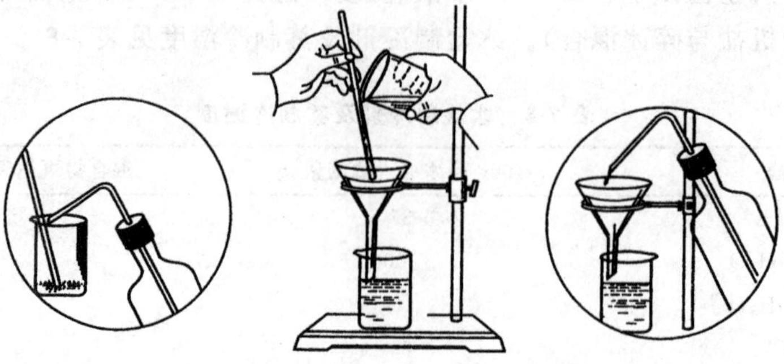

图 7-5　常压过滤

2）减压过滤

减压过滤又称抽滤、吸滤或真空过滤。减压过滤可加快过滤速度，并且得到的沉淀比较干燥。胶状沉淀在过滤速度很快时会透过滤纸，不能用减压过滤。颗粒很细的沉淀会因减压抽吸而在滤纸上形成一层密实的沉淀，使溶液不易透过，反而达不到加速目的，也不宜用此法。

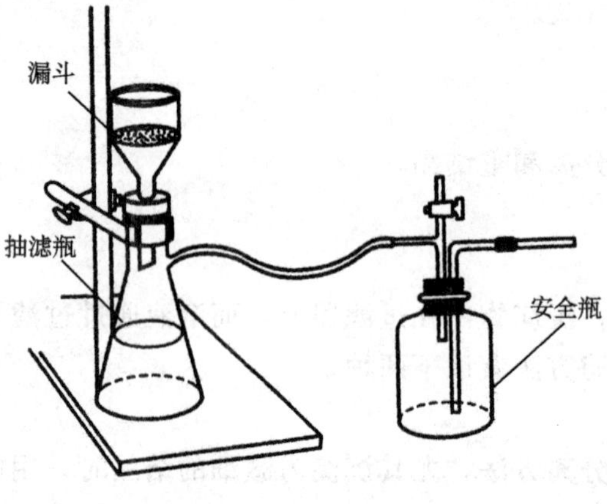

图 7-6　减压过滤

减压过滤装置如图 7-6 所示，先将一张比抽滤漏斗（或布氏漏斗）内径略小的圆形滤纸平整地放在抽滤漏斗上，用少量蒸馏水湿润滤纸，然后用橡皮塞把抽滤漏斗固定在抽滤瓶上（注意漏斗下端的斜削面要对着抽滤瓶侧面的细嘴），用橡胶管将抽滤瓶与水流抽气泵接好，过滤时慢慢打开水阀门。

过滤时，先把上部澄清液沿着玻璃棒注入漏斗内，加入的量不要超过漏斗容量的 2/3。然后将沉淀物均匀地分布在滤纸上，继续减压，直至沉淀物较干为止。

若用真空泵进行抽滤，为了防止滤液倒流和潮湿空气抽入泵内，在抽滤瓶和真空泵之间要连一个缓冲瓶和一个装有变色硅胶的干燥瓶。

过滤完后，应把连接抽滤瓶的橡皮管拔下，再关闭水阀门（或停真空泵），否则水会倒流入抽滤瓶中，将滤液弄脏。取下漏斗把它倒扣在滤纸上，轻轻敲打漏斗边缘，使滤纸和沉淀脱离漏斗。滤液则从过滤瓶的上口倾出，不要从侧面尖嘴倒出，以免弄脏滤液。

2. 离心分离

当分离试管中少量的溶液与沉淀物时，常采用离心分离法，这种方法操作简单而迅速。实验室常用的电动离心机如图 7-7 所示，它由高速旋转的小电动机带动一组金属套管做高速圆周运动。装在金属管内试管中的沉淀物受到离心力的作用向试管底部集中，试管上层便得到澄清的溶液，即离心试管中的溶液与沉淀得以分离。电动离心机的转速可由侧面的变速器旋钮调节。

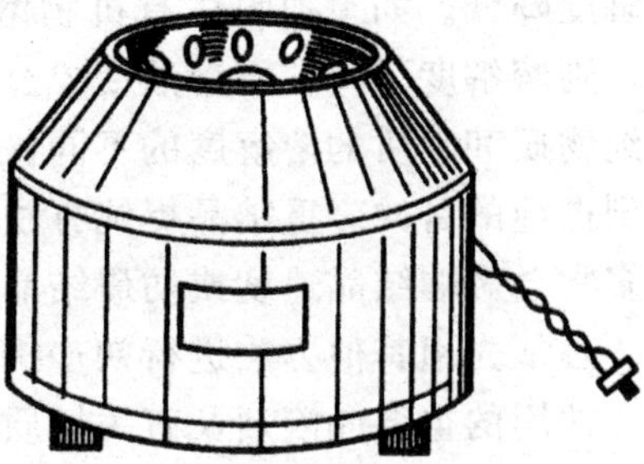

图 7-7　离心机

使用电动离心机进行离心分离时，须把装有少量溶液与沉淀的离心试管对称地放入电动离心机的金属(或塑料)套管内。如果只有一支离心试管中装有试样，为了使电动离心机转动时保持平衡，防止高速旋转引起振动而损坏离心机，可在与之对称的另一金属(或塑料)套管内放入一支装有相同(或相近)质量的水的离心试管。放好离心试管后盖上离心机盖子，先把电动离心机变速器旋钮置于最低挡，通电后逐渐转动变速器旋钮使其加速，大约高速转半分钟后，再将变速器旋钮置于最低挡，切断电源，使离心机自然停止转动。千万不要用手或其他方法强制离心机停止转动，否则很容易损坏离心机，而且容易发生危险。

3. 结晶和重结晶

结晶是指溶液达到过饱和后从溶液中析出晶体的过程。通常结晶的方法有两种：一种是根据溶解度随温度降低而降低的原理设计，即当某物质的溶解度随温度变化较大时，加热溶解至饱和，然后冷却析出晶体；另一种是通过蒸发和气化部分溶剂，使溶液浓缩到过饱和状态后析出晶体。

晶体的析出分两步，第一步形成一个微小的晶核，第二步晶核长大成为晶体。由此可见，晶体的析出首先与晶核形成的速度有关，对一般物质而言，过饱和状态是一种不稳定状态，在过饱和溶液中加入一小粒晶体(晶种)，搅拌或用玻璃棒摩擦器皿形成晶核，从而加速晶体的析出。因此，溶液的过饱和程度越大，形成晶核的速度也大，晶体析出的速度也快。

形成晶体颗粒的大小除与溶液的过饱和程度有关外，还与结晶时的温度和搅拌等因素有关。如果溶液的过饱和程度大，形成的晶核多，则形成细小的晶体。如果溶液的过饱和程度小，形成的晶核少，晶体容易长大，当溶液慢慢冷却并进行适当的搅拌，则得到较大颗粒的晶体。

结晶操作一般需进行加热及蒸发，蒸发通常在蒸发皿中进行。结晶时，蒸发皿中放入约 2/3 容量的溶液，可在电炉或酒精灯(煤气灯)上加热蒸发，同时，注意控制蒸发时温度和搅拌。对遇热易分解的溶质，可用水浴加热，或更换溶剂；对在水溶液中发生水解的物质，调节溶液的 pH，以抑制水解反应的进行；对含结晶水的晶体，在蒸发浓缩时先析出的晶体所含的结晶水较少，可能为无水物。放置冷却时无水物从母液中吸取水形成含结晶水的晶体，所以蒸发不能过度。

重结晶是提纯固体有机化合物常用方法之一。有机合成或从天然有机化合物中得到固体有机物往往需要重结晶。

固体有机物在溶剂中的溶解度随温度变化而改变，一般温度升高溶解度增大，反之溶解度降低。如果把固体有机物溶解在热的溶剂中制成饱和溶液，然后冷却到室温以下，则溶解度下降，原溶液变成过饱和溶液，这时就会有结晶固体析出。利用溶剂对被提纯物质和杂质的溶解度的不同，使杂质在热滤时被除去或冷却后被留在母液中，从而达到提纯的目的。重结晶提纯方法主要用于提纯杂质含量小于5%的固体有机物，杂质过多常会影响结晶速度或妨碍结晶的生长。因此，从反应的粗产品直接重结晶是不适宜的，必须先用其他方法进行初步提纯，如萃取、蒸馏等，再用重结晶提纯。

常用的重结晶溶剂及有关性质见表7-9。

表7-9 常用的重结晶溶剂及性质

溶剂	沸点/℃	冰点/℃	相对密度	与水的混溶性	易燃性
水	100	0	1.0	+	0
乙醇	78.5	0	0.791420	+	+
95%甲醇	64.96	<0	0.804	+	++
冰醋酸	117.9	<0	1.05	+	+
丙酮	56.2	16.7	0.79	+	+++
乙醚	34.51	<0	0.71	−	++++
石油醚	30～60	<0	0.64	−	++++
乙酸乙酯	77.06	<0	0.90	−	++
苯	80.1	5	0.88	−	++++
氯仿	61.7	<0	1.48	−	0
四氯化碳	76.54	<0	1.59	−	0

注：+表示混溶性好；+越多表示易燃性越强。

重结晶提纯的一般过程为：

(1) 将粗产品溶于适当的热溶剂(接近溶剂沸点)中制成饱和溶液。

(2) 趁热过滤除去不溶性杂质。如果溶液颜色较深，可加活性炭煮沸脱色，再趁热过滤。

(3) 将此溶液冷却或蒸发溶剂，使结晶慢慢析出，将杂质残留在母液中；或者将杂质析出，而使欲提纯的化合物留在溶液中。

(4) 减压过滤分离母液，洗涤除去吸附在晶体表面上的母液，分离出欲提纯的化合物的晶体或杂质。

(5) 需进一步纯化可重复上述过程。

重结晶的关键是选择适宜的溶剂。合适的溶剂必须具备下列条件：① 与被提纯的物质不发生化学反应；② 被提纯物质在热溶剂中溶解度大，冷却时溶解度小，而杂质在冷、热溶剂中溶解度都较大，杂质始终留在母液中，或者杂质在热溶剂中不溶解，这样在热过滤时也可把杂质除去；③ 溶剂易挥发，但沸点不宜过低，便于与结晶分离；④ 价格低、毒性小、易回收、操作安全。

7.2.7　天平的使用及称量

1. 台式天平

台式天平(图 7-8)一般用于精确度要求不高的称量，准确度为 0.1g。

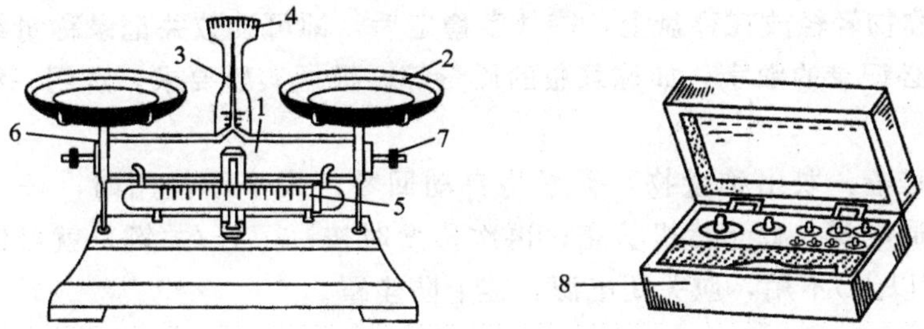

图 7-8　台式天平

1. 横梁；2. 盘；3. 指针；4. 刻度盘；5. 游码标尺；6. 游码；7. 平衡调节螺丝；8. 砝码、砝码盒

台式天平的使用方法如下：

(1) 零点调整。托盘中未放物体时，如指针不在刻度零点附近，可用平衡调节螺丝调节。

(2) 称量。称量物不直接放在天平盘上称量(避免天平盘受腐蚀)，应放在已称过质量的表面皿或称量纸上(左右各放一张质量相等的称量纸)。潮湿的或具有腐蚀性的药品应放在玻璃容器内。

称量物放在左盘，砝码放在右盘，如添加 10g 或 5g 以下的砝码时可以移动游码，直至指针与刻度盘的零点相符(可以偏差 1 格)。记下砝码质量，即为物体质量。

(3) 称量后。称毕应把砝码放回盒内，把标尺上的游码移到刻度“0”处，将天平整理干净。

2. 电子天平

电子天平是进行精确称量的精密仪器。图 7-9 为 FA1004 系列电子天平外形图。

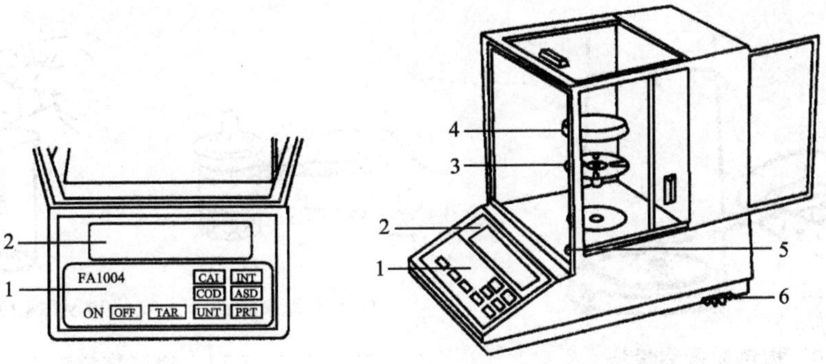

图 7-9　FA1004 系列电子天平外形图

1. 键盘(控制键)；2. 显示器；3. 盘托；4. 秤盘；5. 水平仪；6. 水平调节脚

电子天平的使用方法如下：

(1) 查看水平仪，如不水平，需调整水平脚直至达到水平状态。

(2) 接通电源，预热 30min。

(3) 开启显示器，轻按开/关键，显示出现稳定的“0.0000g”即可进行称量。如果显示不是“0.0000g”，则轻按去皮键(TARE 键)，待出现“0.0000g”后称量。

(4) 将被称物轻轻放在秤盘上，待数字稳定后，即可读数并记录称量结果。使用去皮键可消去不必记录的数字，如称载瓶的质量等。根据实验要求，选用一种称量方法进行称量。

(5) 称量完毕，取出称量物，天平将自动回零。天平不使用时，按一下开/关键，此时天平仍接通电源，处于待机状态；再次称量时按一下开/关键，就可使用。如果天平长时间(12h 以上)不用，应关闭电源，盖上防尘罩。

3. 称量方法

1) 直接称量法

将被称物直接放在秤盘上，所得读数即为被称物的质量。这种称量方法适用于称量洁净干燥的器皿、棒状的金属等。

2) 指定质量称量法

在化学实验中，有时要求称取特定质量的试样或基准物，常采用指定质量称量法来称取，如图 7-10 所示。这种称量法的操作速度较慢，适用于不易吸湿且不与空气中各种组分发生作用的性质稳定的粉末状物质。其步骤是：先称量一洁净干燥的器皿(小烧杯、表面皿)或一张称量纸，读数后再适当调整砝码，在天平半开状态下，用药匙小心缓慢地向承接的器皿中加试样，直至天平读数正好增加到所需的数字为止。使用电子天平时，应使用去皮键以直接显示所称试样的质量。

3) 递减称量法

使用递减(差减)称量法称取试样的量是由两次称量之差求得的，如图 7-11 所示。此法用于称量一定质量范围的试样或试剂，特别适合称量易挥发、吸水或易与空气中 O_2、CO_2 发生反应的物质。称量的步骤是：用一张纸条套住盛有所需试样的称量瓶，放在天平盘上，称出其准确质量；再将称量瓶取出，置于试样接收器上方，用纸片夹住

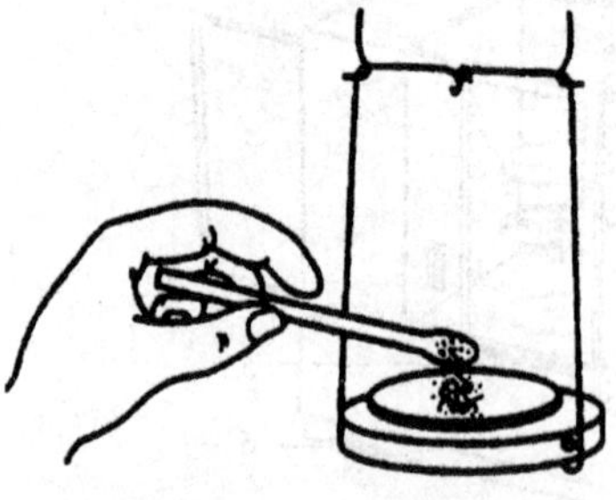

图 7-10　指定质量称量法

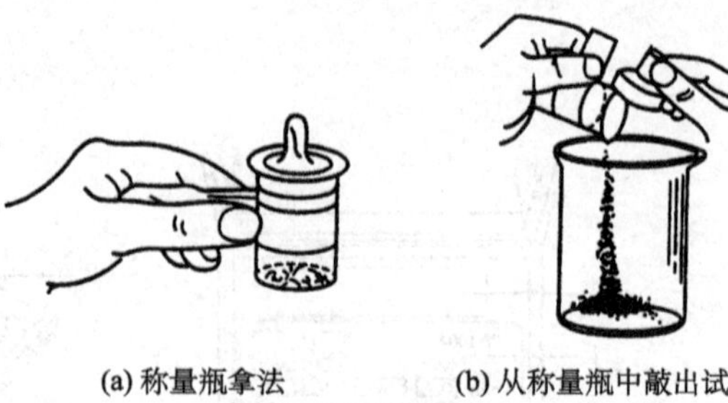

(a) 称量瓶拿法　　(b) 从称量瓶中敲出试样

图 7-11　递减称量法

瓶盖柄，打开瓶盖，将瓶身慢慢向下倾斜，用称量瓶盖轻敲瓶口外缘，使试样缓缓落入接收器内。估计倾出的试样量接近所需量时，再边敲瓶口，边将瓶身竖直，盖好瓶盖后方可将称量瓶移开接收器的上方，最后准确称出倾出试样后称量瓶的质量。如果倾出的试样质量不到所需量，则重复上述操作直到移出的试样质量满足要求，第一次和最后一次称量瓶质量之差即为试样的质量。

7.2.8　溶液的配制和标定

在进行定量分析时，经常要使用标准溶液，如滴定分析时待测组分的含量是根据标准溶液的浓度和用量计算而得的，仪器分析中也用不同浓度的标准溶液制作工作曲线。因此，正确地配制标准溶液、准确地标定溶液的浓度，对于提高定量分析的准确度有重大意义。

1. 量器的使用

1）量筒的使用

如图 7-12 所示，量筒用来量取液体的体积，读数时应使视线和量筒内弯月面的最低点保持水平。

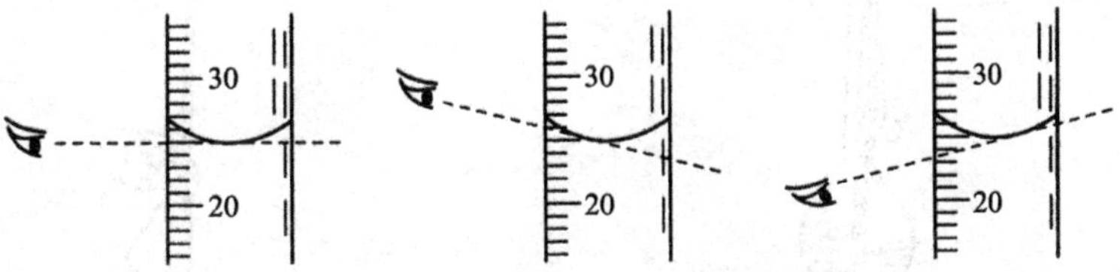

图 7-12　观看量筒内液体的容积

在进行某些实验时，如果不需要很准确地量取试剂，可以不必每次都用量筒，但需要掌握估量液体体积的方法。例如，普通小试管是 5mL，1mL 液体占试管总容量的 1/5；使用滴瓶里的滴管，每滴出 12 滴左右的体积为 1mL(定性分析中要求滴管每滴出 20 滴为 1mL)。

2）吸管的使用

要准确移取一定体积的液体时，常使用吸管。吸管有无分度吸管(又称移液管)和有分度吸管(又称吸量管)两种。如需吸取 5mL、10mL、25mL 等整数量，用相应大小的无分度吸管，而不用有分度吸管。量取小体积液体且不是整数时，一般用有分度吸管，使用时使液面从某一分度(通常为最高标线)降到另一分度，两分度间的体积刚好等于所需量取的体积，通常不把溶液放到底部。在同一实验中，尽可能使用同一吸管的同一段，而且尽可能使用上面部分，不用末端收缩部分。

使用吸管前，应依次用洗液、自来水、蒸馏水洗涤，最后取少量被量液体荡洗 3 次，以保证被吸取的溶液浓度不变。纯水和溶液荡洗的用量由吸管大小决定，无分度吸管以液面上升到球部为限，有分度吸管则以充满全部体积的 1/5 为限。

用吸管吸取溶液时，左手拿洗耳球(预先排出空气)，右手拇指及中指捏住管颈标线以上的部位(图7-13)。吸管下端至少伸入液面1cm，不要伸入太多，以免管口外壁黏附溶液过多，也不要伸入太少，以免液面下降后吸空。用洗耳球慢慢吸取溶液，眼睛注意正在上升的液面位置，吸管应随容器中液面下降而降低。当溶液上升到标线以上时迅速用右手食指按紧管口，取出吸管。左手拿住盛溶液的容器，并将吸管的下部伸入溶液的部分沿容器内壁轻转两圈，以除去吸管外壁上的溶液。将容器倾斜约45°，右手垂直地捏住吸管，使其管尖靠住液面以上的容器壁，微微抬起食指，当液面缓缓下降到与标线相切时，立即紧按食指，使液体不再流出。再把吸管移入准备接收溶液的容器中，仍使其管尖接触容器壁，将接收容器倾斜，吸管直立，抬起食指，溶液自由地沿壁流下(图7-14)。待溶液流尽后，约等15s，取出吸管。注意，不要把残留在管尖的液体吹出(除非吸管上注明“吹”字)，因为在校准吸管容积时没有把这部分液体包括在内。

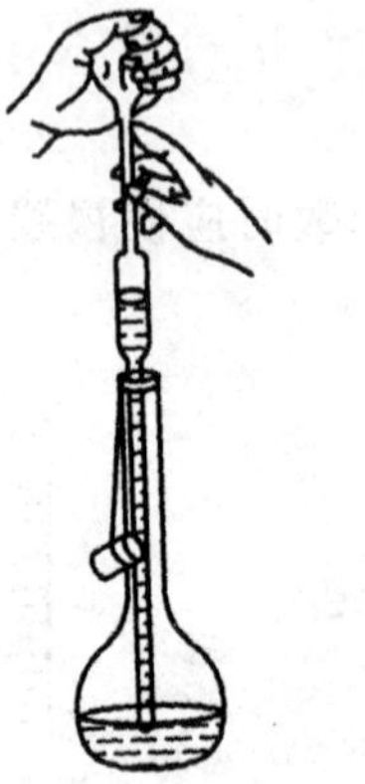

图7-13　吸管吸取溶液

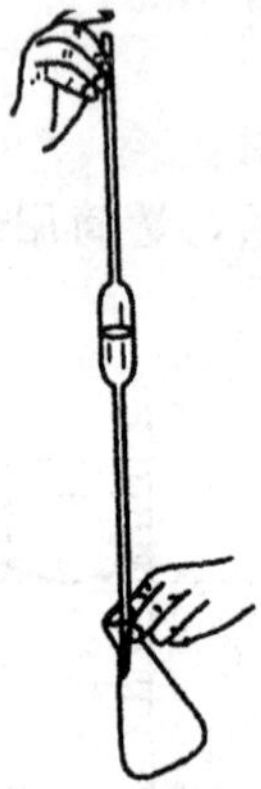

图7-14　从吸管中放出溶液

各种吸管的检定和使用方法见表7-10。

表7-10　各种吸管的检定和使用方法

吸管的型制		检定和使用方法
无分度吸管	具一条标线	液体自标线自然流至口端，A级等待15s，B级等待3s(保留流液口残留液)
	具两条标线	液体自上标线自然流至下标线上5mm，A级等待15s，B级等待3s，然后下调至下标线
完全流出式吸管	慢流速	液体自标线自然流至口端，A级等待15s，B级和快流速等待3s(保留流液口残留液)
	快流速	
不完全流出式吸管		液体自标线自然流至最低标线上约5mm处，A级等待15s，B级等待3s，然后调至最低标线
吹出式吸管		液体自标线流至口端，随即将口端残留液全部排出

3）容量瓶的使用

容量瓶用于配制准确浓度的溶液。一般的容量瓶是“量入”容量瓶，标有“In”（过去用“E”表示），当液体充满到瓶颈标线时，表示在所指温度(一般为293K)下，液体体积恰好与标称容量相等。另一种是“量出”容量瓶，标有“Ex”（过去用“A”表示），当液体充满到标线后，按一定的要求倒出液体，其体积恰好与瓶上标称容量相同，这种容量瓶用来量取一定体积的溶液，使用时应辨认清楚。

容量瓶使用前应检查瓶塞是否漏水。在瓶中加入自来水到标线附近，盖好塞子，左手按住塞子，右手指尖顶住瓶底边缘，倒立 2min，观察瓶塞周围是否有水渗出，将瓶直立后，转动瓶塞约 180°，再试一次。不漏水的容量瓶才能使用。为了避免打破磨口玻璃塞，应用线绳把塞子系在瓶颈上，平头玻璃塞可倒立于桌面上。

容量瓶的洗涤方法与吸管相同。尽可能只用水冲洗，必要时才用洗液浸洗。倒入 10～ 20mL 洗液，边转动边将瓶口倾斜，至洗液布满内壁，放置几分钟，将洗液由上口慢慢倒出，边倒边转，使洗液在流经瓶颈时布满全颈。然后用自来水冲洗，纯水荡洗 3 次。

配制溶液时，若固体试样(试剂)易溶解，且溶解时没有很大的热效应，则可用漏斗将试样直接倒入容量瓶中溶解。一般将称好的固体试样溶解在烧杯中，冷至室温后定量地转移到容量瓶中。转移时，要顺着玻璃棒加入。将玻璃棒的顶端靠近瓶颈内壁，使溶液顺壁流下(图 7-15)。待溶液全部流完后，将烧杯轻轻向上提，同时直立，使附着在玻璃棒和烧杯嘴之间的 1 滴溶液收回到烧杯中。

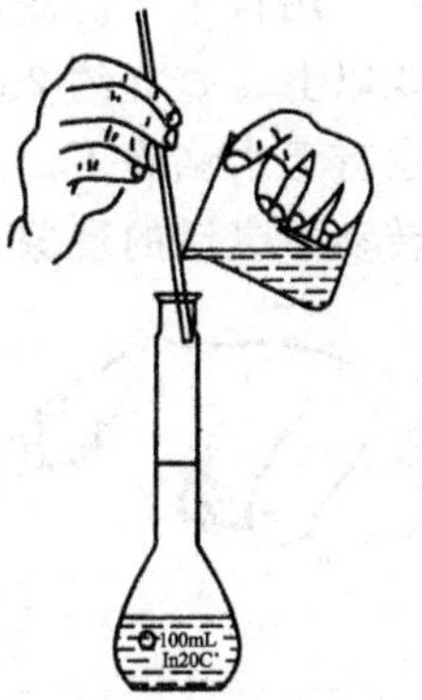

图 7-15 溶液的转移

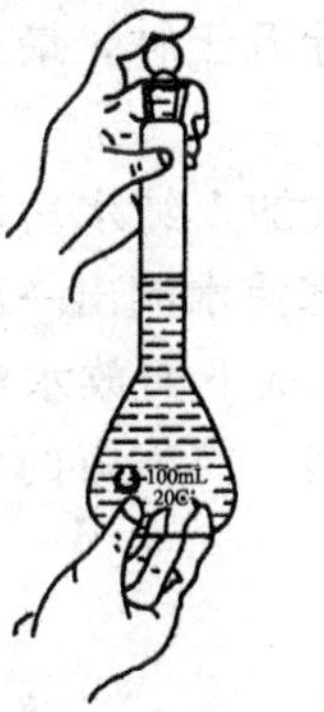

图 7-16 容量瓶的拿法

用洗瓶洗涤玻璃棒、烧杯壁 3 次，每次的洗涤液都转移到容量瓶中，再加纯水到容量瓶容积的 2/3。右手拇指在前，中指、食指在后，拿住瓶颈标线以上处，直立旋摇容量瓶使溶液初步混合(此时切勿加塞倒立容量瓶)。然后慢慢加水到接近标线 1cm 左右，等 1～2 min，使黏附在瓶颈上的水流下。用滴管伸入瓶颈，但稍向旁侧倾斜，使水顺壁流下，直到弯月面最低点和标线相切为止。盖好瓶塞，左手大拇指在前，中指及无名指、小指在后，拿住瓶颈标线以上部分，而以食指压住瓶塞上部，用右手指尖顶住瓶底边缘(图 7-16)。如容量瓶小于 100mL，则不必用手顶住，将容量瓶倒转，使气泡上升到顶，此时将瓶振荡，再倒转仍使气泡上升到顶，如此反复倒转十余次即可。

如稀释溶液，则用吸管吸取一定体积的溶液，放入瓶中后，按上述方法稀释至标线处。

4）滴定管的使用

滴定管分酸式滴定管和碱式滴定管两种。酸式滴定管下端有一玻璃活塞；碱式滴定管下端用乳胶管连接一段一端有尖嘴的玻璃管，乳胶管内装有玻璃球，以代替活塞。除了碱性溶液使用碱式滴定管外，其他溶液都使用酸式滴定管。另外，还有滴定管的活塞是聚四氟乙烯材质的，既可用于滴定酸，也可用于滴定碱。

(1) 滴定管的洗涤。当滴定管没有明显污染时，可以直接用自来水冲洗，或用滴定管刷(蘸上肥皂水或洗涤剂)刷洗，不要用去污粉。如果用肥皂或洗涤剂不能洗干净，则可用 5～10mL 洗液清洗。

洗涤酸管时，要预先关闭活塞。倒入洗液后，一只手拿住滴定管上端无刻度部分，另一只手拿住活塞下部无刻度部分，边转动边将管口倾斜，使洗液流经全管内壁，然后将滴定管竖起，打开活塞使洗液从下端放回原洗液瓶中。洗涤碱管时，应先卸掉下端的乳胶管和细嘴玻璃管，接上一小段塞有玻璃珠的橡皮管，再按上法洗涤。

用肥皂水、洗涤剂或洗液洗涤后都需用自来水充分洗涤，然后检查滴定管是否洗净。滴定管的外壁应保持清洁。

用自来水洗涤后，应检查滴定管是否漏水。对于酸管，先关闭活塞，装水至“0”线以上，直立约 2min，仔细观察有无水滴滴下，然后将活塞转 180°，再直立 2min，观察有无水滴滴下。对于碱管，装水后直立 2min，观察是否漏水。如发现有漏水或活塞转动不灵活的现象，酸管需将活塞拆下重涂凡士林，碱管需要更换玻璃珠和乳胶管。

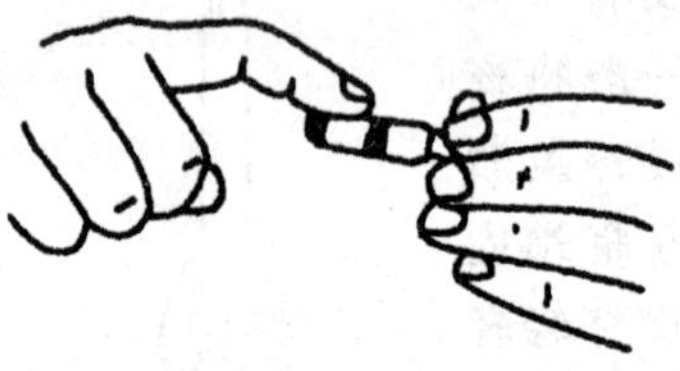

图 7-17　活塞涂凡士林

活塞涂凡士林的方法是，把滴定管平放在桌面上，取下活塞，将活塞和活塞槽用滤纸擦干，用手指沾上凡士林，在活塞孔的两边沿圆周涂上一薄层(图 7-17)(凡士林不宜涂得太多，尤其是在孔的两边，以免堵塞小孔)。然后把活塞插入槽中，向同一方向转动活塞，直到从外面观察时全部透明为止。如果发现旋转不灵活或出现纹路，表示凡士林不够；如果凡士林从活塞隙缝溢出或被挤入活塞孔，表示凡士林太多。凡出现上述情况，都必须重新涂凡士林，最后还应检查活塞是否漏水。

用自来水冲洗滴定管以后，再用纯水洗涤 3 次，每次 10mL。每次加入纯水后，要边转动边将管口倾斜，使水布满全管内壁，然后将酸管竖起，打开活塞使水流出一部分以冲洗滴定管的下端，再关闭活塞将其余的水从管口倒出。对碱管，从下面放水洗涤时，要用拇指和食指轻轻往一边挤压玻璃球外面的乳胶管，并随放随转，将残留的自来水全部洗出。

最后用操作溶液洗涤 3 次，每次用量 10mL，其洗法同纯水荡洗。

(2) 滴定管下端气泡的清除。当操作溶液装入滴定管后，如下端留有气泡或有未充满的部分，用右手拿住酸管上部无刻度处，将滴定管倾斜 30°，左手迅速打开活塞使溶液冲出(下接一个烧杯)，从而使溶液布满滴定管下端。如使用碱管，则把乳胶管向上弯曲(图 7-18)，用两指挤压稍高于玻璃球所在处，使溶液从管尖喷出，这时一边挤压乳胶管，一边把乳胶管放直，等到乳胶管放直后，再松开手指，否则末端仍会有气泡。

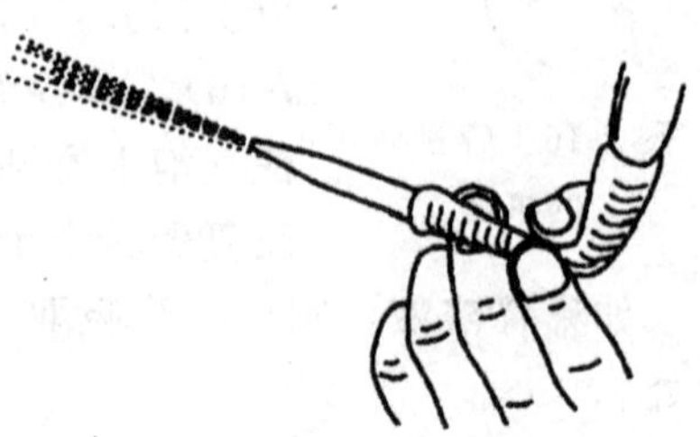

图 7-18　碱管赶去气泡的方法

(3) 读数。把滴定管架在滴定管夹上，并保持垂直，或用右手拿住滴定管上部无刻度处，让其自然下垂，否则会造成读数误差。把一小烧杯放在滴定管下，按操作法以左手轻轻打开酸管的活塞，使液面下降到 0.00～1.00mL 范围内的某一刻度为止，等 1～2min 后再检查一下液面有无改变，如果没有改变，则记下读数作为滴定管的“初读”。最好把零或接近零的任一刻度作为初读数，并每次都从上端开始，以消除因上下刻度不匀所造成的误差。

读数时应遵守下列规则：

(i) 装满溶液或放出溶液后，必须等 1～2min，使附着在内壁上的溶液流下后再读数。当放出溶液相当慢时，如滴定到最后阶段，标准溶液每次只加 1 滴，则等 0.5～1min 即可。

(ii) 读数时，对无色或浅色溶液，视线应在弯月面的最低点处，而且要与液面成水平。若溶液颜色太深，不能观察到弯月面时，可读两侧最高点，初读数与终读数应取同一标准。

(iii) 读数必须读到小数后第二位，而且要求估计到 0.01mL。

(iv) 为更好地读数，可在滴定管后面衬一读数卡。读数卡可用一张黑纸或涂有一黑长方形的白纸，手持读数卡放在滴定管背后，使黑色部分在弯月面下约 1mm，即看到弯月面的反射层为黑色，读此黑色弯月面的最低点。

(4) 滴定。通常把酸管夹在滴定管夹的右边，活塞柄向外。开始滴定前，先将悬挂在滴定管尖端处的液滴除去，读下初读数。将滴定管下端伸入烧杯内，左手操作活塞(图 7-19)，使滴定液逐滴滴入，右手拿玻璃棒轻轻搅拌溶液。如在锥形瓶内进行滴定(图 7-20)，滴定管下端伸入瓶口约 1cm，瓶底离下面白或黑的瓷板 2～3cm。左手操作滴定管，右手前三指拿住瓶颈，随滴随摇(以同一方向做圆周运动)。在整个滴定过程中，左手一直不能离开活塞。在滴定时必须熟练掌握旋转活塞的方法，能根据不同的需要，控制旋转活塞的速度和程度，既能使溶液逐滴滴入，也能只滴加 1 滴就立即关闭活塞或使滴液悬而未落。

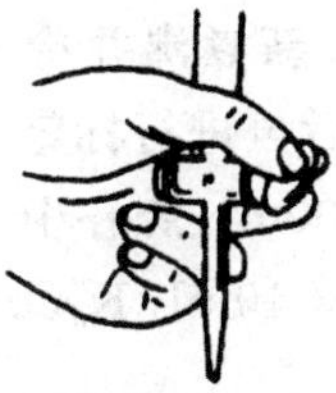
图 7-19　左手操作活塞

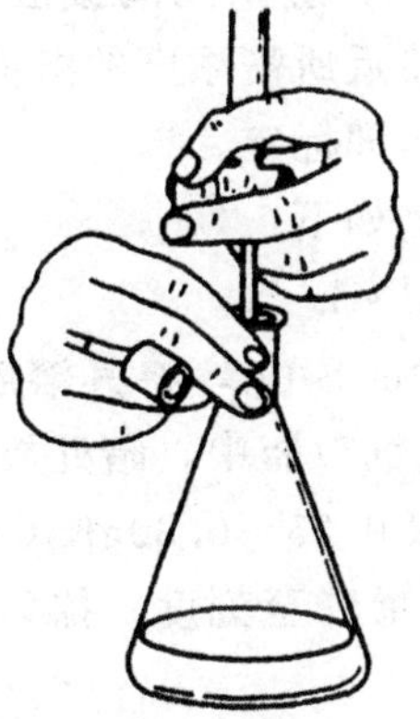
图 7-20　滴定

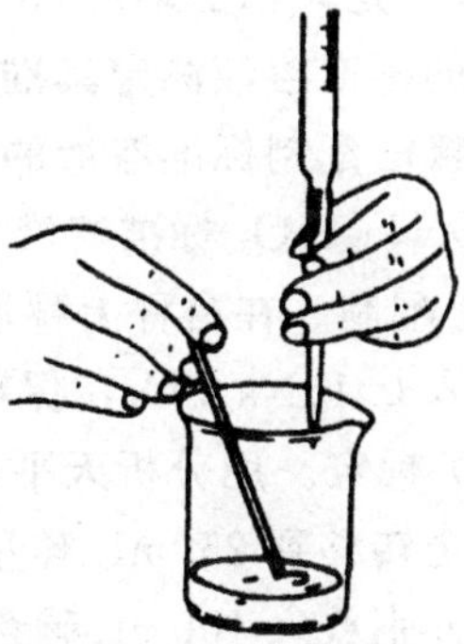
图 7-21　操作碱管

使用碱管时，左手拇指和食指拿住乳胶管中玻璃球所在部位稍靠上的部位，向外(向左)或向里(向右)挤乳胶管(图 7-21)，使玻璃珠旁边形成空隙，溶液从空隙流出。但要注意，不能使玻璃珠上下移动，更不要按玻璃珠以下的部位，否则会把下部乳胶管按宽，待放开手时，会有空气进入而形成气泡。

无论用哪种滴定管，都必须熟练掌握三种加液方法：逐滴滴加；加 1 滴；加半滴。

滴定过程中须注意观察滴定的滴落点，一般在滴定开始时，由于离终点很远，滴下时无明显变化，但到后来滴落点周围会出现暂时性的颜色变化。在离终点还比较远时，颜色变化一般立即消失；随着终点越来越近，颜色消失渐慢，快到终点时，颜色甚至可以暂时扩散到全部溶液，搅拌或转动一两次后才完全消失，此时应改为滴 1 滴，搅拌或摇几下。接近终点时，用洗瓶冲洗烧杯或锥形瓶内壁，把壁上的溶液洗下。最后微微转动活塞，使溶液悬在管尖上形成半滴(但未落下)，用玻璃棒靠下，并搅拌溶液或摇动锥形瓶。如此重复，直到出现达到终点时应有的颜色不再消逝为止。

实验完毕后，倒出滴定管内剩余溶液，用自来水冲洗干净，再用纯水荡洗 3 次，然后装满纯水，罩上滴定管盖，备用。

2. 标准溶液的配制和标定

标准溶液的配制通常有直接法和间接法两种。

1) 直接法

准确称取一定量的基准物，溶解后转移到容量瓶中，稀释至刻度线。根据基准物的称样量和定容体积可算出该标准溶液的准确浓度。

可用直接法配制标准溶液的基准物质必须具备以下条件：① 足够的纯度，即含量超过 99.9%；② 组成与化学式完全符合，若含有结晶水，其结晶水的含量也应与化学式相符；③ 稳定性好；④ 为降低称量误差，最好具有较大的摩尔质量。

重铬酸钾和碘等可用直接法配制标准溶液。

2) 间接法

很多不能满足直接法条件的试剂，应采用间接法配制。粗略地称取一定量的物质(或量取一定体积的溶液)，配制成接近所需浓度的溶液，然后用基准物或另一种已知准确浓度的标准溶液测定其准确浓度，即标定。

间接法配制标准溶液的方法示例如下：

(1) $Na_2S_2O_3$ 标准溶液(0.01mol · L^{-1})。

(i) 配制。在台秤上秤取 1.3g $Na_2S_2O_3$，将其溶解于 500mL 新煮沸并冷却的纯水中，加入 0.1gNa_2CO_3，保存于棕色细口瓶中，暗处放置 1～2 周后再进行标定。

(ii) 标定。用分析天平准确称取 0.25～0.30g$K_2Cr_2O_7$置于 100mL 烧杯中，加水溶解后完全转移到 250mL 容量瓶中，稀释至刻度，摇匀。移取数份 10mL $K_2Cr_2O_7$ 标准溶液，分别放入 100mL 碘量瓶中。

在上述碘量瓶中，加入 10%KI 溶液 4mL 和 2mol · L^{-1} H_2SO_4 溶液 1.5mL，塞好玻璃塞，摇匀，置于暗处 10min。用待标定的 0.01 mol · L^{-1} $Na_2S_2O_3$ 标准溶液滴定，至溶液由红棕色褪色至淡黄色，然后加入 1%淀粉溶液数滴，溶液呈深蓝色，继续滴定至溶液出现蓝绿色，即到终点。

(iii) 注意事项：$Na_2S_2O_3$ 溶液易受微生物、空气中的 O_2 及溶解在水中的 CO_2 的影响而分解。因此，$Na_2S_2O_3$ 标准溶液要用新煮沸并冷却的纯水来配制。通过煮沸，可杀死水中的细菌并除去 CO_2，加少量的 Na_2CO_3 使溶液呈弱碱性以抑制细菌的生长。同时由于 $Na_2S_2O_3$ 溶液在刚配制的一两周内浓度的变化比较大，故需放置一两周后再标定。如果标定和测定同时进行，而且多余的溶液不需要保留，则不需煮沸纯水和放置一两周。

$$Na_2S_2O_3 = Na_2SO_3 + S\downarrow$$

$$S_2O_3^{2-} + CO_2 + H_2O = HSO_3^- + HCO_3^- + S\downarrow$$

$$S_2O_3^{2-} + \frac{1}{2}O_2 = SO_4^{2-} + S\downarrow$$

$K_2Cr_2O_7$ 与 KI 的反应需要有一定的反应时间才能进行得比较完全。在本实验条件下，大约 10min 才能完成反应。

如果淀粉指示剂过早加入，则大量的碘与淀粉结合，这部分碘就不容易与 $Na_2S_2O_3$ 反应，因而产生误差。

滴定结束后溶液放置一段时间会变蓝色，如果在 5min 以后变蓝色，是空气氧化碘离子所造成的；如果很快变蓝色，说明 $K_2Cr_2O_7$ 与 KI 的作用还没有完全，放置时间不够，遇此情况要重做实验。

(2) 乙二胺四乙酸二钠(EDTA)标准溶液(0.02mol · L^{-1})。

(i) 配制。在台秤上称取计算量的乙二胺四乙酸二钠盐，将其溶于 300～400mL 温水中(如浑浊应过滤)，稀释至 1000mL，转移至 1000mL 聚乙烯塑料瓶中，摇匀。

(ii) 标定。可分别以金属 Zn 和 $CaCO_3$ 为基准物进行标定。

以金属 Zn 为基准物：准确称取 0.33～0.35g 金属 Zn，置于 100mL 烧杯中，加入 10mL HCl 溶液(1 : 1)，盖上表面皿，待完全溶解后，用水冲洗表面皿和烧杯壁，将溶液和洗液完全转移到 250mL 容量瓶中，用水稀释至刻度，摇匀。用移液管移取 25.00mL Zn^{2+} 标准溶液，注入 250mL 锥形瓶中，加入 1～2 滴二甲酚橙指示剂，并滴加 20%六亚甲基四胺溶液，至溶液呈稳定的紫红色后，再过量滴加 5mL，用待标定的 EDTA 溶液滴定至溶液由紫红色变为亮黄色，即为终点。

以 $CaCO_3$ 为基准物：置 $CaCO_3$ 基准物于称量瓶中，于 110℃下干燥 2h，置于干燥器中冷却后，准确称取 0.5～0.6g 于小烧杯中，盖上表面皿，加水润湿。再逐滴加入数毫升 HCl(1 : 1)至 $CaCO_3$ 完全溶解，用水把可能溅到表面皿上的溶液淋洗入杯中，加热近沸，待冷却后完全转移到 250mL 容量瓶中，稀释至刻度，摇匀。用移液管移取 25.00mL $CaCl_2$ 标准溶液于锥形瓶中，加入约 25mL 水、5mL 10% NaOH 溶液及约 10mg(绿豆大小)钙指示剂。摇匀后，用 EDTA 溶液滴定至溶液由红色变为蓝色，即为终点。

(3) $KMnO_4$ 标准溶液(0.02mol · L^{-1})。

(i) 配制。在台秤上称取计算量的 $KMnO_4$，将其溶于适量的水中，加热煮沸 20～30min(随时加水以补充因蒸发而损失的水)。冷却后在暗处放置 7～10 天，然后用玻璃砂晶漏斗或微孔玻璃漏斗过滤除去 MnO_2 等杂质，滤液储存于洁净的棕色玻璃瓶中，放于暗处保存。如果溶液经煮沸并在水浴上保温 1h，冷却后过滤，则不必长期放置，可以直接标定其浓度。

(ii) 标定。准确称取计算量的烘干的 $Na_2C_2O_4$ 基准物置于 250mL 锥形瓶中，加水约 10mL 使之溶解，再加入 30mL 1mol · L^{-1} H_2SO_4 溶液并加热至 75～85℃（可加快 $KMnO_4$ 与 $Na_2C_2O_4$ 反应的速率，但注意温度过高会使 $C_2O_4^{2-}$ 分解），立即用待标定的 $KMnO_4$ 标准溶液滴定至溶液呈粉红色，经 30s 不褪色，即为终点。

7.3 常用仪器的使用方法

7.3.1 pH 计的使用

1. pHS-3D 功能型 pH 计的外形图

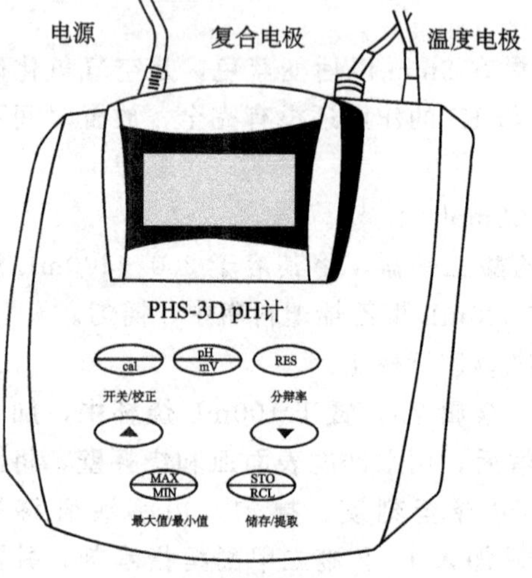

图 7-22 pHS-3D 功能型 pH 计的外形图

(1) 正面面板说明。

液晶显示屏：数字显示 pH、mV 和℃值，以及单位符号和功能符号。

Cal：开关/校正按键，用于开关仪器和自动校正。

RES：分辨率按键，在 pH 测试时可选择 0.1 pH 和 0.01 pH 两种分辨率。

▲▼：增加/减少按键，当手动温度补偿时，按此键可增加或减少温度值，以及其他一些增减功能。

pH/mV：pH 和 mV 切换按键。

MAX/MIN：最大值/最小值按键，用以操作最大值或最小值的记录，显示或退出功能。

STO/RCL：储存/提取按键，用以操作测量值的储存，提取显示和消除功能。

(2) 背面面板说明。

“pH/mV”插座：测 pH 时，用以接入 201B-F 塑壳 pH 三复合电极的 pH 插口；测 mV 值时，用以接入 ORP 电极或各种离子选择电极（注意插口配套，应为 BNC 或 Q9-J3 插口），仪器测试完毕后，应将短路保护罩旋上，以保护插座清洁。

“温度”插座：用以接入 201B-F 塑壳 pH 三复合电极的温度插口或接入温度电极。当接入温度电极时，可测量溶液温度，并且仪器处于自动温度补偿状态。当拔下温度电极时仪器处于手动温度补偿状态。按▲或▼键，即可调节温度值（由液晶屏显示数值）。

“参比”插座：当选用非复合型 pH 电极或离子电极时，用以连接参比电极。

“RS232”接口：可连接打印机或计算机。

“DC9V”电源接口：用以连接 DC9V 稳压源。

2. 测试 pH

(1) 插上电源，按下开关键，接通电源。

(2) 旋下 pH 插座上的短路保护罩，将 201B-F 塑壳 pH 三复合电极的两个插口分别插入 pH 插座和温度插座，将电极在纯水中搅动洗涤并甩干。

(3) 定位校正：将 pH 电极浸入 pH＝6.86 的缓冲溶液中，稍加搅动后静止放置十几秒钟，待显示值稳定后，按住校正键数秒，当液晶显示“CRL”符号时放开，此时显示闪烁“6.86”，数秒后，液晶屏显示“END”符号和稳定的 pH 校准数值以及温度值(此时显示的 pH 随温度不同而不同，如 25℃时显示“6.86”，15℃时显示“6.90”，这些都是芯片内置设定的数值，下同)，表示完成校正并被芯片记忆。

(4) 斜率Ⅰ校正：取出电极，用纯水洗净并甩干，再插入 pH＝4.00 的缓冲溶液中，稍加搅动后静止放置十几秒，待显示值稳定后按住校正键数秒，当液晶显示屏显示“CRL”符号时放开，此时显示闪烁“4.00”，数秒后，液晶屏显示“END”符号和稳定的 pH 校准数值以及温度值，表示完成校正并被芯片记忆。当完成校正后会自动显示电极在该线性段的斜率百分比。

(5) 斜率Ⅱ校正：取出电极，用纯水洗净并甩干，再插入 pH＝9.18 的缓冲溶液中，稍加搅动后静止放置十几秒，待显示值稳定后按住校正键数秒，当液晶显示屏显示“CRL”符号时放开，此时显示闪烁“9.18”，数秒钟后，液晶屏显示“END”符号和稳定的 pH 校准数值以及温度值，表示完成校正并被芯片记忆。当完成校正后会自动显示电极在该线性段的斜率百分比。

(6) 测定溶液：将 pH 电极洗净后浸入被测溶液中，稍加搅动后静止放置，待显示稳定后读数，即为所测的 pH。注意：被测溶液的温度与校准溶液的温度越接近，其测量的准确度就越高，这是 pH 测试的等温测量原理。

3. 测试 mV 值

(1) 按下 pH/mV 键，将仪器切换至“mV”挡。

(2) 装上 ORP 电极或离子电极，插入被测溶液中，稍加搅动后静止放置，待显示值稳定后读数，即为所测的 ORP 值或该离子电极的电位值。

说明：如果该 ORP 电极或离子电极是复合型的，只要插入“pH/mV”插口就可以了；如果不是复合型的，还应选购合适的甘汞电极或参比电极，将参比电极接入“参比”插座上，两支电极需同时测试。

7.3.2　分光光度计的使用

1. 722S 型可见分光光度计的外形及操作键

722S 型可见分光光度计示意图见图 7-23。

(1) [↑/100%]键。

在“透射比”灯亮时，用于自动调整 100%T，一次未到位可加按一次；

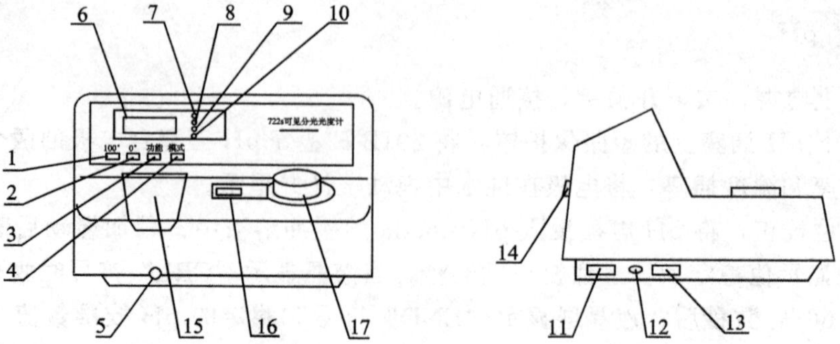

图 7-23　722S 型可见分光光度计

1. ↑/100%键；2. ↓/0%键；3. 功能键；4. 模式键；5. 试样槽架拉杆；6. 显示窗；7. “透射比”指示灯；8. “吸光度”指示灯；9. “浓度因子”指示灯；10. “浓度直读”指示灯；11. 电源插座；12. 熔丝座；13. 总开关；14. RS232C 串行接口插座；15. 样品室；16. 波长指示窗；17. 波长调节钮

在“吸光度”灯亮时，用于自动调节吸光度 0，一次未到位可加按一次；

在“浓度因子”灯亮时，用于增加浓度因子设定，点按点动，持续 1s 后，进入快速增加，再按[模式]键后自动确认设定值；

在“浓度直读”灯亮时，用作增加浓度直读设定，点按点动，持续 1s 后，进入快速增加，再按[模式]键后自动确认设定值。

(2) [↓/0%]键。

在“透射比”灯亮时，用于自动调整 0%T(调整范围＜10%T)；

在“吸光度”灯亮时不用，如按下则出现超载；

在“浓度因子”灯亮时，用于减少浓度因子设定，操作方式同[↑/100%]键；

在“浓度直读”灯亮时，用于减少浓度直读设定．操作方式同[↑/100%]键。

(3) [功能]键：预定功能扩展键用。按下时将当前显示值从 RS232C 口发送，可由上层计算机接受或打印机接受。

(4) [模式]键：用作选择显示标尺。按“透射比”灯亮、“吸光度”灯亮、“浓度因子”灯亮、“浓度直读”灯亮的次序，每按一次渐进一步，循环反复。

(5) 试样槽架拉杆：用于改变样品槽位置(四位槽)。

(6) 显示窗 4 位 LED 数字：用于显示读出数据和出错信息。

(7)“透射比”指示灯：指示显示窗显示透射比数据。

(8)“吸光度”指示灯：指示显示窗显示吸光度数据。

(9)“浓度因子”指示灯：指示显示窗显示浓度因子数据。

(10)“浓度直读”指示灯：指示显示窗显示浓度直读数据。

(11) 电源插座：用于接插电源线。

(12) 熔丝座：用于安装熔丝。

(13) 总开关：“ON”、“OFF”电源开关。

(14) RS232C串口插座：用于连接RS232C串行电线。

(15) 样品室：用于测试样品。

(16) 波长指示窗：显示波长。

(17) 波长调节钮：调节波长。

2. 操作使用

(1) 预热。仪器开机后灯及电子部分需热平衡，故开机预热30min后才能进行工作，如紧急应用时请注意随时调0%T，调100%T。

(2) 调整0%T。

目的：校正基本读数标尺两端(配合100%T调节)，进入正确测试状态。

调整时：开机预热后，改变测试波长或测试一段时间后，以及做高精度测试前准备。

操作：打开试样盖(关闭光门)或用不透光材料在样品室中遮断光路，然后按 ↓/0% 键，即能自动调整零位。

(3) 调整100%T。

目的：校正基本读数标尺两端(配合调零)，进入正确测试状态。

调整时：开机预热后，更换测试波长或测试一段时间后，以及做高精度测试前准备(一般在调零前应加一次100%T调整，以使仪器内部自动增益到位)。

操作：将用作背景的空白样品置入样品室光路中，盖下试样盖(同时打开光门)，按下 ↑/100% 键即能自动调整100%T(一次有误差时可加按一次)。

注意：调整100%T时整机自动增益系统重调可能影响0%T，调整后请检查0%T，如有变化可重调 ↓/0%T 键一次。

(4) 调整波长。使用仪器上唯一的旋钮，即可方便地调整仪器当前测试波长，具体波长由旋钮左侧的显示窗显示，读波长时目光垂直观察。

注意：本仪器因采用机械联动切换滤光片装置，故当旋钮转动经过480nm时会有金属接触声，如在480～1000nm存在轻微金属摩擦声，属正常现象。

(5) 改变试样槽位置让不同样品进入光路。仪器标准配置中试样槽架是四位置的，用仪器前面的试样槽拉杆来改变，打开样品室盖以便观察样品槽中的样品位置，最靠近测试者的为“0”位置，依次为“1”、“2”、“3”位置。对应拉杆推向最内为“0”位置，依次向外拉出相应为“1”、“2”、“3”位置，当拉杆到位时有定位感，到位时请前后轻轻推动一下以确保定位正确。

(6) 确定滤光片位置。仪器备有减少杂光、提高340～380nm波段光度准确性的滤光片，位于样品室内左侧，用一拨杆来改变位置。

当在340～380nm波段内作高精度测试时，可将拨杆推向前(见机内印字指示)，通常不使用此滤光片，可将拨杆置在400～1000nm位置。

注意：在380～1000nm波段测试时，如果误将拨杆置在340～380nm波段，则仪器出现不正常现象，如噪声增加、不能调整100%T等。

(7) 改变标尺。本仪器设有四种标尺。

透射比：用于对透明液体和透明固体测量透射特点。

吸光度：用于采用标准曲线法或绝对吸收法定量分析，在动力学测试时也能利用本系统。

浓度因子：用于浓度因子法浓度直读时设定浓度因子。

浓度直读：用于标样法浓度直读时的设定和读出，也用于设定浓度因子后的浓度直读。

各标尺间的转换用[模式]键操作，并由“透射比”、“吸光度”、“浓度因子”、“浓度直读”指示灯分别指示，开机初始状态为“透射比”，每按一次，顺序循环。

RS232C 串行接口可配合串行打印机或计算机使用，RS232C 口输出口定义及数据格式详见仪器说明书。

7.4　水的净化及物质的检测

7.4.1　水的净化

1. 相关知识简介

离子交换树脂是一种带有交换活性基团的多孔网状结构的高分子化合物，它有很高的化学稳定性和机械稳定性，几乎不溶于有机、无机溶剂中。根据需要可以将离子交换树脂做成各种形状。离子交换树脂带有能交换的活性基团，分为两类：带有酸性交换基团，如磺酸基(RSO_3—H)、羧酸基(R—COOH)等，R 表示树脂中网状结构的骨架部分，活性基团中的 H^+ 能与阳离子(如 Ca^{2+}、Mg^{2+} 等)进行交换的称阳离子交换树脂；带有碱性交换基团(如季铵盐基═NX、伯氨基—NH_2 等)能与阴离子(如 Cl^-、SO_4^{2-} 等)交换的称阴离子交换树脂。阳离子交换树脂可分为强酸性、中等酸性和弱酸性三种，常用的型号有强酸性的 732#、强酸 1# 和弱酸性的 724# 等。阴离子交换树脂又可分为强碱性和弱碱性两种，常用的型号有强碱性的 711#、201# 和弱碱性的 701# 等。

一般采用氢型强酸性阳离子交换树脂和氢氧型强碱性阴离子交换树脂。市售的离子交换树脂，阳离子多为钠型，阴离子多为氯型。树脂中还常混入一些低聚物、色素及灰砂等，因此使用时必须先用水漂洗，洗去混入的杂质，并用酸和碱分别处理阳、阴离子交换树脂，使之转型为氢型和氢氧型。

进行交换时，一般先使水经过阳离子交换柱，水中的阳离子如 Na^+、Ca^{2+} 等被吸附在树脂上，树脂上的 H^+ 进入水中。然后经过阴离子交换树脂，水中的阴离子如 Cl^-、SO_4^{2-} 等被吸附，交换下来的 OH^- 进入水中，与同样交换下来的 H^+ 结合成 H_2O。一般还要经过一个装有阴、阳离子交换树脂的混合柱，进一步除去残存的阴、阳离子，同时，交换出来的 H^+ 和 OH^- 又发生中和反应，结合成水。这样得到的去离子水纯度很高，在 298K 时，电导率可达 $0.1ms \cdot m^{-1}$，与三级水标准相近。

离子交换柱使用一段时间后，需经处理再生后才能继续使用。因在离子交换树脂上进行的交换是可逆的，阴、阳离子可以交换出树脂中的 H^+ 和 OH^-，同样，H^+ 和

OH^-也交换出被树脂吸附的阴、阳离子。再生时一般使用7%左右的盐酸溶液和8%左右的氢氧化钠溶液分别淋洗阳离子和阴离子交换树脂，使吸附在上面的阴、阳离子被置换下来，再恢复成氢型和氢氧型。

2. 实验

取碱式滴定管一支，卸下乳胶管内的玻璃珠，在滴定管底部先垫上少许玻璃丝，再加入若干小玻璃珠，然后装入准备好的阳离子交换树脂至管的零刻度附近，固定于滴定管架上。

取硬水10mL，使其慢慢通过阳离子交换柱，用烧杯盛接交换后的水。检查通过交换柱前后水中的Ca^{2+}、Mg^{2+}和pH。

(1) Ca^{2+}鉴定：取2滴水样，滴加饱和$(NH_4)_2C_2O_4$溶液，有白色沉淀生成，表示有Ca^{2+}。

(2) Mg^{2+}鉴定：取2滴水样，加2滴2 mol·L^{-1} NaOH溶液、1滴镁试剂(Ⅰ)，沉淀呈天蓝色，表示有Mg^{2+}。

(3) pH测定：用玻璃棒末端沾少许水接触pH试纸，待试纸变色后，与色阶板比较，确定pH或pH的范围。

将以上实验现象及时记在实验报告中。

3. 讨论题

(1) 本实验介绍了用离子交换树脂净化水的方法，且只交换了水中的阳离子，若要全面净化，应如何处理?

(2) 试举出还有哪些方法可净化水。

7.4.2 人体必需微量元素的定性鉴定

1. 相关知识简介

正常情况下，微量元素在人体内的含量低于0.01%，它们在人体内所占的比例较小，但对人体的健康起着重要的作用，是人体激素、酶和维生素的组成成分。表7-11列出了部分微量元素的定性鉴定方法。

表7-11 部分微量元素的定性鉴定方法

阳离子	鉴定方法	条件及干扰
Cr^{3+}	取3滴Cr^{3+}试液，加6mol·L^{-1} NaOH溶液直到生成的沉淀溶解，搅动后加4滴3% H_2O_2，水浴加热，溶液颜色由绿变黄，继续加热直至剩余的H_2O_2分解完全，冷却，加6mol·L^{-1} HAc酸化，加2滴0.1mol·L^{-1} $Pb(NO_3)_2$溶液，生成黄色$PbCrO_4$沉淀，表示有Cr^{3+} $Cr^{3+}+4OH^- = CrO_2^- + 2H_2O$ $2CrO_2^- + 3H_2O_2 + 2OH^- = 2CrO_4^{2-} + 4H_2O$ $Pb^{2+} + CrO_4^{2-} = PbCrO_4\downarrow$	(1) 在强碱性介质中，H_2O_2将Cr^{3+}氧化为CrO_4^{2-} (2) 形成$PbCrO_4$的反应必须在弱酸性(HAc)溶液中进行

续表

阳离子	鉴定方法	条件及干扰
Fe^{3+}	(1) 取1滴Fe^{3+}试液在白滴板上，加1滴$K_4[Fe(CN)_6]$溶液，出现蓝色沉淀，表示有Fe^{3+}	(1) $K_4[Fe(CN)_6]$不溶于强酸，但被强碱分解生成氢氧化物，故反应在酸性溶液中进行 (2) 其他阳离子与试剂生成的有色化合物的颜色不及Fe^{3+}的鲜明，故可在其他离子存在时鉴定Fe^{3+}，如大量存在Cu^{2+}、Co^{2+}、Ni^{2+}等，也有干扰，分离后再作鉴定
	(2) 取1滴Fe^{3+}试液，加1滴0.5mol·L^{-1} NH_4SCN溶液，形成红色溶液，表示有Fe^{3+}	在酸性溶液中进行，但不能用HNO_3
Fe^{2+}	(1) 取1滴Fe^{2+}试液在白滴板上，加1滴$K_3[Fe(CN)_6]$溶液，出现蓝色沉淀，表示有Fe^{2+}	(1)本法灵敏度、选择性都很高，仅在大量重金属离子存在而Fe^{2+}浓度很低时现象不明显 (2)反应在酸性溶液中进行
	(2) 取1滴Fe^{2+}试液，加几滴2.5g·L^{-1}的邻菲罗啉溶液，生成橘红色的溶液，表示有Fe^{2+} 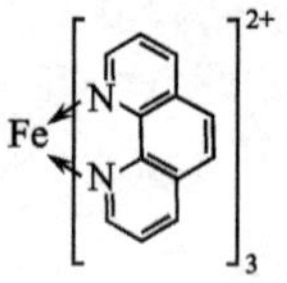	(1) 中性或微酸性溶液中进行 (2) Fe^{3+}生成微橙黄色，不干扰，但在Fe^{3+}、Co^{2+}同时存在时不适用。10倍量的Cu^{2+}、40倍量的Co^{2+}、140倍量的$C_2O_4^{2-}$、6倍量的CN^-干扰反应 (3) 此法比(1)法选择性高 (4) 如用1滴$NaHSO_3$先将Fe^{3+}还原，即可用此法检出Fe^{3+}
Mn^{2+}	取1滴Mn^{2+}试液，加10滴水、5滴2mol·L^{-1} HNO_3溶液，然后加固体$NaBiO_3$，搅拌，水浴加热，形成紫色溶液，表示有Mn^{2+}	(1) 在HNO_3或H_2SO_4酸性溶液中进行 (2) 本组其他离子无干扰 (3) 还原剂(Cl^-、Br^-、I^-、H_2O_2等)有干扰
Zn^{2+}	取2滴Zn^{2+}试液，用2mol·L^{-1} HAc酸化，加等体积$(NH_4)_2Hg(SCN)_4$溶液，摩擦器壁，生成白色沉淀，表示有Zn^{2+} $Zn^{2+}+Hg(SCN)_4^{2-}$ ══ $ZnHg(SCN)_4^-$ 或在极稀的$CuSO_4$溶液(<0.2g·L^{-1})中，加$(NH_4)_2Hg(SCN)_4$溶液、Zn^{2+}试液，摩擦器壁，若迅速得到紫色混晶，表示有Zn^{2+}。也可用极稀的$CoCl_2$溶液(<0.2g·L^{-1})代替Cu^{2+}溶液，则得到蓝色混晶	(1) 在中性或微酸性溶液中进行 (2) Cu^{2+}形成$CuHg(SCN)_4$黄绿色沉淀，少量Cu^{2+}存在时，形成铜锌紫色混晶更有利于观察 (3) 少量Co^{2+}存在时，形成钴锌蓝色混晶，有利于观察 (4) Cu^{2+}、Co^{2+}含量大时干扰，Fe^{3+}有干扰

续表

阳离子	鉴定方法	条件及干扰
Co^{2+}	取 1 滴 Co^{2+} 试液在白滴板上，加 1 滴钴试剂，有红褐色沉淀生成，表示有 Co^{2+}。钴试剂为 α-亚硝基-β-萘酚，有互变异构体，与 Co^{2+} 形成螯合物［Co(Ⅲ)］，Co^{2+} 转变为 Co^{3+} 是由于试剂本身起氧化剂的作用，也可能发生空气氧化 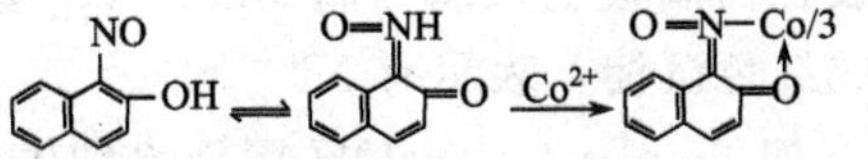	(1) 中性或弱酸性溶液中进行，沉淀不溶于强酸 (2) 试剂须新鲜配制 (3) Fe^{3+} 与试剂生成棕黑色沉淀，溶于强酸，它的干扰也可加 Na_2HPO_4 掩蔽 Cu^{2+}、Hg^{2+} 及其他金属干扰
Ni^{2+}	取 1 滴 Ni^{2+} 试液放在白滴板上，加 1 滴 6mol·L^{-1} 氨水、1 滴丁二酮肟，稍等片刻，在凹槽四周形成红色沉淀，表示有 Ni^{2+} 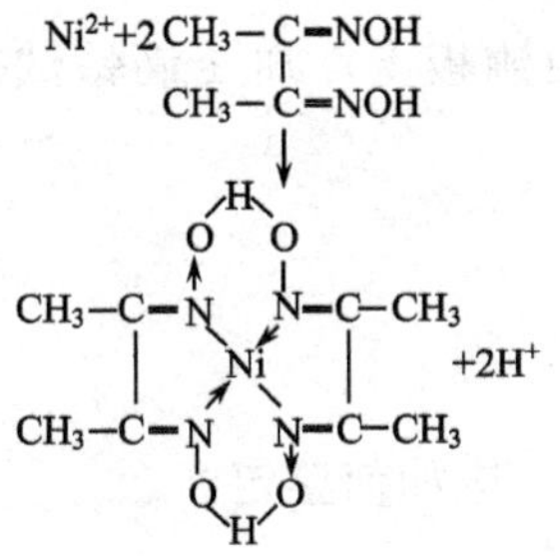	(1) 在氨性溶液中进行，但氨不宜太多。沉淀溶于酸、强碱，故需要合适的酸度 pH＝5～10 (2) Fe^{2+}、Pd^{2+}、Cu^{2+}、Co^{2+}、Fe^{3+}、Cr^{3+}、Mn^{2+} 等干扰，可事先把 Fe^{2+} 氧化成 Fe^{3+}，加柠檬酸或酒石酸掩蔽 Fe^{3+} 和其他离子
Cu^{2+}	取 1 滴 Cu^{2+} 试液，加 1 滴 6 mol·L^{-1} HAc 酸化，加 1 滴 $K_4[Fe(CN)_6]$ 溶液，红棕色沉淀出现，表示有 Cu^{2+} $2Cu^{2+} + [Fe(CN)_6]^{4-} = Cu_2[Fe(CN)_6]$	(1) 中性或弱酸性溶液中进行。如试液为强酸性，则用 3mol·L^{-1} NaAc 调至弱酸性后进行。沉淀不溶于稀酸，溶于氨水，生成 $Cu(NH_3)_4^{2+}$，与强碱生成 $Cu(OH)_2$ (2) Fe^{3+} 以及大量的 Co^{2+}、Ni^{2+} 会干扰

2. 实验

(1) Fe^{3+} 鉴定。

方法一：取 1 滴 Fe^{3+} 试液放在白滴板上，加 1 滴 $K_4[Fe(CN)_6]$ 溶液，生成蓝色沉淀，表示有 Fe^{3+}。

方法二：取 1 滴 Fe^{3+} 试液，加 1 滴 0.5mol·L^{-1} NH_4SCN 溶液，形成红色溶液，表示有 Fe^{3+}。

(2) Fe^{2+} 鉴定。

方法一：取 1 滴 Fe^{2+} 试液放在白滴板上，加 1 滴 $K_3[Fe(CN)_6]$ 溶液，生成蓝色沉淀，表示有 Fe^{2+}。

方法二：取 1 滴 Fe^{2+} 试液，加几滴 0.25％的邻菲罗啉溶液，生成橘红色溶液，表示有 Fe^{2+}。

(3) Zn^{2+} 鉴定。取 2 滴 Zn^{2+} 试液，用 2mol · L^{-1} HAc 酸化，加入等体积的 $(NH_4)_2Hg(SCN)_4$ 溶液，摩擦器壁，生成白色沉淀，表示有 Zn^{2+}。

(4) Cu^{2+} 鉴定。取 1 滴 Cu^{2+} 试液，加 1 滴 6mol · L^{-1} HAc 酸化，加 1 滴 $K_4[Fe(CN)_6]$ 溶液，生成红棕色沉淀，表示有 Cu^{2+}。

(5) Mn^{2+} 鉴定。取 1 滴 Mn^{2+} 试液，加 10 滴水、5 滴 2mol · L^{-1} HNO_3 溶液，然后加固体 $NaBiO_3$。搅拌，水浴加热，形成紫色溶液，表示有 Mn^{2+}。

(6) Ni^{2+} 鉴定。取 1 滴 Ni^{2+} 试液放在白滴板上，加 1 滴 6mol · L^{-1} 氨水，加 1 滴二乙酸二肟，稍等片刻，在凹槽四周形成红色沉淀，表示有 Ni^{2+}。

(7) Cr^{3+} 鉴定。取 1 滴 Cr^{3+} 试液，加 6mol · L^{-1} NaOH 溶液直到生成的沉淀溶解，搅拌后滴加 4 滴 3% H_2O_2，水浴加热，溶液颜色由绿变黄，继续加热直至剩余的 H_2O_2 分解完全，冷却。取出溶液 5 滴，用 HAc 酸化，加 0.1mol · L^{-1} $Pb(NO_3)_2$ 溶液，生成黄色沉淀，表示有 Cr^{3+}。

(8) Co^{2+} 鉴定。取 1 滴 Co^{2+} 试液放在白滴板上，加 1 滴钴试剂，有红褐色沉淀生成，表示有 Co^{2+}。

将以上实验现象及时记录在实验报告中。

3. 讨论题

如果实验中的八种离子是在同一溶液中，应如何鉴定？

7.4.3 食品中有害金属离子的鉴定

1. 相关知识简介

油条(或油饼)是人们经常食用的大众化食品。为使油条松脆可口，揉制油条面团时，每 500g 面粉需加入 10g 明矾 $[KAl(SO_4)_2 \cdot 12H_2O]$ 和若干苏打(Na_2CO_3)，在高温油炸过程中，明矾和苏打发生以下反应：

$$Al^{3+} + 3H_2O = Al(OH)_3 \downarrow + 3H^+$$

$$2H^+ + CO_3^{2-} = H_2O + CO_2$$

由于产生大量 CO_2，油条面剂体积迅速膨胀，并在表面形成一层松脆的皮膜。但是，近年来医学研究发现，吃进人体内的铝对健康危害很大，能引起痴呆、骨痛、贫血、甲状腺功能降低、胃液分泌减少等多种疾病。摄入过量的铝还会影响人体对磷的吸收和能量代谢，降低生物酶的活性。铝不仅能引起神经细胞的死亡，还能损害心脏。当铝进入人体后，可形成牢固的、难以排泄的配位化合物，使其毒性增加。因此，人们要警惕从油条等食物中摄入过量的铝。

皮蛋又称松花蛋，是一种具有特殊风味的食品，但往往受铅的污染，而铅及其化合物具有较大毒性，在人体内还有积累作用，约有 90% 的铅分布积蓄于骨骼中，会引起慢性中毒。由于铅和钙在人体内的代谢过程相同，当人体缺钙或血钙降低时，沉积在骨骼中的铅可转移至血液中，引起毒性反应。铅还会通过胎盘从母体转向胎儿。铅主要损害人的神经系统、造血系统和肾脏。我国食品卫生标准规定各类食品中铅的含量：传统工艺生产的溏心皮蛋铅含量小于等于 $2mg \cdot kg^{-1}$，其他工艺生产的皮蛋铅含量小于等于 $0.15mg \cdot kg^{-1}$。

Pb^{2+} 的鉴定方法如表 7-12 所示。

表 7-12　Pb^{2+} 的鉴定方法

阳离子	鉴定方法	条件及干扰
Pb^{2+}	取 2 滴 Pb^{2+} 试液，加 2 滴 $0.1mol \cdot L^{-1} K_2CrO_4$ 溶液，生成黄色沉淀，表示有 Pb^{2+}	(1) HAc 溶液中进行，沉淀溶解于碱生成 PbO_2^{2-}，沉淀在强酸中溶解 (2) Ba^{2+}、Bi^{3+}、Hg^{2+}、Ag^{+} 等干扰

2. 实验

1）油条中铝的鉴定

取一小块油条(约 5g)切碎后放入蒸发皿中，先用小火低温炭化，待浓烟散尽后，改用大火灰化，待物质呈白色灰状时，停止加热。冷却后加入 2mL $6mol \cdot L^{-1} HNO_3$，在水浴上加热蒸发至干，冷却后加 2mL 纯水，充分搅匀后静置，将上层清液转入小试管中，离心分离，滤液用于铝试剂法鉴定 Al^{3+}。

2）松花蛋中铅的鉴定

先将带壳松花蛋在水中煮沸 5～10min，冷却后，剥去蛋壳。取 1/2 松花蛋，用剪刀剪碎后，倒入蒸发皿中，先在水浴上蒸发近干，然后直接加热，用小火炭化至无烟后，改用大火灰化至呈白色灰烬。冷却后，加 2～3mL $6mol \cdot L^{-1} HNO_3$ 溶解，先用 $6mol \cdot L^{-1} NaOH$ 调至刚出现白色沉淀，再用 $6mol \cdot L^{-1} HAc$ 调至沉淀刚溶解。取出 2 滴溶液，鉴定 Pb^{2+}。

将实验现象及时记录在实验报告中。

7.4.4　化肥中氮的检测

1. 相关知识简介

对于植物生长必需的营养元素，已经确认的有碳、氢、氧、氮、磷、钾、钙、硫、镁、硅、铁、硼、锌、锰、钼、铜、氯、钴等。各种元素在植物体内作用不同，所占比例也不相同，且具有不可替代性，缺一不可。碳、氢、氧、氮、磷、钾是大量元素；钙、硫、镁、硅是中量元素；铁、硼、锌、锰、钼、铜、氯、钴是微量元素。碳、氢、氧需量虽大，但可以从空气或水中取得，中量元素、微量元素可以从土壤中吸收，极少需要人为补充。氮、磷、钾与作物生长好坏及产量高低关系密切，当土壤不能满足作物生长需要时，就必须施肥补充，故称之为“三大要素”。

在实际农业生产中，根据作物生长需要，采用“少什么，补什么；缺多少，补多少”的方法，这样既能增加作物产量，改善品质，又能充分利用肥料，减少污染，这是最经济、最科学的施肥方法。这样施肥的前提是知道每块田中土壤内三大要素(N、P_2O_5、K_2O)的含量，也要知道各种肥料中三大要素的含量。在实际生产中，已有能快速测土壤、化肥中的N、P_2O_5、K_2O含量的成熟方法和仪器。所用仪器是土肥仪，测定原理是比色法。土肥仪实际上是专测土壤、肥料的分光光度计。

本实验采用化学方法，测定两种氮肥NH_4HCO_3和$(NH_4)_2SO_4$(又称肥田粉)中N的含量。

NH_4HCO_3溶于水后以NH_4^+和HCO_3^-形式存在，即

$$NH_4HCO_3 = NH_4^+ + HCO_3^-$$

若能测定出HCO_3^-的量，也就能知道NH_4^+的量。可以用标准HCl溶液滴定HCO_3^-，反应式如下：

$$H^+ + HCO_3^- = H_2O + CO_2$$

反应式达到化学计量点时，pH=3.89，可以用溴甲酚绿-二甲基黄混合指示剂指示终点。

$(NH_4)_2SO_4$中N含量的测定和NH_4HCO_3不同，NH_4^+和HCHO发生以下反应：

$$4NH_4^+ + 6HCHO = (CH_2)_6N_4H^+ + 3H^+ + 6H_2O$$

$$(CH_2)_6N_4H^+ + 3H^+ + 4OH^- = (CH_2)_6N_4 + 4H_2O$$

用标准NaOH溶液滴定产生的H^+，即可知N的含量，滴定时用酚酞作指示剂。

计算式：

NH_4HCO_3中 $$w_N/\% = \frac{c_{HCl}V_{HCl}}{m_{NH_4HCO_3}} \times 14.01 \times 100$$

$(NH_4)_2SO_4$中 $$w_N/\% = \frac{c_{NaOH}V_{NaOH}}{m_{(NH_4)_2SO_4}} \times 14.01 \times 100$$

2. 实验

1) NH_4HCO_3中N的测定

(1) 称取0.17～0.21g NH_4HCO_3试样三份，称准至0.0001g，加水50mL溶解。

(2) 加入9滴溴甲酚绿-二甲基黄混合指示剂，用已读数的滴定管慢慢滴入标准HCl溶液，当溶液由绿色变为亮黄色(不带黄绿色)即为终点，记下滴定管的终读数。

将测得数据直接记录在实验报告上。

2) $(NH_4)_2SO_4$中N的测定

(1) 称取0.15～0.20g $(NH_4)_2SO_4$试样三份，加水30mL溶解。

(2) 以1滴酚酞作指示剂，用$0.1mol \cdot L^{-1}$ NaOH中和15mL HCHO溶液(甲醛中有微量酸，应事先中和)至微红色，得中性HCHO溶液。

(3) 在试样溶液中加入5mL中性HCHO溶液，放置5min，使NH_4^+和HCHO反应完全。

(4) 加1滴酚酞，用标准NaOH溶液滴至溶液出现淡红色，在0.5min内不褪色即到终点。

将测得的数据直接记录在实验报告上。

7.5 物质的制备

7.5.1 五水硫酸铜的制备

1. 相关知识简介

硫酸铜的俗名为胆矾，是很重要的二价铜盐，是制备其他铜化合物的重要原料。在储水池中加入硫酸铜，可以阻止藻类生长；硫酸铜同石灰乳混合而得的“波尔多液”是植物杀菌剂；还可用硫酸铜制备绿色颜料。

硫酸铜有 $CuSO_4 \cdot 5H_2O$ 和 $CuSO_4$ 两种，$CuSO_4 \cdot 5H_2O$ 是一种蓝色斜方晶体，在不同温度下，可逐步失水。

$$CuSO_4 \cdot 5H_2O \xrightarrow{375K} CuSO_4 \cdot 3H_2O \xrightarrow{386K} CuSO_4 \cdot H_2O \xrightarrow{531K} CuSO_4$$

从上述失水过程来看，失去最后一个水分子显得特别困难，这一事实表明，在 $CuSO_4 \cdot 5H_2O$ 中，各水分子的结合力不一样。$CuSO_4 \cdot 5H_2O$ 可写为 $[Cu(H_2O)_4]SO_4 \cdot H_2O$，其结构如下：

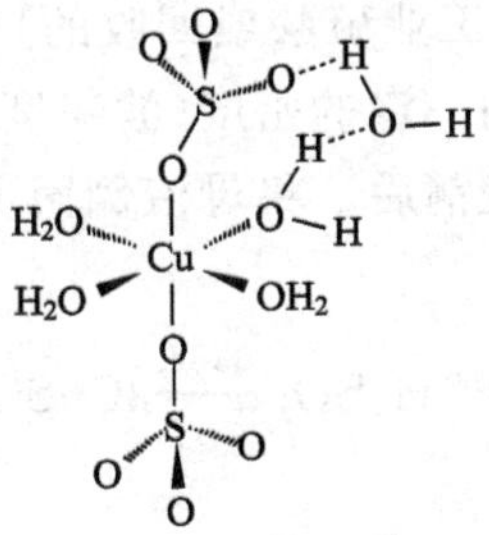

$CuSO_4 \cdot 5H_2O$ 加热失水时，先失去 Cu^{2+} 左边的两个非氢键水，然后失去 Cu^{2+} 右边的两个水分子，最后失去以氢键连接到 SO_4^{2-} 上的水分子。

$CuSO_4 \cdot 5H_2O$ 的水溶液由于水解而显酸性：

$$Cu^{2+} + H_2O \rightleftharpoons [CuOH]^+ + H^+$$

为了防止水解，根据化学反应平衡原理，可以加酸抑制水解。在配制 $CuSO_4$ 水溶液时，必须将 $CuSO_4 \cdot 5H_2O$ 溶解在含有少量 H_2SO_4 的水溶液中。

无水 $CuSO_4$ 是白色粉末，不溶于乙醇和乙醚，有很强的吸水性，吸水后即显出特征的蓝色。因此，可用来检验乙醇、乙醚等有机溶剂中的微量水，也可用来除去这些液体中的水分。无水 $CuSO_4$ 加热到 923K 时即分解成 CuO。

$$2CuSO_4 = 2CuO + 2SO_2 + O_2$$

因铜是不活泼金属，不能直接和稀硫酸(浓硫酸除外)反应制备 $CuSO_4$，要用氧化剂和稀硫酸的混合液和铜反应来制备。实验室制备时，可用浓硝酸或过氧化氢作氧化剂。

方法一：用浓硝酸作氧化剂，反应式为

$$Cu + 2HNO_3 + H_2SO_4 = CuSO_4 + 2NO_2 + 2H_2O$$

反应后，溶液中除生成硫酸铜外，还有少量的硝酸铜和其他一些可溶和不溶性杂质，可通过重结晶提纯，不溶性杂质可过滤除去，利用硝酸铜和硫酸铜的溶解度不同，可除去硝酸铜。因在各种温度下硝酸铜的溶解度都比硫酸铜大得多，如在353K时将制得的硫酸铜配成饱和溶液，当溶液冷却至室温时，硫酸铜析出，而硝酸铜由于溶解度大，且浓度小，只能留在母液中。两种铜盐溶解度见表7-13。

表7-13　铜盐溶解度

溶解度/[g·(100gH₂O)]　温度/K　盐	273	293	313	333	353	373
$CuSO_4 \cdot 5H_2O$	23.3	32.3	46.2	61.1	83.8	117.7
$Cu(NO_3)_2$	81.8	125.1	160	178.5	208	247

方法二：用过氧化氢作氧化剂，反应式为

$$H_2O_2 + H_2SO_4 + Cu = CuSO_4 + 2H_2O$$

本方法制得的硫酸铜纯度较高(如原料铜的纯度较高)，可以不提纯。

工业制备硫酸铜时，因需考虑成本、设备等因素，和实验室制备的方法不同。方法之一是将废铜加到20%的稀硫酸(工业硫酸或回收的)中，边加热至338K，边向反应容器中鼓空气(氧化剂)。当溶液达到一定的密度(波美度)后，将其转入敞口容器中，冷至室温，即有硫酸铜析出。滤出硫酸铜后，将母液倒回反应容器。此法成本低，反应设备少，但生产周期长。反应式如下：

$$2Cu + O_2 + 2H_2SO_4 \xrightarrow{338K} 2CuSO_4 + 2H_2O$$

其他的方法还有

$$Cu + 2H_2SO_4(浓) \xrightarrow{\triangle} CuSO_4 + SO_2 + 2H_2O$$

$$Cu + Cl_2(g) = CuCl_2 \downarrow$$

$$CuCl_2(s) + H_2SO_4 = CuSO_4 + 2HCl$$

2. 实验

1) 实验方法一

(1) 灼烧：称取1.5g铜屑，放入蒸发皿中，强烈灼烧至表面皿呈黑色(除去附着在铜屑表面上的油污)，自然冷却。

(2) 制备：在灼烧过的铜屑中加入5.5mL 3mol·L^{-1} H_2SO_4，然后缓慢、分批地加入2.5mL浓HNO_3(在通风橱中进行)。待反应缓和后盖上表面皿，水浴加热。在加热过程中需要补加2.5mL浓度为3mol·L^{-1}的H_2SO_4和0.5mL浓HNO_3。待铜屑全部溶解后，趁热用倾液法将溶液转至另一洁净的蒸发皿中，水浴加热，浓缩至表面有晶体膜出现，取下蒸发皿，冷至室温，析出粗的$CuSO_4 \cdot 5H_2O$，抽滤，称量。

(3) 重结晶：将粗产品以每克需1.2mL水的比例溶于水中，加热使$CuSO_4 \cdot 5H_2O$完全溶解，趁热过滤，滤液收集在小烧杯中，让其自然冷却，即有晶体析出(若无晶体析出，可在水浴上再加热蒸发)，抽滤，称量。

2) 实验方法二

(1) 灼烧：同实验方法一。

(2) 制备：在灼烧过的铜屑中加入 8.0mL 浓度为 $3mol \cdot L^{-1}$ 的 H_2SO_4、3.5mL30% H_2O_2，盖上表面皿，水浴加热，反应在通风橱中进行。在反应进行中要适当补充水，以保持原体积，待铜屑近于全部溶解后，趁热用倾液法转至另一蒸发皿中。水浴加热，浓缩至有晶体膜出现，取下蒸发皿，溶液冷至室温，析出 $CuSO_4 \cdot 5H_2O$，抽滤，称量。

3. 扩展实验

用热重法(TG)检测 $CuSO_4 \cdot 5H_2O$ 的脱水反应。

热重法是连续测定试样受热反应而产生质量变化的一种方法。许多物质在加热过程中常伴随质量的变化，这种变化过程有助于研究晶体性质的变化，如熔化、蒸发、升华和吸附等物质的物理现象；也有助于研究物质的脱水、解离、氧化和还原等物质的化学现象。

4. 讨论

本实验中介绍的几种硫酸铜的制备方法，各有什么优缺点？

7.5.2 人造纤维的制备

1. 相关知识简介

纤维素是自然界中分布最广的化合物，它在植物中所起的作用与动物的骨骼相似。木材含纤维素 40%～60%，亚麻约含纤维素 80%，棉花中纤维素含量在 90%以上，这三种物质是工业上纤维素的主要来源。

纤维素的组成为 $C_6H_{10}O_5$，分子式为$(C_6H_{10}O_5)_n$，是由许多葡萄糖分子缩合生成。纤维素的相对分子质量随来源而异，平均 1 分子含有 3000 个葡萄糖结构单位。

X 射线研究证明，纤维素分子的长链平行排列，形成纤维素束，这是由于相邻纤维素分子中的许多羟基相互作用生成氢键，许多长链分子紧密地结合在一起。几个纤维素束绞在一起形成绳索状结构，这种绳索状结构再排列起来形成肉眼所见的纤维。

棉花由纤维素分子$(C_6H_{10}O_5)_n$ 组成，纤维分子中的每个葡萄糖环上有 3 个游离的羟基。在铜氨溶液中，纤维素分子中的羟基由于与铜离子的配位作用而完全电离，形成纤维素的铜氨配合物，这就是深蓝色的铜氨纤维素溶液(纺丝液)。在无机酸的存在下，铜氨配合物被破坏，使纤维素的铜氨配合物分解，从而纤维素得到再生。葡萄糖环上的羟基还可以进行酯化反应，利用这一性质，可以生产工业上有重要用途的硝酸纤维素酯和醋酸纤维素酯。这些羟基还可进行成醚反应，生成羟甲基纤维。

2. 实验

1) 人造纤维的制备

(1) 铜氨溶液的制备：在烧杯中用约 20mL 水溶解 2.5g 五水硫酸铜晶体。将化学计量比的 0.002mol · L^{-1}氢氧化钠溶液加入硫酸铜溶液中，即产生蓝色氢氧化铜沉淀。静止片刻，倾去上层清液，再用水洗涤数次，直至沉淀中的 SO_4^{2-} 被彻底洗净。将已洗净沉淀中的大部分水去除后，滴加 25%的浓氨水，并不断搅拌，使氢氧化铜沉淀溶解成为深蓝色的铜氨溶液。

(2) 人造纤维的制备：取少量脱脂棉花，放入铜氨溶液中，用玻璃棒小心搅拌，棉花纤维在铜氨液中逐渐溶解，即得到铜氨纤维溶液，又称纺丝液。把纺丝液倒进医用注射器的针筒内，再装上 6～8 号针头(预先把针头斜面截齐)。将注射器活塞轻轻往下压，把纺丝液挤压至 30%氢氧化钠溶液中，纺丝液遇到碱液会立即凝固。用镊子夹住线头，使丝在碱液中慢慢通过。再将它引到另一个盛有 20%硫酸溶液的培养皿中，纤维素就成为细丝而再生出来，成为人造丝。将制得的无色丝线绕在玻璃框上，用水洗涤至中性，并经 333～343K 干燥就得光亮洁白的人造纤维。

2) 硝化纤维的制备和性质

取 5mL 浓硝酸放入 50mL 烧杯中，在搅拌下小心加入 7mL 浓硫酸，将热的混酸稍微冷却到 308K 以下。取 0.5g 左右脱脂棉花浸入混酸中，并用玻璃棒轻搅。15min 后，用玻璃棒挑出棉花，放在烧杯中用水充分洗涤，洗时用手把棉花摊开，洗至中性，洗毕用手把棉花挤干，再用滤纸吸干。最后放到蒸发皿里，放在沸水浴上干燥，即得硝化纤维。将所得硝化纤维进行下列实验：

(1) 燃烧性：取一小块硝化纤维放在铁丝网上点火，观察现象。

(2) 火棉胶的制备：取一小块硝化纤维放在干燥的试管中，加 2mL 乙醇与乙醚的混合物(1∶1)，并用玻璃棒搅拌硝化纤维至溶解完全。把此溶液(火棉胶)倒在玻璃板上，观察溶液挥发后的现象。从玻璃板上取下后，用镊子夹起放在灯焰上，观察结果。

3) 羧甲基纤维(CMC)的制备

在 100mL 小烧杯中，加入 1g 滤纸(剪碎，越碎越好)，逐滴加入 3mL 40%NaOH 溶液，不断搅拌直至均匀。另取 1.5g 氯乙酸溶解在 3mL 乙醇中，把此溶液逐滴加入烧杯中，搅拌均匀，放置过夜(取出少许置于盛有清水的试管中，摇动后如溶解则反应完全)。此时形成碱性羧甲基纤维，将其倒入盛有 1.5mL 浓盐酸、30mL65%～70%乙醇溶液的烧杯中，搅拌均匀。中和至 pH 为 7 左右，抽气过滤，用少量 65%～70%乙醇冲洗，取出晾干即成。

参 考 文 献

陈孔常等. 1999. 高等精细化学品化学. 北京：中国轻工业出版社

邓建成. 2003. 大学基础化学. 北京：化学工业出版社

丁廷桢. 2003. 大学化学教程：原理 应用 前沿. 北京：高等教育出版社

冯丹等. 2009. 新型能源——可燃冰的研发现状. 能源技术与管理，6：113—115，118

高潮等. 1998. 图解当代科技. 北京：红旗出版社

古国榜. 2004. 大学化学教程. 2 版. 北京：化学工业出版社

桂兴芬. 2005. 生物化学与分子生物学. 郑州：郑州大学出版社

国际纯粹与应用化学联合会. 1992. 物理化学中的量单位和符号. 刘天和译. 北京：中国标准出版社

何晓春. 2008. 化学与生活. 北京：化学工业出版社

江元汝. 2009. 化学与健康. 北京：科学出版社

李荻. 1989. 电化学原理. 北京：北京航空航天大学出版社

罗纪盛等. 1999. 生物化学简明教程. 3 版. 北京：高等教育出版社

孟长功. 2008. 化学与社会. 大连：大连理工大学出版社

曲保中等. 2002. 新大学化学. 北京：科学出版社

申泮文等. 1990. 配位化学简明教程. 天津：天津科学技术出版社

沈敦瑜等. 1993. 生物无机化学. 成都：成都科技大学出版社

沈慕昭. 1987. 电化学基本原理及其应用. 北京：北京师范大学出版社

四川大学工科基础化学教学中心. 2002. 近代化学基础. 北京：高等教育出版社

苏安. 2004. 第三类永动机及其热力学内涵. 河池学院学报，4：18—20

唐有祺等. 1997. 化学与社会. 北京：高等教育出版社

唐玉海. 2008. 大学化学. 西安：西安交通大学出版社

天津大学无机化学教研室. 1994. 大学化学. 天津：天津大学出版社

天津大学物理化学教研室. 1993. 物理化学. 3 版. 北京：高等教育出版社

王明华等. 1998. 化学与现代文明. 杭州：浙江大学出版社

王致勇等. 1988. 简明无机化学教程. 北京：高等教育出版社

武汉大学. 1985. 分析化学. 2 版. 北京：高等教育出版社

谢克难. 2006. 大学化学教程. 北京：科学出版社

徐崇泉等. 2003. 工科大学化学. 北京：高等教育出版社

徐凤彩. 1999. 基础生物化学. 广州：华南理工大学出版社

徐培珍等. 2008. 化学实验与社会生活. 南京：南京大学出版社

杨维荣等. 1991. 环境化学. 2 版. 北京：高等教育出版社

叶康民. 1993. 金属腐蚀与防护概论. 3 版. 北京：高等教育出版社

殷景华等. 1999. 功能材料概论. 哈尔滨：哈尔滨工业大学出版社

殷学锋等. 2002. 新编大学化学实验. 北京：高等教育出版社

于秉治. 2004. 医用生物化学. 北京：高等教育出版社

张德庆等. 1999. 高分子材料科学导论. 哈尔滨：哈尔滨工业大学出版社

张立强. 2007. 永动机的神话. 发明与创新(学生版)，3：18

张玉中. 1980. 基础生物化学问答. 北京：科学普及出版社

张运明. 2002. 化学・社会・生活. 南宁：广西科学技术出版社

赵树新. 1999. 科学技术概论. 西安：西安交通大学出版社

赵文元等. 1996. 功能高分子材料化学. 北京：化学工业出版社
浙江大学普通化学教研组. 2002. 普通化学. 5 版. 北京：高等教育出版社
郑昌琼等. 2003. 新型无机材料. 北京：科学出版社
中国科学院化学学部. 2000. 展望 21 世纪的化学. 北京：化学工业出版社
中华人民共和国国家标准《量和单位 GB 3100～3102—93》. 1994. 北京：中国标准出版社
钟国清等. 2003. 大学基础化学. 北京：科学出版社
周爱儒等. 1997. 医学生物化学. 北京：北京医科大学中国协和医科大学联合出版社
朱声逾等. 1990. 配位化学简明教程. 天津：天津科学技术出版社
Eubangks L P. 2008. 化学与社会. 段连运等译. 北京：化学工业出版社

附　　录

附录 1　一些基本物理常量

物理量	符号	值
真空中的光速	c_0	$299792458 m \cdot s^{-1}$（准确值）
元电荷	e	$1.60217733(49) \times 10^{-19} C$
原子质量常量（统一的原子质量单位）	$m_u = 1u$	$1.6605402(10) \times 10^{-27} kg$
质子静止质量	m_p	$1.6726231(10) \times 10^{-27} kg$
中子静止质量	m_n	$1.6749286(10) \times 10^{-27} kg$
电子静止质量	m_e	$9.1093897(54) \times 10^{-31} kg$
玻尔（Bohr）半径	a_0	$5.29177249(24) \times 10^{-11} mm$
理想气体的摩尔体积（p=100kPa，θ=0℃）		$22.77108(19) L \cdot mol^{-1}$
摩尔体积①	V_m	在 273.15K 和 100kPa 时，理想气体的摩尔体积为 $V_{m,0} = (0.02241410 \pm 0.000000191) m^3 \cdot mol^{-1}$
摩尔气体常量	R	$8.314510(70) J \cdot K^{-1} \cdot mol^{-1}$
摄氏温标的零点		273.15K（准确值）
标准大气压	atm	101325Pa（准确值）
阿伏伽德罗（Avogadro）常量	L，N_A	$6.0221367(36) \times 10^{23} mol^{-1}$
法拉第（Faraday）常量	F	$9.6485309(29) \times 10^4 C \cdot mol^{-1}$
玻尔兹曼（Boltzmann）常量	k	$1.380658(12) \times 10^{-23} J \cdot K^{-1}$
普朗克（Planck）常量	h	$6.6260755(40) \times 10^{-34} J \cdot s$
里德堡（Pydberg）常量	R_∞	$1.0973731534(13) \times 10^7 m^{-1}$
真空电容率	ε_0	$8.854187816 \cdots \times 10^{-12} F \cdot m^{-1}$
玻尔（Bohr）磁子	μ_B	$9.2740154(31) \times 10^{-24} J \cdot T^{-1}$

资料来源：国际纯粹与应用化学联合会（IUPAC）．1992．物理化学中的量单位和符号．刘天和译．北京：中国标准出版社．

附录 2　国际单位制基本单位

物理量	单位名称	单位符号	物理量	单位名称	单位符号
长度	米	m	热力学温度	开[尔文]	K
质量	千克	kg	物质的量	摩[尔]	mol
时间	秒	s	光的强度	坎[德拉]	cd
电流	安[培]	A			

附录 3 国际单位制导出单位

物理量	名称	代号	
		中文	国际
面积	平方米	米^2	m^2
体积	立方米	米^3	m^3
密度	千克每立方米	千克·米$^{-3}$	$kg \cdot m^{-3}$
(物质的量)浓度	摩[尔]每立方米	摩·米$^{-3}$	$mol \cdot m^{-3}$
压力(压强)	帕[斯卡]	帕	Pa
电量、电荷	库仑	库	C
能、功、热量	焦耳	焦	J
电位、电压、电动势	伏特	伏	V
热容、熵	焦耳每开尔文	焦·开$^{-1}$	$J \cdot K^{-1}$
摄氏温度	摄氏度		℃
偶极矩		库仑·米	$C \cdot m$

附录 4 常用单位换算

$1Å = 10^{-10}m$	$1mL = 1cm^3 = 10^{-3}dm^3 = 10^{-6}m^3$
$1atm = 1.01325 \times 10^5 Pa$	$1L \cdot atm = 101.325J$
$760mmHg = 1.01325 \times 10^5 Pa(0℃)$	$1mol \cdot L^{-1} = 10^3 mol \cdot m^3$
$1cal = 4.184J$	$0.08206atm \cdot L \cdot mol^{-1} \cdot K^{-1} = 8.314J \cdot mol^{-1} \cdot K^{-1}$
$0℃ = 273.15K$	$1eV = 1.60218 \times 10^{-19}J$

附录 5 一些常见弱电解质在水溶液中的 K_a 或 K_b 值

电解质	电离平衡	温度 t/℃	K_a 或 K_b	* pK_a 或 pK_b
乙酸	$HAc \rightleftharpoons H^+ + Ac^-$	25	1.76×10^{-5}	4.75
硼酸	$H_3BO_3 + H_2O \rightleftharpoons B(OH)_4^- + H^+$	20	7.3×10^{-10}	9.14
碳酸	$H_2CO_3 \rightleftharpoons H^+ + HCO_3^-$	25	$(K_1)4.30 \times 10^{-7}$	6.37
	$HCO_3^- \rightleftharpoons H^+ CO_3^{2-}$	25	$(K_2)5.61 \times 10^{-11}$	10.25
氢氰酸	$HCN \rightleftharpoons H^+ + CN^-$	25	4.93×10^{-10}	9.31
氢硫酸	$H_2S \rightleftharpoons H^+ + HS^-$	18	$(K_1)9.1 \times 10^{-8}$	7.04
	$HS^- \rightleftharpoons H^+ + S^{2-}$	18	$(K_2)1.1 \times 10^{-12}$	11.96
草酸	$H_2C_2O_4 \rightleftharpoons H^+ + HC_2O_4^-$	25	$(K_1)5.90 \times 10^{-2}$	1.23
	$HC_2O_4^- \rightleftharpoons H^+ + C_2O_4^{2-}$	25	$(K_2)6.40 \times 10^{-5}$	4.19
蚁酸	$HCOOH \rightleftharpoons H^+ + HCOO^-$	20	1.77×10^{-4}	3.75
磷酸	$H_3PO_4 \rightleftharpoons H^+ + H_2PO_4^-$	25	$(K_1)7.52 \times 10^{-3}$	2.12
	$H_2PO_4^- \rightleftharpoons H^+ + HPO_4^{2-}$	25	$(K_2)6.23 \times 10^{-8}$	7.21
	$HPO_4^{2-} \rightleftharpoons H^+ + PO_4^{3-}$	25	$(K_2)2.2 \times 10^{-13}$	12.67

续表

电解质	电离平衡	温度 t/℃	K_a 或 K_b	* pK_a 或 pK_b
亚硫酸	$H_2SO_3 \rightleftharpoons H^+ + HSO_3^-$	18	$(K_1)1.54\times10^{-2}$	1.81
	$HSO_3^- \rightleftharpoons H^+ + SO_3^{2-}$	18	$(K_2)1.02\times10^{-7}$	6.91
亚硝酸	$HNO_2 \rightleftharpoons H^+ + NO_2^-$	12.5	4.6×10^{-4}	3.37
氢氟酸	$HF \rightleftharpoons H^+ + F^-$	25	3.53×10^{-4}	3.45
硅酸	$H_2SiO_3 \rightleftharpoons H^+ + HSiO_3^-$	（常温）	$(K_1)2\times10^{-10}$	9.70
	$HSiO_3^- \rightleftharpoons H^+ + SiO_3^{2-}$	（常温）	$(K_2)1\times10^{-12}$	12.00
氨水	$NH_3 + H_2O \rightleftharpoons NH_4^+ + OH^-$	25	1.77×10^{-5}	4.75

注：数据主要录自 Lide D R. 1990～1991. CRC Handbook of Chemistry and Physics. 71th ed. 8～37。
* $pK_a=-\lg K_a$，$pK_a=-\lg K_a$。

附录 6　一些常见难溶物质的溶度积 K_{sp}

难溶物质	分子式	温度 t/℃	K_{sp}
氯化银	$AgCl$	25	1.77×10^{-10}
溴化银	$AgBr$	25	5.35×10^{-13}
碘化银	AgI	25	8.51×10^{-17}
氢氧化银	$AgOH$	20	1.52×10^{-8}
铬酸银	Ag_2CrO_4	25	9.0×10^{-12}
硫化银	Ag_2S	18	6.69×10^{-50}（α 型）
硫酸钡	$BaSO_4$	25	1.07×10^{-10}
碳酸钡	$BaCO_3$	25	2.58×10^{-9}
铬酸钡	$BaCrO_4$	18	1.17×10^{-10}
碳酸钙	$CaCO_3$	25	4.96×10^{-9}
硫酸钙	$CaSO_4$	25	7.10×10^{-9}
磷酸钙	$Ca_3(PO_4)_2$	25	2.07×10^{-33}
氢氧化铜	$Cu(OH)_2$	25	5.6×10^{-20}
硫化铜	CuS	18	1.27×10^{-36}
氢氧化铁	$Fe(OH)_3$	18	2.64×10^{-39}
氢氧化亚铁	$Fe(OH)_2$	18	4.87×10^{-17}
硫化亚铁	FeS	18	1.59×10^{-19}
碳酸镁	$MgCO_3$	12	6.82×10^{-6}
氢氧化镁	$Mg(OH)_2$	18	5.61×10^{-12}
氢氧化锰	$Mn(OH)_2$	18	2.06×10^{-13}
硫化锰	MnS	18	4.65×10^{-14}
硫酸铅	$PbSO_4$	18	1.82×10^{-8}
硫化铅	PbS	18	9.04×10^{-27}

续表

难溶物质	分子式	温度 t/℃	K_{sp}
碘化铅	PbI_2	25	8.49×10^{-7}
碳酸铅	$PbCO_3$	18	1.46×10^{-13}
铬酸铅	$PbCrO_4$	18	1.77×10^{-14}
碳酸锌	$ZnCO_3$	18	1.19×10^{-10}
硫化锌	ZnS	18	2.93×10^{-29}
硫化镉	CdS	18	1.40×10^{-29}
硫化钴	CoS	18	3×10^{-26}
硫化汞	HgS	18	$2\times10^{-49}\sim4\times10^{-23}$

注：数据主要录自 Lide D R. 1990～1991. CRC Handbook of Chemistry and Physics. 71st ed。

附录 7　历届诺贝尔化学奖获奖简况

得奖年份	获奖者	国籍	获奖成就
2009	V. Ramakrishnan T. Steitz A. Yonath	英国 美国 以色列	核糖体的结构与功能
2008	R. Y. Tsien O. Shimomura M. Chalfie	美国 日本 美国	绿色荧光蛋白
2007	G. Ertl	德国	表面化学研究
2006	R. O. Kornberg	美国	真核基因转录的分子机理
2005	Y. Chauvin R. H. Grubbs R. R. Schrock	法国 美国 美国	有机化学的烯烃复分解反应研究
2004	A. Chiechanover A. Hershko I. Rose	以色列 以色列 美国	蛋白质降解过程的机理
2003	P. Agre R. Mackinnon	美国 美国	细胞膜通道方面做出的开创性贡献
2002	J. B. Fenn K. Tanaka K. Withrich	美国 日本 瑞士	生物大分子研究领域
2001	W. S. Knowles K. B. Sharpless R. Noyori	美国 美国 日本	手性催化氢化反应和手性催化氧化反应研究

续表

得奖年份	获奖者	国籍	获奖成就
2000	Alan J. Heeger Alan G. Macdiarmid Hideki Shirakawa	美国 美国 日本	发现导电聚合物
1999	A. H. Zewail	美国	飞秒激光技术研究超快化学反应过程和过渡态
1998	W. Kohn J. A. Pople	美国 美国	发展了电子密度泛函理论 发展了量子化学计算方法
1997	J. Skou P. Boyer J. Walker	丹麦 美国 英国	发现了维持细胞中钠离子和钾离子浓度平衡的酶，并阐明其作用机理；发现了能量分子三磷酸腺苷的形成机理
1996	R. F. Curl R. E. Smalley H. W. Kroto	美国 美国 英国	发现 C_{60}
1995	M. Molina S. Rowland P. Crutzen	墨西哥 美国 荷兰	研究大气环境化学，特别在臭氧的形成和分解研究方面做出贡献
1994	G. A. Olah	美国	碳正离子化学的研究
1993	M. Smith K. B. Mullis	加拿大 美国	寡聚核苷酸定点诱变法对基因工程的贡献 多聚酶链式反应技术对基因工程的贡献
1992	R. A. Marcus	美国	电子转移反应理论
1991	R. R. Ernst	瑞士	高分辨核磁共振谱法的发展
1990	E. J. Corey	美国	有机合成的逆合成分析法
1989	T. Cech S. Altman	美国 美国	核糖核酸的发现
1988	J. Deisenhoger H. Michel R. Huber	德国 德国 德国	测定了细菌光合反应中心膜蛋白——色素复合体的三维结构，为光化学反应做出贡献
1987	C. J. Pedersen D. J. Cram J-M. lehn	美国 美国 法国	开创主-客体化学、超分子化学、冠醚化学等新领域
1986	Yuan Tseh Lee D. R. Herschbach J. Polanyi	美国 美国 加拿大	发展了交叉分子束技术，红外线化学发光方法，对微观反应动力学研究做出贡献
1985	H. A. Hauptman J. Karle	美国 美国	发明了 X 射线衍射确定晶体结构的直接计算方法，为分子晶体结构测定方法做出贡献

续表

得奖年份	获奖者	国籍	获奖成就
1984	R. B. Merrifield	美国	发明固相多肽合成法
1983	H. Taube	美国	在金属配位化合物电子转移反应机理研究中做出贡献
1982	A. Klug	英国	创造了“象重组”技术，揭示了病毒与细胞内重要遗传物质的结构
1981	Kenich Fukui R. Hoffmann	日本 美国	提出前线轨道理论 提出分子轨道对称守恒原理
1980	P. Berg F. Sanger W. Gilbert	美国 英国 美国	DNA 分裂和重组研究，确定 DNA 内核苷酸排列顺序的方法，开创了现代基因工程学
1979	H. C. Brown G. Wittig	美国 德国	在有机合成中发展了有机硼、有机磷试剂和反应
1978	P. Mitchell	英国	用化学渗透理论研究生物能的转换
1977	I. Prigogine	比利时	研究非平衡的不可逆过程热力学，提出耗散结构理论
1976	W. N. Lipscomb	美国	有机硼化合物的结构研究，发展分子结构学说和有机硼化学
1975	J. W. Cornforth V. Prelog	英国 瑞士	酶催化反应的立体化学研究 有机分子和反应的立体化学研究
1974	P. J. Flory	美国	高分子物理化学理论和实验方法的基础研究
1973	G. Wilkinson E. O. Fischer	英国 德国	研究二茂铁结构，发展了金属有机化学和配合物化学
1972	C. B. Anfinsen S. Moore W. H. Stein	美国 美国 美国	研究核糖核酸酶分子结构和催化反应活性中心
1971	G. Herzberg	加拿大	分子光谱学和自由基电子结构的研究
1970	L. F. Leloir	阿根廷	在糖生物合成中发现了糖核苷酸的作用
1969	D. H. R. Barton O. Hassel	英国 挪威	发展分子空间构象概念分析及其在化学中的应用
1968	L. Onsager	美国	不可逆过程热力学研究
1967	M. Eigen R. G. W. Norrish G. Porter	德国 英国 英国	用弛豫法、闪光分解法研究快速化学反应
1966	R. S. Mulliken	美国	创立了分子轨道理论，阐明了分子共价键本质和电子结构
1965	R. B. Woodward	美国	在天然有机化合物的合成方面做出了重大贡献

续表

得奖年份	获奖者	国籍	获奖成就
1964	D. C. Hodgkin	英国	重要生物大分子结构的测定
1963	K. Ziegler G. Natta	德国 意大利	发明了齐格勒-纳塔（Ziegler-Natta）催化剂，首次合成了定向有规高聚物
1962	M. F. Perutz J. C. Kendrew	英国 英国	研究蛋白质结构所做出的杰出贡献
1961	M. Calvin	美国	研究植物中 CO_2 进行的光合作用
1960	W. F. Libby	美国	发明了 ^{14}C 测定地质年代的方法
1959	J. Heyrovsky	捷克	发明了极谱分析法
1958	F. Sanger	英国	对蛋白质结构特别是胰岛素结构的测定
1957	A. Todd	英国	对核苷酸和核苷酸辅酶的研究
1956	C. N. Hinchelwood N. Semenov	英国 苏联	对化学反应机理和链式反应的研究
1955	V. du Vigneand	美国	对生物化学上重要含硫化合物的研究，第一次合成多肽激素
1954	L. Pauling	美国	对化学键本质的研究并用于阐明复杂物质的结构
1953	H. Staudinger	德国	高分子化学方面的杰出贡献
1952	A. J. P. Martin R. L. M. Synge	英国 英国	发明分配色层分析法
1951	E. M. Mcmillan G. Seaborg	美国 美国	发现超铀元素
1950	O. Diels K. Alder	德国 德国	发现了双烯合成反应，即第尔斯-阿尔德（Diels-Alder）反应
1949	W. F. Giaugue	美国	对化学热力学特别是超低温下物质性质的研究
1948	A. W. K. Tiselius	瑞典	对电泳和吸附分析的研究，发现了血清蛋白
1947	R. Robinson	英国	对生物活性的植物成分的研究，特别是对生物碱的研究
1946	J. B. Sumner J. H. Northrop W. M. Stanley	美国 美国 美国	发现酶的类结晶法 分离得到纯的酶和病毒蛋白
1945	A. J. Virtamen	荷兰	发明饲料储存保鲜方法，对农业化学和营养化学做出贡献
1944	O. Hahn	德国	发现重核裂变
1943	G. Heresy	匈牙利	利用同位素示踪研究化学反应
1942	无		
1941	无		
1940	无		

续表

得奖年份	获奖者	国籍	获奖成就
1939	A. F. J. Butenandt	德国	性激素研究
	L. Ruzicka	瑞士	聚亚甲基多碳原子大环核多萜烯研究
1938	R. Kuhn	德国	维生素和类胡萝卜素研究
1937	W. N. Haworth P. Karrer	英国 瑞士	发现了糖类环状结构和合成维生素 C 胡萝卜素、核黄素及维生素 A 和 B_2 的研究
1936	P. Debye	荷兰	提出了极性分子理论，确定了分子偶极矩的测定方法
1935	F. Joliot-Curie I. Joliot-Curie	法国 法国	合成了新的人工放射性元素
1934	H. C. Urey	美国	发现重水和重氢同位素
1933	无		
1932	J. langmuir	美国	表面化学研究
1931	C. Bosch F. Bergius	德国 德国	发明和发展了化学高压法
1930	H. Fischer	德国	血红素和叶绿素的结构研究，合成了高铁血红素
1929	A，Harden H. von Euler-Chelpin	英国 法国	糖的发酵和酶在发酵中作用的研究
1928	A. Windaus	法国	甾醇的结构测定和维生素 D_3 合成
1927	H. Wieland	德国	发现胆酸及其化学结构
1926	T. Svedberg	瑞士	发明超速离心机并用于高分散胶体物质研究
1925	R. Zsigmondy	德国	对胶体化学研究的卓越贡献
1924	无		
1923	F. Pregl	奥地利	确定有机化学微量分析方法
1922	F. W. Aston	英国	发明了质谱仪，发现了许多非放射性同位素及相对原子质量的整数规则
1921	F. Soddy	英国	对放射性化学物质以及对同位素起源和性质的研究
1920	W. Nernst	德国	热化学研究
1919	无		
1918	F. Haber	德国	氨的合成
1917	无		
1916	无		
1915	R. Willstatter	德国	对叶绿素和植物色素的研究
1914	Th. Richards	美国	精密测定了许多元素的相对原子质量
1913	A. Werner	瑞士	金属配合物的配位理论
1912	V. Grignard	法国	格利雅试剂的发明
	P. Sabatier	法国	有机化合物的催化加氢

续表

得奖年份	获奖者	国籍	获奖成就
1911	M. Curie	波兰	发现放射性元素钋和镭
1910	O. Wallach	德国	对脂环族化合物的开创性研究
1909	W. Ostwald	德国	催化研究，电化学和化学反应动力学研究
1908	E. Rutherford	英国	元素嬗变和放射性物质的化学研究
1907	E. Buchner	德国	发酵的生物化学研究
1906	H. Moissan	法国	制备单质氟，发展了一种高温反射电炉
1905	A. von Baeyer	德国	对有机染料和氢化芳香化合物的研究
1904	W. Ramsay	英国	在大气中发现惰性元素，并确定它们在元素周期表中的位置
1903	S. Arrhenius	瑞典	电离理论
1902	E. Fisher	德国	糖类和嘌呤化合物的研究
1901	J. H. van't Hoff	荷兰	溶剂中化学动力学定律和渗透压定律